KB182306

귀농실천에서
현명한 자녀교육까지

귀농
행복

귀농실천에서
현명한 자녀교육까지

귀농 행복

| 송인하 지음

이담
Books

이 책을 읽는 독자에게

　우리는 자주 삶의 터전을 옮기면서 살아갑니다. 도시에서의 잦은 이사는 삶을 바꾸는 행위가 아니라 그 지역에서 적응하기 위한 한 방편으로 이해됩니다. 그런데 도시에서 농촌으로의 이주는 종종 인생의 전환점으로서의 의미를 지닙니다. 물론 넓은 의미에서 이것도 인간의 적응행위로 인식할 수 있겠지만 사람들은 귀농 또는 귀촌을 새로운 인생의 출발점으로 생각하는 경우가 많습니다. 귀농의 의미를 넓게 보면 여태까지 자신의 삶이나 자신이 속해 있는 사회를 뒤돌아보고 새로운 길을 찾는 것이라 말할 수 있기 때문입니다.

　이 책은 어떤 사람들이 왜 농촌으로 이주하고 있으며 그리고 그들은 과연 현지에서 잘 적응하면서 살아가고 있는지 현재 귀농해서 살아가고 있는 사람들을 직접 만나 면접한 내용을 중심으로 구성되었습니다. 따라서 귀농을 계획하고 있거나 귀농에 관심이 있는 사람들에게 하나의 길잡이가 될 수 있다고 생각합니다. 이미 귀농해서 살아가고 있는 사람들을 통해 현실을 이해하게 됨으로써 좀 더 나은 농촌생활을 계획하는 데 도움이 되는 것은 물론 농촌 적응과정에서도 알진 밑거름이 될 것으로 확신합니다. 물론 귀농 후의 삶의 양식은 개인마다 조금씩 다르겠지만 너무 이상만을 좇다 보면 현실의 장벽이 더욱 높아지는 것 같아 스스로 이데올로기에 갇혀 있기 쉽고, 현재의 삶에 빠지게 되면 타인과의 관계를 소홀히 하게 되는 개인주의에 내몰리기 쉬운 것 같습니다. 이 두 가지 측면 중 어느 한쪽에 치우치지 않고 적절히 자신의 역량에 맞게 균형을 맞춰 살아가는 게 합리적인 삶의 방식이 아닌가 싶습니다.

이 책에서는 극단적인 두 가지 형태의 귀농인으로 '생태가치 귀농인'과 '경제 목적 귀농인'에 대해 논하고 있습니다. 현실적으로 귀농인 각각을 놓고 평가해보면 이 두 유형의 일부분씩 혼합된 성격을 지니게 됩니다. 순수하게 '생태가치 귀농인'이거나 '경제 목적 귀농인'은 현실적으로 존재하지 않는다는 의미에서 이상형적 개념인 것입니다. 이 책을 읽는 독자들도 자기가 어느 쪽에 더 가까운지 또는 두 유형의 어느 정도의 혼합으로 자신이 설명될 수 있는지 생각해보기를 권합니다. 귀농인의 성격에 따라 귀농 지역 선택에서부터 귀농 후 농촌생활정착 과정에 대한 계획이나 목표가 달라져야 하기 때문입니다. 이 점을 간과하면 무조건 귀농하고 보자는 막무가내식 귀농이 되지 않을까 염려됩니다. 귀농인으로서 자신의 성격을 분명히 인식하고 그에 알맞은 삶의 양식을 꾸려갈 때 성공적이고 행복한 삶을 기대할 수 있을 것입니다. 귀농해서 농사를 짓는 것이 목표라 해서 농사기술만을 배우면 된다고 생각하거나 생태가치이념을 실천하기 위해 그에 관한 이념만으로 무장한 채 귀농을 서두르고 있는 사람이 있다면 잠시 발길을 멈추고 사색하기를 권합니다. 나는 어떤 성격의 귀농인가라고 스스로 물음에 답해보아야 할 것입니다. 당신도 틀림없이 두 가지 극단적인 귀농인 집단의 어느 선상에 놓이게 됩니다. 당신은 70% 경제 목적 귀농인 성격에 30% 생태가치 귀농인 성격을 지닌 사람입니까? 아니면 80% 생태가치 귀농인에 20% 경제 목적 귀농인이 혼합된 사람으로 설명될 수 있습니까? 이 책은 귀농인 성격에 따라 농촌에서의 삶의 방식과 적응에 차이가 있다는 점을 밝히고 있습니다. 이러한 차이를 이해하게 된다면 귀농 후 행복한 삶을 설계하는 데 도움이 될 것입니다.

제1장에서는 누가 귀농을 하는가의 물음에 대해 역사적으로 간단히 살펴봅니다. 제2장에서는 당신이 어떤 성격의 귀농인인지 평가해 보도록 스스로 질문하고 답해볼 수 있는 내용을 중심으로 꾸몄습니다. 제3장은 도시에 살면서 귀농준비를 어떻게 하면 좋을까에 대한 이야기입니다. 제4장에서는 사람마다 농촌이나 농업에 대한 주관적 인식이 다르다는 것과 그것에 의해 각자에게 맞는 귀농지역을 선택해야 한다는 점을 강조합니다. 제5장은 귀농 후 어떻게 하면 잘 적응하고 정착할 수 있을까 하는 문제를 다루고 있습니다. 한마디로 '농촌에서 행복하게 살아가기'라고 말하면 될 것 같습니다. 제6장에서는 농촌생활에서 영농활동이 중요하다는 것을 강조하였습니다. 영농규모가 크든 작든 간에 영농활동이 인간에게 주는 의미가 무엇인가 생각해보는 시간이 될 것입니다. 제7장은 도시소비자와의 연계성에 대해 서술하고 있습니다. 도시에서 주로 생활을 했던 독자가 귀농 후 도시인과의 연결망이 왜 중요한지 인식하는 계기가 되기를 희망합니다. 마지막으로 제8장은 귀농인의 지역사회에서의 역할에 대해서 사회변혁과 농촌개발 측면에서 논의하였습니다.

아무쪼록 이 책을 통해 귀농을 하려는 개개인 스스로 자신의 성격을 평가해보고 귀농 후 생활의 목표와 계획을 세웠으면 하는 바람입니다. 이 책에서 소개되고 있는 귀농인들의 농촌생활을 엿보면서 귀농을 설계한다면 귀농 후 생활에 도움이 될 것으로 확신합니다. 이 책의 내용은 본인의 박사 논문의 일부를 수정·보완하여 일반인이 읽기 쉽도록 재구성하였음을 밝혀둡니다. 이 책이 나오기까지 물심 양면으로 지지해 준 사랑하는 아내 임춘희와 옆에서 응원해 준 아들 가섭 그리고 딸 지섭에게 고마움을 전합니다. 끝으로 본 연구에 도움을 주신 귀농인들과 교정을 위해 애쓰신 출판사 관계자 여러분께 감사드립니다.

2014년

저자 송인하 올림

❏ Contents

귀농하는 사람들

서양의 귀농 역사

우리나라보다 산업화가 훨씬 앞서 이루어졌던 유럽과 북미지역에서는 일찍이 1960년대에 귀농현상이 대대적으로 발생하였다. 그 당시 유럽사회는 대량소비사회의 도래와 함께 개인들이 물질적 풍요를 누리기 시작한 시기다. 공업화에 의한 물질문명의 발전은 다른 한편으로는 인간에게 정서적인 부담을 안겨주었다. 사람들은 자본주의와 개인주의의 성장에 따른 공동체의 해체 그리고 대량살상무기의 개발과 환경파괴로 인한 생존에 대한 위협을 인식하기 시작한 것이다. 이러한 인간의 생존 위협에 직면한 위험사회로부터 탈출하려는 하나의 행동으로 나타난 것이 바로 귀농운동이었다. 귀농운동은 기존 체제에 대한 부정과 종말을 선언하면서 동시에 새로운 공동체 운동의 출발점이 되었다. 역사적으로 어느 한 시기에 나타났고 그러한 양상이 현재에도 지속되고 있는 귀농현상은 이데올로기적인 면이 강하게 부각되었던 것이다. 물론 그 당시에도 그리고 현재에도 도시에서의 물가상승이나 주택문제 그리고 직업 구하기 등을 고려하면 도시보다는 농촌에서의 생계유지가 더 유리한 사람들의 귀농은 이데올로기보다는 경제적으로 중요한 요소들로 설명된다. 경제적 현상으로서 귀농은 쉽게 이해될 수 있는 것이다. 그런데 경제적 관점에서 설명되지 않는 '경제적으로 제약된' 귀농이 존재한다.

산업화가 우리보다 먼저 이루어진 유럽과 북미지역에서 귀농은 반문명적인 이데올로기를 지니고 있었다. 1960년대와 1970년대에 많은 도시인들이 농촌으로 이주하였는데 그들은 중산층을 중심으로 새로운 삶을 찾아 나선 사람들이었다. 그들은 산업발전으로 물질적 풍요를 누리고 있었으나 공해에 의한 생태계의 파괴, 핵무기와 같은 대량살상무기의 발달에 대한 우려, 냉전체제의 유지 및 국지전으로 인한 국가 간의 갈등 그리고 계급 간의 불평등과 같은 사회문제를 산업사회의 모순으로 인식하기 시작하였다. 또한 이것을 개인적 위험으로 인식하기에 이른 것이다. 공동체에 속해 있던 시기에는 이러한 위험에 집단적으로 대처해 왔지만, 공동체가 무너진 산업사회에서는 문명의 발달에 따른 위험들이 개인적으로 해결해야 할 문제로 직면하게 된 것이다.

서구인들은 산업화에 의한 생태계 위기와 자본주의의 모순을 농촌에서 일상생활을 통해 실천하려고 하였던 것이다. 북미와 영국, 그리고 유럽의 귀농인들은 공동(communal) 생활을 추구하였으며 귀농동기가 저마다 달랐을지라도 생태적 가치를 실천하려는 공통점을 지니고 있었다(Keith Halfacree, 2006). 이들은 이상사회 또는 대안적인 사회의 건설을 희망했으나 현실적인 적응의 어려움과 좌절을 겪어야 했다. 그래서 1980년대에는 유럽과 북미에서 귀농열풍이 움츠러들었고 1990년대 이후 귀농은 다시 증가하기 시작하였다. 이 시기의 귀농자들도 역시 그 이전 시대의 가치이념을 동질적으로 지니고 있다고 평가되고 있다.

이상과 같은 생태가치이념을 가진 귀농인의 성격은 어디서 유래된 걸까. 도시인들이 농촌으로 유행처럼 이주하는 시기의 사회적 배경을 이해하는 것은 당시 귀농인의 성격을 파악하는 데 중요할 것이다. 그 당시 사회적 이슈에 대한 정치적 또는 문화적 대항운동은 그린피스와 같은 환경운동단체의 출현, 신좌파(the new left)의 등장 그리고 히피문화의 탄생 등에서 시작되었다. 이러한 사회운동은 기술문명의 발달에 따른 인간존재의 위험성에 대한 인식과 생태계의 위기의 표상으로 이해될 수 있다.

　마르쿠제는 마르크스와 레닌의 노동자정당에 대한 기대에 대한 실망을 표명하고 인간의 소외와 물신주의는 새로운 의식혁명에 의해 극복할 수 있다고 주장하였다. 이 혁명은 무기와 파괴를 통해서가 아니라 가치규범의 전환으로 가능하다는 것이다. 마르쿠제와 동일한 맥락에서 당시의 많은 사상가들은 서구문명의 저변에 깔린 도시중심, 기계적 사고, 도구예찬사상 등에서 벗어나 전통문화 및 전통 사회조직이 내포하고 있는 예지를 배워야 한다고 주장하면서 소규모 공동체(commune)의 역할을 강조하고 공동생활을 장려하였다. 이러한 신좌파운동이 미국에서는 월남전 반대운동으로 확산되고 프랑스에서는 1968년 5월혁명으로 분출되었다. 신좌파운동은 자본주의적 가치에 대한 전면적인 재검토를 요구하는 성과를 거두었던 것으로 평가된다(홍광엽 et al., 1988; Miller, 1994).

　1965년에서 1975년 사이에 미국에서는 적어도 5,000개 많으면 10,000개의 농촌 코뮌이 건설되었다고 가드너(Gardner, H.)는[1] 추정하고 있다. 이러한 소규모 공동체의 증가는 히피운동의 영향으로 미국의 많은 중간계급 출신의 젊은이들이 농촌의 코뮌에서 도피처를 찾았기 때문이었다(신용하, 1985). 기존의 문명에 대항하는 히피문화의 출현이 젊은 층을 중심으로 전 세계적으로 급격하게 확산되었다. 북미지역은 물론 영국과 프랑스를 비롯한 유럽에서도 광범위하게 나타났다(Halfacree, 2007).

1960년대 말 히피족의 농촌으로의 이주는 전원적이고 반도시적이며 낭만적 자연주의의 표상이었다. 이 시기에 대중음악도 전원적인 이데올로기를 반영하고 있었다. 자연에의 회귀(back to nature)라는 슬로건은 자본주의, 도시문명의 완전한 폐기를 옹호하고 있었다. 미국이 도시화되고 기술적인 근대성의 첨병으로 떠오르자 전원적이고 심미적인 철학을 지닌 자연회귀운동이 백인의 도시 엘리트 사이에서 나타났다. 미국 연구가인 잭슨 리어즈(Jackson Lears)는 이러한 복합적인 문화적 변화를 그의 책 *No Place of Grace*에서 안티모더니즘(anti-modernism)으로 요약하고 있다. 도시 엘리트들은 빠르게 현대화되고 도시화되고 있는 풍경을 접하면서 북쪽에 있는 도시에서 녹색 공간과 전통이 사라지는 데 불안감을 느끼고 있었다. 이러한 미국 엘리트들의 반응은 미술공예운동(the Arts and Crafts Movement), 옴스테드(Frederick Law Olmsted) 같은 사람들의 심미적이고 도시적인 공원계획, 시에라클럽(Sierra Club)의 창시자인 존 뮤어(John Muir)의 작품 등에 나타난 자연보전주의를 지향하였는데 모두 전원적 이념과 관련되어 있었다(Tinkle, 2008).

미국의 히피문화²를 이끄는 사람들은 백인 중산층으로 기독교 집안 출신이며 대학교육을 받은 젊은이들이었다. 이들은 저항적이고 반문명적인 성격을 지니고 있었다. 그들은 부모 세대들이 가지고 있던 명예와 지위, 권력의 가치를 거부하는 반항아였으며 사랑과 평화를 주장하는 이상주의자들이었다. 히피문화 추종자들은 도시보다는 농촌에서의 삶을 동경하고 농촌에서 자족적인 삶을 영위하는 반문명적인 이념을 실천하였으며 환경운동에도 많은 영향을 끼쳤다(이수영, 2010).

이 시기에 그린피스의 등장은 생태운동의 시작을 알리는 상징적인 사건이었다. 그리고 환경 파괴로 인해 인류가 위험에 처하게 되었다는 것을 인식시키는 계기가 되었다. 1971년 9월 15일 평화와 생태계를 상징하는 녹색 깃발을 단 그린피스호는 12명의 대원들이 타고 있었다. 그들은 캐나다에서 멀리 떨어진 알류샨열도에 있는 미국의 핵실험 장소 암치카 섬으로 가기 위해서였다. 이 항해는 그린피스의 존재를 전 세계에 알리는 사건이 되었다. 그리고 1972년 프랑스의 대기권 핵실험에 항의하기 위하여 핵실험 장소인 모루로아에 접근하여 프랑스가 대기권핵실험에서 지하핵실험으로 변경하도록 하는 데 큰 역할을 하였다. 그뿐 아니라 프랑스의 핵실험에 대한 반대는 남태평양 지역의 정치지형을 바꿔놓았다. 프랑스가 외교적 압력에 개의치 않자, 태평양국가들은 더 강력한 조치들을 취하기 시작한 것이다. 유엔총회 및 그 유관기구에서의 일치된 항의, 이 문제를 협의하기 위한 지역협의체의 구성 그리고 무역 봉쇄조치와 남태평양을 비핵지대로 만들기 위한 노력 등이 포함되어 있었다. 그러한 반대는 1972년 뉴질랜드와 오스트레일리아 선거에서 노동당의 승리를 이끄는 원동력이 되었다. 이후 두 나라 정부는 프랑스를 국제사법재판소에 공동 제소함으로써 현실화되었다. 1973년 봄 오스트레일리아 변호사가 그린피스호의 대원인 맥타가트를 찾아가 베가호(프랑스 핵실험 장소에 타고 갔던 배의 명칭)사건에 대한 진술서를 받아냈다. 그 고소장에는 자유로운 항해와 탐험할 수 있는 권리를 프랑스정부가 침해했다는 내용이 포함되어 있었다. 국제재판은 1973년 6월에 시작되었고 핵실험금지 가처분이 내려졌다. 1974년 재판이 다시 시작되었지만 프랑스는 이미 대기권 핵실험을 하지 않겠다고 선언했기 때문에 재판소는 최종판결을 내릴 필요가 없다고 생각했다. 1975년까지 그린피스는 주로 핵실험 문제에만 관심을 기울였다. 그러나 상업적 포경 때문에 고래들이 멸종위기에 처하게 되었다는 사실을 알게 되자 상업적 포경에 항의하게 된다(Brown and May, 1994).

기성문화나 체제를 비판한다는 측면에서 보면 환경보호운동, 히피운동 그리고 신좌파의 이데올로기는 서로 닮아 있다. 1960년대와 70년대의 미국 사회에서 신좌파는 기성체제를 비판하고 미래의 사회는 단순성, 자연성, 개별성, 고정된 사회역할의 회피 그리고 자발적 빈곤을 지향해야 한다고 주장하였다. 그리고 그들은 복잡한 도시를 떠나 농촌과 땅으로 돌아가야 한다고 주장하였다. 이 같은 신좌파 청년들의 주장에 사회학자 밀스(C. Wright Mills)도 동조하였다. 그는 기술의 발달이 권력 엘리트에 의해 조종되는 대중사회로의 이행을 촉진시켰으며 인간은 그로 인해 거대하고 기계화된 생산과정의 위계질서 속에 편입되어 진정한 자아(the authentic self)를 잃게 되었다는 것이다. 그래서 진정한 자아를 실현할 수 있는 공동체의 설립과 거기에 참여하는 것을 장려하였는데 그들이 꿈꾸는 공동체는 도시보다 농촌에서 더 적합한 것으로 생각되었다(이주, 1998).

밀스는 자유와 이성이 실종되고 있는 현실을 비판하였다. 서구의 합리성으로 조직된 사회체제가 개인이나 사회의 자유를 증대시키지는 못하였다고 주장한다. 오히려 그러한 조직이 실제로는 폭정과 조종의 수단이 되어 이성적으로 그리고 자유인으로 살아갈 기회를 앗아가고 있다는 것이다. 당시 냉전상태에서의 미국과 소련의 군비경쟁은 두 나라의 엘리트들이 모두 심취해 있는 것으로 묘사되고 이것을 폭력상태로 규정하였다. 그래서 엘리트가 지배하는 사회는 결국 대중을 조종하기에 이른다는 것이다. 엘리트들은 이성을 가지고 있지 않은 합리성에 종사하며 반이성적으로 사회를 조종하는 세력들로 묘사된다(Mills, 1959). 밀스는 개인의 일상이 사회구조와 연결되어 있음을 강조하고 거대 관료조직을 대체할 참여민주주의적 공동체의 실현을 희망했다. 그러기 위해서는 지역공동체 단위로 권력을 분산시키고 대중 스스로 주체가 되는 사회가 되어야 한다는 것이다(이창희, 2007).

한편 클래치(Rebbecca E. Klatch)는 정치적 행위와 사회변혁에 있어서 원인적 요소로서 문화적 요인의 중요성을 강조하여 1960년대 학생운동을 했던 사람들을 심층면접하고 그 당시 학생운동과 관련된 문헌들을 조사하였다. 그가 사용하고 있는 반문명(counterculture) 개념은 1960년대 문화적 변용과 관련되어 있는 복장, 음악, 마약, 섹스 그리고 대안적인 생활양식을 포함하는 것으로 정의하고 있다(Darnovsky, Epstein and Flacks, 1995). 도시보다 덜 문명적이고 적대적이지(hostile) 않은 농촌에서 살아갈 수 있다는 희망에서 공동체적인 삶을 지향하였던 사람들은 공동체를 기존 사회조직의 대안으로 생각하고 실험했던 이상주의자들이었다(Howard, 1969).

이 시기의 귀농인을 생태적 관점에서 보면 귀농인들이 농촌에서 좌절과 희생을 겪었음에도 불구하고 그들은 농촌생활에 매우 만족하였던 것으로 보고하고 있다. 그 이유는 생태적 삶의 실천에서 얻는 만족감이 컸기 때문이다(Coffin and Lipsey, 1981). 현재 유럽이나 북미에서의 귀농은 다양한 형태로 나타나고 있지만 이념적인 측면에서 보면 40년 전의 귀농인들과 크게 다를 바 없다고 주장한다(Halfacree, 2007). 현재 귀농인의 이념적인 배경은 전 세대를 계승하고 있는 것이다.

우리나라 귀농의 역사적 성격

우리나라 귀농성격을 한국의 산업화 시기와 국가부채 위기인 1997년을 기점으로 나누어서 살펴보기로 한다. 현재의 귀농인 성격을 규명하기 위해서 과거와 어떤 차이점이 있는지 귀농인의 이념을 중심으로 정리한다.

1960년대와 1970년대는 유럽과 북미 지역에서 한창 귀농행렬이 이어지고 있을 때였다. 당시 서구사회의 귀농은 이데올로기적으로는 반문명적이며 기존 체제를 부정하는 성격을 지니고 있었다. 그러나 이 시기 우리나라는 산업화 초기 단계에 있었고, 농촌인구가 대량으로 도시지역으로 이주하던 때였다. 이 기간 노동자의 양적 성장은 있었지만 노동자의 이익을 대변할 수 있는 노동조합의 출현과 역할은 국가주도적 경제발전하에서 극도로 제약되었다. 급기야 처참한 노동현실에 대한 각성은 당시 지식인이나 학생들에 의해 제기되었고 이들이 노동운동의 핵심 주체가 되었다. 그들은 노동현장에 들어가 노동자와 함께하는 삶의 실천을 시대적인 요청으로 간주하였고, 마찬가지로 피폐해진 농촌으로 들어가 농민과 함께하는 삶을 사는 것이 지식인으로서 대중의 아픔을 나누는 것이라고 생각하였다.

1970년대 학생운동, 노동운동을 포함한 사회운동은 이념운동이 아닌 자유주의 및 도덕주의라는 틀 안에서 진행되었다(김원, 1999). 이 것은 1970년대의 학생운동이나 사회운동이 근대화 발전 이데올로기 에 대한 정당성을 거부할 만한 이념을 가지고 있지 못했다는 것을 의미한다(김동춘, 1994). 보다 구체적으로는 국가주도의 산업화를 거 부하는 이념적 투쟁이 아니라 불평등 심화에 따른 사회정의의 실현 에 초점을 두었다. 산업노동자의 급성장이 있었지만 노동자 스스로 자신들의 문제를 해결할 만한 의식이 성숙되지도 못하였으며 근대 적인 의미에서의 시민의식이나 노동자의식을 지니고 있지 못하였다. 노동자 자신의 이해투쟁을 위한 노동조합의 결성이 미미하였기 때 문에 노동자의 인권 보장과 사회불평등 개선을 위한 사회운동이 지 식인을 중심으로 나타났다.

1970년대 말 노학연대는 대학생들이 노동현장에 직접 참여하는 형 식으로 나타났는데 노동자의 고통과 경험에 대해 공감하면서 소외된 노동자, 농민 등과 연대하게 된다. 다음과 같은 1982년 한 대학생의 고백을 통해 당시 대학생들의 민중에 대한 인식을 엿볼 수 있다.

"나는 농민과 노동자들에게 죄스러운 마음을 느끼지 않을 수 없 다. 나도 사회계층 면에서 볼 때 그들보다는 잘살고 있지 않은가. 아무런 고통도 받지 않고 많은 돈을 써가며 대학을 다니고 있지 않은가. 수많은 사람들이 노력의 정당한 대가도 받지 못하고 빼앗 기고 있는데 그런 것을 보고도 아무렇지도 않단 말인가? 나에게 현실을 깨우치려는 노력이 없고 현실적인 불이익에 대한 두려움 이 계속 존재하는 한, 나도 같은 동포의 고혈을 빠는 그런 자들이 되어버릴 것이다. 나는 진실의 성으로 열심히 달려가 문을 열고 들어갈 것이다."(한상진, 2003)

위와 같은 대학생의 노동자와 농민에 대한 인식은 자신들이 그들을 돌봐줘야 하거나 또는 계몽해야 할 대상으로 보았을 뿐 아니라 자신의 성찰을 통해 그들과 함께하지 않으면 죄의식을 느낄 정도였다. 이 시기에 대학생은 방학을 이용하여 농촌활동에 나섰는데 일손을 돕는 것은 물론이거니와 농촌계몽 내지는 농민의 의식화 교육을 병행하였다. 이러한 성격의 농민 의식화 교육 활동은 종교단체의 농민운동에서도 동일하게 나타나고 있었다.

노학연대는 그들의 삶의 현장에서 개인적인 참여로 나타나고 개인적인 경험의 산물로서 노학연대에 의한 사건들이 발생하였다. 이것은 1970년대 중반 이후 학생운동 중심의 반외세 정치투쟁에 대한 한계를 반성하면서 대중을 의식화 또는 조직화하는 것을 우선 과제로 삼으면서 발전되고 있었다(김영국, 1991). 노학연대가 구체화된 가장 대표적인 사건으로는 청계피복노동조합재건(1984), 한국노동자복지협의회결성(1984), 구로동맹파업(1985), 서울노동운동연합결성(1985) 등을 들 수 있다(김원, 1999). 노학연대는 상징적으로 지식인과 노동자 또는 농민의 결합을 나타내고 있었다. 반외세에 대한 투쟁은 자본가를 지지하는 국가와의 투쟁을 가져왔고 당시 국가는 사회운동가들을 국가의 체제나 자본주의적 지배 이데올로기를 거부하는 것으로 받아들였다. 따라서 국가는 다양한 강제력을 동원하여 사회운동집단을 무력화시킨다.

1984년에서 1985년에 이르는 기간에 D자동차의 파업농성과 관련하여 대학 출신자의 생산직 취업과 관련한 사건에서 당시 노동운동가들의 현장 활동이 국가권력에 의해 좌절되고 있음을 보여주고 있다.

"대학졸업자의 생산직 취업문제는 사건의 진행과정에서부터 재판이 끝날 때까지 가장 커다란 쟁점 중 하나로 부각되었다. 국가권력은 파업농성이 진행될 때부터 이를 '위장취업'으로 단정하고, 언론을 통해 대대적으로 왜곡 선전하였다. 국가권력의 시각에 의하면 취업이란 오로지 호구지책으로 인식될 따름이다. 따라서 대학 출신자들이 생산직에 취업하는 것은 생업을 목적으로 한 보통의 근로자들과는 달리, 불순한 동기(추측하건대 선량한 노동자들을 선동 주사하여 건전한 노사관계를 파괴하고 그들의 정치적 야망을 달성하기 위한 도구로서 이들을 이용하겠다는 동기)에서 출발한 '위장취업'으로 간주되었다. 이러한 국가권력의 주장에 대해 노동자들은 허위와 기만에 찬 삶이 아니라, 이 땅의 착취와 억압 아래 신음하고 있는 고통받는 이웃과 함께, 노동의 현장에서 그들과 더불어 노동을 통해 인간다운 삶을 회복해나가겠다는 인간적 의지가 그들의 취업동기이며, 더 나아가 직업선택의 자유는 헌법적으로 보장된 것이라고 주장했다. 대학 출신자의 생산직 취업을 둘러싼 국가권력과 노동자들의 첨예한 인식대립은 실상 법조문상으로는 하등 문제시될 수 없는 것이다. 그러나 형량 결정에 있어서는 관련 피고인들 가운데 대학 출신자들과 그렇지 않은 사람들 간에 차등적으로 형량이 결정되었다."(한국사회사연구회, 1990)

당시 국가권력의 집행은 실질적으로는 국가의 지배 이데올로기를 반영하고 있었다. 이러한 국가권력의 집행은 노동통제방식에서 전형적으로 나타났다. 경찰력이나 국가기구의 개입에 의한 인신제재와 같은 물리적 강제수단을 사용하거나 노동관계법과 행정조치와 같은 합법적 수단, 그리고 당시 이슈화되고 있던 이데올로기적 수단 등을 동원하여 통제하고 있었다(노중기, 2007).

노동운동에 대한 국가의 감시는 사회운동의 전면적인 투쟁을 약화시켰다. 대학생들은 방학을 이용하여 농촌활동에 참가하여 농민을 의식화하는 데 적극적이었다. 이러한 농민을 대상으로 한 활동은 겉으로는 현장체험활동이었지만 내면적으로는 의식화 교육에 치우친 일종의 계몽적인 성격을 지니고 있었다. 농민문제를 해결하기 위해서는 농민 스스로 사회의 모순을 인식하고 그것에 대항해야 할 의무가 있다는 논리였다. 농민을 대상으로 한 대학생들의 의식화 교육이 농촌활동(농활)을 통해 실천되고 있었던 것이다. 그 당시 농활에 참여했던 한 사람의 글을 통해 당시 대학생들의 농민에 대한 평가와 농활의 목표를 살펴보자.

> "선배 학생들이 설정했던 민중의 상은 박정희의 반민중 정책에 대해 비판적 의식을 갖고 있는 투쟁가로서 농민이었다. 우선 우리는 대다수의 농민들이 우리가 예상했던 만큼의 비판의식을 갖지 않고 있다는 점에 당황했다. 그래도 하루의 작업을 마친 후의 저녁의 분반 활동 시간 혹은 작업시간 중 이들과 대화를 할 수 있는 틈만 나면 박정희의 농민말살정책, 저곡가정책을 비판하면서 그들의 동의를 이끌어내려고 애썼다."(김동춘, 2000)

박정희 정권 시기에 사회운동의 주축이 되었던 노동운동이나 학생운동에 대한 탄압이 심해지자 각종 사회운동 조직은 그것의 틀이나 명칭을 갖지 않고 개인적으로 활동하고 있다가 필요한 시기에 일시적으로 규합하려는 전략을 펴기도 하였다(이태복, 1994). 산업화 시기에 노동운동은 지식인에 의해 주도되었고 사회운동으로 확대되었다. 그러나 노동자와 농민을 옹호하는 사회운동을 용공활동으로 규정하면서 탄압하였고 운동에 참여했던 사람들을 좌절에 빠뜨렸다. 언론과 각종 대중매체와 예술작품에 대한 검열은 당시 사회의 불평등과 부도덕성을 고발하려는 욕구를 통제하는 기제로 작용하였기 때문에 사실상 당시의 사회운동에 대한 내용은 잘 알려지지 않았다(김성희, 2003).

학생운동에 참여했던 사람들은 졸업 후 노동현장이나 농촌현장에 들어가서 사회운동을 지속하였다. 사회운동에서의 가치지향을 자신의 삶과 일치시키고자 하는 노력에서 농촌에서의 삶을 선택한 한 여대생의 예는 현장에 들어간 활동가들의 전형적인 사례라 할 수 있다. 그들은 '민중 속으로' 또는 '현장 속으로'와 같은 구호와 일치되는 삶을 살려고 노력하였다. 그들이 생각하는 사회를 변화시키는 방식은 농촌현장으로 뛰어들어 스스로 농촌 사람이 되는 것이었다. 이 여대생들은 일반적인 관행을 깨고 자신보다 자원이 적은 농민과 하위결혼을 하게 된 경우도 많았다(꿈지모, 2005). 다음의 글에서 한 여대생의 민중에 대한 관념과 도덕적 태도를 엿볼 수 있다.

> "난 확실한 운동권은 아니었어요. 내놓고 학습하고 그런 건 없지만 늘 빚진 것 같은 생각이 있었어. 그러면서 졸업할 무렵에는 그렇게 정리가 됐죠. 내가 옳다고 생각하는 거를 실천하면서 사는 게 내 삶의 방향이다. 내가 그냥 중산층으로 살기 시작하면 그러니까 우리나라에서 이런 시점에 내가 이렇게 살지 않으면 평생 후회하겠구나 그런 게 있었어."(꿈지모, 2005)

이상과 같이 당시 운동권 대학생들의 현실인식을 통해서 형성된 윤리적 에토스-민중에게 다가가서 함께하려는 삶을 통해 사회변혁을 실현하려는 태도-처럼 노동운동을 포함한 사회운동가들에게도 그것이 작용하고 있었다. 적극적으로 노동운동이나 농민운동에 참여했던 사람들이 노동현장이나 농촌현장 속으로 들어가게 되었던 것이다. 농민과 함께 농사를 지으면서 고단한 삶을 함께하는 것만으로도 자신들의 삶의 가치가 거기에 투영되어 있다고 인식하였던 것이다. 이들은 소외계급과 일치된 삶을 살아가야 한다는 가치관을 가지고 영농을 실천했던 엘리트 중심의 귀농자였다.

우리나라의 1960~70년대 상황은 유럽이나 미국의 사회적 분위기와 매우 달랐다. 그리고 이 시기에 유럽이나 북미에서의 귀농현상과 같이 일시적으로 유행처럼 나타난 것도 아니며 단지 사회운동 차원에서 시대적 요청에 의해 지식인의 의무감으로 여긴 소수의 사람들이 귀농한 것이다. 이 시기 한국의 귀농자는 유럽과 북미의 귀농자처럼 반문명적이고 기존체제 부정적인 이데올로기를 가지고 있지 않았다. 예를 들면, 당시 우리나라에서 히피운동은 대안적인 삶을 찾으려는 히피운동으로 나타나지 않았으며 복장이나 마약복용 등 외형적 모방(plastic Hippie)에 그치고 있었다.[3]

1997년 국가 부채위기 이후 한국 경제는 신자유주의화가 가속화됨에 따라 노동 유연성이 증가하고 노동 안정성은 더욱 낮아지게 되었다. 비정규직 노동자가 늘어나고 불안정 고용이 증가하면서 많은 노동자가 경제적 빈곤을 경험하게 되었다. 이들은 일을 하지만 공식적인 사회보험에서 배제된다거나 낮은 노동보상으로 인해 새로운 빈곤층(new poverties)을 형성하게 된 것이다.

특히 현대사회는 전문지식이나 기술과 같은 개인적 능력뿐 아니라 경제적 능력, 의사소통 네트워크, 이동성 등과 같은 사회적 역량을 충분히 갖추어야 하는데 그 기회나 자원에 접근할 수 있는 활동이나 과정으로부터 배제되는 상태에 있는 인구 층은 새로운 빈곤을 경험하게 된다. 이러한 빈곤층의 특징은 과거의 빈곤층과 달리 젊은 연령층이 많으며 경제의 재구조화로 인하여 미숙련노동자층으로부터 숙련노동자 및 화이트칼라 노동자에 이르기까지 광범위하게 경제적 안정성을 위협받고 있다. 특히 젊은 층은 불안전 취업이나 사회적 보험수급으로부터의 배제로 인해 빈곤위험이 더 커지고 있는 것이다(Funken and

Cooper, 1995; Buffoni, 1997; 신명호, 1997; 김영란, 2005 재인용).

근로빈곤층은 일할 능력과 의지가 있으나 잦은 실직과 낮은 소득 때문에 일을 하더라도 빈곤상태에 머무르게 되는 것이다. 국가부채 위기 이전에는 전통적으로 근로능력이 없는 취약집단이 빈곤층을 형성하고 있었지만, 국가부채 위기 이후에는 근로능력이 있는 경제활동 가능인구집단이 새로운 빈곤층을 형성하고 있는 것이다(구인회, 2002; 김영란, 2005; 노대명, 2002). 1980년대에 25% 정도였던 비정규직이 2003년에는 전체 노동자의 약 50% 정도에 달하였다. 이러한 이중 노동시장의 형성은 비정규직 노동자의 경제적 및 사회적 지위를 약화시키는 기제가 되었다. 근로빈곤층으로 가구의 총소득이 중위소득 60% 기준 미만인 294가구를 조사한 연구에 의하면 이 계층의 1997년 국가부채위기 이후 실업경험은 전체의 58.8%였으며 두 번 이상도 37.2%에 이르고 있다(김영란, 2005). 국가부채위기 후 산업재구조화는 취약계층에게는 더욱 불리한 노동여건을 만들었던 것이다. 경쟁력이 있는 노동계층에게는 유리한 노동시장이 형성된 반면에 취약한 노동계층은 저임금을 강요당하게 된 것이다. 국가부채 위기 시 기업의 도산과 경기침체로 인해 노동자들은 실업 또는 비정규직으로 전락하게 되었으며 자영업자들도 빈곤층에 편입되기 시작하였다(송호근, 2002). 1998년 3월에 전국 건설일용노조협의회 조합원 600명을 상대로 조사한 결과에서도 이들 중 65%가 1998년 현재 생존에 문제가 있다고 답하였다(이장원 외 4인, 1998).

국가부채 위기 이후 기업구조 조정은 한국 경제가 신자유주의적 경제체제로 급속하게 편입되었음을 말해준다. 신자유주의의 확대는 세계 곳곳에서 양극화를 확장시키고 있다. 한국에서 저소득층의 확대로 표현되는 빈곤화 현상은 산업생산과 투자, 고용, 소득, 소비, 자산가격 등의 양극화에서 비롯된다. 특히 저소득계층의 가계재생산은 주로 내수 부문, 중소기업, 비전문적인 직업, 서비스업 등에서 이루어진다(유철규, 2004). 그런데 국가부채 위기 이후 특히 저소득층의 가계재생산이 이루어지는 부문에서 대량해고가 발생하게 되어 사회재생산의 기본적인 물적 토대가 와해되었다. 이러한 현실은 저소득계층의 가계재생산에 악영향을 미쳤는데 주로 노무직, 개인서비스직 그리고 자영업자들에 가장 타격을 주었으며 가족 중심적 사회재생산 위기에 의한 가족해체를 가속화하였다(장경섭, 2011).

고도의 경제성장과정에서 완전고용은 국가의 사회복지정책 기능을 약화시켜 왔다. 대부분의 사회보장제도는 기업을 중심으로 구축되었으며 사회통합의 중심에도 기업이 위치하고 있었다. 따라서 전통적인 가족부조 시스템과 국가에 의한 최소한의 공적 부조가 기업 중심적 사회모델을 지원하였다. 그러나 1997년 국가부채 위기 이후 고도성장기에 완전고용을 전제로 한 기업 중심적 사회모델은 타격을 입게 된다. 노동시장의 유연화와 이중 노동시장의 확대 등으로 노동시장의 안정성이 깨지고 평생직장의 관행이 약화되자4 기업 중심적 사회모델은 새로운 사회모델로 대치되어야 할 상황에 이르게 된 것이다(최영기, 2009).

산업화 초기인 1960년대 이후 1997년 국가부채위기까지 몇몇 특수한 시기를 제외하고는 거의 완전고용에 가까운 고용상태를 유지해왔지만, 1997년 이후 급작스러운 대량실업사태에 직면하여 개별 노동자들은 실업의 위험 앞에 무기력하게 노출되었다. 국가부채 위기 이전에 해고당한 경험이 별로 없었던 노동자들은 당혹스러워했다. 사회적 방어막으로서 실업보험과 같은 사회복지제도는 매우 미약하였기 때문에 정서적인 불안과 함께 실질적인 가계재생산이 불가능한 사태를 겪게 된 것이다.

기업의 인원감축에 의한 구조조정은 산업화 과정에서 저임금의 가격경쟁력에 의존해왔던 기업들이 중국과 같은 신흥공업국가와의 경쟁과 국내의 임금상승 등으로 당시 새로운 탈출구를 모색하기 위해 시작되었다(신용하 외 5인, 1998). 게다가 컴퓨터의 발달과 자동제어시스템 기술의 발달은 생산설비의 자동화를 통해 인적 노동력을 획기적으로 감소시키기에 이르렀다. 따라서 인간노동력이 기계의 자동화로 대체됨으로써 경제가 회복되더라도 고용창출이 회복되지 않는 결과를 가져오게 되었다. 이러한 기술적 실업은 이미 선진 공업국에서 나타났으며, 저임금이나 임시직의 고용을 증가시켜 왔다(Rifkin, 1994; 신용하 외 5인, 1998 재인용).

1998년 한 조사연구에 의하면 실직자의 77.3%가 '예전보다 못한 일자리'라도 찾으려는 태도를 보이고 있다. 1997년 말까지도 2.1%이던 실업률이 1999년 2월 8.7%(179만 명)로 크게 증가하여 경제개발 초인 1966년 이래 최고의 실업률을 보였다(변형윤 외 9인, 1999). 비농업 부문에서의 실업의 증가와 저임금과 임시직 같은 고용의 증가는 도시거주 노동자의 소득 감소로 이어졌다.

도시거주 노동자의 가계재생산 위기가 닥치자 1995년 WTO의 출범으로 인한 국가의 농업에 대한 지원정책과 국가부채 위기 이후 실업자대책으로서 귀농자를 위한 시책은 도시의 하층 노동자나 자영업자에게 귀농을 자극하는 요인이 되었다(최원규·백승우, 2001). 1997년 국가부채 위기에 의해 비농업 부문에서의 대량실업사태가 발생하자 국가는 농업 부문으로의 이동을 촉진하기 위한 정책을 내놓았다.

국가부채 위기는 노동자들에게 노동공동체의 해체를 목격하는 계기가 되었다. 그 이전까지는 평생직장이라는 인식이 그들에게 팽배해 있었으나 대량해고 이후에 그들에게 닥친 고용불안은 자본주의 체제에 대한 불신을 증폭시켰다. 산업화 과정에서 한국의 복지가 기업에 의해 보장되고 있었던 점을 감안해보면, 노동자의 심리적인 불안과 실질적인 직장으로부터의 대량해고 사태는 그 이전에는 경험하지 못했던 것이다. 직장으로부터 해고당한 많은 노동자들이나 도산한 자영업자들은 최후의 보루라고 생각한 농촌 지역으로 이주하게 된다. 그러나 그들의 대부분은 농촌에서 생계유지가 어렵게 되자 다시 도시로 재이주하였다. 이러한 인구이동은 고전적으로 산업 간 임금 격차, 지역 간 자원 격차 그리고 노동수요의 차이에 의해 발생하는 것으로 설명된다. 즉, 경제적인 기회의 차이에 의해 인구이동이 일어나는 것으로 이해된다.

한국 사회에서 1997년 국가부채 위기 이전에는 귀농이 사회적으로 전혀 주목받지 못하였다. 1997년 이전에 귀농 인구수는 양적으로도 매우 적었다. 그러나 IMF외환위기 이후에 귀농 인구가 급격히 증가하자 귀농에 대한 사회적 관심이 증가하게 되었다. 이들은 경기가 안정되자 대부분 도시로 재이동하였는데(이민수 et al., 2009), 이러한 일시적인 귀농 인구의 증가는 경제적 요인으로 발생했다는 것을 증명해주고 있는 셈이다. 그런데 경기가 회복된 이후에도 여전히 귀농이 증가하고 있는 점은 단지 경제적 측면만으로는 이해할 수 없는 현상이기도 하다. 국가부채 위기 직후에 폭발적으로 증가했던 귀농 인구수가 2003년까지는 점차 감소하였지만 2004년부터 다시 증가하기 시작하여 2009년부터는 거의 1999년 수준에 이르렀고 2011년과 2012년에는 경제위기 직후의 귀농 인구수를 앞지르고 있기 때문이다(<표 1> 참조).

<표 1> 연도별 귀농 가구 수

연도	가구 수	누계(가구 수)
1990~1998	13,595	
1999	4,118	17,713
2000	1,154	18,867
2001	880	19,747
2002	769	20,516
2003	885	21,401
2004	1,302	22,703
2005	1,240	23,943
2006	1,754	25,697
2007	2,384	28,081
2008	2,218	30,299
2009	4,080	34,379
2010	4,067	38,446
2011	6,541	44,987
2012	11,220	56,207

자료: 농림수산식품부

여러 선행연구에서는 앞으로 귀농 인구가 증가할 것이라는 전망을 내놓고 있다. 도시민 1,000명의 전화응답조사에서 향후 농어촌에 이주할 의향이 있다는 응답이 56.1%를 나타내 도시민의 농어촌 이주에 관심이 많음을 보여주었다(송미령 외 3인, 2006). 앞으로 1970년대와 1980년대에 농촌에서 대도시로 이동하였던 사람들이 은퇴 후에 다시 농촌으로 돌아가는(turnaround) 현상이 나타날 것으로 예측하고 있다. 특히 베이비붐 세대는 농촌에 대한 향수와 애착을 갖고 있어서 향후 10년간 귀농 인구의 주류가 될 것으로 전망하고 있다(구동회, 1998; 정삼철, 2011).

1997년 이후 현재까지 귀농이 유행처럼 번지게 된 사회적 배경을 다음과 같이 정리할 수 있다.

① 국가부채 위기 후 농림업 부문에서의 취업자 수의 증가는 도시 하층계급이 농촌을 일종의 탈출구나 안전판으로 생각한다는 것을 보여주었다. 그리고 경제가 호전되자 많은 귀농자들이 도시로 재이주하게 된 것은 경기의 부침에 따라 '경제 목적 귀농인'이 증가 또는 감소한다는 것을 보여준다.

② 국가부채 위기 이후에 평생직장에 대한 신화가 깨지자, 노동자들은 평생고용을 보장할 것으로 생각했던 기업을 불신하게 되었다. 이러한 정서적 불안은 보다 안정된 생업을 찾으려는 사람들의 욕구를 부채질하였다.

③ 고용 불안정성의 증가와 기술적 실업의 증가로 인하여 고용시장에 적응하지 못한 노동자들의 수가 늘어나자, 그들은 예전보다 보상이 더 적은 노동시장으로의 이동을 감수하게 되었다. 그 대표적인 경우가 도시 하층노동자의 농촌 지역으로의 이동이다.

④ 기업의 재구조화 과정에서 전문직과 단순 노무직의 양극화가 진행되었는데 단순 노무직의 경우 노동에 대한 보상이 감소한 데 반해 전문직의 노동에 대한 보상은 오히려 증가하였다. 그렇지만 전문직 종사자에게도 그 이전에 관습적으로 행해진 종신고용관행과 같은 노동 안정성은 보장되지 않았다. 화이트칼라 층에도 고용 불안정은 상존하게 되었다.

⑤ 자영업자를 포함한 비전문직 노동자나 전문직 노동자들은 고용 불안정으로 인하여 보다 안정된 직업을 찾으려는 욕구를 지니게 되었다. 그중 하나가 자본으로부터 독립적인 생활에 대한 욕망이다. 다시 말하면 사람들이 타인의 지배하에 놓이게 되는 피고용 상태에서 벗어나려는 것이다.

⑥ 자본주의 사회에서 피고용 상태를 벗어나기 위한 방법은 자영업이나 농업과 같은 자기 고용적 특징을 지닌 부문에 종사하는 것이다. 도시 부문의 자영업은 대 자본에 의해 재편되고 있었기 때문에 당시 도시 부문의 많은 자영업자들이 실업상태에 처하게 되었다. 이들은 노동자로 취업하는 경우가 드물어서 새로운 자영업을 시작하기에 여력이 없는 사람들은 농촌으로 이주하는 경우가 많았다.

⑦ 귀농을 결정하게 된 동기를 살펴보면 개인적 차원에서는 위험사회에 대한 자아성찰에서 비롯되며[5], 사회적 차원에서 이것을 부채질한 것은 생태적 가치를 내걸고 귀농운동을 벌이고 있는 귀농운동단체의 이념에 의한 영향과 각종 매스미디어의 귀농에 대한 비현실적인 미화에서 비롯된다.[6] 생태적 귀농인의 귀농동기는 삶에 대한 자아성찰과 문명에 대한 구조적 성찰에서 비롯되며, 그들은 생태가치를 실천하기 위해 도시에서 농촌으로 이주한 사람들이다.

이상과 같은 사회적 배경은 귀농인의 성격이 다양하게 존재한다는 것을 암시해준다. 이제 귀농인을 두 부류로 구분하고 서로 대비시키려고 한다. 하나는 자신이 할 수 있는 노동의 기회가 농촌에 존재하고, 노동에 대한 보상도 과거와 비할 바는 못 되지만 현재 도시 부문에서의 자기노동보상수준과 어느 정도 비등하다고 판단하는 집단이 존재한다. 이 부류는 농촌에서의 가계재생산이 도시보다 유리하다고 생각하여 귀농한 사람들이다. 또 다른 집단은 상존하는 고용 불안정성에 대한 심리적 불안을 포함하는 산업문명의 위험과 자본주의 모순에 대한 성찰에서 비롯된 귀농이다. 이들은 전문직에 종사했던 도시 중산층이 중심을 이루며 생태가치를 내면화하고 그것을 실현하려는 욕구를 지니고 있는 집단이다. 이제 잠정적으로 전자를 '경제 목적 귀농'이라 하고 후자를 '생태가치 귀농'이라고 정의하고자 한다. 여기서 '생태가치 귀농인'은 유럽이나 북미 지역의 귀농인들과 이데올로기적으로 유사하다고 볼 수 있겠다. 이러한 이데올로기적 유사성은 현재 우리나라 귀농인을 위한 귀농교육 내용에서도 찾아볼 수 있으며, 경험적인 조사를 통해서도 확인된다(송인하, 2013a).

요약

요점
1960년대 유럽이나 북미 지역에서는 귀농행렬이 절정을 이루고 있었다. 그 당시 한국은 농촌인구가 도시로 대이동을 하게 되는 산업화 시기이다.

우리나라에서 귀농이 급격하게 증가하게 된 시기는 1997년 국가경제 위기 이후이다. 그 이전에는 대체적으로 도시노동자들은 자신의 직업이 안정적이라고 인식하고 있었지만, 국가부채 위기 시 노동자들의 대량해고 경험은 자기 직장의 안정성에 대해 불신을 갖게 되었다. 평생직장이라는 신화가 깨지면서 정서적 불안감이 증폭되었는데 이러한 위험으로부터 탈출하려는 욕구가 귀농현상으로 나타난 것으로 볼 수 있다.

사실
1997년 국가부채 위기 시에 귀농했던 대부분의 사람들은 경기가 호전되자 도시로 재이주하였다. 이것은 경기의 부침에 따라 경제 목적 귀농이 증가 또는 감소함을 보여주는 것이다.

주요 단어
산업화, 반문명주의, 개인주의, 공동체주의, 귀농운동, 자아 성찰, 구조적 성찰

생각해 보기
당신이 귀농하겠다고 마음을 먹게 된 동기는 무엇이었습니까?

귀농을 선택한 사람들

본 연구에 참여한 귀농인들

　　연구참여자 중 BTL001~BTL010은 생태가치 귀농인이고 EPM001~ EPM008은 경제 목적 귀농인이다. 이러한 두 집단은 면접 시 연구참 여자가 자기와 유사한 성격의 귀농인을 소개받는 과정에서 1차적으로 분류되었으며 면접조사를 마치고 난 후 연구자가 판정하여 두 집단의 귀속 여부를 최종 결정하였다. 어떤 사례는 두 집단 간 중간에 위치한 성격의 귀농자도 있다. 간단히 말하면 두 집단에 정확하게 귀속되는 사례가 경험적으로는 매우 드문 것이다. 이와 같이 각 사례의 성격분류가 애매함에도 불구하고 두 집단으로 분류한 것은 이상형적 개념구성상 피할 수 없는 문제이다. 다만 어떤 사례가 한 집단의 전형적인 사례로서 제시될 수 있을 뿐이다. 예를 들면, '경제 목적 귀농인'에 대한 이상형적 개념은 경험적 사례들로부터 구성되었지만 결코 몇 개의 경험 사례의 종합이거나 공통의 특징에 대한 기술은 결코 아니다. 연구자가 '생태가치 귀농인' 개념과 대비시키기 위하여 목적합리적 행위7에 기초하여 구성한 이상형적 개념인 것이다.

　　여기서 '이상형'이라는 말은 독자들의 이해를 돕기 위하여 비유적으로 다음의 경우를 제시해본다. '당신이 생각하는 배우자의 이상형은 무엇입니까' 또는 '당신은 현재 이상형적 배우자와 살고 있습니까'라는 질문에서 '이상형'이라는 말을 생각해보자. 여기서 '이상형적 배우자'란 '당신이 생각할 수 있는 한 가장 이상적인 배우자의 상'을 말한다. 그래서 현실세계에서는 찾아보기 힘든 경우가 많다. 사람들은 각자 생각하는 배우자의 이상형을 가지고 있지만 최종 선택한 배우자는 그들이 생각했던 이상형과 비교해보면 언제나 차이가 있기 마련이다. 사람들은 그야말로 꿈속에서나 볼 수 있을까 할 정도의 유토피아로서 '이상형적 배우자상'을 가지고 있지만 현실적으로 결혼상대로서 배우자상은 언제나 그것과 거리가 있는 것이다.

현재의 배우자에 대해서 자신이 생각했던 이상형적 배우자와 어느 정도 다른가 하는 점을 설명한다고 가정할 때, 당신이 생각했던 '이상형적 배우자상'은 현재의 배우자를 설명하는 데 유용하게 사용될 수 있다. 즉, '이상형적 배우자상'과 '현재 배우자'를 서로 비교하여 그 차이를 설명한다면, 현재 배우자에 대해 쉽고 자세히 기술할 수 있는 것이다. 만일 타인에게 '이상형적 배우자상'을 제시하지 않고 '현재 배우자상'을 설명하려 한다면 비교의 기준이 존재하지 않기 때문에 그에 대한 풍부한 묘사를 전개하는 데 결코 용이하지 않다. '현재 배우자상'을 효율적으로 상세하게 기술하려면 비교대상이 있어야 한다. '이상형적 배우자상(이상형)'은 '현재 배우자상(현실세계 또는 실재)'과 어느 정도 거리가 있기 때문에 '현재 배우자상'을 기술하는 데 유용하게 사용될 수 있는 것이다. 앞에서 언급한 '경제 목적 귀농인'에 대해 이상형적 개념을 구성하는 목적도 이와 다르지 않다. 이제 '경제 목적 귀농인'에 대한 이상형적 개념구성은 '생태가치 귀농인'을 설명하는 도구로 이용하려는 의도에서였다는 것이 드러나게 된다. 이상형적 개념구성은 현실세계를 분석할 때 설명적 수단으로서 그리고 인과관계를 해명하는 데 유용한 이론적 자원이 되는 것이다. 개념구성에 대한 예는 본문에서 상세히 제시되고 있기 때문에 독자가 이해하기에 용이하리라 생각된다. 이 같은 연구방법론은 막스 베버(Max Weber)의 유산에서 비롯된다는 것은 두말할 나위가 없다.

본 연구참여자의 거주지역은 전북 남원군과 전북 진안군이다. 두 지역은 전형적인 농촌 지역이다. 남원군은 크게 두 지역으로 나뉜다. 한 곳은 농지가 발달되지 않은 산악지역이고 다른 곳은 농지가 발달하고 상업적 영농이 발달한 지역이다. 산악지역에는 생태가치 귀농인이 거주하는 경우가 많았고 상업적 영농지역에는 경제 목적 귀농인이 많이 분포한다. 진안군은 연구참여자들의 거주지 분포가 남원 지역처럼 분명하게 나타나지 않는다. 선행연구(김철규 et al., 2011)의 자료를 참고하여 각각 두 집단의 성격을 잘 나타낸다고 생각되는 연구참여자를 선정하였기 때문이다. 심층면접기간은 2012년 11월 3일부터 2013년 1월 24일까지였다.

BTL001은 도시에서 출생하여 도시에서 자랐고 귀농하기 전까지 서울에 있는 직장을 다니고 있었다. 대학을 졸업하고 곧바로 직장생활을 시작하였는데 직장생활 중에는 주로 노동조합과 관련된 일을 하였다. 당시에는 일부 대학생들이 노동현장 속으로 들어가 노동운동을 하는 경우가 많았는데 그도 그러한 유형에 속하는 한 사람이었던 것이다. 그는 직장생활을 하는 동안 노동운동에 참뜻을 두고 그 일로부터 보람을 찾고자 하였다. BTL001은 도시생활에서 경제적인 어려움이 없었다. 그의 부인도 직장생활을 하고 있었기 때문에 경제적으로 넉넉한 생활을

할 수 있었다. 그리고 그가 혼자서 귀농을 한 이후에도 경제적인 생활
에서는 안심을 할 수 있었는데, 그의 아내가 서울에서 직장생활을 계속
하였기 때문이다. 그는 현재 전업농으로서 생태농업을 실천하고 있다.

<표 1> 연구참여자의 특성(BTL001)

연구참여자	BTL001
학력	대졸
귀농 당시 나이(귀농시기)	40(1999)
가장 오래 생활했던 곳/귀농지와 관련성	도시/비연고
직업(전/현재)	노동자/전업농
연간수입(전/후)	36,000/24,000(천 원)
귀농학교 이수 여부	이수
가족관계(자신 포함 동거가족 수)	부부(2)

　　BTL002는 귀농 전에 경기도 E시에서 생활하였고 직장은 서울 강
남에 있었다. 그는 동업으로 작은 회사를 경영하고 있었는데 나름
안정적으로 회사가 유지되고 있었다. 귀농 초기에 그는 회사 일을
하지 않았다. 귀농 후 회사로부터 경제적 지원을 받지 않으려 마음
을 먹었으나 막상 귀농 후 농촌생활을 해보니 가계비 충당이 어려운
지경에 이르게 되자, 온라인상에서 회사 일을 거들면서 경제적인 지
원을 받고 있는 상태이다. 그는 2009년에 당시 42세의 나이로 귀농
하여 3년 동안 생태농법으로 농사를 시도하였으나 그가 얻을 수 있
는 소득은 가계재생산에 미치지 못할 정도로 매우 적었기 때문에 어
쩔 수없이 회사 일을 재택근무 형식으로 다시 하게 된 것이다. 그는
귀농 후 농업소득으로 생계비를 충당할 수 있다면 가장 이상적이라
고 생각하였지만 실제로 영농으로 가계경영을 충족할 정도의 수입

을 얻기가 매우 어렵다고 판단하고 나서는 처음의 생각이 바뀌게 된 것이다. 그는 농사만으로는 농촌에서 살아가기가 힘들다고 말한다.

<표 2> 연구참여자의 특성(BTL002)

연구참여자	BTL002
학력	대졸
귀농 당시 나이(귀농시기)	42(2009)
가장 오래 생활했던 곳/귀농지와 관련성	도시/비연고
직업(전/현재)	사무직/재택근무+농업
연간수입(전/후)	-
귀농학교 이수 여부	미이수
가족관계(자신 포함 동거가족 수)	부부+모+자녀(4)

BTL003은 2005년 48세의 나이에 귀농하였다. 그는 서울 출생으로 줄곧 서울에서 직장생활을 하다가 보람을 느끼지 못해 귀농하였다고 말한다. 그는 고등학교를 졸업하고서 한 회사의 판매사원으로 일하였다. 직장에서의 지위나 경제적 보상수준이 높았다고 스스로 평가하였다. 그가 퇴직 당시에 받는 임금이 회사 내의 대졸자보다 많았다고 한다. ㅌ도시에서 경제적으로는 안정된 생활을 하였으나 판매업무를 맡은 그에게 직장생활은 지루한 일과를 처리하는 정도로 인식되었다. 그의 유년 시절에 부모님은 서울의 변두리에서 농사를 지었는데, 그때의 추억이 참으로 가슴에 와 닿을 정도로 좋았다고 회상한다. 그래서 청년 시절부터 농촌에서 살아야겠다고 다짐을 하였다. 그러나 결혼 후 가족의 생계를 책임지고 있는 가장으로서 직장을 그만둘 수도 없는 처지가 되었고 결국 귀농을 실천에 옮기는 데 많은 시간이 흘렀다고 한다. 그는 농촌에 와서 농사를 주업으로 하고 있지만 그것만으로는 가계생활이 어렵게 되자 건축과 관련된

일을 틈틈이 하면서 모자란 생활비를 벌고 있다. 그의 소득구성비율을 보면 농업소득과 농 외 소득이 각각 반씩 차지하고 있는 셈이다. 그는 건축이나 농사와 관련된 일을 하면서 창의적인 삶을 살게 되었다고 말한다. 그는 창의적인 삶이란 새로운 것을 배우면서 자신의 앞에 닥친 문제를 해결해나갈 때 얻는 즐거움이 있는 삶이라고 말한다.

<표 3> 연구참여자의 특성(BTL003)

연구참여자	BTL003
학력	고졸
귀농 당시 나이(귀농시기)	48(2005)
가장 오래 생활했던 곳/귀농지와 관련성	도시/비연고
직업(전/현재)	판매직/농업＋건축
연간수입(전/후)	48,000/18,000
귀농학교 이수 여부	미이수
가족관계(자신 포함 동거가족 수)	부부＋자녀(3)

BTL004는 맨 처음 강원도로 귀농하였다. 그가 현재 귀농지로 오게 된 때는 2009년이었다. 그는 도시에서 전문직에 종사하였고 현재는 귀농지역의 사회단체에서 일하면서 텃밭을 경작하고 있다.

<표 4> 연구참여자의 특성(BTL004)

연구참여자	BTL004
학력	대졸
귀농 당시 나이(귀농시기)	50(2009)
가장 오래 생활했던 곳/귀농지와 관련성	도시/비연고
직업(전/현재)	전문직/사회단체
연간수입(전/후)	-　/12,000
귀농학교 이수 여부	미이수
가족관계(자신 포함 동거가족 수)	부부＋자녀(3)

BTL005는 비교적 젊은 나이인 36세 때 귀농하였다. 그의 원래 고향은 경남 합천이었으나 그가 7세 되던 때에 부모를 따라 대구로 이사했기 때문에 사실상 도시 출신이나 다름없다. 그는 고등학교를 마치고 직업을 갖게 된다. 혼자 직장생활에서 받는 임금으로는 대도시에서의 경제생활이 어려워서 그의 부인도 시간제 노동에 참여하게 되었다. 그가 회사의 노동조합과 관련된 일을 적극적으로 하다 보니까 잔업이나 초과수당을 받지 못하는 경우가 많았다. 결국 다른 동료들보다 적은 임금으로 생활하다 보니 경제적으로 쪼들릴 수밖에 없었다. 그가 다니던 회사는 1997년 IMF금융위기 이후에 자금사정이 나빠지면서 내부적으로 정리해고, 희망퇴직 등으로 소위 구조조정을 하였다. 이 시기에 노동자와 회사 경영자 간 이해갈등이 깊어지고 혼란스러운 직장생활을 겪게 되면서 노동조합 일에 관여하게 되었다. 구조조정 이후에는 회사동료 간에 생존경쟁이 더욱 치열하게 되어 직장의 분위기마저 살벌하게 되었다. 그는 승진자리를 두고 벌이는 동료 간 경쟁을 경험하게 되면서 직장생활에 대해 회의를 품게 되었고 그것이 귀농을 결심하게 된 동기가 되었다고 말한다. BTL005는 도시에서의 생활이 경제적인 면에서 어려웠다고 스스로 평가한다. 그는 생산직 노동자로 일하였는데 2005년 당시 연봉은 1,800만 원이었다. 대도시에서 살면서 두 명의 자녀교육비를 포함한 네 식구의 생계비로는 부족한 수입이었다. 그가 혼자서 귀농한 이후에도 2년 동안 부인은 도시에 남아서 가족을 위한 생활비를 벌었다. BTL005는 귀농을 결심하고 나서 건축 일을 배우게 된다. 그가 건축 일을 배우기로 한 것은 자기가 살 집을 손수 지음으로써 거주지 마련에 따른 경제적 부담을 줄이기 위해서였다. 그리고 그가 귀농 후 집 짓는 것을 우선적으로 고려한 이유는 농촌에 살면서 자기 집에서 살아야 안정적으로 정착할 수 있다고 생각하였기 때문이었다. 그는 현재 친환경 양계농장에서 자연방사 유정란을 생산하고 있다. 그는 경제적인 것을 포함해서 전반적으로 귀농생활에 만족하면서 살아가고 있다.

<표 5> 연구참여자의 특성(BTL005)

연구참여자	BTL005
학력	고졸
귀농 당시 나이(귀농시기)	36(2006)
가장 오래 생활했던 곳/귀농지와 관련성	도시/비연고
직업(전/현재)	노동자/농업+양계
연간수입(전/후)	18,000/36,000
귀농학교 이수 여부	미이수
가족관계(자신 포함 동거가족 수)	부부+자녀(4)

BTL006은 농촌에서 초등학교까지 마치고 중학교 때 부모님을 따라 서울에서 살게 되었다. 서울에서 대학 졸업 후 부모님의 도움으로 서울에서 주유소를 경영하게 된다. 당시 주유소 사업으로부터 얻는 수입은 대학을 나와 대기업을 다니던 동년배 친구들보다 훨씬 높은 수준을 유지하고 있었으며 만족스러운 것이었다. 주유소 사업을 그만둔 뒤로는 친구와 동업으로 새로운 사업에 손을 댔지만 돈 문제가 얽히면서 친구관계가 손상되자 그로 인한 마음고생을 많이 겪게 되었다. 이 사건은 당시 그에게 도시생활과 도시에서의 돈벌이에 대해 다시 생각하는 계기를 만들어주었다고 말한다. 결국 그는 도시생활을 접기로 결심하고 2008년 그의 고향인 경남 산청으로 가게 되었다. 그곳에는 형님뻘 되는 친척들이 여러 명 살고 있었기 때문에

농사일을 거들어주면서 농사기술을 쉽게 배울 수 있다고 생각하였다. 그런데 그곳의 농업은 대부분 관행농법[8]으로 행해지고 있었다. 귀향하여 수개월을 머무르고 있던 중 고향에서 농사짓는 사람들로부터는 유기농업 기술을 배울 수 없다는 것을 알게 되었다. 그러던 참에 실상사귀농학교에 대한 정보를 얻게 되었고 그곳에 들어가게 되었다. 그는 2년 동안 실상사귀농학교와 거기에 딸린 실습농장에서 일을 하면서 유기농업에 관한 기술을 익히게 된다. 현재 그는 벼농사 800평을 경작하고 있으며, 자신의 생계비를 벌기 위하여 생태건축과 관련된 일을 하고 있다. 그는 원래 건축기술을 가지고 있었던 것은 아니고 현재 살고 있는 지역에서 생태건축 일을 하고 있던 사람들과 합류하면서 그 일을 배우게 되었다. 생태건축이라 함은 자연적으로 얻는 흙이나 나무 등을 이용하여 집을 짓는 것을 말한다. 처음에는 건축 공사장에서 허드렛일을 하였고 차츰 건축기술도 익히게 되었다고 한다. 그의 부인과 자녀들은 아직 서울에 살고 있다. 부인이 서울에서 유치원 교사로 일을 하고 있어서 가족의 생계를 책임지고 있는 셈이다. 그와 그의 가족구성원들은 거의 4년 동안 떨어져서 살았는데 곧 그가 현재 살고 있는 귀농지역에서 함께 생활하게 될 것이라고 한다. 지금 농사와 건축 일로 벌어들이는 수입이 가족을 위한 생계비로 충분하다고 생각하며 나머지 가족들이 도시생활을 계속하는 것보다는 하루빨리 농촌생활을 하는 것이 모두에게 건강한 삶을 살아가는 것이라고 확신한다.

<표 6> 연구참여자의 특성(BTL006)

연구참여자	BTL006
학력	대졸
귀농 당시 나이(귀농시기)	40(2009)
가장 오래 생활했던 곳/귀농지와 관련성	도시/비연고
직업(전/현재)	자영업/농업+건축일
연간수입(전/후)	36,000/36,000
귀농학교 이수 여부	이수
가족관계(자신 포함 동거가족 수)	부부+자녀(1)

BTL007은 서울에서 사회단체에서 일을 하다가 2008년 귀농하였다. 그는 부인과 함께 약 2,000여 평의 논과 밭을 경작하고 있다. 도시에서 살 때는 연봉 2,400만 원 정도의 수입으로 경제적으로는 어려움이 없이 생활하였다고 말한다. 그는 현재 전업농으로 연간 수입은 도시에서의 수입의 30%에 지나지 않는다.

<표 7> 연구참여자의 특성(BTL007)

연구참여자	BTL007
학력	대졸
귀농 당시 나이(귀농시기)	44(2008)
가장 오래 생활했던 곳/귀농지와 관련성	도시/비연고
직업(전/현재)	사회단체/전업농
연간수입(전/후)	24,000/7,000
귀농학교 이수 여부	이수
가족관계(자신 포함 동거가족 수)	부부+자녀(2)

BTL008은 30세부터 47세까지 17년 동안 서울 공단 인근의 빈민지역에서 목회활동을 하다가 2005년에 귀농하였다. 그녀가 40세 되던 해 생태나 환경에 대한 사회적 관심이 높아지면서 자연스럽게 생

태이념에 관한 책을 접하게 되었고 환경에 관심이 많은 사람들과 교류하였다. 그러던 중 그녀가 목회활동의 일환으로 빈민지역에 살고 있는 아이들과 함께 텃밭농사를 시작하게 되었다. 아이들과 함께했던 텃밭농사 경험이 아이들의 태도나 행동에 긍정적으로 영향을 주게 되었다는 사실을 접하게 되면서 그녀 스스로 자연의 소중함을 깨닫게 된다. 1997년 국가부채 위기가 닥치자 가계경제의 위협에 처한 공단지역 빈민 가족들이 해체되는 것을 목격하게 되었다. 이때 그들에게 물질적 지원을 위한 지역교회의 역할에 매달려 왔지만 그녀는 그러한 목회활동에 한계를 느끼게 되었다. 그녀는 빈민 가족을 위한 보다 근본적인 처방은 물질적 지원보다는 정서적 지원이나 치유가 더 중요하다고 생각하게 되었다. 그러한 정서적 지원 공간으로서 쉼터 공간의 필요성을 인식하였고, 그것은 농촌 지역이 더 적합할 것이라고 생각하여 귀농을 결심한다. 그녀는 폐교를 활용하여 노인학교를 운영하고 있으며, 남편과 함께 약 3,000평의 경작지에서 쌀, 오미자, 고추, 콩, 채소 등 다양한 농산물을 길러내고 있다. 그녀는 도시에 살고 있는 후원자들이 매달 지원하는 후원금으로 살아가고 있다. 이 후원금은 일종의 CSA(community supported agriculture) 성격을 지니고 있는 것이다. 그녀가 생산한 농산물을 후원자들과 함께 나누는 것으로 그들의 성원에 보답하고 있다. 그녀가 살고 있는 마을은 현재 37가구이다. 귀농할 당시에는 28가구였는데 그동안 귀농가구가 더 늘어난 것이다. 전체 37가구 중 귀농가구가 17가구를 차지한다. 전체 귀농가구 중 4가구는 귀향한 사람들이다.

<표 8> 연구참여자의 특성(BTL008)

연구참여자	BTL008
학력	대졸
귀농 당시 나이(귀농시기)	47(2005)
가장 오래 생활했던 곳/귀농지와 관련성	도시/비연고
직업(전/현재)	종교인/전업농
연간수입(전/후)	ˉ /10,000
귀농학교 이수 여부	이수
가족관계(자신 포함 동거가족 수)	부부(2)

　BTL009는 서울, 익산, 전주 등 여러 도시에서 살다가 2005년에 귀농하였다. 그는 약 20년간 목회활동을 하였으며 젊은 시절 대학에 다닐 때에도 농촌목회활동을 하려고 농과대학에 진학하였다고 한다. 그는 현재 마을에서 이장을 맡고 있으며 지역에 있는 사회단체에서 임시직으로 일하고 있다.

<표 9> 연구참여자의 특성(BTL009)

연구참여자	BTL009
학력	대졸
귀농 당시 나이(귀농시기)	ˉ (2008)
가장 오래 생활했던 곳/귀농지와 관련성	도시/비연고
직업(전/현재)	종교인/전업농
연간수입(전/후)	ˉ /10,000
귀농학교 이수 여부	이수
가족관계(자신 포함 동거가족 수)	부부+자녀(4)

　BTL010은 서울에서 전문직에 종사하다가 2005년 42세의 나이에 귀농하였다. 그는 도시에 살면서도 농촌으로 가서 살겠다는 꿈을 늘 품고 있었다. 그런데 그의 딸이 현재 귀농지역에 소재하는 대안학교에 가겠다

고 하여 그 참에 바로 귀농을 결정하게 되었다. 그는 도시에서 직장생활을 하였고 그의 아내도 학교 교사로 일을 하였기 때문에 경제적으로는 여유 있는 생활을 하고 있었다. 그는 포도농사를 하는 전업농이며 그의 아내는 현재 귀농하여 살고 있는 지역의 교사이다. 그는 포도농사를 할 토지를 구입할 목적으로 귀농 전에 다녔던 직장에 다시 돌아가 1년간 일을 하고 토지구입에 필요한 돈을 마련하여 돌아온 경험이 있다.

<표 10> 연구참여자의 특성(BTL010)

연구참여자	BTL010
학력	대졸
귀농 당시 나이(귀농시기)	41(2005)
가장 오래 생활했던 곳/귀농지와 관련성	도시/비연고
직업(전/현재)	전문직/전업농
연간수입(전/후)	60,000/15,000
귀농학교 이수 여부	이수
가족관계(자신 포함 동거가족 수)	부부+자녀(4)

EPM001은 귀향 귀농인이다. 그가 시골에 있는 고등학교를 졸업하고 도시로 나가서 직장생활을 하였으나 경제적으로 만족스러운 생활을 하지는 못했다. 자신이 생각한 것보다 경제적으로 만족스럽지 못하자 농사를 짓기로 결심하고 고향으로 내려오게 된 것이다. 그는 도시에서 직장생활 할 때처럼 열심히 일을 한다면 농촌에서도 그 이상의 경제적 보상이 가능할 것이라고 생각하였기 때문에 귀농하는 데 망설임이 없었다. 그는 몇 가지 환금성이 높은 작물을 재배한 결과 농업소득에 대해 스스로 만족하고 있으며 그의 아내는 면 소재지에서 식당을 운영하면서 농 외 소득을 올리고 있다.

<표 11> 연구참여자의 특성(EPM001)

연구참여자	EPM001
학력	고졸
귀농 당시 나이(귀농시기)	30(1993)
가장 오래 생활했던 곳/귀농지와 관련성	농촌/고향
직업(전/현재)	노동자/전업농
연간수입(전/후)	18,000/100,000
귀농학교 이수 여부	미이수
가족관계(자신 포함 동거가족 수)	부부+자녀(2)

EPM002는 농업계 고등학교를 나와 입대 전에 잠시 양계장에서 일을 하게 된다. 그는 제대 후 제조업 공장에서 노동자로 일을 하다가 IMF외환위기 때 회사 사정이 나빠지자 퇴사하게 되었다. 그 후 양계장을 운영하려고 일단 고향으로 귀농하였으나 양계장을 할 수 있는 곳으로는 적당하지 않았다. 그래서 양계장을 운영하기에 좋은 환경을 갖춘 지역을 찾아 나섰다. 결국 양계를 하는 농가가 많이 분포하고 있는 현재의 귀농지역을 양계장 운영에 적절한 곳으로 판단하였다.

<표 12> 연구참여자의 특성(EPM002)

연구참여자	EPM002
학력	고졸
귀농 당시 나이(귀농시기)	39(2002)
가장 오래 생활했던 곳/귀농지와 관련성	농촌/비연고
직업(전/현재)	노동자/양계
연간수입(전/후)	- /60,000
귀농학교 이수 여부	미이수
가족관계(자신 포함 동거가족 수)	부부+자녀(2)

EPM003은 2000년에 귀농하였는데 고등학교까지 고향인 경남 거창에서 살다가 대학을 다니기 위해서 대구로 유학을 하게 되

었다. 그는 대학 졸업 후 고시공부를 몇 년간 하다가 성과가 없자 그만두게 되었다. 그 후 다른 사람들과 동업형식으로 서울에서 건축자재 판매업을 시작하였지만 경험 부족에다 경기까지 좋지 않아 별 소득도 없이 접게 되었다. 그는 농사를 해야겠다는 생각으로 실상사귀농학교에 입학하게 된다. 그의 고향에는 부모가 농사를 짓고 있어서 어릴 적부터 농사일에 대해서 어느 정도 파악하고 있음은 물론 방학 때는 곧잘 부모의 일손을 거들었던 경험이 있어서 농사일을 친근하게 생각하였다. 귀농학교를 마치고 귀농학교 인근 마을에 정착하게 되자 논 1,000평을 임차하여 처음으로 농사를 시작하였다. 이때 같은 귀농학교 출신과 결혼하게 된다. 그는 농작물 재배는 물론 벌을 치기도 하였으며 관광객을 상대로 민박도 하는 등 여러 가지 수입이 될 만한 것을 닥치는 대로 하였다. 자기가 만든 벌꿀 차가 민박손님으로부터 좋은 평가를 받게 되자 그것을 상품화하여 팔기 시작하였으나 얼마 안 돼서 식품관련법 위반으로 처벌을 받는 처지가 되었다. 그 후 식품제조업 허가를 받고 본격적으로 그 제품을 생산하면서 경제적으로 안정된다.

<표 13> 연구참여자의 특성(EPM003)

연구참여자	EPM003
학력	대졸
귀농 당시 나이(귀농시기)	40(2000)
가장 오래 생활했던 곳/귀농지와 관련성	농촌/비연고
직업(전/현재)	자영업/농산물가공
연간수입(전/후)	-
귀농학교 이수 여부	이수
가족관계(자신 포함 동거가족 수)	부부(2)

EPM004는 서울에서 하던 자영업 운영이 어려워지자 고향으로 귀농을 결심하였다. 그러나 학원 교사로 일하였던 그의 아내가 농촌으로 이주하는 것에 반대하였기 때문에 아내를 설득하는 데 어려움을 겪게 된다. 당시 그의 고향에는 포도재배 농가들이 경제적으로 성공하는 사례가 많이 있었는데 그도 포도농사를 하면 괜찮을 듯하여 귀향을 결정하게 된 것이다. 고향에서 포도를 주 작목으로 하는 전업농으로 경제적으로 안정된 생활을 하고 있으며 스스로 성공한 귀농인으로 자신을 평가한다. 처음에는 귀농을 반대했던 그의 부인도 이제 시골생활에 만족하면서 살고 있다고 한다.

<표 14> 연구참여자의 특성(EPM004)

연구참여자	EPM004
학력	대졸
귀농 당시 나이(귀농시기)	40(2005)
가장 오래 생활했던 곳/귀농지와 관련성	농촌/고향
직업(전/현재)	자영업/전업농
연간수입(전/후)	- /100,000
귀농학교 이수 여부	미이수
가족관계(자신 포함 동거가족 수)	부부+자녀(4)

EPM005는 인천에서 살다가 귀농하였다. 그녀는 이혼을 하고 나서 인천에서 자영업을 시작하였으나 뜻대로 되지 않았다. 그녀는 농촌으로 이주하게 된 것을 두고 '도피'라고 표현하였다. 이혼 후에 마음의 갈피를 잡지 못하고 방황하고 있을 때 농촌으로 이주하였는데, 그 당시 마음의 상태를 '아무도 없는 산속에서 꽁꽁 숨고 싶었다'고 표현한다. 정서적으로 불안한 상태를 극복하고자 어떤 정신수양 프로그램에

참석하게 되었고 거기서 만난 사람이 그녀에게 실상사귀농학교를 소개했다. 그녀는 귀농학교를 마친 후 귀농학교 인근에 있는 토지를 구입하여 밭으로 개간하고 고사리 재배를 시작하였다. 현재 10,000여 평의 고사리밭을 경작하여 연간 1억 원의 소득을 올리고 있다.

<표 15> 연구참여자의 특성(EPM005)

연구참여자	EPM005
학력	고졸
귀농 당시 나이(귀농시기)	46(2007)
가장 오래 생활했던 곳/귀농지와 관련성	도시/비연고
직업(전/현재)	자영업/전업농
연간수입(전/후)	- /100,000
귀농학교 이수 여부	미이수
가족관계(자신 포함 동거가족 수)	독신+자녀(2)

EPM006은 전북 익산에 있는 택시회사에서 직장생활을 하였다. 택시기사를 그만두고 제주도에서 휴식을 취하면서 다른 직업을 찾아보던 중 농사도 괜찮을 듯하였다. 제주도에서 여러 가지 작물이 재배되고 있는 것을 직접 눈으로 보고 농가소득도 높다는 것을 알게 되면서 농업에 관심을 갖게 되었기 때문이다. 제주도에서 1년간 생활하다 보니 수중에 가지고 있던 돈은 거의 다 써버리고 귀농학교에 입학할 때는 겨우 70만 원 정도 남아 있었다. 그는 귀농학교를 마치고 귀농학교와 이웃해 있는 면소재지에 정착하였다. 그곳은 평야가 발달되어 농지를 임차하기에 유리하였기 때문이다. 현재 그는 비닐시설을 이용하여 토마토와 딸기 등 수익성이 높은 작물을 재배하여 경제적으로 안정된 생활을 하고 있다.

<표 16> 연구참여자의 특성(EPM006)

연구참여자	EPM006
학력	중졸
귀농 당시 나이(귀농시기)	39(2004)
가장 오래 생활했던 곳/귀농지와 관련성	도시/비연고
직업(전/현재)	노동자/전업농
연간수입(전/후)	12,000/80,000
귀농학교 이수 여부	이수
가족관계(자신 포함 동거가족 수)	부부+자녀(3)

EPM007은 2006년 고향으로 귀농하였다. 그는 고향에서 중학교를 마치고 전주에서 고등학교를 나와 대학은 서울에서 다녔다. 그는 대학 졸업 후 직장을 다녀본 경험은 없고 행정고시 공부에 수년간 몰두하였다. 그러나 고시공부가 뜻대로 이루어지지 않자 막노동도 해보고 공단지역에서 노동자로 3년간 일을 하는 등 방황을 하다가 귀향하였다. 현재는 그는 고향에서 부모와 함께 포도농사를 하고 있다.

<표 17> 연구참여자의 특성(EPM007)

연구참여자	EPM007
학력	대졸
귀농 당시 나이(귀농시기)	- (2006)
가장 오래 생활했던 곳/귀농지와 관련성	농촌/고향
직업(전/현재)	노동자/전업농
연간수입(전/후)	- /100,000
귀농학교 이수 여부	미이수
가족관계(자신 포함 동거가족 수)	부부+자녀(4)

EPM008은 그의 형이 운영하는 상점의 판매원으로 일을 하다가 운영난으로 폐점을 하게 되자 화훼농업을 하기 위하여 귀농하였다.

그가 처음부터 화훼농업을 시작하게 된 것은 손위 누나의 권유에 의해서였다. 그의 누나는 대도시에서 화원을 운영하고 있었고 화훼농사에 필요한 영농자금도 지원해주었다. 그는 화훼농산물을 누나의 가게에 공급해주고 있다.

<표 18> 연구참여자의 특성(EPM008)

연구참여자	EPM008
학력	고졸
귀농 당시 나이(귀농시기)	36(2005)
가장 오래 생활했던 곳/귀농지와 관련성	농촌/고향
직업(전/현재)	노동자/전업농
연간수입(전/후)	24,000/12,000
귀농학교 이수 여부	미이수
가족관계(자신 포함 동거가족 수)	부부+자녀(3)

귀농인의 성격 분류

개인의 삶을 지배하는 이데올로기는 당시의 사상적 조류와 관련이 깊다. 어떤 이데올로기든 간에 그 내용은 복잡다단하여 여러 갈래를 갖게 마련이다. 즉, 형이상학적 차원에서 인간의 삶에 대한 본질적인 논의는 복합적인 형태를 띠고 있는 것이다. 마찬가지로 귀농인의 가치이념으로서 생태가치에 대한 담론들도 여러 색채를 지니고 있는데 궁극적으로는 인간의 존재에 대한 물음과 삶의 태도와 실천에 관한 내용들이라고 볼 수 있다.

생태가치는 새로운 가치 이념이자 삶의 방식으로 이해되고 있는 생태주의와 관련되어 있다. 생태주의는 환경문제에 대한 담론에서 출발하였지만 현재 이데올로기의 논의에서 주류를 차지하고 있다. 백스터(Baxter, 1999)의 표현에 의하면 최근에 생태주의는 "이데올로기의 하늘"에 "새 별"로 떠올랐다는 것이다. 이것은 오늘의 삶을 물질의 풍요로 가늠하고, 모든 자연 생태계를 그저 소비욕구를 채워주는 수단으로 여기는 문명에 맞서려는 대안적인 주의주장이다(박영신, 2008). 생태가치이념에 대한 담론의 폭은 매우 넓게 확장되어 왔다. 기존의 질서에 대한 비판과 대안을 제시한 대안적 사회체제로서 생태민주주의를 담론의 주제로 삼는가 하면 사회운동의 차원에서 여성주의와 결합되기도 하였다.

이러한 생태가치이념에는 생태계를 파괴한 기성세대나 기존질서에 대한 비판과 저항의식이 내재되어 있으며, 소위 생태주의자들은 개인에게 생태적 환경태도를 도덕적 규범으로 내면화하고 생태민주주의 가치의 실천을 요구하고 있는 것이다. 인간을 포함한 생태계가 위험에 처하게 된 것은 반성 없는 물질문명의 발달에 기인한다는 점에서 보면 현대는 인간의 성찰이 필요한 시기이며, 위험사회로부터 벗어나기 위한 개인의 실천이 중요하게 되었다고 볼 수 있다. 귀농운동의 발생도 이러한 측면에서 이해할 수 있다. 도시민의 귀농은 성찰적 시민이 생태가치 실현을 위해 농촌으로 이주한 경우를 가리킨다. 이것을 생태가치 귀농이라고 규정한다면 그 가치이념에 대한 논의가 필요하다.

그런데 현재까지 국내의 귀농연구에서는 귀농인의 가치이념 또는 이데올로기에 관한 연구가 전혀 없기 때문에 국외연구에서 찾아볼 필요가 있다. 유럽과 북미지역의 귀농에 대한 선행연구에서 현재 귀농인의 이념은 역사성을 갖는다고 말하는데 그 이유는 1960년대와 1970년대로 거슬러 올라가면 당시의 귀농인의 가치이념과 동일한 이념적 맥락을 발견할 수 있기 때문이다. 유럽과 북미 지역의 대도시에서 농촌 지역으로의 인구이동 현상을 설명하기 위해 counter-urbanization, turnaround, anti-urbanism, back-to-the-land 등과 같은 다양한 개념들이 등장하였다. 국내의 인구이동현상을 연구자마다 조금씩 다른 개념으로 설명하고 있는데, 이주요인을 분석하는 데 따른 연구자의 관점의 차이를 반영하고 있기 때문이다. 많은 연구에서 대도시에서 탈출하는 원인으로 직업이나 비즈니스의 기회, 주택가격의 상승, 생활비의 상승과 같은 경제적 요인이 가장 큰 영향을 미치고 있는 것으로 설명하고 있다. 그다음으로 농촌의 자연경관(natural amenity; landscape; idyll)이 중요한 요소가 되고 있다는 것이다.

그런데 귀농(back-to-the-land)은 여타 개념과 달리 이주자의 목적합리성보다는 가치합리성을 포함하고 있는 것으로 정의되고 있다. 서구사회에서 귀농(back-to-the-land)은 1960, 70년대에 반문명적(counter-cultural)이고 생태적(ecological)인 생활양식을 지닌 사람들이 대도시로부터 농촌 지역으로의 인구이동을 설명하는 개념으로 사용되었다. 서구사회에서 도시인의 농촌 이주는 크게 두 부류로 나누어 논의되고 있다. 도시인이 단순히 경제적 이유나 농촌 어메니티(amenities)와 같은 자원을 찾아 농촌으로 이주하는 부류와 그보다는 생태가치를 실현하기 위한 공간으로서 농촌을 선택한 사람들로 나뉜다. 여기서 특히 후자만을 가리켜 '귀농'을 정의하는 경향이 강한데 전자는 후자가 지니고 있는 이데올로기적 특징을 내포하고 있지 않기 때문이다.

이하에서는 도시 지역에서 농촌 지역으로 인구이동을 설명하고 있는 주요 개념들을 중심으로 농촌 인구이동에 관한 선행연구들을 살펴보고자 한다. 특히 농촌 지역으로의 이주동기가 경제 목적이나 어메니티를 향유하기 위해서 이주한 사람들과 생태가치를 추구하고 그것을 실천하려는 사람들의 특징을 비교하여 정리한다.

한국보다 생태귀농현상이 40년 정도 먼저 일어났던 유럽과 북미 지역에서 도시에서 농촌 지역으로의 인구이동에 관련된 연구는 이미 1960년대 초부터 본격적으로 나타나기 시작했다. 도시에서 농촌으로 인구이동을 설명하는 연구들은 크게 네 부류로 나뉜다.

① 도시의 확장으로 인한 대도시 주변에 발달된 주택지역으로의 인구이동: 농촌의 인구이동에 관한 이론은 도시와 관련시켜 발전되어 왔다. 농촌으로 인구이동을 일시적인 현상으로 보는 학자들이 있는데 그들 주장의 요지는 장시간 관찰하면 결국 농촌인구의 감소는 지속되고 있다는 것이다(Dahms, 1995). 따라서 농촌 지역의 인구성장도 그 커뮤니티 자체의 고유한 성장을 반영하는 것이 아니라 대도시와의 종속적인 또는 상호 의존성에서 찾아야 한다는 것이다. 어반필드(urban field)는 대도시 교외에 살고 있는 사람들이 도시의 편리성을 이용하고 개인적인 공간을 확보하려는 욕구로 발달하게 된 커뮤니티를 가리킨다. 대도시로부터 120~160km 떨어진 곳에 형성된 이곳을 "basic territorial unit of post industrial society"라고 불렀다(Friedmann, 1973).

② 특정 지역의 어메니티 자원에 의한 인구이동: 거의 생기를 잃어가던 일부 농촌 지역이 다시 살아나는 것은 새로운 이주자들과 비즈니스의 성장으로 인한 것이다. 농촌 커뮤니티의 성장요인은 매

③ 우 복합적이지만 무엇보다도 대도시에서의 근접성, 전통문화자원, 자연적 경관 등 지역적 특성(place-specific)에 기인한다는 것이다(Dahms, 1995; Deller et al., 2001). 경제목적이 인구이동의 주요 변수였다는 일반적인 연구와는 상이하게 1990~2000년 미국의 인구이동 경향을 보면 경관적 요소(landscape 또는 rural idyll)가 대도시에서 농촌 지역으로의 이주에 가장 큰 영향을 미치는 것으로 보고하고 있다(McGranahan, 2008).

④ 경제적 자원이나 직업기회를 얻기 위한 인구이동: 도시와의 관련성을 강조했던 기존의 이론들은 일부 농촌 커뮤니티에서의

인구증가와 비즈니스의 성장이 지속되고 있는 점을 잘 설명하지 못한다는 약점이 있다. 왜 어떤 지역은 소멸되고 다른 지역은 서서히 성장하며 또 다른 지역은 번창하는지 설명하기 위해서는 추가적으로 인문적·환경적인 요인들을 고려해야만 한다는 것이다. 농촌 커뮤니티의 성장이 도시개발의 영향력의 확장이나 효과(urban overspill)보다는 커뮤니티 자체가 지니고 있는 흡입요인에 기인한다는 주장이 있다. 담스(Dahms, 1995)는 캐나다의 작은 마을의 성장에 대해 연구하였다. 그는 Wroxecter 같은 소규모 커뮤니티가 다시 회생할 수 있었던 것은 개인들과 지역집단의 노력에 의한 것이었다는 점을 밝히고 있다. 특히 지난 50년간 작은 커뮤니티의 인구성장은 도시로부터의 이주자에 의한 것이었음을 강조한다. 인문적·환경적 요인으로는 지리적 위치, 환경요소 그리고 기업가들의 투자활동이 커뮤니티 성장에 중요하다고 강조하면서 개인과 커뮤니티 조직이 함께 협동하여 커뮤니티를 발전시키려는 상향식 발전전략이 있었기 때문에 가능하였다고 주장한다. 호가트(Hoggart, 2007)는 인구센서스의 자료를 이용하여 영국 농촌 지역에 이주하는 사람들을 분석하여 노동계급이 꾸준히 증가함을 보여주고 있다(Milbourne, 2007; Cloke et al., 2003). 최근 영국 농촌 지역에 미숙련 및 저임금 노동자들이 이주하고 있다는 보고도 있다(Milbourne, 2007). 이런 경향은 미국에서도 나타나고 있으며(Fitchen, 1995; Tickamyer, 2006; Milbourne, 2007) 농촌 지역으로 하향 사회이동이 있음을 보여주는 것이다(Hoggart, 1997). 농촌 지역에서의 노동기회의 증가는 도시민의 흡입요인으로 작용할 수 있다(Stockdale,

Findlay and Short, 2000; Dematteis and Petsimeris, 1989). 농촌 지역의 인구증가는 서구사회에서 보편적이지만 모든 농촌 지역에서 나타나는 것은 아니다. 어떤 지역이 가지고 있는 흡입요인들이 인구증가에 영향을 미친다는 것이다. 이것은 지역적 특성에 따라 특정 지역에서만 인구의 증가와 비즈니스의 성장이 나타난다는 것을 의미한다. 최근 선진국에서 나타나는 농촌 지역으로의 인구이동은 특정 농촌 지역에서의 인구증가로 나타났다(Walford, 2007). 1950~2001년 미국의 거주자를 중심으로 분석한 연구에 의하면 전반적으로 농촌인구가 감소하고 있는데도 불구하고 특정 지역에서의 인구증가는 경제 사회적 조건에 크게 영향을 받는다는 것이다. 어떤 지역이 지니고 있는 어메니티 자원은 이주자의 증가에 이차적으로 영향을 미치는 조건일 따름이라는 것이다(Kuentzel and Ramaswamy, 2005).

⑤ 생태가치 실현에 관심 있는 사람들의 이동; 핼퍼크리(Halfacree, 2006)는 최근 40년간 영국의 귀농연구를 정리한 논문에서 영국 귀농인의 반문명적인 가치이념을 밝혀내고 있다. 1960년대 이후 지금까지 영국을 비롯한 유럽에서의 반문명적 성격의 귀농은 1960, 70년대 미국의 농촌코뮌운동(US rural commune movement)과 비교할 수 있다는 것이다. 그것은 기존사회를 대체할 수 있다는 신념으로서 공동체사회(communal society)를 건설하고자 꿈꾸는 이상주의적인 성격을 지니고 있었다. 그리고 일반적으로 생태적 에토스를 가지고 있었다.

이상에서 도시에서 농촌으로의 인구이동의 원인적 요소에 대한 연구는 연구자의 관점에 따라 강조되는 요인이 달라짐을 알 수 있다. 위의 ④에서 언급한 생태가치 귀농의 성격에 대해서 좀 더 자세히 알아보자.

서구의 귀농에 대한 본격적인 연구는 1960년대 후반에 나타난 귀농현상에 관한 것에서 시작되었다. 이 시기의 귀농은 서구 산업문명에 대한 반문명적(counter cultural)이고 하위문화적인(sub-cultural) 성격을 지니고 있었다. 그들은 생활의 편의성이나 전원생활을 누리기 위해 또는 삶의 전략으로서 경제적 효용성을 추구하는 경제 목적 귀농인과 그 성격이 매우 다르다. 그들은 공동생활추구, 토지경작, 자족적인(self-reliance) 삶 그리고 생태적인 삶 등을 실천하는 특징을 나타낸다. 이 같은 특성은 최근 유럽이나 북미의 귀농에서도 동일한 양상으로 나타난다는 점에서는 그 이전의 귀농현상과 크게 다를 바가 없으나 다만 공동체적(communal) 생활을 추구하려는 이념이 그 이전보다 많이 약화되었다는 차이점이 있다. 지금도 공동생활을 추구하지만 그 목적은 그것으로부터 오는 경제적인 합리성에 있다는 점에서 이전의 이상(ideals)과 차이가 있는 것이다(Halfacree, 2007).

영국 웨일스의 브리스더 마우어(Brithdir Mawr)의 연구에서는(Maxey, 2002) 귀농인이 땅과 가까이 접하면서 살아가는 방식에 중요성을 부여하고 그것이 정신적·물질적 기초가 된다는 점이 강조되고 있다. 메이어링 등(Meijering, Van Hoven and Huigen, 2007)은 북미, 유럽 그리고 오세아니아의 496개의 계획된 커뮤니티(intentional community)를 조사하였다. 이들 계획 커뮤니티는 생태마을, 종교공동체, 레즈비언 공동체 등이며 그 특성과 이데올로기 그리고 동기도 다양하다. 그중 생태공동체(the ecological type of community)는 도시적 규범 및 가치와 가장 확연하게 구별된다고 밝히고 있다. 1985년 영국에 세워진 에코토피아(Ecotopia) 커뮤니티의 구성원들은 가능한 한 자족적인 삶을 실천한다. 이 목표를 실천하기 위해서 그들은 대부분 토지를 경작한다. 그러나 모든 것을 자급하지는 못하고 부분적으로 현금은 농업 외의 생업으로부터(from mainstream jobs) 얻는다. 커뮤니티 성원들은 텔레비전, 컴퓨터, 전자레인지 등과 같은 소비재를 상대적으로 덜 사용하며 자동차를 서로 공동으로 사용한다. 이들은 그린피스와 같은 단체에서 활동하면서 주류사회가 변화되기를 희망한다.

귀농인의 이데올로기적 동질성은 생태가치뿐 아니라 자본주의에 대한 비판에서도 발견된다. 즉, 생필품과 돈의 습득, 출세지상주의 그리고 일회용품의 사용 등에 있어서 자본주의를 비판하고 있는 것이다. 그리고 성찰(reflexivity)에 의해 개인의 자유와 대안적인 생활 양식을 찾으려는 귀농인을 라이프스타일 마이그레이션(lifestyle migration)로 개념화하기도 하였다(Benson and O'Reilly, 2009). 이 사람들은 '새로운 삶을 찾아서', '새 출발을 위해서(better way of life)'와 같이 인생의 전환점(turning point)으로 귀농의 의미를 부여하고 있는 것이다.

티피 밸리(Tepee Valley)의 연구(Gow, 1995; Wall, 1995)는 공동체적 생활(communal life)을 하지만 이전의 이상사회의 건설과 같은 꿈보다는 가치관이 같은 사람들과 함께함으로써 얻을 수 있는 경제적인 면에서 생활의 편익성을 추구하는 경향이 있다는 것을 보여준다. 최근의 귀농인은 다양한 문화적 배경을 가지고 있는 자급자족형 농업의 구현자들, 유기농업적 소농들이 많다. 그들은 이전의 귀농인과 같이 반문명적인 가치를 지니고 있으며 생태가치를 일상생활 속에서 실천하고 있지만 이념적인 면에서는 다양한 변형들로 존재한다.

이 연구에서 '④ 생태가치를 실현하려는 귀농인'의 성격을 파악하기 위하여 귀농인의 이념과 환경행동을 연구자별로 다음 <표 19>에 정리하였다. 여기서 귀농인이 가지고 있는 생태가치는 자립적인 삶의 태도, 자급적인 유기농업의 실천, 공동체적 가치를 소중하게 생각하는 태도, 단순한 소비생활의 실천으로 환경에 충격을 덜 주려는 태도 등으로 표현되고 있다.

<표 19> 선행연구에 나타난 서구 귀농인의 이데올로기적 성격

연구자	귀농인의 이념과 환경행동
Juckes Maxey(2002)	토지와 관련된 일이 정신적·물질적 기초가 된다는 점에 주목
Halfacree(2006)	공동체적 성격, 이상주의적
Halfacree(2007)	반문명적, 공동생활추구, 토지경작, 자족적인 삶, 생태적인 삶
Meijering et al.(2007)	자족적인 삶, 토지경작, 단순한 소비생활
Benson and O'Reilly(2009)	과다한 생필품 소비 지양, 일회용품 사용 지양, 출세지상주의 비판, 새로운 생활 양식 추구

지금까지 살펴본 바에 따르면 유럽과 북미에서 '귀농(back-to-the-land)'에 대한 개념은 귀농 후 생활양식에서 생태적 환경행동을 나타내는 집단으로 규정할 수 있다. 이러한 개념은 일반적으로 한국의 귀농연구에서 정의되고 있는 것과 매우 다르다. 한국의 귀농에 대한 선행연구에서는 일반적으로 귀농 후 종사하게 되는 직업에 따라 도시민이 농촌으로 생활 근거지를 옮겨 농업에 종사하는 경우를 귀농이라고 하며 농업에 종사하지 않는 집단을 귀촌으로 규정하고 있기 때문이다.[9] 따라서 도시에서 농촌으로 이주하는 사람들이 지닌 가치이념에 따라 귀농을 규정하고 있는 유럽과 북미 지역의 연구자들과 차이가 있는 것이다.

밀번(Milbourne, 2007)은 귀농을 생활양식에 이끌려서 자발적으로 농촌으로 이주한 중간계급집단으로 정의할 것을 주장한다. 이것은 귀농생활양식과 관련된 이데올로기를 강조하기 위한 연구자의 의도에서 비롯된 것이다(Halfacree, 2011). 즉, 귀농을 도시의 빈곤층이 도시의 집값 상승이나 생활비의 부담으로 인해 교외나 농촌 지역으로 이주하는 경우와 개념적으로 구분 지으려는 것이다. 다시 말하면 도시 빈곤층의 농촌 지역으로의 이주는 도시에서 가계재생산보다 농촌에서의 그것이 보다 용이하기 때문에 이주(internal migration)한 것으로 볼 수 있고, 중간층 이상의 경우에는 가계재생산과 같은 경제적인 목적보다는 일차적으로 생태가치의 실현을 통한 새로운 생활양식을 추구하려는 동기를 가지고 귀농(back-to-the-land)한 것으로 규정하려는 것이다.

1990년 이후 우리나라에서도 생태공동체운동, 생태귀농운동 등이 이러한 성격을 띠고 나타났다. 환경오염 문제를 해결하기 위해서는 자연과 공존할 수 있는 인간 개개인의 삶의 가치관의 변화와 실천이 요구된다는 것이고 환경문제를 해결하기 위한 정치적·제도적 차원에서뿐 아니라 삶의 방식을 성찰하고 바꾸는 생태주의적 인식이 필요하다는 것이다(민기, 2009).

1960년대와 1970년대에 서구사회에서 나타난 귀농현상은 개인 또는 구조적 성찰성(Beck, 2006)에서 인식된 위험성을 해소하기 위한 개인적 대응으로 이해할 수도 있다. 당시 서구의 귀농인은 자신의 환경행동을 통해 지구적 생태위험을 극복할 수 있다는 믿음을 가지고 있었다. 또한 개인적·생태적 환경행동으로 전 지구적 생태 위험성을 극복할 수 있다는 사회운동의 성격도 지니고 있었다. 이러한 의식적인 행위는 생태가치가 내재되어 있는 귀농인이 삶의 철학으로서 생태가치를 실현하려는 노력이며, 농촌생활의 적응과정이기도 하다.

이제 생태가치이념을 내재하고 있는 귀농인은 생태계에 충격을 덜 주는 생활방식을 고려하고, 자기 이익에 앞서 타인을 배려하는 공동체적 가치를 지니고 있으며 인간의 평등을 존중하는 생태민주주의 이데올로기를 배태하고 있는 행위자로 잠정적으로 규정할 수 있다. 경제 목적 귀농인의 경우, 지역사회 적응에서 가장 중요한 요소는 경제적 욕구에 대한 충족이라고 가정한다. 반면에 생태가치 귀농인의 경우, 농촌사회 적응에 일차적으로 중요한 요소는 생태가치의 실현에 따른 만족일 것이다. 여기서 현재 열악한 농촌경제 사정이나 귀농인이 농촌정착 초기에 겪는 여러 가지 장벽을 고려해보면, 경제 목적 귀농인의 농촌적응은 쉽지 않을 것으로 판단된다. 반면에 생태가치 귀농인은 경제 목적 귀농인과 달리 경제생활에 대한 충족이 일차적으로 중요한 요소가 되지 않기 때문에 타인과의 관계를 통해 지역사회에 적응하게 되고 그것으로부터 삶에 대한 만족감을 얻기가 보다 쉬운 것이다.

생태가치를 실현하기 위한 방안들이 여러 분야에서 제기되고 있고 실천의 주체설정에 관한 문제도 논의되고 있다. 지구적 환경문제의 해결은 자본주의 경제와 현대국가체계와 같은 구조적인 변화와 함께 자연과 인간이 소통할 수 있는 생태적 시민(ecological citizenship)과 생태민주주의(ecological democracy)를 필요로 한다는 것이다(박순열, 2010a; 양해림, 2010). 모리슨(Morrison, 2005)은 산업주의와 권위주의 체제의 사회의 병폐를 고발하면서 그 대안으로 생태주의와 민주주의를 추구하는 생태민주주의를 제안하고 있다. 그는 민주주의와 공동체가 지니고 있는 힘은 산업주의사회에서는 시장경제체제의 힘에 의해 짓눌려 버리고 말았다고 주장한다. 그는 산업사회를 생산과 소비를 극대화하고 이익과 권력을 극대화하는 체제라고 말한다. 극대화만을 추구하고 균형화를 무시한 산업주의의 결과는 생태계의 파괴와 인간의 삶의 모든 측면을 병들게 하고 있다는 것이다. 이러한 산업주의의 병폐는 시장논리나 과학적 진보에 의해 치유될 수 없다는 게 그의 주장이다. 따라서 산업주의사회를 변화시켜 새로운 생태주의사회로의 이행이 요구된다는 것이다. 생태주의사회는 구성원 간의 공동의 합의와 책임에 기초한 '민주주의', 자유와 공동체에 기초한 '균형' 그리고 개인과 집단 간의 '조화' 등을 포함한다. 이러한 생태사회로의 성취는 시민공동체의 자발적 역량에 달려 있다고 주장한다. 그것은 자연생태계와 인간사회의 조화로움의 추구를 넘어서는 대안적 가치를 지닌 새로운 인간사회로의 변혁을 의미한다. 경제적 측면에서는 소규모사업, 협동조합, 공동체 기반 비영리단체 그리고 지방정부조직이 활성화되는 공동체 지향 경제체제를 강조한다. 모리슨은 대중과 거대 관료체제 사이에 시민공동체가 존재한다고 가정한다. 시민공동체는 산업주의사회를 생태민주주의사회로 변화시킬 수 있는 원동력이 된다고 본다. 시민공동체 중심의 '연합', '협동' 그리고 연대를 발전시키고 강화하는 것이 생태민주주의를 건설하는 실천적 역량이라고 생각한다. 여기서 '연합'은 국가와 시장을 잘게 쪼개어 그 부분들이 대등한 입장에서 상호작용하도록 만드는 데 그 목표가 있다. 그래서 '연합'의 내용에는 지방분권화, 민주적인 공동체에 정부의 기능의 이양 등이 포함된다. '협동'은 공동체 내부 및 공동체 간의 협동을 말한다. 이것은 근본적으로 산업주의사회의 병폐로부터 나타난 반동적인 힘이라는 것이다. 협동적 사회체제로는 산업주의식 삶의 대안으로 생태적인 삶을 강조하는 민중에 기초한 협동조합체들을 들 수 있다. '연대'는 생태주의사회의 포괄적인 연계 체제를 의미한다. 생태민주주의에서 연합, 협동 그리고 연대는 중앙 집권적 체제의 국가와 자본주의 시장경제체제의 힘을 약화시키는 구실을 하게 된다 그 결과 산업주의의 병폐현상으로부터 생태적 공공성을 보호할 수 있는 공동체의 힘은 강화된다. 생태민주주의에 대한 희망은 생활양식의 문제와 관련된다. 산업주의에서 생태민주주의를 건설하려면 '자유의 실현', '공동체의 건설', '생태적 공공성의 구축', '도시의 녹지화', '생태적 세계관의 정착' 등의 인간적인 가치에 토대를 둬야 한다는 것이 모리슨의 주장이다. 여기서 모리슨의 생태 개념은 매우 포괄적이다. 후기 산업주의의 대안으로서 생태가치를 주장하고 있기 때문이다.

생태계의 파괴로 인한 인간존재에 대한 불안은 위험사회에 관한 논의에서도 나타난다. 인간의 합리적인 사회활동이 자연에 미친 영향은 파괴적인 결과를 가져왔으며 다시 그것이 인류의 생존을 위협하는 현대사회 특유한 자기 파괴적인 위험성(risk)에 대한 인식으로 나타나게 되었다. 현대사회의 위험성은 일상생활의 내용을 구성하고, 사회적 삶의 질에 영향을 미치게 된다는 것이다(노진철, 2004). 사람들이 느끼는 위험성은 이같이 예측 불가능한 것만 있는 것이 아니다. 자신의 가치관이 일상생활과 부조화를 이루고 있을 때도 삶의 불안정성은 존재하게 된다. 예를 들면, 도시생활양식을 버리고 농촌생활양식을 취함으로써 생태가치를 실현할 수 있다고 생각하는 사람에게 도시에서의 삶의 지속은 정서적인 면에서는 물론 사회관계에서도 부적응 상태를 가져올 수 있다. 이러한 개인적 위험성을 극복하기 위해서는 공간적 이주가 필수적일 수 있다. 즉, 개인적 성찰이나 구조적 성찰에서 인식된 위험성을 해소하는 방안으로 공간이주가 필요한 것이다.

생태가치를 지닌 주체로서 개인의 중요성은 생태시티즌십(ecological citizenship)에 대한 논의에서 찾을 수 있다. 생태민주주의와 생태시티즌십에 대한 논의의 차이는 어디에 초점을 두느냐에 있다. 생태민주주의론이 민주적이고 생태적인 주체의 제도나 그것의 운영에 더 많은 관심을 갖는 것이라면, 생태시티즌십 논의의 출발점은 생태적으로 건강한 시민의 형성이 정치, 사회적인 구조의 변화와 함께 이루어져야 한다는 문제의식에 있다. 따라서 생태시티즌십은 새로운 유형의 주체의 형성과 그런 주체의 일상생활이 중요한 이슈가 된다(박순열, 2010b).

생태시티즌십에 대한 논의는 생태가치를 실천하는 주체로서 국가나 기업의 역할은 여러 가지 면에서 한계를 지니고 있다는 주장에서 시작된다. 자본주의 국가체제에서 자본가의 이익을 보호해야 하고 기업은 생태환경을 위해 이윤을 희생시키려 하지 않기 때문이다. 그러나 일상생활과 소비의 영역은 자본의 이윤논리에 저항할 잠재력을 지니고 있다는 것이다. 자본의 상품생산과 소비의 순환적 확대재생산 고리가 생태환경을 파괴하고 인간의 생존과 건강을 위협한다는 점을 인식하게 된다면 자본의 성장주의·물질주의·소비주의에 대한 비판적 사고가 발전될 수 있으며, 궁극적으로 인식과 가치의 생태주의적 전환이 이루어질 수 있다고 본다(이상헌, 2010).

환경태도(environmental attitude)는 생태적 행위(ecological behavior)를 예측할 수 있는 강력한 지표이다(Kaiser, Wolfing and Fuhrer, 1999). 그러나 태도와 그 태도가 행위로 나타나느냐는 사뭇 다른 문제이고 현실적으로 거리가 존재한다. 어떤 태도를 실천하는 데 장애물이 많이 있을수록 행동으로 실천하기 위해서는 그만큼 더 노력을 기울여야 한다. 환경보호를 위해서 비가 오나 눈이 오나 자전거를 타고서 출근하려는 사람의 경우, 환경에 대한 가치와 태도가 행동으로 나타나고 있음을 보여준다. 그러나 작은 장애나 저항이 있을 때 환경적 태도를 실천으로 옮기지 않고 자동차를 이용한다면 태도에 내재된 목표행동에 대한 헌신(the devotion to the attitude-implied goal)은 매우 낮다고 볼 수 있다(Kaiser, Oerke and Bogner, 2007).

생태적 행위(ecological behavior)는 개인의 합리성에 기초하고 있지만 어느 정도는 사회적 규범의 영향을 받는다(Kaiser, Oerke and Bogner, 2007). 또한 생태적 행위는 사회제도에 의해 장려되기도 하고 위축되기도 한다. 생태적 행위가 지속적으로 성장하느냐, 아니면 일시적인 사회운동으로 그치느냐의 문제도 사회제도나 문화의 영향을 받는다. 따라서 생태가치 지향성이 높은 귀농인이 생태행동을 실현하기 위한 조건은 같은 이념을 가진 사람들끼리 교류하고 협력하는 것이 될 터인데, 이런 경향을 반영하고 있는 것 중 하나가 생태공동체의 출현이었다.

미국에서 전후 산업의 발달에 따른 환경, 생태, 오염 등과 같은 문제가 심각해지자 많은 사상가들은 자연과 인간의 조화를 역설하였다. American Pastoralism[10]은 그 대표적인 이데올로기이다. 영국에서 1970년대에 반문명적 사상(the counterculture)에서 비롯된 귀농운동은 미국 자작농의 전원주의와 일치하는 생산과 소비행태를 보여주었다. 그들의 생태가치는 자립적이고 적절한 규모의 토지를 경작하는 것, 소통, 돌봄, 함께하기 등의 생태적 행동으로 나타났다(Press and Anould, 2011).

1960년대와 1970년대에 영국에서 귀농자들이 생산주의(produc-tivism)에 적응하여 영농을 시도하였지만 그러한 영농방법이 화학물질을 사용하고 많은 에너지가 사용되고 있기 때문에 일정한 거리를 두고 있었다. 그들이 친환경적인 농산물을 생산해도 시장에 쉽게 접근할 수 없었기 때문에 스스로 소비자를 발굴해야만 하는 어려움도 있었다. 생산주의의 확대는 대농에 농지가 집중되었고 귀농인은 농업노동자로 일하면서 생계를 유지할 수는 있었으나 그들의 이념에 맞지 않는 생활방식이었다. 그래서 귀농인이 지니고 있는 생태가치에 맞는 생태행동은 제약되었으며, 농촌생활에 적응하지 못한 낙오자로 평가되기도 하였다(Halfacree, 2006). Trauger(Trauger, 2007)는 미국 펜실베이니아의 유기농협동조합 [Tuscarora Organic Growers(TOG) cooperative]에 참여하고 있는 귀농인을 심층적으로 조사하여 그들이 현실사회에 적응하면서 그들의 이상이 경제적인 긴급성과 충돌하는 것을 보여주고 있다.

독일의 생태공동체에 대한 연구(임홍빈, 2005)에서도 생태공동체가 생태적 이념을 표방하고 있음을 보여준다. 자연의 상호 의존성에 따르는 삶, 자연의 평형원리를 따르는 삶 그리고 자연공동체의 순환에 적응하는 삶에서 나타나는 이념들이다. 자연과의 상호 의존성은 인간이 생명의 그물 속에 상호 연결되어 있으며 그 관계성 속에서 자신의 본질과 특성을 형성해나간다는 것이다. 아이들의 교육이 자연 속에서 이루어진다면 생태와의 관계성에서 자아가 형성된다는 것이다. 자연의 평형이 깨지면 인간의 삶이 파괴되고 병이 발생한다는 원리로 평형의 유지를 위한 삶의 방식이 중요하다는 것이다. 유기농업은 자연의 원리에 따라 농사를 짓는 것이고 생태계의 평형을 유지하는 방식이기도 하다. 생태계의 과정은 순환적인 삶의 방식이지만 인간들은 순환될 수 없는 폐기물을 생산한다는 것이다. 특히 산업시스템은 이 자연의 순환법칙에 위배된다는 점을 지적하면서 생활 속에서 순환이 이루어지도록 생활양식을 변화시키고자 노력한다. 생태건축의 도입과 배변을 퇴비화하는 생태화장실의 이용은 이러한 순환법칙을 따르고자 하는 이념과 관련되어 있다는 것이다. 이상에서 귀농자들로 구성된 독일의 생태공동체의 3가지 이념에 기초한 생태적 환경행동은 생태가치 실현을 위한 공동체 구성원의 생활양식에 잘 나타나 있음을 알 수 있다.

생태가치 귀농인은 생태가치를 적극적으로 실천하고 있는 사람들이다. 생태가치 귀농인은 생태적 환경행동을 통해 농촌생활에 적응하고 있는 것이다. 유럽과 북미의 생태가치 귀농인의 성격을 다음과 같이 몇 가지 특징으로 정리함으로써 경제 목적 귀농인의 특징을 이상형적으로 기술할 수 있을 것이다.

① 생태가치 귀농인의 일차적인 관심사는 경제 목적 귀농인이 가계수입의 확보나 증대에 있는 것과는 달리 자신의 생태가치 실현에 있다. 따라서 가계수입의 정도보다는 생태가치 실현 정도가 귀농 만족도나 귀농생활 적응에 영향을 미칠 것으로 보인다.

② 생태가치 귀농인은 영농을 자신의 생태가치를 실현하기 위한 수단이라고 생각한다. 그들은 영농을 단순히 가계수입의 증대 수단으로만 생각하지 않는다. 그래서 귀농 후 다른 어떤 일보다도 우선적으로 영농을 고려하게 될 것이다.

③ 생태가치 귀농인은 영농소득에 의한 가계충족이 만족스럽지 못하더라도 영농을 지속하려는 특징을 지니고 있다. 생태가치

귀농인은 영농소득에 관계 없이 영농을 지속하게 되는데 영농활동 자체가 중요하기 때문이다. 이러한 가치합리적 행위는 경제 목적 귀농인에게 비합리적인 것으로 보일 수 있다.

④ 생태가치 귀농인은 생태적 행동(ecological behavior)을 할 가능성이 높다. 물론 생태적 환경행동도 어느 정도 개인의 합리성에 기초하고 있지만, 사회적 규범과 개인의 에토스가 절대적으로 영향을 미친다. 생태적 행동은 환경 친화적인 삶의 방식에서 나타나는데 대표적으로 환경에 충격을 덜 주려는 행동들이라고 볼 수 있는 유기농업의 실천, 단순한 소비생활과 공동체적인 가치를 통한 협동과 평등을 위한 노력 등이다. 그러나 경제 목적 귀농인은 생태가치 지향성이 높다고 하더라도 자신의 경제적 이해관계가 결부되는 상황에서는 생태적 행동을 철회하는 자아중심적 환경행동을 보인다.

⑤ 생태가치 귀농인은 도시적(또는 근대적) 생활양식을 버리려고 하며 생태적 행동에 맞는 새로운 생활양식을 받아들일 가능성이 높다. 개인이나 가족구성원의 물질적·문화적 그리고 교육적 조건들이 귀농인의 생태가치이념에 의해 규정될 것이다. 반면에 경제 목적 귀농인은 귀농 후에도 물질에 기초한 근대적 생활양식을 유지하려고 한다.

이상과 같이 선행연구를 기초로 생태가치 귀농인의 몇 가지 특성을 기술하였다. '생태가치 귀농'을 '경제 목적 귀농'과 구별 짓는 이유는 귀농자가 지니고 있는 이데올로기의 차이를 명확히 드러내기 위해서이다. 그리고 연구 방법적으로는 경제 목적 귀농인이 생태가

치 귀농인보다 목적합리적 행위의 가능성이 높기 때문에 그것을 이
상형적으로 기술하고, 생태가치 귀농인과의 차이를 설명하는 데 비
교의 기준으로 삼으려는 것이다. 따라서 본 연구는 비교연구방법의
하나라고 이해할 수도 있겠다. 본 연구에서는 귀농인이 지닌 이데올
로기적 측면을 강조하기 위해 생태가치 실현을 경제 목적보다 우선
하는 귀농인을 '생태가치 귀농인'으로 정의하기로 한다.

　독자 중에서 '경제 목적 귀농인' 개념을 천박하게 묘사했다거나,
'생태가치 귀농인'을 지나치게 미화했다고 평가하는 사람이 있다면
그것은 크나큰 오해이다. 그리고 개념구성에 있어서 많은 부분 경험
적 자료를 이용하였기 때문에 해당 개념이 경험적 사례를 종합했다
거나 해당 집단의 특성을 대표한다고 생각해서는 안 될 것이다. 연
구자가 개념구성 시 염두에 둔 것은 생태가치 귀농과의 비교를 용이
하게 하기 위하여 그 개념들을 극단적으로 추상화하였을 뿐이다. 따
라서 두 개념은 연구방법상 불가피하게 현실에서는 존재하지 않는
극단적인 추상적 개념구성물(이상형적 개념구성)에 지나지 않지만
귀농인 개개인을 설명하는 데 유용한 도구로 이용할 수 있다. 경제
목적 귀농인과 생태가치 귀농인 중 어디에 더 가까운지 또는 둘 중
어느 정도의 혼합으로 이루어졌는지 개개인을 규정할 수 있기 때문
이다. 사회현상을 분석하고 이해하기 위해서는 이러한 개념구성 또
는 이론구성이 꼭 필요한 것이다. 그렇지 않고 일상적 어의로 사용
하는 단어를 그대로 사용한다면 독자들에게 많은 혼란을 초래할 것
이며, 연구자가 정확한 내용을 전달하기 어렵게 된다. 따라서 사회
과학적 분석에서 개념에 대한 정의는 필수요건이며 그러는 한에서
과학적 연구로서 의미를 지니게 된다.

경제 목적 귀농

　귀농인의 귀농 전 가계 경제생활을 살펴보면 그가 귀농을 하게 된 동기를 보다 잘 이해할 수 있을 것이다. 즉, 개인이 도시를 떠나 농촌으로 이주하게 된 주관적 합목적성에 대한 이해는 개인이 경제적인 면에서 도시생활이 어려웠기 때문에 경제적으로 살아가기가 유리한 농촌으로 이주한 것인지, 아니면 경제적인 어려움은 없었지만 도시적인 삶에 대한 회의나 성찰로부터 농촌에서 새로운 출발을 기획하기 위해 귀농한 것인지 구별할 수 있을 때 보다 명확해지는 것이다. 전자의 경우에는 도시생활에서 가계재생산의 어려움으로부터 벗어날 수 있는 곳으로 농촌 지역이 유리하다고 생각했을 것이며, 후자의 경우는 도시 직업의 경제적 보상에는 만족하였지만 자신의 삶에 대해 내적 갈등을 겪게 되면서 새로운 삶의 활력소를 찾아 도시의 직업을 버리고 농촌으로 온 사람도 있을 것이다. 아무튼 일반적으로 도시근로자 소득은 농가소득보다 높음에도 불구하고 도시근로자가 귀농하는 이유는 단순히 경제적인 측면에서만 설명할 수 없는 현상임에 틀림없다.

도시근로자 소득과 농가소득의 격차는 1995년 95% 수준이었으나 2010년에는 66% 수준으로 점차 확대되고 있는 실정이다. 소득이 낮은 계층일수록 도·농 간 소득격차가 확대되어 하위 20%의 농가소득은 하위 20% 도시근로자 소득의 40%에 불과하기 때문이다(성진근, 2011).

본 절에서는 생태가치 귀농인과 경제 목적 귀농인의 이념적 특성과 도시에서의 생활양식을 조사 대상자들의 귀농 전 생활을 통해 살펴보고자 한다.

생태가치 귀농인의 도시에서의 경제생활은 일반적으로 안정된 상태였다. 생태가치 귀농인 집단은 경제 목적 귀농인 집단보다 평균적으로 학력 수준이 더 높으며 전문직에 종사하였던 사람들이 많다. 생태가치 귀농인이 도시생활에서 경제적인 면에서 경제 목적 귀농인보다 풍족한 생활을 할 수 있었던 것은 직업에 따른 경제적 보상 수준이 높았기 때문이다. 따라서 생태가치 귀농인이 도시에서 살 때 경제 목적 귀농인보다 경제적인 면에서 유리하였다는 점은 도시거주 시 가계소득을 비교하여 보면 알 수 있다.

<표 20>에서 보는 바와 같이 본 연구참여자 중 경제 목적 귀농자 8명(EPM001~EPM008)의 도시거주 시 소득은 매우 불안정하였음을 알 수 있다.

<표 20> 경제 목적 귀농인의 도시생활과 귀농 배경

사례	도시에서 가장 오래 종사한 일	귀농 직전 직업	귀농 동기	귀농 후 직업
EPM001	노동자(제조업)	노동자(제조업)	낮은 경제적 보상	전업농
EPM002	노동자(제조업)	노동자(제조업)	회사부도로 실직	축산업 (양계)

EPM003	무직	자영업(판매업)	경제적 손실로 인한 파산 상태	농산물 가공
EPM004	자영업(식당)	자영업(식당)	경제적 손실로 인한 파산상태	전업농
EPM005	무직	자영업(판매업)	경제적 손실로 인한 파산상태	전업농
EPM006	노동자(택시기사)	무직	타 직장 구하기 어려움	전업농
EPM007	무직	노동자(제조업)	낮은 경제적 보상과 부적응	전업농
EPM008	노동자(판매직)	노동자(판매직)	회사정리로 인한 실직	전업농

경제 목적 귀농인의 귀농 전 가계경제 사정은 불안정하였다. 자영업 경영의 악화로 인한 경제적 위기(EPM004, EPM005, EPM008), 경제적으로 낮은 보상수준의 직장생활(EPM001, EPM002, EPM006), 직장 구하기 실패(EPM003, EPM007) 등으로 미루어보면 공통적으로 도시에서 경제생활이 불안정했던 사람들이라는 것을 알 수 있다.

이에 비하여 생태가치 귀농자(BTL001~BTL010)의 가계소득은 도시생활을 안정적으로 할 만큼의 수준이었다. 구체적으로 살펴보면 부부가 같이 직업을 가지고 있었던 경우(BTL001, BTL005, BTL006, BTL008, BTL009), 소기업체의 실질적인 지배자로서 사장(BTL002), 경제적 보상수준이 높은 전문직 종사자(BTL003, BTL010) 등으로 분류되며 가구별 가계비 충족도가 높았던 것으로 추측된다.

도시에서의 경제적인 생활이 어려웠던 EPM001은 7년간의 직장생활을 접고 귀향하게 된다. 도시에서 직장생활을 하고 있었던 그가 다시 고향 농촌으로 내려오게 된 이유는 경제적인 면에서 도시생활을 지속하는 데 어려움을 겪고 있었기 때문이었다.

"시골에서 농사짓다가 올라가서 직장이라고 다녀보니까 생각만큼 수입은 안 되고 그러니까 다시 시골로 내려가서 농사짓는 게 낫겠다는 생각이 들었죠."(EPM001)

그가 농촌으로 다시 돌아가야겠다고 결정한 것은 농촌에서도 도시의 직장생활처럼 아침 일찍 출근해서 저녁 늦게까지 일을 하는 열정을 가지고 있다면 도시에서보다 경제적으로 더 나은 생활을 할 수 있겠다는 자신감에서였다. 더군다나 농촌생활은 도시보다 생활비도 적게 들기 때문에 비록 수입이 도시보다 적더라도 살아갈 수 있다고 생각하였다.

"농사는 자기가 노력한 만큼 벌 수 있다고 생각합니다. 내가 도시에서 일하는 정도의 노력을 한다면 시골에서도 충분히 먹고살 수 있다고 생각했어요. 도시에서는 모든 것을 다 사 먹어야 하지만 농촌에서는 어느 정도 자급이 가능하고 이웃끼리 모자라는 것들은 서로 나눠 먹으니까 도시보다는 생활비가 훨씬 적게 들죠."(EPM001)

EPM001은 농촌에서 부모의 농사일을 돕다가 도시로 나가 직장생활을 하였지만 기대했던 것보다는 경제적 보상이 미흡하다고 생각하였던 것이다. 더군다나 다니던 회사의 사정이 나빠지자 그가 받았던 경제적 보상수준은 더욱 낮아지게 되었다. 그는 귀향 후 1,000만 원을 투자하여 양봉을 시작하게 된다. 양봉에서 수익을 얻기까지 처음 1년간은 경제적으로 생활하기가 어려웠지만 그 후 점차 영농규모도 늘리고 환금성이 높은 새로운 작물(비닐하우스 내에서 상추를 재배하는 일)을 경작하면서 경제생활은 안정을 찾게 된다. 그리고 그의 부인도 면소재지에서 식당을 열었고 그로 인한 수입이 EPM001이 일년 동안 벌어들인 농업수입만큼 되었다.

EPM002는 금융위기 이후 다니던 회사가 부도를 맞고 어려워지자 회사를 그만두고 농촌으로 와서 양계장을 시작하였다. 직장생활의 불안정과 아울러 일한 만큼 충분히 보상을 받지 못한다고 생각한 그는 다른 직장을 구하지 않고 양계장을 시작하게 되었다. 그는 EPM001처럼 농촌에서는 자신이 노력한 만큼 보상을 받을 수 있다고 생각하고 있었던 것이다.

> "귀농을 생각한 것은 IMF외환위기 때 다니던 회사가 부도가 나서 임금도 못 받을뿐더러 내가 회사에서 노력한 만큼 보상도 못 받는다고 생각하여 귀농하기로 결정했어요. 농촌은 자기가 노력한 만큼 대가를 받을 수 있잖아요."(EPM002)
> "직장생활은 개인이 노력한 만큼 임금을 주지 않아요. 모든 직장이 다 그렇겠지만 개인 사업을 하는 것이 좀 더 낫지 않을까 싶어서 시작한 거죠."(EPM002)

EPM002가 양계에 쉽게 손을 댈 수 있었던 것은 농업계 고등학교를 나와서 어느 정도 그것에 대한 지식을 갖고 있었으며 군대에 가기 전에 양계장에서 일을 해본 경험이 있었기 때문이다.

앞의 두 사례에서 보듯이 경제 목적 귀농인은 경제적인 면에서 도시생활이 불안정한 상태에 있었고 경제석인 면, 경제적 보상수준에 따른 욕구가 도시 직장에서 충분하게 충족되지 않았음을 알 수 있다. 이러한 경제적 보상에 대한 불만은 도시보다는 농촌에서 경제적 보상수준이 높을 것이라는 기대심리를 갖게 한다.

도시에서의 가계재생산이 불안정했던 경제 목적 귀농인들은 농촌을 도시보다 물적 재화를 얻기 용이한 곳으로 인식할 가능성이 높다고 할 수 있다. 따라서 경제 목적 귀농인은 귀농 후 경제적 합목적성을 강화하기 위해 동원 가능한 지역자원들을 최대한 이용할 것이다. 경제 목적 귀농인은 도시보다 농촌이 가계 수입 면에서 유리하다고 판단했을 가능성이 높은 것이다.

> ㉮ 가계재생산에 있어서 도시보다는 농촌이 유리하다고 생각한 사람
> ㉯ 투자에 대한 수익에 있어서 도시보다는 농촌이 더 유리하다고 판단한 사람

㉮, ㉯는 경제 목적 귀농인의 전형이라 볼 수 있다.

본 연구 사례의 경제 목적 귀농인은 대부분 ㉮에 속한다. ㉯의 사례는 기업자본의 성격을 띠고 있는 대규모 또는 중소규모의 투자자인데 본 조사연구에서 이것에 해당하는 전형적인 사례는 존재하지 않는다.

그런데 ㉮의 경우에도 두 가지 부류가 있을 수 있다. 경제 목적 귀농을 ㉮-㉠ 가계재생산을 위한 합리적인 대안으로 생각하는 사람들이 있는가 하면, ㉮-㉡ 도시생활의 실패자로서 농촌으로 도피한 사람이라고 자학적인 태도를 보이는 사람이 있다.

㉮-㉠에 속한 경제 목적 귀농자는 도시의 직장에서 받은 보상수준이 낮아서 가계재생산 위험에 처한 사람인데 보통 학력수준이 낮고 비전문직에 종사하고 있던 사람들이다. ㉮-㉡에 속한 경제 목적 귀농자는 도시에서 취업이나 자영업에 실패한 사람들이다. 다니던 직장에서 해고를 당한 사람, 학력수준이 높으나 전문직에 취업한 경험이 없는 사람, 도시에서 취업에 실패한 상대적 박탈감이 높은 사람 그리고 자영업 경영의 실패를 경험한 사람들이 도피처로서 농촌

을 선택하고 이주해온 경우이다.

경제 목적 귀농인 중 ㉮-㉡ 유형은 자신을 도시생활에서의 실패자로 규정하기 쉽다. 그가 스스로 자신을 '도시에서 농촌으로 도피한 사람'으로 간주하게 되면 도시생활의 패배감에서 벗어나기 어렵다. 이러한 심리적 패배감은 귀농 후 적응과정에서 대인관계가 위축되고 지역환경에 소극적으로 대응할 가능성이 높기 때문에 그것으로부터 빨리 벗어나는 것이 중요할 것이다. ㉮-㉡의 전형은 학력수준이 높으나 그에 걸맞은 도시직장을 지속하지 못하였거나 경험한 적이 없는 사람과 같이 상대적 박탈감이 높은 사람이다.

사례 EPM003은 귀농 초기에 도시생활의 패배감으로 인하여 심리적으로 불안한 상태에 있었으나 귀농학교에 다니게 되면서 안정을 찾게 되었다. 그가 귀농학교에 와보니 많은 젊은이들이 모인 것을 보고 마음의 위로를 얻게 되었다고 말한다.

> "사실 귀농학교에서 농사에 대해서는 그렇게 전문적인 기술을 배운 건 없어요. 그 당시가 귀농 붐이 일어났을 때거든요? 귀농학교에 가보니 귀농하려는 사람들이 많다는 게 정신적인 위로가 되더군요. 나처럼 농촌으로 와서 살려고 하는 젊은이들이 많구나. 내가 홀로 단신이 아니구나 그런 정신적인 위로와 동지애를 느껴서 마음이 굉장히 편해졌죠."(EPM003)

그는 도시생활에서의 실패라는 심리적인 열등감과 자책감이 참을 수 없을 정도로 그를 압박하고 있을 때 귀농학교에 들어가게 되었다. 그는 귀농학교에 다니던 사람들에 대해 동지애를 느낄 정도였다고 말한다. 심리적 열등감은 그가 고향으로 귀농하지 못하고 귀농 사실에 대해서 그의 부모나 형제들에게 알리지 않았던 점에서도 나타난다. 농촌에 살고 있는 그의 부모가 그를 대학까지 다닐 수 있도록 지원해주었는데 도시에서 번듯한 직장도 구하지 못하고 농촌에 와서 겨우 농사나 짓게 된 자신을 드러내고 싶지 않았던 것이다. 그리고 그것은 자식의 출세를 기대하였던 그의 부모를 실망시키지 않으려는 배려이기도 하였다. 우리나라 산업화 과정에서 부정적으로 농촌을 바라보는 인식을 지니게 된 재촌자[1]는 형제나 자녀들에게 '자기 보상을 위임하는 행위'를 통해서 보상수준이 낮은 농업 부문에 그들이 일하는 것을 원하지 않았다. 따라서 재촌자는 그의 자녀가 비농업 부문에 직업을 갖도록 하기 위하여 교육비를 지원하였던 것이다. 이는 재촌자가 자기 보상을 유보하고 타인에게 자기 보상을 전이시키는 과정이었으며 자기 보상에 대한 패배감을 정서적으로 완화시키려는 자구책이었다고 볼 수 있다. EPM003은 현재 농산물 가공업으로 경제적 안정을 찾게 되었다. 경제 목적 귀농인이 귀농 후 경제적 합목적성을 강화하기 위한 적극적인 노력과 그 결과로서 경제생활의 안정은 도시직장에서 얻지 못했던 경제적 보상에 대한 미련이나 자영업에서의 경제적 패배감을 완화시킬 수 있는 기제가 될 수 있다. EPM003은 귀농 후 경제적으로 안정을 이루게 되고 42세의 늦은 나이에 결혼을 하게 되면서 부모에게 자신의 존재를 드러내게 된다. 이 같은 경제 목적 귀농인의 태도는 자신의 삶의 질의 척도가 경제생활에서의 안정성의 정도에 의해 규정된다고 믿고 있기 때문에 경제적인 성공이 무엇보다 중요하게 된다. 따라서 그의 직업이나 일도 경제적 보상수준에 따라 만족하는 바가 다르게 되고 그가 직업을 찾거나 일거리를 찾을 때 경제적 보상 정도가 중요한 요소로 고려된다.

생태가치 귀농

도시에 살고 있는 사람이 도시생활을 회의적으로 생각하게 된 배경은 다양할 수 있는데 그중에는 경제생활 면에서 가계재생산의 위기를 맞게 된 사람이 있으며 도시문명에 대한 비판에서 비롯된 이데올로기적 갈등을 경험했던 사람도 있다. 도시문명에 대한 비판은 근본적으로는 근대문명, 물질문명 그리고 산업주의에 대한 부정을 포함한다. 산업화 이후 도시의 인구집중과 그로 인한 도시문제의 발생은 근대문명에 대한 성찰을 갖게 된 계기가 되었다. 도시공간은 노동과 자본의 첨예한 대립이 존재하는 공간으로 인식되는가 하면 지구온난화도 인간 문명의 도시화와 관련이 있는 문제로 규정함으로써(월드워치연구소, 2007) 도시화에 대한 부정적인 인식이 증가하여 왔다. 당대 최대의 환경 이슈가 된 생태계를 위협하는 환경오염의 주범도 공업화와 도시화에서 비롯된다는 논리이다. 우리나라에서 이러한 생태환경에 대한 관심이 1970년대와 80년대 공업화 과정을 거치면서 90년대부터 시작되었다는 사실은 이러한 논리를 뒷받침한다고 볼 수 있다. 앞에서 언급하였듯이 유럽과 북미에서는 우리보다 적어도 40년 전에 도시생활을 하였던 사람들이 생태행동의 실천으로 생태계를 보전할 수 있다는 믿음이 귀농현상으로 나타났던 것이다.

어떤 사람이 현대의 도시생활이 너무 소비적이라는 생각, 자신의 직업생활이 자본 종속적이라는 생각을 갖게 된다면 자기 존재에 대한 반성과 함께 그것을 해소하기 위한 노력을 기울이게 된다. 이러한 사람은 도시적인 소비생활이 생태계에 충격을 준다고 생각하고 자본종속적 직업은 개인의 자율성을 억압한다고 인식하게 되면 소비를 줄이고 자율성을 높일 수 있는 삶의 방식을 지향하려고 한다. 도시민이 영위하고 있는 도시생활양식이나 삶의 가치에 대해 반성하게 된 계기는 다양하다. 자신이 하던 일을 통해서 스스로 성찰하게 된 경우가 있고, 어떤 교육을 통해서 자신의 삶을 뒤돌아보게 되는 경우가 있다.

생태가치 귀농인은 도시의 일상생활이나 직업 그리고 도시문명에 대한 성찰로부터 도시생활 전반에 대한 회의를 갖게 되면 도시를 벗어나 귀농을 결심하게 되는 일련의 과정을 겪는다. 도시인이 탈도시로부터 새로운 대안공간으로서 농촌을 선택하기까지 그들이 성찰하게 되는 대상과 그 내용에 따라 생태가치 귀농인은 몇 가지 유형으로 나누어진다. 다음에 제시되고 있는 4가지 유형은 앞에서 제시했던 생태가치 귀농인의 정의에 기초한다.

ⓓ 귀농을 하기로 결심한 계기가 도시의 직업을 통해 얻을 수 있는 삶의 가치에 대한 회의에서 비롯되고 자신만의 삶의 영역을 개척하려는 의지와 그 대안 중 하나로서 농업을 시도하려는 사람
ⓔ 도시인의 생활양식에 대한 비판적인 의식과 그 대안으로서 농촌생활 양식을 받아들이려는 사람

㉢, ㉣, ㉠ 그리고 ㉡ 등은 농촌공간을 도시보다 삶의 질을 높여줄 수 있는 곳으로 생각한다. 이 집단에 속하는 사람들은 농업의 가치, 농촌생활양식, 안식처, 자유, 자율성, 자립 등으로 농촌공간을 표현하며 긍정적인 그리고 탈생산주의적 농촌성을 지닐 가능성이 높다. 따라서 이 사람은 농촌에 거주하는 그 자체를 삶의 만족을 가져다주는 중요한 요인으로 인식한다.

위에서 ㉢에 해당되는 전형적인 예는 BTL001과 BTL003이다. BTL001은 노동자로서 직장에서 노동조합업무에 적극적으로 참여했던 사람이다. 그는 노동운동을 통해 노동자들의 삶의 조건을 개선하려고 노력했고 그것을 통해 자신의 삶의 가치와 보람을 찾고자 하였다.

그가 귀농을 결심하게 된 이유는 크게 두 가지로 요약할 수 있다. 첫째는 노동자들을 위한 권익보호를 위해 사명감을 갖고 일을 해왔지만, 실질적으로 노동자들이 보여주는 삶의 행태를 보고 실망을 하게 되고 귀농을 결심하는 계기가 되었다. 노동자가 산업재해를 인정받고 보상을 받게 되면 그 돈을 놓고 가족 간에 다툼을 하게 되는 경우를 자주 목격하게 되었다. 그래서 단순히 노동자의 권익이나 보상을 많이 얻어내려는 그의 역할이 정의로운 사회를 구현할 수 있는 것이 되지 못한다고 생각하였고 보다 근본적으로는 노동자 개인의 올바른 가치관의 정립이 무엇보다 중요한 일로 생각하게 되었다는 것이다.

"여기서는(농촌으로 와서는) 구체적으로 어떤 운동을 연계해둔 건 아니었어요. 여기 내려와서는 일단 개인적인 삶의 문제를 많이 생각하게 됐었죠. 노조 일을 오래 하면서 느끼는 어떤 좋은 점도 있지만 한계를 좀 봤어요. 어떤 사회제도의 개선도 참 필요하다고 느꼈고요. 그래서 노조운동을 했던 건데 '이제 그것도 한계가 있다'라는 것을 좀 많이 봤어요. 예를 들어서, 일하다 다치면 산재보상을 제대로 못 받고, 제대로 처리를 못 받는 경우가 있는데 그런 걸(노조 일을 하면서 노동자들을) 많이 도와주죠. 저희 같은 사람이 많은 일을 해서. 근데 (산재보상을 받은 노동자가) 돈을 받으면 돈 때문에 집안에서 분란이 일어나고 여러 가지 어려운 일이 생기는 것을 많이 봤어요. 그래서 어떤 바람직한 삶이란 걸 생각해봤을 때, 어떤 사람의 권익만 구제해서 될 문제가 아니다. 그 사람의 삶의 가치·태도가 참 중요한 문제겠다. 그런 생각을 많이 했죠. 그래서 사회의 어떤 제도도 바꾸고, 권리를 구제하고 이런 것만이 전부는 아니겠다, 이런 생각을 많이 했었죠. 그리고 또 한 가지 나이 탓도 있는 것 같아요. 제가 (농촌에) 내려올 것을 결심할 때가 마흔 정도 됐었는데, 만 20년 동안 쭉 노조 활동을 해보면서 '이제 어떤 것으로부터 벗어나고 싶다' 이런 생각도 좀 있었죠. 개인적으로 좀 보류했던 것들을 하고 싶다, 저 같은 경우에는 제가 좋아한 공부와 농사를 하고 싶다, 특히 이제 제가 불교 쪽을 좋아하니까 뭐 불교 공부도 좀 해보고 싶다, 이런 생각이 있어 가지고 귀농을 하게 된 거죠."(BTL001)

BTL001은 노조활동을 하면서 노동자를 위한 사회제도의 개선이나 노동자의 권익보호를 위한 구체적인 활동이 노동자 개인을 위해 중요하다고 생각하여 노조활동을 해왔지만, 개개인의 가치관이 인간의 삶에서 또한 중요하다고 깨닫게 되면서 노조활동에 대해 회의적으로 생각하게 되었다는 것이다. 그가 노동운동을 통해 노동 관련 제도를 개선하고 노동자의 권익을 위해 일하였지만 노동자들이 행동하는 현실을 보면서 오히려 자신을 성찰하게 되고 개인적인 삶을 살고자 하는 욕망을 가지게 된 것이다. 자신의 일에 대해 자아 성취감을 느끼지 못하였던 그는 노동자 개인을 위해서 필요한 것은 개개인의 이해를 대변해주는 것으로서의 노동운동이 아니라 노동자 자신을 성찰할 수 있도록 하는 것이 더욱 중요하다고 생각하게 되었다. 그가 귀농을 하게 된 목적이 이전의 노동운동과 관련시켜 사회운동을 하려는 의도가 있는가에 대한 질문에 대해서 그렇지 않다고 답하면서 개인적인 삶의 성찰과 관련되어 있다고 말하고 있는 것이다.

둘째는 노동조합 일을 하면서 실망감을 갖고 지내던 중 한 잡지(녹색평론)에서 생태가치에 관련된 글을 우연히 읽게 되었다. 그 글의 핵심 내용은 바로 그의 마음을 사로잡게 되었다고 한다. 그가 노동운동에 기대했던 성취감을 이루지 못하고 실망하고 있던 차에 자기 성찰이 생태가치와 연관되는 기회를 우연히 맞게 된 것이다. 그 후 책을 통해서 생태적인 이념과 생태적인 삶에 관한 사상과 실천에 관련된 것들을 스스로 학습하게 된다.

BTL003도 BTL001처럼 직장생활에서 만족감과 성취감을 갖지 못하였다고 말한다.

> "직장생활을 하면서 보람을 전혀 느끼지 못했죠. 물건을 파는 직업인데 월급은 고등학교밖에 안 나온 내가 대학교 나온 사람보다 월급은 더 받았는데 그게 문제가 아니던데요. 그 생활 자체가 노예생활하고 똑같다고 생각하고 살았으니까 창조적인 것은 전혀 없으니까 보람이 없죠. 물건을 파는 직업이다 보니 무조건 좋다고 해야 팔릴 거 아닙니까? 일종의 사기를 쳐야죠. 그런 데서 어떻게 만족을 얻을 수 있겠습니까."(BTL003)

그의 직장생활은 IMF외환위기를 거치면서도 별 영향을 받지 않고 순탄하였다고 한다. 경제적인 면에서 서울 대도시에서의 생활은 전혀 부족함이 없었다. 그럼에도 불구하고 도시의 직장생활이 노예생활 같았다고 말한다. 판매직으로 일하였던 그가 판매실적을 올리기 위해 고객에게 어떤 제품에 대해 과장된 광고를 하게 되는데 이 같은 고객에 대한 설득과정이 그를 죄책감에 빠지게 하였던 것이다.

㉱ 도시인의 생활양식에 대한 비판적인 의식과 그 대안으로서 농촌생활양식을 받아들이려는 사람으로는 BTL010, BTL007 그리고 BTL003 등이 어느 정도 근접한다.

BTL010은 도시생활양식이 그에게 맞지 않아서 도시를 피해서 농촌으로 이주하였다고 말하고 있다. 혼잡한 교통, 많은 사람들이 모여 있는 곳 그리고 이웃 간에 존재하는 벽 등은 그를 도시에서 살아가는 데 어렵게 만들었다는 것이다. 그래서 그곳으로부터 빨리 탈출하고 싶었다고 말한다.

> "직장생활 자체가 괴롭지는 않았지만 도시생활 자체는 저한테 안 맞는다고 생각했어요. 차 밀리는 것도 싫고 사람들 바글바글하는 것도 별로 즐기는 편이 아니어서 귀농은 도시를 피해 살아간다는 의미도 있죠."(BTL010)

BTL010과 비슷하게 도시문명에 대한 위기의식을 가지고 있는 BTL007은 귀농 인구가 더욱 많아졌으면 하는 바람을 가지고 있다.

> "귀농인이 많아졌으면 좋겠다는 생각을 합니다. 그래야 이 사회에 희망이 있다고 생각하거든요. 농촌이 살아나고 농촌에 희망이 있어야 우리 사회가 희망이 있다고 생각하기 때문입니다. 계속 도시 중심의 문명이 지속된다면 반드시 문명의 종착점에 빨리 도착할 것이라고 생각합니다."(BTL007)

그는 도시문명에 대한 위기 의식을 지니고 있는데 그에 대응할 수 있는 방법을 농촌에서 찾아야 한다고 생각하는 것이다. 도시문명은 이미 종착점에 다다랐으며 새로운 문명의 발생과 희망은 농촌에 있다고 주장한다.

BTL003은 자신의 귀농 후 삶을 '진짜 삶'이라고 표현하였다. '진짜 삶'은 자신이 하고 싶은 일을 하고 마음이 편안한 상태를 유지할 수 있는 것을 말한다.

> "저는 귀농을 진짜 삶으로 들어온 것이라고 생각하죠. 내가 하고 싶은 거 하고 마음이 편안하고 창조적인 일을 할 수 있으니까 그렇죠. 하고 싶었던 일이란 농사일을 말하는 것이고 항상 자연을 접하는 일이죠. 그럼으로써 마음이 편안해지는 겁니다. 농촌에서 살다 보면 어려운 일이 닥칠 때가 많은데 스스로 다 해결을 해야 해요. 이때 창조적인 능력이 필요해요. 창조적으로 그 상황을 해결해나가야죠. 되게 재밌죠. 그게."(BTL003)

그리고 그가 생각하는 생태적인 삶은 도시의 직장인들이 밤낮없이 일을 하여 돈을 벌고 그것으로 물질적인 풍요를 누리는 삶이 아니라는 것이다. 자신이 하고 싶은 일을 할 수 있고 마음이 편안한 상태를 유지할 수 있을 때 '진짜 삶'을 살아가게 될 것이라고 말한다. '진짜 삶'의 한 방식은 농사를 짓는 일이라고 말한다. 이와는 반대로 정신적인 또는 정서적인 면에서 생태적인 삶을 오염시키는 것 중의 하나로 그는 비닐하우스 농업을 꼽는다. 비닐하우스 농업은 사계절 강도 높은 노동을 요하는 것으로 농민의 삶의 질을 떨어뜨리는 것이라고 단정한다. 한여름 40도가 넘는 온실에서 작업하는 것과 새벽에 집을 나가 밤늦게까지 일에 매달려 생활하는 것을 이해할 수 없다는 얘기다. 그러한 농업에 종사하는 사람은 도시임금노동자의 성격과 다를 바가 없다고 생각한다. 그들이 얻는 수입은 웬만한 도시노동자들의 수입보다 많지만 인간다운 삶을 담보로 한 비생태적인 삶이라고 평가한다. 그런 삶을 살아가려면 농촌보다는 차라리 도시에서 직장생활을 하는 편이 낫다고 평가한다.

> "농민들이 비닐하우스를 하면 도시 월급쟁이 삶과 똑같거든요. 소득은 돼요. 이 동네는 상추를 많이 재배하는데 도시의 웬만한 월급쟁이보다 나아요. 그거 하면은. 그게 무지무지 힘든 일이거든요. 40도 넘는 여름에 비닐하우스 안에서 상추 따는 것을 상상해보세요."(BTL003)

그가 생계유지를 위해 노력하고 부를 축적해나가는 사람들에 대해 이러한 평가를 내리는 것은 무엇보다도 그의 가치관에서 비롯되며 보다 근원적으로는 자족적인 삶을 실천하려는 태도에 기초하고 있는 것으로 보인다.

㉱ 도시환경이 인간에게 위협적이라 생각하고 그것을 완화할 수 있는 공간으로 농촌을 인식하고 귀농한 사례는 BTL008이다.

BTL008은 서울에서 17년 동안 목사로 활동하였다. 그녀가 목회활동을 그만두고 귀농을 하겠다고 결심하게 된 것은 교회에서 결손가정 아이들과 텃밭농사를 시작한 결과 그 아이들이 정서적으로 큰 변화를 겪게 되는 모습을 보았기 때문이었다고 한다.

> "제가 서울에 있는 교회에서 목회활동을 88년에 시작하였는데 10년 차가 되었을 때 1년 동안 안식년을 갖게 되었어요. 1년 동안 쉬면서 다른 세계를 경험하게 됐어요. 그때가 90년대 말인데 자연

또는 생태문제가 굉장히 많이 부각될 때였거든요. 주로 보는 책이 생태에 관련된 책이 많았고 그런 쪽에 관심이 많았던 사람들도 만나다 보니까 제 가치관이 바뀌었죠. 저의 교회는 민중교회였거든요 그니까 가난한 사람들과 같이하는 그런 교회였는데 도시문화가 주는 한계가 있었어요. 가난한 사람들한테 필요한 건 경제적 도움이나 어떤 도시문화에서 자리를 잡게 하는 이런 게 아니라 자연과 만나서 자연에서 받은 위로가 훨씬 더 크더라는 것을 느꼈어요. 그것을 교회 어린애들을 통해서 경험을 했거든요. 그러니까 결손가정 애들 반이 있었는데 그 아이들이 화단에 있는 나무나 화분의 화초들을 가만히 놔두지 않았어요. 그런데 그 아이들과 3년 동안 주말농장 같은 거를 했어요. 일주일에 한 번씩 가서 흙에서 뒹굴고 씨를 뿌리고 가꾸는 가운데 아이들이 바뀌더라고요. 콘크리트 벽 안에서 아무리 잘해 주고 가르쳐도 화단에 있던 나무나 꽃이 남아 있지 않았는데 애들이 그걸 해코지를 안 하게 됐어요. 이렇게 아이들이 바뀌는 모습을 보면서 교회의 방향성도 그때 바뀌게 되었죠. 저는 그러한 경험을 한 뒤부터 시골에 내려가야 된다고 마음을 먹게 되었죠. 그리고 시골에 내려가서 도시문화 속에서 피폐해진 사람들이 언제라도 힘들고 아파서 쉴 곳을 찾고 싶을 때 쉴 곳을 마련해야겠다는 나름대로의 생각을 가지고 그때부터 내려올 준비를 했어요. 2005년에 제가 내려왔는데 2000년 들어서 마음의 준비와 교회를 정리할 준비도 하고……."(BTL008)

그녀는 생태문제에 관심을 갖게 되면서 교회에서 아이들을 대상으로 한 텃밭 가꾸기를 시작하였는데 그 활동으로 인해 아이들의 태도나 가치관이 바뀌는 것을 경험하게 된다. 그 이후로 도시문화에서 지친 사람들이 농촌으로 와서 쉴 수 있는 곳을 마련하고자 귀농을 결심하게 된다.

"저희 교회가 구로공단에 있었는데 IMF외환위기가 터지기 전에 이미 가정들은 많이 파괴됐어요. 1994~5년부터요 왜냐면 공장들이 점점 없어지자 일자리들도 많이 사라지면서 빈곤 가정이 가장 타격을 받았어요. 빈곤 가정이 파괴됐을 때 저희가 결손가정 아이들을 돌보고 엄마들을 위한 대화방을 통해 서로 위로받을 수 있는 사업을 했어요. 그런데 조그만 교회에서 대화방도 하고 공부방도 하고 애들 밥 먹여준다고 해서 이게 과연 이분들한테 얼마나 도움이 될까 이런 회의가 들기 시작하더라고요. 갈수록 아이들은 피폐해지기 시작하고 엄마들은 자존심이 너무 낮았어요. 앞으로 점점 더 사회는 양극으로 갈라질 텐데 그래서 이러한 사람들이 도시에서 살다가 진짜 너무 힘들어서 죽겠다 했을 때 혹시 잠깐이라도 쉬어서 좀 기운을 얻어갔으면 하는 이런 요구가 있을 거라는 생각이 들었어요. 그래서 저로서는 쉼터를 마련해야 된다, 그것도 도시는 아니고 자연 속으로 들어가야 된다고 생각해서 시골로 내려온 거죠."(BTL008)

그녀가 목회활동을 하면서 가난한 가족의 아이들과 부모를 위한 물질적인 도움과 정서적인 지원을 하였지만 그것에 대한 한계를 인식하게 되었다고 한다. 그러던 중 아이들을 위한 텃밭 가꾸기 활동을 통해서 생태가치의 중요성을 인식하게 되자 빈곤한 사람들이 마음의 위안을 받고 다시 돌아가 일상생활을 할 수 있도록 하기 위한 치유의 공간이 필요하다고 생각하였던 것이다. 치유의 공간으로는 그녀가 이미 경험한 바에서 알 수 있듯이 도시가 아니라 농촌에서 자연과 접할 수 있는 곳이 적당하다고 생각하였다. 그녀는 생태환경에 노출되었던 도시빈민 아이들의 행동변화를 경험하면서 도시환경에서 살아가는 사람들에게 위안을 줄 수 있는 공간으로 농촌을 생각하였고 그것을 만들기 위하여 귀농을 결심하게 된 것이다.

위의 유형 중 ㉣와 ㉤의 속성을 모두 지니고 있는 사례는 BTL002이다. BTL002는 귀농 전 도시에서의 삶이 경제적으로는 안정되어 있었지만 도시에 맞는 삶을 지속하려면 도시인의 삶의 전략을 좇아가야만 가능한 일인데 그는 그러하지 못하다는 것이다.

"제가 생각할 때는 도시에서 진짜 안정이라는 것은 없는 것 같아요. 왜냐하면 도시에서 우리가 말하는 안정이라는 것은 적어도 아파트 하나 번듯하게 있고 그다음에 안정된 직장 있어가지고 60~70까지 그렇게 살아가는 것을 말하는 거 같아요. 제가 돈을 못 번다고는 생각을 안 해봤지만 그것도 불가능한 거였어요. 왜냐하면 제가 연봉이 꽤 되더라도 그것으로 저축을 해가지고는 거의 그러한 생활이 불가능하다고 봤거든요. 그리고 남들처럼 저는 빚내서 아파트 사는 거를 딱 차단하고 있었기 때문에 아파트 살 기회가 있었을 때도 안 샀어요, 아예. 저처럼 살면 서울에서 사는 게 불가능해요. 남들처럼 빚을 내서 집도 사야지 겨우 서울 생활이 되는데 그렇지 않았던 저로서는 거기에 사는 것도 여기에 사는 것과 마찬가지로 불안정하긴 마찬가진데 여기가 좀 더 낫다고 생각한 거죠."(BTL002)

BTL002는 자신의 성격으로 봐서는 도시보다는 농촌에서의 삶이 더 안정적일 거라고 생각하고 있다. 그가 생각하기에 도시에서의 삶은 시류에 맞는 생활방식을 좇아 경쟁하고 부동산 투기에 의한 재산 불리기와 같이 사적인 이익을 극대화하기 위한 노력을 끊임없이 해야 지속될 수 있다는 것이다. 그러나 이러한 도시인의 삶의 속성에 잘 맞지 않는다고 생각한 그는 도시의 삶이 농촌에서의 삶보다 안정적이지 못할 것이라고 결론짓고 있는 것이다.

결국 BTL002가 귀농을 하게 된 것은 도시생활에 대한 회의에서 비롯되었다고 볼 수 있는데 이것을 '도시생활의 팍팍함'이라고 표현하고 있다. 자기가 평소 생각하고 있던 귀농 시기보다 일찍 귀농하게 되었는데 이렇게 서두르게 된 연유는 아내가 첫째아이를 임신하였기 때문이라고 한다. 그는 위험한 도시공간에서 자녀를 키우고 싶지 않았던 것이다.

"귀농하기로 결심하게 된 것은 도시생활이 너무 팍팍한 거 같다는 생각 때문이었어요. 어떤 사람은 도시생활을 좋아하기도 하지만 저는 그걸 별로 좋아하질 않기 때문에 불편하더라고요. 그리고 첫아이를 임신하게 되자 애를 도시사회에서 키우기 싫었어요. 그 사회에서 키우는 건 너무 힘들겠다, 빨리 귀농해야겠다, 그래서 애를 가지자마자 귀농지 찾으러 여기저기 다니다가 바로 귀농했거든요."(BTL002)

BTL002가 인식하고 있었던 도시는 자신이 더 이상 머물 수 없는 곳일 뿐만 아니라 자녀를 키우기에도 적합하지 않은 공간이라고 생각하였다. 그리고 자신이 하고 싶지 않은 것도 자신의 의지와 상관없이 강요하고 있는 공간이 바로 도시라고 생각하고 있었다.

"출퇴근할 때 굉장히 힘들었어요. 왜냐면 의왕에서 버스 타서 40분 가고 지하철 타고 한 10분 내지 20분 가야 직장에 갈 수 있거든요. 지금처럼 정권이 교체됐을 땐데. 저는 ○○대통령을 지지하지 않았거든요. 그런데 출근하는 버스 안에서는 끊임없이 내 맘에 들지 않은 정책을 라디오를 통해서 계속 듣게 되잖아요. 그것도 스트레스가 굉장하고요. 지하철에 내리면 줄을 서 있을 때 끊임없이 광고를 봐야 돼요. 사당역에는 이만 한 큰 티브이에서 내 머리 위로 계속해서 무언가를 끊임없이 막 쏘아붙이는 거여요. 그때 내가 인내할 수 있는 한계를 넘었다 하는 생각이 들었어요. 그래서 그러한 것을 보지 않는 것만으로도 시골에 사는 가치가 있다고 생각해요."(BTL002)

BTL002는 도시에서 자신을 괴롭혔던 뉴스나 광고매체로부터 해방된 것 자체로도 시골에 살 가치가 있다고 말한다. 그는 이것을 가리켜 보이지 않는 폭력이라고 표현하였다. 이만큼 그는 부정적인 도시 이미지를 가지고 있었다. 한편 도시공간에 대해 부정적으로 인식할수록 농촌공간에 대해서는 긍정적으로 지각할 가능성이 높은 것이다.

"직장생활도 언젠가는 끝나잖아요. 도시에서는 직장을 잃게 되면 완전히 전락하는 거잖아요. 말하자면 도시의 삶에는 불안 같은 게 있는 것 같아요. 반면에 여기 농촌에서는 동네 할아버지들이 농사 지으며 살아가는 것처럼 나도 그렇게 살아갈 수 있으니까 지속성이 있는 거죠."(BTL002)

BTL002는 티피 밸리(Tepee Valley) 도시의 직장생활이나 도시적인 삶은 지속적이지 못하다는 것이다. 반면에 농촌에서의 삶은 농사를 통해 최소한의 생활을 영위할 수 있는 지속성을 갖고 있다고 생각하고 있다.

앞에서 ㉼ 자본주의적 규범이 극대화된 도시공간에서 인간관계의 해체를 경험하게 되면서 그것이 덜 지배적인 공간이 농촌이라고 생각하여 귀농한 경우는 BTL005와 BTL006이다.

BTL005는 직장생활에서 경험한 직장동료 간 경쟁에 대해 회의적이었고 그것으로부터 탈출하고자 귀농을 결심하게 되었다고 말한다.

"1997년 IMF외환위기 때 보면 정리해고, 희망퇴직, 안 잘리고 남아 있는 사람들끼리의 승진 경쟁에서 치열하게 해서 이길 자신도 없었을뿐더러 설령 이긴다 하더라도 좀 편하지 않을 것 같다고 생각했어요. 회사 내 동료 간 승진이나 직책을 두고 경쟁하다 보니까 소주 한잔 먹는 것도 불편해하는 모습을 보고 이게 사람 사는 세상인가 하고 반성을 하게 됐죠. 그 당시 사회적으로도 불안했던 것 같고, 경제적으로도 불안했던 것 같아요. 경제적으로 풍족하지도 않으면서 심리적으로는 불안하고 이런 상황에서 계속 살아가기는 어렵다고 생각했어요. 그래서 새로운 삶을 생각하게 됐어요. 애기 엄마하고 수입구조도 바꾸고 생활패턴도 바꿔보자 의논하면서 귀농을 하자 했죠."(BTL005)

그의 경쟁사회에 대한 비판은 자본주의사회에서 개인주의가 팽배하고 경쟁이 타자를 억압하게 되면 인간성을 상실하게 된다는 사회

생태론의 입장과 비슷하다. 자본주의의 야만성에 대한 이러한 인식과 비판은 북친(Murray Bookchin)의 인식과 다르지 않다.[12]

BTL005는 직장생활에 대해 만족스럽지도 못했으며 경제적인 생활에서도 어려움을 겪고 있었다. 즉, 직장생활에서의 정서적인 불안정 그리고 가계재생산[13]의 어려움 때문에 그는 도시생활을 접기로 결정한 것이다. 귀농을 하지 않고 도시의 다른 직장으로 옮기는 것을 고려해보았느냐는 질문에 대해 다른 직장생활도 상황은 마찬가지였을 것이라고 말한다.

> "제가 농촌으로 귀농을 하게 된 것은 '경쟁구조에서 탈피하고 싶다'는 거였어요. 도시에 살면서 그 회사를 그만두고 다른 회사를 간다고 하더라도 또 다른 경쟁구도가 있을 것이다 생각했죠. 그 당시 주변 친구들한테 들어봐도 다 경쟁구도예요. '도시 자체가 경쟁화된 도시이다' 이렇게 느낌이 오는 거죠. 실제로 24시간 중에 12시간 이상은 직장에서 보내거든요. 하루에 절반 이상을 직장에서 보내야 하는데 IMF외환위기 이후에 동료 간의 관계가 삭막해지고 경쟁적인 관계로 바뀌었어요. 그런 인간관계 속에서 살아간다는 게 너무 힘든 일이죠. 근데 시골은 인구가 적기도 하고 가까이 있는 사람과 경쟁하지 않아도 내가 열심히 일하면 밥은 먹을 수 있으니까 단순한 구조죠. '그런 의미에서 시골을 선택했다고 보면 되겠죠."(BTL005)

BTL005는 직장생활뿐만 아니라 도시생활 자체가 경쟁적인 환경에 놓여 있다고 생각한다. 반면에 그는 농촌을 개인의 노력의 결과에 따라서 생활 여건이 결정되는 비경쟁적인 환경이라고 생각했다. 농촌을 타인과 경쟁하지 않아도 살아갈 수 있는 공간으로 인식하였던 것이다.

BTL006은 자신이 귀농을 하게 된 동기를 개인적인 것과 사회적인 것으로 나누어 설명하고 있다. 귀농을 하게 된 개인적인 동기는 도시에서 사업을 하였는데 돈 때문에 친밀한 인간관계가 손상되는 것을 경험하게 되면서 도시를 벗어나 농촌에서 새로운 희망을 찾고자 하였다. 그런데 개인 간의 돈 거래로 인한 인간관계의 손상은 알고 보면 자본주의에서 살고 있는 이상 어쩔 수 없이 부딪치게 되는 문제라는 것이다. 다시 말하면 자본주의의 원리가 도시의 생활양식에 그대로 녹아 있다는 것이고[14] 그가 경험한 바로는 자본주의사회에서의 인간관계는 상호 간 돈을 거래하는 과정에서 깨지기 쉽다는 것이다.

> "도시에서 어떤 내 사업도 해보고 친구하고 같이 동업도 하다 보니까 돈과 관련된 인간관계에서 여러 가지 실망스러운 것들을 경험하게 돼서 이제 여기로 오게 된 것도 있지만, 이런 개인적인 이유보다는 그렇게 만든 사회적 구조가 더 크다고 생각하죠."(BTL006)

그는 과거 자신의 도시생활을 자본주의에 얽매였던 삶이라고 표현하고 있다. 반면에 현재 자신의 삶의 모습은 자본주의의 구속에서 벗어난 상태임을 선언하고 있다. 그의 자녀가 장차 자본주의를 벗어나 현재 자기 모습과 같은 대안적인 삶을 살아갈 수 있기를 희망한다. 그래서 현재 자기의 삶의 모습을 자녀에게 하나의 예로 보여주고 싶다는 것이다.

> "내가 도시에서 농촌으로 와서 살아가고 있는데 자식도 도시로 나가지 않고 여기서 행복을 느끼고 살아간다면 자연스럽게 이어지는 삶이 아닐까 생각해요. 그러니까 자본주의에 얽매여서 사는 삶이 아닌 다른 삶이 있다는 것을 보여주고 싶고 그래서 그 아이들도 여기서 얽여서 살아간다면 대안적인 삶이 될 거라고 생각해요."(BTL006)

BTL006은 그의 자녀도 농촌에서 살아가기를 희망한다. 그렇게 될 수 있도록 자신이 노력하고 그의 후손이 자신과 같은 삶을 살아간다면 '자연스럽게 이어지는 삶'이 될 것이라고 말한다. 그는 대안적인 삶에서 가장 중요한 것이 농사라고 말한다.

> "저의 삶에서 농사가 굉장히 중요한 위치에 있다고 생각해요. 스스로 농사를 해서 내 식구가 먹고 이웃과 같이 나누면서 소득으로 이어지는 것이 기본적인 삶이라고 생각해요. 먹을거리가 앞으로 21세기에 어느 나라나 마찬가지로 중요시되는데 우리나라는 식량자급률이 굉장히 낮아요. 벼 빼놓고 치면 5% 이내예요. 식량이 무기화되는 것이 현실이고 보면 앞으로 10년, 20년 뒤에는 농사짓는 것이 중요하고 그리고 농사를 지속해야 하는 시점이 온다고 생각해요. 이런 시각에서 나 자신이라도 조그만 힘이 될 수 있도록 농사를 지키려고 하죠. 현재 정부는 벼농사가 넘친다고 하지만 대농 위주로 정책을 편다면 우리 식량을 지키지 못하는 시기가 올 거라고 생각해요."(BTL006)

BTL006은 농사를 짓는 것 그리고 농촌에서 살아가는 것이 자본주의의 굴레로부터 어느 정도 벗어난 삶을 살 수 있는 방법으로 인식하고 있다.

이상과 같이 경제 목적 귀농인이든 생태가치 귀농인이든 간에 공통된 점은 도시공간이 그들의 삶을 살아가는 데 농촌보다 적합하지 않다는 것이다. 경제 목적 귀농인은 도시에서 경제생활에 대하여 그리고 생태가치 귀농인은 비생태적인 도시문명에 대하여 불만족스럽거나 비판적이었다. 따라서 경제 목적 귀농인은 도시보다는 농촌을 경제활동에 유리한 지역으로 간주하게 되고 생태가치 귀농인은 도시보다 농촌을 생태가치 실현에 알맞은 공간으로 인식하게 되는 것이다.

은퇴 후 귀농

우리나라가 공업화·도시화가 급속하게 진행되기 시작한 1960년대 이후 농촌에서 도시로 이주했던 많은 사람들이 도시의 직장이나 일터에서 은퇴하여 다시 고향이나 농촌으로 돌아오고 있다. 특히 이 시기의 사람들은 소위 베이비붐 세대들로 우리나라 연령집단에서 가장 큰 비율을 차지하고 있다. 이들은 농촌에 대한 향수를 지니고 있는 사람들이어서 농촌생활에 대한 애착이 강하다. 그리고 농촌이 도시보다 인정이 넘치고 정서적 안정감을 주는 곳으로 인식한다.

은퇴 후 귀농자들은 도시보다 나은 자연환경을 찾아 그리고 소일거리를 찾아 농촌으로 돌아오고 있는 것이다. 은퇴 후 귀농자들의 전형은 연금생활자로서 경제적으로 비교적 안정된 생활을 영위하는 사람들이다. 은퇴 후 귀농인의 성격을 경제 목적 귀농인과 생태가치 귀농인의 특성을 조합하여 설명할 수 있다. 은퇴 후 귀농인은 연금에 의해 가계를 꾸리며 건강유지와 전원생활을 즐기려는 목적이 있기 때문에 영농에 있어서 경제 목적 농업보다는 생태가치 추구적 농업의 성격을 가질 가능성이 높다. 그렇지만 그가 생태가치 귀농인지 여부는 무엇보다도 이데올로기적 특성에 의해 규정될 것이다. 단지 생태적 농법으로 텃밭을 일군다 하여 생태가치 귀농인으로 규정될 수 없는 것이다. 그가 의식적으로 생태계를 고려하며 실천적으로 생태적 환경행동을 하느냐가 관건이기 때문이다. 단지 자신의 건강을 위하여 생태적 농법으로 생산한 농산물을 섭취하려는 의도로 영농을 한 것이라면 자아중심적 환경행동으로 평가될 것이고 생태가치 귀농인과는 거리가 있다. 그런데 은퇴 연령에 속한 사람일지라도 연금에 의한 경제생활이 불가능한 경우는 경제 목적 귀농인의 성격도 지니게 된다. 가계비를 충당하기 위한 노동을 지속해야 하기 때문이다. 이와 같은 방식으로 은퇴 후 귀농자를 기술하듯이 경제 목적 귀농인과 생태가치 귀농인 개념은 이 밖에 존재하는 다양한 귀농인의 성격을 규정하는 데 이용될 수 있다.

은퇴 후 귀농인이 농촌에 적응하고 만족스러운 삶을 지속하는 데 중요한 요인은 건강과 경제적 안정이다. 다시 말하면 건강하고 연금이나 충분한 이주자금으로 생활할 수 있는 사람은 농촌으로 이주한 후에 그렇지 않은 사람보다 농촌에 잘 적응하면서 살아갈 것이다. 그러나 이주자금이나 연금 등 가계에 필요한 경제적 기반이 없는 은퇴 후 귀농인은 귀농 후 경제활동에 따른 수입 정도가 귀농 후 생활만족에 큰 영향을 미칠 것으로 생각된다(박공주, 2006b).

따라서 귀농 후 생계를 유지하기 위한 경제활동을 지속해야 하는 은퇴 후 귀농인은 평생 일할 수 있는 것이 무엇인지 탐색하는 것이 중요하다. 그래서 다음과 같은 몇 가지를 생각해보도록 하자.

① 노인이 할 수 있는 일이 무엇인가?
② 적은 돈으로 할 수 있는 일이 무엇인가?
③ 건강을 유지하는 데 도움이 되는 것이 무엇인가?
④ 최소한의 경제적 자립을 목표로 할 수 있는 것이 무엇인가?

4가지 질문에 답하기 전에 우리 사회 은퇴자의 현실을 따져보는 것이 필요하다. 한 조사연구(신세라, 2009)에 의하면 우리나라 은퇴자들의 은퇴 시 평균 나이는 56.3세이다. 연령대별로 보면 55~59세가 32.0%로 가장 많은 비중을 차지하고 있으며, 그다음으로 50~54세가 26.6%, 60~64세가 22.2%로 나타나고 있는데 55~64세 사이에 80.8%가 은퇴하였다. 대기업 노동자의 정년이 55.1세로 가장 낮아서 평균 은퇴 연령에 미치지 못한 것으로 나타났다. 이러한 현실 속에서 은퇴자들이 희망하는 은퇴연령은 평균 63세로 실제 은퇴나이보다 약 7년이나 높았다. 희망 은퇴연령이 70세 이상이라고 답한 경우도 16.2%에 달한다. 은퇴자들이 예상하는 자신의 기대수명은 평균 84.4세였는데 실제 은퇴연령이 56.3세임을 감안하면 약 28년 동안 은퇴 후 삶을 살아가야 하는 것이다. 그런데 은퇴자의 74.4%는 은퇴 전까지 은퇴준비를 전혀 하지 않았다고 답해 은퇴 후 삶에 위험성이 상존할 가능성이 높다.

공무원이나 교원 그리고 전문직 종사자들은 자영업자나 중소기업 근로자보다 은퇴준비 상태가 양호하고 일정 수준의 연금이나 퇴직금이 확보된 상태이기 때문에 안정된 은퇴생활을 할 수 있을 것으로 예상된다. 은퇴준비 내용은 은퇴 후 경제생활을 지지해주는 은퇴자금, 은퇴 후 겪게 되는 심리적 적응, 건강관리, 대인관계, 재취업, 여가시간 관리 그리고 가족관계 유지 등의 순으로 중요하다고 인식되

고 있다. 은퇴자의 25.0%는 은퇴 후 재취업을 준비해왔다고 답해 은
퇴자의 상당수는 은퇴 후에도 일을 계속하고 싶은 욕구를 지니고 있
다. 연령이 낮을수록 이러한 욕구가 강하게 나타나는데, 경제적인
보상수준이 낮은 직업에 종사하였던 사람들이 재취업을 희망하는
경우가 많다는 것을 보여준다. 반면에 전문직과 같이 경제적인 여유
가 있거나 연금생활 가능 계층은 여가 시간에 대한 준비 비중이 높
은 특징을 보여준다. 은퇴자산의 축적 수단으로는 85%가 부동산을
꼽고 있으며, 예금이 6.8% 그리고 퇴직금 및 연금은 6.0%에 불과하
였다. 이 같은 부동산 편중의 자산축적은 부동산 경기에 따른 유동성
의 문제 그리고 자산가치의 문제로 인한 불안정성이 존재하는 것으
로 볼 수 있다. 은퇴자의 12%는 '기초적인 생계조차 어렵다'고 답하
였고, 49%는 '겨우 기초적인 생계만 가능하다'고 답해 전체 은퇴자의
61%가량이 생활고를 겪고 있는 것으로 나타났다. 반면에 은퇴자산이
은퇴생활을 하기에 충분하다는 사람은 15%에 불과해 노년기 은퇴자
의 경제적 불안이 사회문제로 대두되고 있음을 보여주고 있다.

　은퇴자가 주관적으로 충분하다고 인식하는 은퇴자산에 대한 평가
는 현재 기초적인 생활조차 어렵다고 생각하는 경우, 월평균 가계소
득은 132만 원, 지출은 124만 원 그리고 부동산을 포함한 보유자산
은 2억 7,000만 원이었다. 어느 정도 여유 있는 생활이 가능하다고
답한 경우 월평균 가계소득은 212만 원이었으며 지출은 175만 원이
었고 보유자산은 7억 4,000만 원이었다. 한편 풍족한 생활을 하고
있다고 답한 경우에는 월평균 가계소득은 293만 원이었고 보유자산
은 19억 원에 달하였다. 결국 생계유지에 어려움을 겪고 있는 저소
득층의 경우 저축과 투자의 제한으로 인해 장차 지속적으로 빈곤한

상태를 유지할 가능성이 높아진다고 하겠다. 은퇴자는 은퇴 후 현저한 소득감소를 경험하게 된다. 실제 조사대상자의 은퇴 전 가계소득은 평균 321만 원인 데 반해 은퇴 후 그것은 181만 원으로 감소하였다. 즉, 은퇴 후 평균가계소득은 은퇴 전 평균가계소득의 66%에 지나지 않는다는 것을 말한다. 그런데 연령대별로 보면 50대의 경우는 그 비율이 74%로 평균보다 높고 나이가 많은 70대 이상은 58% 수준으로 떨어진다. 이것은 연령이 낮을수록 재취업 등을 통해 근로소득을 가지고 있기 때문이다. 그리고 은퇴 전 중소기업 노동자와 같은 경제적 보상이 낮았던 직업에 종사했던 사람들은 은퇴 후에도 지속적인 근로활동을 통해 가계소득을 충당하고 있다. 일반적으로 은퇴 후 가계소득 규모는 은퇴 전 소득에 비례하는 경향을 보인다. 은퇴 전 소득이 높을수록 자산소득의 보유비율이 증가하였고, 소득대체율은 낮아지는 경향이 있다. 현재 근로활동을 하고 있는 은퇴가구의 근로소득이 전체 소득의 72%를 차지해 근로활동을 하지 않는 은퇴자가구의 소득구조와 차이를 나타낸다. 근로활동을 지속하여 가계비를 충당하는 은퇴가구의 경우, 예기치 못하게 근로활동을 중단하게 된다면, 가계소득의 원천이 사라져 버리게 되어 생계에 문제가 생기게 된다. 그러나 자산소득과 연금의 비중이 높은 은퇴가구는 건강상의 문제나 비자발적인 근로불가의 상태에 의한 위험성에 노출되지 않기 때문에 근로활동 가구에 비해서는 안정적인 가계를 지속할 수 있을 것으로 보인다. 근로활동의 종류로는 경비업무나 청소용역을 포함한 기업체의 아르바이트가 가장 많아서 63.5%를 차지하였고 창업과 같은 자영업이 18.2%였다.

은퇴자들이 일을 하지 않는 가장 큰 이유는 건강상의 이유이며 그

다음으로 '원하는 일을 할 수 있는 기회가 없어서'이다. 많은 은퇴자들은 일자리가 주어진다면 얼마든지 일을 할 의향이 있다는 것이다. 평균수명의 증가로 은퇴 후 생애기간이 길어짐에 따라 자아 정체성을 갖고 생산적으로 은퇴 후 삶을 살아가기 위해서는 사회적으로 고령자를 배려한 일자리 창출이 필요함을 알 수 있다. 은퇴자의 53%는 은퇴 후 근로활동을 지속하기를 희망하고 있으며 평균 70.5세까지 일하고 싶은 것으로 나타났다(신세라, 2009).

공적인 사회보장이 미흡한 상황에서 은퇴자는 경제생활 기간에 자녀의 학비나 생활비를 보조해주는 데 많은 자원을 투입해왔기 때문에 은퇴 후에도 경제적 여력이 남아 있는 경우가 그렇게 많지 않은 것이 현실이다. 특히 치열한 경쟁사회에서 살아왔던 베이비붐 세대들은 그들의 자녀들을 위해 너무 과도한 지출을 해왔다. 그러나 그들의 자녀들은 그들 세대보다 취업을 할 기회나 취업으로 인한 보상이 턱없이 적은 것 또한 사실이다. 취업을 하더라도 직업 안정성이 떨어지기 때문에 불안해한다. 그래서 요즘 젊은이들은 안정적인 직장을 찾으려고 애를 쓴다. 그들 부모 세대에서는 별로 인기가 없었던 공무원과 교사가 최고 인기직종이 된 것은 고용 안정성 때문일 것이다. 공무원 시험공부를 하기 위해 대학 졸업 후 4~5년을 수험공부에 매달리는 현실에서 그 자녀들을 보살피는 데 드는 비용부담을 고스란히 부모들이 지고 있는 것이다. 그래서 베이비붐 세대들은 경제적으로 부유하지 않다. 물론 일부 상위계급에 속한 사람들은 은퇴 후에도 경제생활에 별 문제가 없지만 중하위층에 속한 사람들은 노후의 경제생활에 걱정을 하지 않을 수 없다. 따라서 은퇴 귀농자들도 크게 두 부류로 나눌 수 있다. 귀농 후 가계에 필요한 생활비를 벌어야 하는 경우(지속적인 경제활동이 필요한 은퇴 귀농자)와 귀농 후 가계에 필요한 생활비가 연금으로 충당되는 경우(연금으로 생활하는 은퇴 귀농자)이다. 여기서 은퇴개념은 노령이나 노화의 개념과는 다소 차이가 있는데 노령이나 노화가 생애주기에 따라서 자연스럽게 이루어지는 과정으로 정의한다면 은퇴는 일과 소득에 관련된 하나의 사건으로 이해된다. 따라서 완전한 은퇴란 가계비 충족을 위한 소득활동을 그만두고 일을 하지 않는 것을 말하며 앞으로도 소일거리 이상의 일을 하지 않으려는 상태에 있는 것을 말한다(백은영, 2009). 그러나 완전한 은퇴에 이르지 않은 사람은 일정한 소득활동을 통해 가계비를 충족하는 경우가 많고, 그 일로 말미암아 자아 정체성을 되찾게 되면 소위 '인생 2막'에 이르게 되었다고 자족하기도 한다. 따라서 은퇴 귀농인은 다음과 같이 구분할 수 있다.

<표 21> 가계비 충족에 따른 은퇴 귀농인 특성

| 가 | 귀농 후 가계에 필요한 생활비가 연금으로 충당되는 경우(연금으로 생활하는 완전한 은퇴 귀농인) |
| 나 | 귀농 후 가계에 필요한 생활비의 일부를 소득활동을 통해 충당해야 하는 경우(지속적인 경제활동이 필요한 은퇴 귀농인) |

'가'에 해당하는 은퇴 귀농인은 농촌의 자연경관을 즐기려는 사람이거나 건강상의 이유로 농촌에 거주하려는 사람 또는 고향을 찾아 여생을 지내려는 사람 등 그 동기가 다양할 것이다. 생애주기로 보면 자녀가 둥지를 떠난 상태이며, 생계비의 전부가 연금, 저축 또는 부동산 임대수입 등에서 공급된다. 인간은 누구나 일을 하고 싶어하고 그것으로부터 성취감을 갖기를 원한다는 점에서 보면 '가'에 속

하는 사람들의 건강상태, 연령에 따른 사회적 배제 여부 등에 따라서 근로 가능성이나 기회가 결정될 것이다. 이 부류에 속하는 사람은 적어도 근로소득의 짐으로부터 자유롭기 때문에 어떤 일이든지 소일거리 이상의 의미를 갖지 않는다. 그러나 '나'에 해당하는 귀농자는 가계비의 일부가 퇴직금이나 연금과 같은 은퇴에 따른 보상으로 충당되고 나머지 모자라는 가계비가 자신의 소득활동을 통해 충족되어야 하기 때문에 근로활동에 참여한다. 소득활동의 범위와 그에 따른 보상수준은 개인의 전문성보다는 연령이나 건강상태에 따라서 결정되기 쉽고 공식적인 부문보다는 비공식적인 부문에서 일할 가능성이 높다. 조기퇴직과 같은 비자발적 은퇴자들은 완전한 은퇴자에 비해서 연령이 낮고 비전문직에서 일했던 경우가 많을 것이다. 따라서 은퇴 후에 대한 준비가 완전한 은퇴자보다 결여되어 있다고 판단된다. 이들은 은퇴 후 삶의 만족도가 완전한 은퇴자들보다 낮을 가능성이 높다. 은퇴자의 생활만족이나 삶의 질을 좌우하는 가장 큰 요인은 경제적 욕구의 충족에 있다는 사실에서 유추해볼 때 그러하다. '나'에 속한 사람들은 도시보다는 농촌에서 생활하기가 더 유리하기 때문에 귀농을 하게 된 경우가 많을 것이다. 은퇴 후에 도시보다는 농촌이 살아가기에 더 유리한 측면은 다음과 같은 몇 가지 이유에서 찾을 수 있다. 은퇴 후 도시에서 안정적인 직업을 얻기 어렵다는 점, 은퇴 후에는 취직을 해도 일용직이 대부분이라는 점, 은퇴 후 취업에 따른 근무 만족도는 일반적으로 매우 낮다는 점 등에서 경제활동을 지속해야 하는 은퇴자에게 농촌은 도시보다 유리하다고 말할 수 있다(유상오, 2009).

그러면 노인이 할 수 있는 일로서 경제적 손실로 인한 위험이 적은 일, 건강을 유지하면서 할 수 있는 일 그리고 경제적 자립을 목표로 할 수 있는 일이 무엇일까. 실상 이런 것들이 비록 노인에게만 적용되는 특수한 일들은 아닌 것 같다. 경제적 자립을 이룰 수 있고 투자의 위험이 적으며 건강을 유지할 수 있는 일이란 누구나 원하는 일이기도 하다. 어떤 일을 하든지 건강이 전제되어야 할 것이다. 특히 영농활동에서 신체적 건강은 일차적인 요소이다. 적당한 영농활동은 육체적 건강을 증가시킬 수 있다. 그러나 은퇴 후 농업은 생업으로서의 의미보다는 건강을 유지하고 자연경관을 즐기는 수준에서 하는 것이 바람직할 것이다. 물론 경작면적은 개인의 건강 상태나 농업기술과 같은 전문성 그리고 영농에 따른 자원의 동원능력 등에 따라 달라진다. 소량의 농산물을 소득으로 연결시키려면 도시에 살고 있는 지인들에게 안전하고 질 좋은 농산물을 공급해주고 그 대가를 받는 형식을 취한다면 좋을 것이다. 그것은 합리적인 농산물 판매방식으로 고려될 수 있다. 많은 농산물을 생산하는 것 못지않게 생산된 농산물을 제값 받고 파는 것도 농가소득 면에서 보면 농산물 생산활동만큼 중요한 것이다. 여기서 일반적으로 농업소득은 전체 가계비의 일부를 충당하는 정도에 머물 것이다.

그렇지만 노인이 농촌에서 손쉽게 할 수 있는 영농과 농산물 가공 등의 경제활동은 은퇴로 인한 상실된 역할과 활동을 재개함으로써 자아 정체성을 유지할 수 있도록 하며(박공주, 2007) 노년층의 건강을 유지할 수 있도록 만드는 긍정적인 면이 있다는 점을 기억해야 할 것이다. 우리나라에서 가장 고령의 나이까지 일을 할 수 있는 부문은 농·어업을 포함한 자영업적 성격의 것이다(박경숙, 2003).

요약

요점
귀농인의 성격과 농촌적응을 심층적으로 분석하기 위해서 '경제 목적 귀농인' 개념은 '생태가치 귀농인'의 특성과 대비시켜 정의되었다. 목적합리적 성격을 지닌 '경제 목적 귀농인'은 이상형적 개념구성물로 '생태가치 귀농인'의 성격을 규정하고 비교하는 데 이용될 것이다.

사실
현실세계에서 '경제 목적 귀농인'과 '생태가치 귀농인'에 꼭 들어맞는 사람을 찾기란 매우 어려울 것이다. 왜냐하면 이 두 개의 개념들은 실재를 설명하려고 연구자가 만들어낸 이상형적 개념이기 때문이다. 현실세계에서는 이 둘의 성격이 혼합된 무수한 사람이 존재하는 것이다. '70%의 경제 목적+30% 생태가치'를 지닌 귀농인이 있는가 하면 '10%의 경제 목적+90%의 생태가치' 귀농인이 존재할 것이다. 이 글을 읽는 독자가 귀농자이거나 귀농 예정자라면 자신이 어디에 속하는지 판정해보기를 권한다. 자신이 생태가치 귀농인보다는 경제 목적 귀농인의 성격이 더 강하다면 귀농지역 선택문제와 귀농 후 경제적 생활방식이 생태가치 귀농인과 다르다는 점을 인식할 필요가 있다. 그 반대도 마찬가지이다.

주요 단어
경제 목적 귀농인, 생태가치 귀농인, 이상형, 경제 목적과 생태가치의 혼합, 현실세계, 실재

생각해 보기
1. 당신은 어떤 성격을 지닌 귀농인인가? 경제 목적 귀농인(몇 %)+생태가치 귀농인(몇 %)의 조합으로 규정해보자.
2. 당신은 귀농생활의 성공 기준을 무엇으로 생각하는가?

도시에서의 귀농준비

귀농 후 무엇을 할 것인가?

귀농 후 무엇을 할 것인가에 대한 목표는 분명하게 세워두어야 할 것이다. 목표를 세워놓고 그것에 맞게 준비를 철저히 한다고 해도 막상 살다 보면 부족한 점을 많이 느끼게 될 터인데, 준비를 하지 않고 '부딪치면 뭔가 되겠지' 하는 막연한 생각은 버리는 것이 좋을 것 같다. 시행착오로 인한 시간과 경제적 손실을 증가시킬 수 있기 때문이다. 따라서 귀농을 결심한 사람이라면 목표를 정해놓고 그 목표를 실천할 수 있는 방법이나 수단을 생각해야 할 것이다. 어떤 목적을 이루기 위해서는 요구되는 자원들이 있을 것이고 부족한 것은 무엇인지 그리고 그것을 성취하기 위한 대안은 어떤 것들이 있는지 인식할 필요가 있다. 스스로 이러한 판단이 어렵다면 전문가의 도움을 받을 수 있다. 해당 분야의 전문가에게 도움을 요청하고 자문을 받는다면 자신이 고민했던 문제들도 쉽게 해결될 수 있기 때문이다.

귀농 후 어떤 일을 할 것인가에 대한 고민은 귀농인의 성격에 따라서 달라지리라 생각한다. 귀농인 자신이 할 수 있는 일이란 개인의 능력에 따라서 달라지기도 하겠지만 무엇보다도 개인의 목표나 목적 또는 가치관에 따라 정해질 가능성도 높다. 그러나 현실적으로 농촌 지역에서의 일자리가 도시 지역보다 다양하게 존재하지 않기 때문에 귀농인이 선택할 수 있는 직업의 종류는 그다지 많지 않다는 점을 염두에 두어야 한다.

일반적으로 귀농인이 쉽게 시작할 수 있는 영농도 개인에 따라 차이를 나타낸다. 개인의 경제사정, 노동력, 농업기술 그리고 개인의 가치관에 따라서 어떤 작물을 선택하고 농법을 적용할 것인지 그리고 영농규모를 어느 정도 해야 할 것인지 정해지기 때문이다. 어떤 과수나 채소재배에는 시설비가 많이 투입되기 때문에 개인의 경제적 능력은 영농품목의 선택에 영향을 미친다. 그리고 작물에 따라 소용되는 노동력이 다르기 때문에 자가 노동력을 고려하여 품목을 선택해야 한다. 일반적으로 곡식보다 과일이나 채소농사가 노동집약적이다. 벼농사와 같이 농기계를 주로 이용할 수 있는 경우는 적은 농업노동력으로 대규모 경작이 가능하다. 현재 농촌의 농업노동력이 고령화되었음을 감안하면 품앗이와 같은 노동력 교환은 상당히 약화되어 있기 때문에 자가 농업노동력에 따라서 영농규모가 제한될 가능성이 높다. 따라서 귀농인과 같이 혼자 또는 부부 2인의 농업노동력에 의한 초기의 영농은 자가 소비적인 규모로 제한될 가능성이 높다.

작물재배에 있어서 유기농법 또는 생태농법을 적용하면 영농의 규모가 농업노동력에 따라 제한되는 경향이 있다. 화학적 농약이나 제초제의 미사용으로 인한 대체적인 수단들은 보통 농업노동력의 증가에 의해 해소되기 때문이다. 이러한 생태농법의 적용은 개인의 가치이념에 의해 선택되는 경우가 많기 때문에, 생태가치 추구적 농업의 실행자에 있어서 생산력 개념은 무의미하다. 그래서 단위 노동력이나 자본투여 등에 따른 농산물의 생산량을 타 농법의 그것과 비교하지 않는다. 오로지 생태농법의 합리적인 적용만이 문제가 된다. 어떤 농법으로 농사를 지을 것인가 하는 문제는 개인의 가치관과 관련성이 높다. 유기농업이나 관행농업 중 어느 하나를 선택하는 경우에 있어서 귀농인의 가치관이 절대적으로 영향을 미치고 있는 것이다.

영농경험이 적은 귀농인은 농업기술력이 낮기 때문에 초기의 과도한 투자는 위험이 따른다. 농업기술은 이론도 중요하지만 실제 농사경험에서 쌓은 경험적 기술이 중요하므로 처음 농사를 시작하는 귀농인은 적어도 3년 동안은 소규모 농사를 직접 해봄으로써 해당 작물에 관한 재배기술을 익힐 수 있다는 마음가짐이 필요하다. 경험적인 농업기술은 동종의 품목을 경작하는 이웃들과 영농경험을 공유하고 그중 최선의 방식을 선택하게 되는 실제적인 학습활동을 통해서 전수되고 습득된다. 영농품목을 결정한 귀농인은 작목반과 같은 생산자조직의 구성원으로 편입될 경우, 해당 작물에 대한 농업기술을 효과적으로 전수받을 수 있다. 따라서 귀농 후 영농 품목이 정해지면 그것이 집단적으로 재배되는 지역을 선택하고 정착하는 전략이 필요할 것이다. 이와 관련해서 제4장에서 자세히 다루고 있다.

귀농인이 경제적인 면에서 적응해 살아가기 위해서는 소득자원을 다각화할 필요가 있다. 농사만으로 살아가기에는 힘든 것이 현실이기 때문이다. 농산물 가공은 보통 부가가치가 높아서 주요 소득원이 될 수 있다. 여기서 농산물 가공이라 함은 농산물의 원형을 크게 변형시키지 않은 단순한 농산물가공형태와 농산물의 원형을 변형시킨 농산물가공형태가 있다. 단순한 농산물가공은 농산물을 저장하거나 풍미를 증진시키기 위하여 햇빛이나 바람과 같은 자연적인 환경을 이용하는 경우가 많다. 무를 썰어서 무말랭이를 만든다거나 무 시래기를 만드는 것은 단순한 농산물가공형태라 할 수 있다. 처음에는 단순한 농산물가공부터 시작해보는 것이 좋을 것이다. 그것을 기초로 개선할 점을 파악하고 품질을 높여가는 방법이 좋은 상품을 만들 수 있는 지름길이 될 수 있다.

지금 농촌은 빈자리가 너무 많다. 농사 외에도 누군가에 의해 꾸려져야 하는 일들이 많이 있다. 사람들의 눈에 잘 띄지 않는 유·무형의 소중한 자원들이 농촌에는 많이 산재해 있다. 특히 전통적인 문화적 가치를 지닌 어메니티 자원의 활용과 보존은 농촌 재구조화의 측면에서 매우 중요하다.

전국에 산재해 있는 오래된 한옥 중에는 제대로 관리가 안 되어 보존상태가 좋지 않은 것들이 있다. 이러한 한옥을 체험공간으로 활용한다면 한옥을 보존하는 일이 될 터이고 동시에 숙박이나 체험공간으로 활용한다면 수입도 얻을 수 있다(엄윤진, 2012). 주5일 근무제의 도입으로 휴일 수가 증가한 이후 도시인의 휴식공간으로서 농촌주택은 인기가 높다. 그렇다고 해서 단순하게 주택공간을 빌려주는 것에 그쳐서는 안 되고 지역의 문화적 요소를 가미한 체험환경을 제공할 수 있다면 어느 정도 성공을 거두리라 생각한다. 여기서 체험내용은 그 지역만의 독특한 내용이면 더욱 좋을 것 같다. 그 지역의 전통적인 음식이나 민속적인 요소를 이용하여 이야깃거리를 만들고 체험할 수 있도록 한다면 방문자에게 만족스러운 경험이 될 수 있다. 현재 마을개발 프로그램의 하나로 제시되고 있는 전통테마마을의 지정과 그에 따른 내용은 지역적으로 차별성을 갖지 못하다는 데 문제가 있다. 어느 지역에서나 비슷한 내용의 소재가 등장하고 있어서 도시인에게 신선한 체험을 맛보게 하는 데 한계가 있는 것이다. 그 집만의 또는 그 지역만이 지니고 있는 독특한 전통과 문화만이 빛을 발할 것이다. 이런 자원을 찾아내고 발전시킨다면 소득으로 이어질 수 있으며 이것이 귀농인의 역할 중의 하나가 될 것이다.

귀농인이 처음부터 농사를 하거나 농산물가공을 시작하는 것은 여러 무리가 따르는 일이다. 귀농자가 농사를 짓기 위해서는 농사경험과 기술을 익히는 과정이 필요한 것처럼 귀농 후 무엇을 할까 탐색하고 그것을 결정하기까지는 현지에 살아가면서 몸으로 마음으로 익히는 과정이 필요한 것이다. 귀농인 자신이 몸소 체험하는 과정에서 비로소 할 수 있는 일이 보이기 시작할 것이다. 따라서 농촌정착에 성공하려면 서두르지 말고 지역을 이해하고 받아들이는 지역 정체성이 요구된다. 여기서 지역 정체성이란 그 지역에 대한 주관적인 인식이 포함되는데 그 지역의 문화, 자연환경 그리고 자원 등에 대해 갖게 되는 긍정적인 생각을 말한다. '우리 마을', '우리 고장' 등과 같은 말이 저절로 나오게 되고 타인에게 '우리 고장'의 자랑거리를 자부심을 갖고 늘어놓을 수 있는 정도가 된다면 지역 정체성을 지닌 사람이라고 평가할 만하다. 자기가 살아갈 지역에 대한 애착은 자기 생존의 토양이라고 말할 수 있다.

정착할 지역을 이해하기 위해서 해당 지역의 마을사무장, 간사, 산촌매니저 등과 같은 사회적 일자리를 해보는 것도 좋을 것이다. 이러한 일자리는 지역주민들과 접촉할 기회가 많기 때문에 단기간에 지역 사정을 파악하기가 쉽다. 지역 사정에 대한 이해는 사람과의 관계에서 나온다. 지역의 농업사정, 지역주민의 일상생활 사정, 지역 보건 사정, 지역 자원 사정 그리고 지역의 이슈 등 많은 지역현황을 생생하게 접하려면 지역주민과 소통해야 한다. 사람관계에서 정보가 나오게 되고 그 정보를 통해 지역을 이해하게 되는 것이다. 이러한 면에서 보면 지역의 사회적 일자리는 귀농인에게 지역을 이해할 수 있는 좋은 기회를 제공하는 셈이다.

다음은 귀농인이 어떤 일들을 하고 있는지 기존의 귀농 관련 책자에서 소개되고 있는 사례를 통해 살펴보고자 한다. 현재 농촌에서 귀농인이 하고 있는 일을 과일농사, 채소농사, 농산물가공, 축산 그리고 기타 등으로 분류하여 다음 <표 1>에 정리해보았다.

<표 1> 귀농인이 하고 있는 일

분류	내용	출처
과일	보성에서 유기농법으로 배 농원을 운영하는 조효익 씨의 이야기	문근식 외 14인, 2012
	영월에서 포도밭 가꾸는 귀농인 정정근 씨 이야기	권경미·김부성, 2012
	봉화에서 블루베리 농사를 하는 귀농인 윤태헌 씨의 이야기	권경미·김부성, 2012
	제주에서 귤 농사하는 이학준 씨 이야기	박근영, 2012
	보은에서 대추 농사하는 우철식 씨 이야기	
	상주에서 포도 재배하는 박종관 씨 이야기	
	제주에서 유기농 감귤 농사를 하는 귀농인 이영민 씨 이야기	신동헌, 1999
	키 작은 사과농원을 운영하는 충주 정락진 씨 이야기	
채소	양구에서 유기농법으로 다양한 채소를 재배하고 있는 이동욱 씨 이야기	문근식 외, 2012
	대구에서 유기농법으로 딸기와 채소를 재배하고 있는 곽해묵 씨 이야기	
	대전에서 양송이, 아가리쿠스버섯, 새송이버섯을 재배하는 임두재 씨 이야기	
	창녕에서 파프리카 농사하는 윤정수 씨 이야기	
	춘천에서 더덕종자생산과 더덕 농사를 전문으로 하는 김경호 씨 이야기	
	제주에서 취나물 농사를 하는 귀농인 김여종 씨의 이야기	권경미·김부성, 2012
	양평에서 채소밭 일구는 농부 서규섭 씨의이야기	박근영, 2012
	횡성에서 더덕 농사를 하는 귀농인 이경우 씨 이야기	신동헌, 1999
	고랭지 농사에 도전하는 귀농인들 이야기	

	삼척에서 머루 농사와 머루와인을 생산하는 김덕태 씨 이야기	문근식 외, 2012
농산물 가공	천일염보다 염도가 낮고 각종 미네랄이 풍부한 자염을 전통 방식으로 생산하고 있는 태안 자염에 관한 소개	박원순, 2011
	자연산 돌미역을 자연건조로 생산하는 영덕 어민 소개	
	감(반시)을 가공해서 소득을 올리는 청도에 소재하는 농업회 사 법인 감이랑 소개	
	진주 장생도라지 재배 및 가공 농가 소개	
축산	대전에서 자가 배합사료를 이용 한우 농장을 하는 백석환 씨 이야기	문근식 외, 2012
	강화에서 친환경 방사 닭을 키우고 있는 귀농인 이상현 씨 이야기	권경미·김부성, 2012
	사슴농장을 하고 있는 귀농인들 이야기	신동헌, 1999
	돼지사육에 뛰어든 귀농인들 이야기	
기타	충주에서 난초농원을 운영하는 박종대 씨 이야기	문근식 외, 2012
	고창에서 잔디 사업을 하는 귀농인 김한성 씨의 이야기	권경미·김부성, 2012
	모악산에서 차밭 일구는 농부 이운재 씨 이야기	박근영, 2012
	원주에서 우리 꽃 전문농장을 하고 있는 귀농인 최용호 씨 이야기	신동헌, 1999
	부안에서 곤충 농사를 하고 있는 귀농인 김하곤 씨 이야기	
	홍천에서 자생화 용담을 재배하는 귀농인 동영철 씨 이야기	
	청주에서 묘목 농장을 하는 귀농인 신철교 씨 이야기	
	밀원지를 찾아 꿀을 따는 김희성 씨 이야기	
	안성에서 선인장 농사를 하는 귀농인 이호상 씨 이야기	
	경산에서 산림을 가꾸는 귀농인 함번웅 씨 이야기	
	영천에서 누에농사를 하는 귀농인 최연홍 씨 이야기	
	퇴비사업에 눈을 돌린 귀농인 임수복 씨 이야기	

<표 1>에서 보는 바와 같이 귀농인들은 다양한 일을 하면서 살아가고 있다. 그들이 성공했다 하여 그것을 섣불리 모방하고 시작한다면 실패할 가능성도 높아질 것이다. 성공한 사람들로부터 농업기술과 경영을 배워야 할 것이다. 그들을 멘토로 삼아서 배울 수 있는 방안을 찾는 것이 무엇보다 우선해야 할 일이라 생각한다.

귀농교육

최근 예비 귀농자를 위한 귀농교육 실시기관은 정부 및 공공기관과 민간기관으로 구분할 수 있다. 정부 및 공공기관으로는 농촌진흥청, 농업기술원, 시·군농업기술센터, 천안연암대학, 여주농업경영전문학교, 농협 등과 같은 여러 기관이 있다. 그리고 민간기관으로는 생태운동 차원에서 귀농교육을 하는 전국귀농운동본부와 종교단체에서 운영하고 있는 귀농교육기관들이 있다. 민간기관들은 정부가 귀농교육을 위탁하는 형식으로 운영되고 있다. 또한 교육 형식으로는 귀농교육의 접근성과 편의성을 높이기 위한 사이버 온라인 교육과 오프라인 교육으로 나누며, 온라인 교육은 농촌진흥청과 농업인재개발원 홈페이지에서 이루어지고 있다(송용섭·황대용, 2010).

귀농교육실시기관 중에서 선두적 위치에 있는 '전국귀농운동본부'의 커리큘럼의 상당 부분은 생태가치를 강조하는 내용들로 구성되어 있다. 예비 귀농인들이 귀농 전에 귀농교육을 받거나 귀농에 필요한 정보를 얻기 위하여 이 단체에서 운영하는 귀농교육에 참가하거나 홈페이지를 통하여 인터넷상에서 접속하기 때문에 이 단체의 영향에 주목하지 않을 수 없다.

귀농교육은 귀농 후 정부지원의 수혜를 위한 필요조건이 되기도 한다.[15] 전국귀농운동본부의 커리큘럼의 목표는 귀농인에게 생태적 가치를 고양시키는 데 있다. 산업화로 인한 생태계의 파괴가 인류에게 위험한 요소로 작용하고 있는 지금 친환경농업의 실천과 자립적인 삶을 실천해야 한다는 점을 부각시키고 있는 것이다. 전국귀농운동본부의 교육이념을 담고 있는 다음의 글을 보면 이 점이 확연하게 드러난다.

> "전국귀농운동본부는 귀농희망자들이 흙에 뿌리내리고 건강한 귀농을 실현할 수 있도록 생태귀농학교를 운영하고 있습니다. 지금 우리는 산업화의 파괴적이고 무분별한 개발로 인해 삶의 토대를 송두리째 위협받고 있습니다. 자연과 공생·조화하지 못하는 현대 문명에 대한 생태계의 준엄한 경고는 지구 곳곳에서 나타나고 있으며, 특히 기상이변에 따른 재난과 식량위기는 이미 피할 수 없는 재앙이 되고 있습니다. 우리의 미래는 환경보호 실천과 생태적 가치의 확고한 인식을 확립하지 않으면 결코 영위할 수 없으며, 또한 농업을 비롯한 1차 산업에서의 환경 친화적인 방안을 찾아야 하는 절박한 상황입니다. 이제는 농촌으로 돌아가 생명을 기르고 자연과 조화되는 삶을 선택하는 것만이 가장 근본적인 대안입니다. 전국귀농운동본부는 생태적 가치와 자립적인 삶을 추구하면서 농촌과 농업의 활성화를 통해 생명에 대한 올바른 인식과 인간과 자연의 조화로운 공생을 지향하고 있습니다. 생태귀농학교는 생태적 가치와 올바른 삶을 공유하고, 주체적이며 자신감 넘치는 농촌 생활을 시작할 수 있는 밑거름이 될 것입니다."(전국귀농운동본부, 2011년 1월 22일, http://www. refarm.org/edu/1/)

많은 귀농 교육단체들의 이념들도 전국귀농운동본부의 교육과정과 유사하다. 불교귀농학교와 실상사귀농학교의 설립 취지문을 살펴보면 전국귀농운동본부에서 추구하는 생태적인 가치이념이 고스란히 녹아 있음을 알 수 있다.

"첨단과학기술에 대한 환상적 미래를 노래하고 있는 현대사회가 총체적 비인간화, 생명위기의 문제로 불안·초조하다. 전혀 뜻하지 않았던 결과인 오늘의 역사현실은 우주(存在)의 실상에 대한 무지의 세계관과 방법으로 살아온 필연적 귀결일 뿐 그 이상도 이하도 아니다. 너무 오랫동안 길 아닌 길을 달려왔다. 본래의 큰길, 유일한 영원의 길을 잃고 헤맨 것이다. 본래의 길을 찾아야 한다. 영원의 길을 따라 걸어가야 한다. 우리의 희망이 그곳에 있다."(인드라망, 2011년 1월 22일 발췌, http://www.indramang.org/bbs/board.php?bo_table=indramang_general &wr_id=2)

이 밖에 부산귀농학교, 기독교귀농학교 등의 교육내용도 앞의 사례와 같이 생태적 가치와 자립적 삶의 실현을 지향하고 있다. 생태 귀농 교육내용에는 산업주의 및 자본주의 문명에서 비롯된 사회적 모순과 생태계 파괴에 대한 비판적 이데올로기를 포함하고 있다. 자본으로부터 독립적인 삶, 자발적 배제, 자연생태계 보전, 단순한 생활방식 등이 언급되고 있는 점으로 보아 서구의 귀농 이데올로기와 매우 유사함을 알 수 있다. 그러나 이러한 이데올로기 출현의 역사적 배경은 서구와 다르다. 서구사회에서 반문명적 이데올로기의 성장은 앞에서 살펴본 바와 같이 다양한 노선을 가지고 있었다. 그러나 한국에 있어서 신좌파 논의나 히피문화의 내용과 의미는 서양과 많이 달랐으며, 시기적으로도 일치하지 않기 때문에 동형적이라고 말하기는 어렵다.

민간단체에서 운영하고 있는 귀농학교 커리큘럼이 생태적 귀농을 강조하고 있는 반면에 정부나 공공기관에서 주도하는 귀농 관련 교육내용은 농업기술 전수에 치중하고 있다는 점에서 양자 간 교육내용에서 큰 차이를 보인다. 시민단체가 운영하는 귀농교육기관은 귀농인에게 주로 생태적인 삶을 추구하도록 의식화하는 면이 강한 반면에 공공기관에서 귀농교육은 주로 농업기술의 습득을 위한 내용에 치중하고 있다. 농림수산식품부에서 지원하는 한 대학의 귀농지원센터의 설립취지를 보면 귀농교육의 내용이 장차 잠재적인 영농후계자로서 귀농인을 염두에 두면서 주로 영농기술 교육에 치중하고 있는 것이다.

> "우리 농업은 농촌인구 감소와 고령화에 따른 후계인력 부족 문제가 심화되면서 외국농산물에 대응할 수 있는 경쟁력을 잃어가고 있습니다. 다행히 사회적인 웰빙 풍조와 함께 농업·농촌에서 새로운 비즈니스 기회를 찾기 위한 창의적이고 도전적인 귀농인력이 늘어나고 있습니다. 우리는 이러한 잠재력 있는 귀농자에게 체계적인 교육 및 서비스 제공을 통하여 경쟁력 있는 농산업 CEO를 육성하고 이들이 지역농업 혁신리더로 성장할 수 있도록 지원할 것입니다."(천안연암대학 귀농지원센터, 2011년 1월 22일 발췌, http://www.uiturn.com)

정부 주도 귀농교육기관은 귀농인이 농업을 하나의 비즈니스로 인식하기를 바라고 있으며, 농촌을 희망의 공간으로 기술하고 있음을 볼 수 있다. 이것은 민간단체의 귀농교육기관이 농촌에서의 삶을 살아가려면 귀농인의 가치관이 중요하다는 점을 강조하고 있는 것과 비교해볼 때 시각 차이가 크다는 것을 알 수 있다. 이러한 차이는 농촌성(농촌에 대한 인식)에 대한 차이를 반영하고 있다고 볼 수 있다. 즉, 정부는 농촌을 비즈니스 하기에 좋은 기회의 땅으로 인식시키려는 생산주의적 농촌성을 드러내고 있는 반면에, 후자는 농촌에서 경제적 자립이 쉽지 않다는 점을 강조하고 귀농인의 농촌생활 정착에 가장 요구되는 자세로서 검소한 생활방식이나 궁핍한 생활을 이겨낼 수 있는 '마음가짐'을 당부하고 있기 때문이다.

민간단체와 정부 주도 귀농교육 내용의 강조점은 다르지만 커리큘럼에 따라서 체계적으로 귀농 관련 교육을 한다는 사실은 우리나라 역사상 처음 있는 일이기도 하다. 귀농교육 이수희망자들이 많이 늘어나고 있어서 그 수요와 욕구에 맞춰 교육을 실시하고 있는 것이다.

본 연구 참여자인 BTL008은 귀농 전에 인드라망 불교귀농학교에서 교육을 받았다.

> "저는 귀농학교 가기 전에 이미 생태 가치관은 세워져 있었는데요. 귀농학교 교육에는 내가 알지 못하는 무언가 있을까 하고 갔어요. 거기 가서 나의 생각들을 정리하는 계기가 되었고 실제로 귀농을 해서 살았던 사람의 사례를 들을 수 있어서 좋았어요."(BTL008)

BTL008은 귀농학교에 다니기 전에 이미 생태적 이념을 지니고 있었지만 당시 귀농학교 커리큘럼이 생태가치를 강조하였기 때문에 그 이데올로기가 더욱 강화되었다고 보인다. 귀농교육에 참여하기 전에는 생태가치이념에 대한 이해가 불충분했지만(BTL001) 귀농교육으로 체계적인 의식화가 된 것이다. 그는 귀농교육내용이 자신의 생활신념과 일치함을 발견하고 적극적으로 생태 이데올로기를 수용하기에 이른다. 이와 같이 생태가치이념에 대한 전파와 수용은 귀농교육을 통해 강화된다.

현재 정부 위탁으로 오프라인에서 귀농교육을 실시하고 있는 기관들은 많이 있는데[16] 귀농교육기관들마다 커리큘럼은 약간씩 다르지만 대략 귀농인의 가치관이나 삶의 태도에 관련된 이념교육과 농업기술이나 농촌현실에 대한 이해를 강조하는 내용 등으로 구성되어 있다.

온라인에서도 귀농교육을 받을 수 있다. 농림수산식품교육문화정보원 주관의 온라인교육(www.agriedu.net)은 농업 비즈니스 창업, 농업경영, 귀농희망지역, 농지와 주택 마련, 농기계와 농약 활용법, 친환경농업, 농축산물유통, 농산물가공, 선배 귀농인의 경험 등 다양한 내용으로 구성되어 있다. 이러한 온라인 귀농교육은 오프라인 교육과 달리 시간과 장소에 구애받지 않고 연중 교육을 받을 수 있는 장점이 있다. 농촌진흥청 농촌인적자원개발센터(http://hrd.rda.go.kr/)와 농림수산식품교육문화정보원(www.agriedu.net)에서 실시하고 있는 온라인 귀농교육의 내용은 작물별 농업기술교육이 주가 된다. 따라서 귀농 후 경작할 작물을 선정한 사람이나 어떤 작물을 선택할까 고민 중에 있는 사람에게 도움이 될 것이다.

농업기술과 농사경험

　귀농해서 무작정 토지와 농기계를 구입하여 농사에 뛰어드는 것
보다는 텃밭농사 규모의 소규모 경작활동을 통해 농사에 흥미가 있
는지 살펴보는 것이 중요하다. 처음에는 농사일이 자신에게 맞는지
스스로 판단해볼 수 있는 기회를 갖는 것이 좋다는 말이다. 무턱대
고 계획만 앞세워 농지와 농기계를 구입한다면 농사의 실패나 농사
가 자기에게 맞지 않는 일이라고 결론을 내린 다음에 수습하기가 만
만치 않은 것이다. 따라서 농사에 대한 자본투자는 신중하게 하되
농사경험은 닥치는 대로 해볼 일이다. 작은 농사 경험을 통해 농업
기술적으로는 많은 것을 배우게 되며 농업이 자신에게 적합한 일인
지도 스스로 판단할 수 기회를 가질 수 있기 때문이다. 귀농 초기에
는 마을에서 가까운 농지를 임차해서 농사경험을 쌓는 것이 바람직
하다. 농지임차 정보는 마을 사람으로부터 얻는다. 가깝게 지내는
마을 사람에게 농지임차 정보를 부탁하고 임대인에게는 농사를 열
심히 지어보겠다는 의지를 보여줌으로써 신뢰를 갖도록 하는 것이
좋다. 농기계를 이용하려면 마을 사람들이 가지고 있는 농기계를 빌

려서 이용하거나 농기계조작을 잘 알지 못하는 경우에는 농작업을 부탁하고 비용을 지불해야 한다. 이것이 여의치 않을 경우에는 해당 지역의 농업기술센터에서 운영하는 농기계임대사업장에 문의하면 농기계 대여는 물론 필요한 농작업까지 해준다. 값비싼 농기계 구입에 많은 돈을 투자해서는 안 된다. 대규모 영농이 아니라면 농기계를 임차해서 사용하는 편이 경제적인 면에서 훨씬 유리하다. 농기계를 임차하였다 하더라도 작동방법을 모르면 무용지물이 된다. 따라서 농한기에 농기계 사용법에 관한 교육이 누구에게나 열려 있으므로 농업기술센터에 교육신청을 하면 된다. 농기계조작 기술을 갖고 있다면 자신의 의지대로 농작업을 할 수 있는 장점이 있다. 남에게 농작업을 맡기게 되면 자기가 의도한 대로 작업처리가 이루어지지 못하는 경우가 있기 때문이다.

텃밭 정도의 규모에서 농사경험을 풍부하게 쌓으려면 다양한 채소를 경작해보는 것이 좋을 듯싶다. 다양한 종류의 작물을 심게 되면 파종시기가 다르고 작물별 생장에 따른 관리작업이 수반되어야 하기 때문에 짧은 기간에 많은 영농경험을 할 수 있다. 처음으로 농사에 임하는 사람은 마을 사람 중 농사경험이 풍부한 사람을 멘토로 정하고 일반적인 농업기술을 배워나가면 좋을 것이다. 이것을 통해 농업기술뿐만 아니라 농업에 내재되어 있는 가치와 농민의 삶에 대해 새롭게 인식하는 계기가 될 것이다.

귀농해서 부모나 형제의 농업을 승계하려는 경우라 하더라도 농업기술을 귀농 전에 미리 익혀둔다면 초기 적응에 훨씬 유리할 것이다. 승계농의 경우 부모나 형제로부터 농업기술을 전수받을 수 있는 여건이 다른 사람들보다 좋다고 생각되지만, 새로운 농업기술이나 유기농업기술을 배우기에는 결코 유리하지 않을 수도 있다. 기존의 농민들은 화학적 비료나 농약 그리고 제초제를 사용하는 소위 관행 농법에 익숙해져 있기 때문이다. 관행농법도 오랫동안 농민들이 실행해온 하나의 농업기술로 존중되어야 할 부분이 있을 것이다. 그러나 환경이나 생태문제가 대두되고 농산물의 안전성에 대한 문제가 심각해지면서 유기농업 또는 생태농업에 대한 관심이 증가해왔다. 그럼에도 불구하고 기존 농가의 유기농업으로의 전환은 지체되었다. 관행농법에 따라 농업을 계속해오던 사람이 유기농업으로 전환하기는 쉽지 않다는 것과 작물에 따라서는 유기농법의 적용이 기술적으로 또는 경제적으로 합리적이지 못하기 때문이다.

농업기술을 배우려면 책이나 인터넷 등 다양한 매체를 활용할 수가 있고, 귀농교육기관이나 시·군의 농업기술센터 등을 이용할 수 있다. 그리고 미리 귀농을 체험하도록 예비 귀농자를 위한 '귀농인의 집'[17]을 운영하고 있으므로 이것을 잘 활용한다면 현지 정보나 현장지식을 얻는 데 도움이 될 수 있다.

농사경험과 영농기술의 습득은 농촌에서만 가능한 것이 아니다. 도시에서 직장생활을 하면서 귀농을 준비하는 사람이라면 얼마든지 도시농부[18]가 되고 농사경험과 농사기술을 익힐 수 있다. 도시근교에 있는 텃밭을 분양받아 주말농장을 운영해보는 것도 좋은 방법이라고 생각한다. 비록 규모는 작더라도 여러 가지 농작물을 직접 재배해봄으로써 농업에 대한 관심과 농업기술의 필요성을 인식할 수 있는 계기가 될 수 있기 때문이다.

농사규모가 크든 작든 간에 요구되는 농업기술과 농업노동력이 투입되는 과정에서 영농인 스스로 농업의 중요성과 생명의 소중함을 깨닫게 되는 경우가 많다. 이러한 체험은 베란다를 이용한 소규모의 컨테이너 재배에서도 가능하다. 수경재배나 인공조명을 이용하면 도시의 아파트라 할지라도 몇 가지 종류의 채소를 직접 재배하여 농사경험을 쌓을 수 있다. 베란다 작물재배는 늘 가까이에서 농작물을 접하게 됨으로써 영농에 대한 관심을 높일 뿐 아니라 가족구성원들에게도 자연스럽게 영농에 참여할 수 있는 개방성을 넓힘으로써 영농에 대한 이해가 배태될 수 있도록 한다. 따라서 베란다를 이용하여 채소나 화초를 재배하는 것은 자녀의 교육적 차원에서도 의미가 있다고 볼 수 있다.

농업기술은 책이나 기타 매체를 통해서 어느 정도 지식을 쌓을 수 있지만 직접 작물을 재배해봄으로써 얻는 것이 훨씬 많다. 영농에 대한 실패 경험조차도 다음 번에는 성공의 밑거름이 될 수 있다. 어떤 작물에 대한 영농경험 없이 단순히 지식만으로는 그 작물재배에서 전문가가 될 수 없다(쇼지, 2013).

영농규모가 작으면 작은 대로 농사경험에서 배울 수 있는 것은 많이 있다. 농사일을 반복해서 하다 보면 이전의 실패경험을 보완하게 되므로 점차 농업기술이나 작업기술이 향상된다. 도시에서 직장이나 자영업을 하면서 얼마든지 농사경험을 쌓을 수 있다. 이른바 반농생활(side farming life)을 할 수 있는데 생활의 반은 현재 자신의 직업에 관련된 일을 하면서 나머지 반의 시간은 농사를 하는 생활방식이다. 채소농사는 비교적 단기간에 수확이 가능하므로 도시농부에게 알맞은 작물이다. 수확한 채소가 자가 소비량보다 많다면 나머지는 팔아본다. 파는 것 자체가 즐거운 경험이 되고 소비자의 욕구를 파악할 수 있는 기회가 될 수 있기 때문이다(Masuyama, 2011).

도시농업의 경험은 귀농 후 농업에 빨리 진입할 수 있도록 할 것이다. 도시농사의 경험으로부터 농업기술을 익히게 되면 영농에 대한 자신감이 생기기 때문이다. 농업기술에 대한 내용은 온라인에서도 얼마든지 찾아볼 수 있다. 귀농귀촌종합센터(http://www.returnfarm.com/)에서 '작목종합정보' 메뉴에 들어가면 작목별 농업기술 소개, 작물별 소득정보, 우수농가 사례 소개 그리고 멘토 소개 등 풍부한 내용으로 구성되어 있다(이와 관련된 상세한 내용은 제4장 '상업적 농업지역과 친환경농업'을 참고할 것).

도시농부 경험은 농업기술을 익히는 과정일 뿐만 아니라 농업의 소중함을 깨닫게 되는 활동이기 때문에 도시 소비자가 농업이나 농민을 이해할 수 있는 기회가 된다. 다시 말하면 도시농업이 의식화된 귀농인(소비자) 또는 윤리적인 귀농인(소비자)을 만들어가는 밑거름이 되는 것이다.

선배에게 배워라: 멘토링

　귀농인이 영농과 관련된 지식을 배우는 데 가장 효과적인 것은 실제 경험이고 그다음이 경험이 많은 농민이나 전문가의 조언 그리고 독서를 통해 얻는 지식 등의 순이라고 한다(Hawkins, 1974; 마상진, 2008 재인용). 따라서 어느 특수한 분야의 지식을 얻으려면 현장학습이 가장 효과적인 교육방법으로 인식되고 있다(강창용, 2000; 마상진, 2008).

　멘토링 프로그램은 세계 여러 나라에서 다양한 목적으로 여러 분야에서 행해지고 있다. 미국의 경우, 정부의 지원하에 청소년을 위한 멘토링 프로그램이 전국적으로 진행되고 있다. 청소년 비행이나 학교 부적응자를 위한 멘토링 프로그램은 위기 청소년들의 비행 예방, 학업성적 개선, 학교 중퇴율 감소 등에 기여하고 있다(김지선, 2002). 농촌에 거주하고 있는 결혼이민자를 위한 멘토링 프로그램은 여성결혼이민자에게 영농기술의 습득은 물론 대인관계 및 생활적응에 유용한 지식을 배우는 기회를 제공하였다. 또한 멘토는 여성결혼이민자의 개인적 고민, 관심사, 욕구 등에 대응하고 격려함으로써 상호 신뢰관계를 향상시키는 것으로 나타났다(양순미 et al., 2010).

역할 모델로서 멘토(전문 영농 경험자)는 해당 분야에서의 성공과 권위로 인하여 멘티(귀농자)에게 지식과 경험이 효과적으로 이전될 수 있도록 학습 동기를 유발시킬 수 있다. 그리고 멘티는 비공식적이고 비정형적인 정보를 멘토링을 통해 얻게 됨으로써 귀농 후 적응 과정에서 시행착오를 줄이게 되면 결국 시간과 비용의 절감효과를 얻게 되는 것이다(양순미 et al., 2010). 그뿐만 아니라 멘토와의 인간관계를 지속적으로 유지하게 되면 농촌생활이나 영농에서의 어려움이 닥쳤을 때 의논하고 도움을 받을 수 있는 후견인을 얻게 되는 셈이다. 그리고 멘토와의 관계유지는 귀농 정착과정에서 그리고 지속적인 농촌생활에서 외부 연결망을 확대하는 과정으로 이해할 수 있다. 외부 연결망의 확대는 농민으로 살아가는 일상에서 벗어나 다양한 사람들로부터 많은 정보를 얻을 수 있는 기회를 갖게 된다. 이같은 개인의 사회자본 축적은 귀농 후 농촌생활을 더욱 안정적으로 영위할 수 있는 원동력이 될 수 있는 것이다.

귀농귀촌종합센터(www.returnfarm.com)에서 제공하는 멘토링 서비스는 현재 농림어업 종사자, 농림어업 분야 관련 전문가인 멘토(Mentor)가 귀농·귀촌 예정자, 준비자, 농림어업 종사자 및 농림어업 관련 창업자인 멘티(Mentee)에게 실질적인 농림어업 기술정보, 필요정보, 전문정보를 지원하는 것이다. 이것을 통해 귀농인의 성공적인 정착을 지원하며 궁극적으로 농림어업 경쟁력을 강화하고자 시행되고 있다. 멘토링은 해당 분야의 전문적인 농업기술을 쌓은 농민으로부터 농업 및 그 경영에 관한 것을 직접 전수받을 수 있는 좋은 제도이다. 멘토를 찾으려면 해당 홈페이지나 농업기술센터에 멘토 구하기를 신청하면 된다. 귀농귀촌종합센터 홈페이지에는 멘토에 대한 정보도 올라와 있으므로 자기에게 알맞은 멘토를 직접 선택하고 그에게 농업기술을 배울 수 있다.

다음 <표 2>에서 75번 멘토 김기수 씨는 충주시 소태면에서 43,000평의 과수를 재배하고 있는 농민으로 사과나무와 복숭아나무 전정에 관련된 기술을 전수해줄 수 있다고 한다. 매년 1~2월 사이에 3일간에 걸쳐 집중교육을 실시할 예정이다. 사과나 복숭아 재배를 염두에 두고 있는 귀농인은 이 멘토에게 해당 과수에 대한 전지기술을 이론 및 실습을 통해 익힐 수 있는 것이다.

61번 김문웅 씨는 30년간 창원에서 키위농사를 하고 있는 농민이다. 그는 키위 수정방법(5월)과 키위 수확방법 그리고 키위 전정방법(11월) 등에 관한 기술을 전수할 예정이다.

58번 강창국 씨는 경남 창원에서 20년간 단감농사를 해오고 있다. 단감 재배기술에 대한 것은 물론 가공 및 판매전략까지 그의 경험과 지식을 전수해줄 것이다. 그는 홈페이지(www.returnfarm.com)에서 자신을 다음과 같이 소개하고 있다.

"1995년 귀농 농산물 생산, 가공, 유통을 통하여 농촌관광 및 농촌 교육농장을 운영하고 있습니다. 시작 초기에는 1,000여 평의 단감 과원으로 출발하여 현재 농사 13,000평, 가공공장 60평, 교육장 50평 그리고 숙박시설 등을 운영하고 있습니다. 농산물 판매는(직거래 70%, 백화점 유기농매장 13개, 점포 20%, 일사일촌 등 도·농 교류 10%) 다양한 유형으로 진행합니다. 사회 활동으로는 경남 명품농산물 브랜드관리위원, 경남 '친환경농업현장컨설팅지원사업'의 현장전문가(멘토)로 위촉되어 활동하고 또한 국립농수산대학교 현장교수로 활동하고 있습니다."

21번 김종연 씨는 경북 예천에서 배농사를 하고 있다. 그녀는 영농경력 23년의 경험과 유기농업으로 축적된 기술을 귀농인에게 전수하고자 한다. 15,000여 평의 과수원에서 농사를 짓고 농산물가공도 병행하고 있다.

<표 2> 과수 분야 멘토 현황

번호	도	시군	종류	멘토 이름	수용 인원
80	경기도	여주군	서양배나무	안두희	10
79	경상북도	구미시	호두	임종국	1
78	경기도	포천시	기타 장과류	구미연	0
77	경기도	포천시	사과	한상용	0
76	강원도	영월군	서양배나무	지순식	3
75	충청북도	충주시	사과	김기수	5
74	충청북도	충주시	블루베리	김금자	5
73	충청북도	충주시	복숭아	최경애	10
72	경상북도	김천시	서양배나무	윤태묵	10
71	경상북도	김천시	자두	하동욱	5
70	경상북도	김천시	자두	김정호	10
69	경상북도	김천시	사과	최문수	1
68	경상북도	상주시	기타 장과류	윤필주	1
67	경상북도	상주시	복숭아	박세철	1
66	경상북도	상주시	서양배나무	최병선	1
65	경상북도	상주시	배	김광식	1
64	대전광역시	대전	블루베리	안승덕	20
63	경상북도	김천시	서양배나무	김철환	10
62	경상남도	창원시	기타 소과류	박승호	5
61	경상남도	창원시	참다래, 키위	김문웅	10
60	경상남도	창원시	블루베리	이상영	10
59	경상남도	창원시	감	안장호	3
58	경상남도	창원시	감	강창국	5
57	경상남도	창원시	감	조재한	3
56	경상남도	창원시	감	김종출	5

번호	도	시군	종류	멘토 이름	수용 인원
55	경상남도	칭원시	감	서민호	20
54	경상북도	김천시	자두	박영운	5
53	경상북도	문경시	사과	김진호	1
52	경상북도	문경시	사과	김현명	1
51	경상북도	문경시	사과	박성환	1
50	경상북도	문경시	감	박성희	1
49	경상북도	문경시	사과	신동훈	2
48	경상북도	문경시	사과	박진호	1
47	경기도	이천시	복숭아	최성기	1
46	전라남도	보성군	참다래, 키위	양명숙	1
45	경기도	이천시	복숭아	석재인	1
44	경상북도	김천시	서양배나무	이영일	10
43	경상북도	안동시	사과	김령균	5
42	경상북도	안동시	사과	권만순	5
41	충청남도	예산군	블루베리	박천진	5
40	충청남도	예산군	배	김기윤	5
39	충청남도	예산군	사과	박성문	10
38	경상남도	함양군	감	김기완	20
37	경상북도	영주시	블루베리	권준호	2
36	경상북도	영주시	사과	윤상호	1
35	경상북도	영주시	사과	김재광	2
34	경상북도	영주시	사과	최승섭	3
33	경상남도	함양군	사과	김의성	2
32	경상북도	안동시	사과	권만순	5
31	경상북도	안동시	감	권대수	-
30	경상남도	함양군	기타 소과류	김철수	2
29	전라남도	강진군	참다래, 키위	고형록	4
28	전라남도	장흥군	참다래, 키위	백인천	2
27	전라남도	장흥군	감	고길석	3
26	경상남도	함양군	기타 소과류	김철수	2
25	경상북도	예천군	복숭아	손석원	1
24	경상북도	예천군	사과	최효열	2
23	경상북도	예천군	감	이상순	2
22	경상북도	예천군	배	임희순	2

번호	도	시군	종류	멘토 이름	수용 인원
21	경상북도	예천군	배	김종연	20
20	경상북도	예천군	사과	정병수	10
19	경상북도	예천군	사과	김국한	2
18	경상북도	예천군	사과	박우락	3
17	전라남도	장흥군	블루베리	이승화	2
16	경상북도	봉화군	사과	배종규	2
15	경상북도	봉화군	블루베리	강점숙	1
14	경상북도	봉화군	사과	이근재	3
13	경상북도	봉화군	사과	이동윤	1
12	경상북도	봉화군	사과	이용철	3
11	전라남도	장흥군	감	이영돈	10
10	경상북도	봉화군	사과	강신웅	3
9	경상북도	봉화군	사과	김복성	1
8	경상북도	봉화군	사과	임옥녀	3
7	충청남도	논산시	사과	주시준	2
6	경상북도	의성군	복숭아	반성수	10
5	충청북도	충주시	사과	홍기섭	10
4	충청북도	충주시	사과	진정대	10
3	충청북도	충주시	사과	신형섭	10
2	충청북도	충주시	사과	김병태	10
1	충청북도	충주시	사과	홍재성	3

출처: www.returnfarm.com에서 2013년 9월13일 발췌함
참고: 홈페이지 개편에 따라 내용에 변동이 생길 수 있음.

<표 3> 채소 분야 멘토 현황

번호	도	시군	종류	멘토 이름	수용 인원
65	강원도	화천군	오이	유재찬	1
64	강원도	화천군	곰취	주재근	20
63	강원도	화천군	토마토	이근식	2
62	강원도	화천군	고추	배인균	2
61	강원도	화천군	호박	박기윤	10
60	경기도	여주군	가지	한명순	10
59	경기도	포천시	기타 엽경채류	이경훈	0

번호	도	시군	종류	멘토 이름	수용 인원
58	경기도	포천시	기타 산채류	임동구	0
57	충청남도	보령시	고추	홍홍표	5
56	전라북도	전라북도원	수박	김태복	2
55	전라북도	전라북도원	수박	임정현	2
54	전라북도	전라북도원	수박	노재종	20
53	전라북도	전라북도원	수박	성문호	20
52	전라북도	전라북도원	고추	김치선	10
51	경상북도	상주시	딸기	정윤수	1
50	충청북도	청주시	토마토	김봉기	5
49	충청북도	청주시	토마토	심규종	5
48	대전광역시	대전센터	토마토	이학구	20
47	충청북도	청주시	새싹	최기형	10
46	경상남도	창원시(신)	기타 근채류	박계연	5
45	경상남도	창원시(신)	수박	주영모	5
44	경상북도	김천시	양파	김태복	20
43	경상북도	문경시	배추	김응태	1
42	경상북도	문경시	상추	박인규	1
41	경상북도	문경시	고추	최수진	1
40	경기도	이천시	딸기	남광희	1
39	전라남도	보성군	토마토	김미자	1
38	경기도	이천시	상추	김평중	1
37	경상북도	안동시	호박	윤석휘	6
36	경상북도	안동시	아스파라거스	김희웅	5
35	충청남도	예산군	고추	오병호	10
34	경상북도	안동시	호박	윤석휘	6
33	경상남도	함양군	양파	서용원	5
32	경상북도	안동시	아스파라거스	김희웅	5
31	경상남도	함양군	배추	임영빈	10
30	전라남도	강진군	고추	장미애	5
29	경상남도	함양군	배추	임영빈	10
28	경상남도	밀양시	고추	이정희	2
27	경상남도	함양군	배추	임영빈	10
26	경상남도	밀양시	고추	심상환	2
25	경상남도	밀양시	고추	박희동	2

번호	도	시군	종류	멘토 이름	수용 인원
24	전라남도	장흥군	배추	변동섭	20
23	경상북도	예천군	기타 엽경채류	김진원	20
22	경상북도	예천군	배추	변성용	5
21	경상북도	예천군	양파	원남출	1
20	경상북도	예천군	고추	김현숙	1
19	경상북도	예천군	토마토	이종선	1
18	경상북도	봉화군	고추	신종점	1
17	경상북도	봉화군	고추	강완중	1
16	경상북도	봉화군	고추	원동욱	2
15	충청남도	논산시	딸기	허용범	2
14	충청남도	논산시	딸기	강대석	2
13	충청남도	논산시	딸기	김선권	2
12	충청남도	논산시	딸기	전영식	2
11	충청남도	논산시	딸기	박노두	2
10	충청남도	논산시	고추	권봉원	2
9	충청남도	논산시	상추	조은주	2
8	충청남도	논산시	딸기	강희석	2
7	충청남도	논산시	딸기	강희관	2
6	충청남도	논산시	상추	홍성학	2
5	충청남도	논산시	고추	유학선	2
4	충청남도	논산시	딸기	홍태의	2
3	경기도	포천시	딸기	채교희	2
2	충청북도	청원군	-	이일구	-
1	전라북도	익산시	-	김동완	4

출처: www.returnfarm.com에서 2013년 9월13일 발췌함
참고: 홈페이지 개편에 따라 내용에 변동이 생길 수 있음.

    <표 2>, <표 3>에는 멘토로 나와 있지 않지만 귀농인이 정착하고자 하는 지역에서 멘토로 삼고 싶은 사람이 있다면, 개인적으로 찾아가서 멘토 역할을 부탁할 수도 있을 것이다. 어느 지역이든지 특정 작물에 대한 오랜 경험과 기술, 그리고 성공을 거둔 사람들이

존재하게 마련이다. 따라서 그러한 선배로부터 농업기술이나 농업경영법을 전수받을 수 있다면 귀농인에게 그보다 더 값진 선물이 어디 있겠는가. 멘티인 귀농인이 좋은 멘토를 만나려면 발로 뛰어다니는 자세가 필요하다. 가만히 앉아 있는 사람에게 그 누구도 도움을 주지 않는다는 사실을 기억해야 한다. 경험이 많은 선배들의 말에 귀를 기울인다면 농촌적응과 귀농 후 삶을 큰 착오 없이 지속할 수 있을 것이다. 농촌적응에 도움이 되는 멘토를 만나자.

농사 기술과 경험이 부족한 귀농인이 연수할 곳을 선택할 때 최우선으로 삼아야 할 기준은 그 농가가 지속적으로 농업으로 성공하고 있는가이다. 농업에서도 한순간 성공한 사람이 많이 있다. 따라서 오랫동안 농업에 종사해온 사람을 멘토로 삼는 것이 좋다. 꾸준히 성공하고 있는 농가는 가격폭락이나 천재지변 등 다양한 위기를 극복해왔기 때문에 그에 대응할 수 있는 경영법을 가지고 있는 것이다. 농사기술은 농작물 재배에 필요한 테크닉, 작업기술 그리고 그에 관련된 철학이 포함된다는 사실을 잊지 말아야 할 것이다(쇼지, 2013).

농업기술을 학습하기 위해서는 무엇보다 귀농자 자신이 스스로 배우려는 마음가짐이 중요하다. 귀농 전 자신을 내세우지 말고 낮은 자세로 멘토를 통해서 새로운 길을 안내받을 준비가 되어 있는지 스스로 생각해보도록 하자.

우리나라 농가의 소득수준의 차이는 작목의 선택에 의해 크게 나타난다. 즉, 부가가치가 높은 작물을 재배하는 농가가 그렇지 않은 농가의 소득보다 훨씬 높은 것이다(김홍주, 2001). 농림수산식품부 조사에 따르면 귀농인 중 고부가가치 작물을 재배하는 비율이 낮아서 47.2%가 벼를 포함한 전통적으로 재배해온 작물을 선택하는 것으로 조사되었다. 이러한 경향은 2010년 농림어업총조사에서도 나타난다. 연간 농산물판매액이 2,000만 원 미만 농가의 약 50%가 벼농사 농가인 것으로 나타났다. 반면에 1억 원 이상의 고소득을 올리는 가구는 축산(41.4%), 채소(24.5%) 그리고 과수(11.0%) 농가였다. 이러한 경향은 귀농인들이 생산기술이 단순하고 농사 실패확률이 낮다고 생각하여 전통적으로 많이 경작되는 작물을 선택하는 것으로 이해된다. 그리고 귀농 후 적용할 농업기술 등을 사전에 제대로 배우지 않고 귀농하는 사람들이 많다는 것을 시사한다. 따라서 농사에 진입할 귀농인이라면 귀농 전에 자신이 선택한 특정 작목에 대한 기술과 아울러 기본적인 농업기술에 대한 사전 지식을 쌓는 데 노력하여야 할 것이다 한국농수산대학 출신들의 소득 규모를 보면 2010년 기준 일반농가 평균소득인 3,212만 원에 비해 두 배가량인 6,516만 원인데 이것은 도시근로자 평균소득인 4,888만 원보다 훨씬 높은 수준이다. 이러한 차이는 일반농가보다 농업대학 출신들이 전문적인 농업기술을 가지고 체계적인 경영을 하기 때문인 것으로 보인다.

귀농인들의 대부분은 전문적인 농업기술에 관련된 지식과 경험을 체계적으로 공부한 적이 없는 사람들이 대부분이기 때문에 자신이 하고 싶은 작목이 선정되면 그것과 관련하여 현재 농사를 하고 있는 농민을 멘토로 삼을 필요가 있다. 그리고 자신이 경제 목적 귀농인의 성격을 지니고 있다면 해당 작물재배가 상업적으로 이루어지는 지역으로 귀농지를 선택하는 것이 합리적이다. 상업농이 발달된 지역은 당해 작물에 따른 재배기술의 공유, 농산물 유통의 조직화 그리고 생산자 조직이 있어서 영농 초보자가 농업기술을 전수받기가 용이하며, 농산물의 출하가 체계적으로 이루어지기 때문에 대량 농산물에 대한 시장 판매가 용이하다. 그리고 상업적 영농지역에는 해당 작물별로 작목반과 같은 생산자조직이 발달되어 있어서 개인이 그 조직에 편입되면 영농실천에 따른 구성원의 협력을 받기가 수월하다.

귀농자가 44세 미만의 젊은 사람이라면 농산업인턴제를 고려해볼 수 있다. 단, 농림수산식품부의 도시민 농업창업과정을 이수한 자는 연령제한을 두지 않고 이수 후 3년간 사업신청 가능하다고 한다. 인턴을 신청하면 24개월 이내에서 자기가 관심 있는 분야에서 농사경험이 많은 농가에서 숙식을 하면서 농업기술을 전수받을 수 있다. 인턴을 채용할 농가는 연수 기간에 인턴에게 정부보조금을 포함한 수당금액을 책정하고 지불하게 된다(http://www.aceo.or.kr).

이상과 같이 귀농인에게 농업기술과 농업경영 및 철학을 익힐 수 있는 다양한 경로가 열려 있다. 이러한 제도를 적극 활용하여 성과를 얻기 위해서는 무엇보다 개인의 적극적인 노력이 전제되어야 할 것이다.

귀농자금

귀농 후 농촌에서 살아가기 위해서는 귀농자금이 필요하다. 도시 봉급생활자는 매월 급여에 따라 지출이 결정되지만 농촌에서 봉급 생활자가 아니라면 매월 수입을 얻는다거나 일정한 가계수입을 기대하기가 어렵다. 따라서 예측 가능한 현금수입이 들어오기 전까지는 생활자금이, 그리고 영농을 하려면 영농자금이 필요하다.

귀농 후 농사 외의 일자리를 구하는 것은 만만치 않다. 이미 농촌 지역의 생활서비스를 제공하는 2, 3차 산업은 고사직전에 있거나 많이 사라져 버렸기 때문이다. 따라서 가장 쉽게 할 수 있는 일이 농사 일이다. 농사를 하기 위해서는 농지임대에 따른 임차료를 준비해야 하고 농기계를 빌려 사용하기 위해서는 농기계 사용료가 그리고 씨앗을 구입하는 비용을 포함한 각종 농자재 구입 비용이 들어간다. 귀농하여 성공적으로 정착하기까지는 평균 3년 정도가 걸린다고 한다. 따라서 정착과정에 필요한 생활자금과 영농자금이 필요한 것이다(김정환 외 9인, 2012).

이러한 귀농자금을 아끼기 위해서는 초기 정착과정에서 다양한 일자리를 통해 가계수입을 확보할 필요가 있다. 농촌에는 농사와 관련된 농업노동이 있고 정부 차원의 일자리 창출 사업이 있다. 각종 지역 일자리에서 적은 수입을 얻겠지만 지역에 대한 많은 정보를 얻을 수 있는 것은 장점으로 생각된다. 따라서 귀농인이 자립적으로 가계재생산에 이르기 전까지 다양한 일에서 가계수입을 얻는다면 귀농자금의 부담을 어느 정도 줄일 수도 있다. 그렇지 않고 가지고 온 귀농자금에만 의존한다면 그것이 고갈될 경우, 대안을 찾기가 어려울 것이다. 어느 정도 확보된 귀농자금이 있다 하더라도 경제활동을 하는 것이 좋다. 육체적·정신적 건강을 위해서라도 무슨 일이든지 해보는 것이 농촌적응에 도움이 되기 때문이다.

어느 정도의 귀농자금을 준비하는 것이 좋은가 하는 것은 개인의 사정에 따라 달라지기 때문에 일률적으로 말할 수는 없다. 고정 수입이 없는 것을 가정하고 생활비, 영농비 그리고 그 외에 요구되는 경비를 계산하고 준비해야 할 것이다. 그런 다음 단기 계획과 장기 계획을 세워 가계수입구조를 맞춰가야 할 것으로 보인다.

앞에서도 언급하였듯이 '누가 귀농해서 어떤 것으로 경제적 성공을 거두었다' 하여 솔깃하게 받아들일 일은 아니다. 철저한 준비 없이 경제적 수입만을 목표로 어떤 일을 추진한다면 실패 가능성이 매우 높다는 사실을 명심해야 할 것이다. 현재 귀농인을 위한 여러 가지 자금지원이 있지만 공짜로 주는 것이 아니라 예외 없이 담보를 제공하고 차입해야만 한다. 귀농인을 위한 정착지원금 성격의 농업창업자금지원사업, 주택구입지원사업, 창업농업 경영인 육성사업 등은 모두 빚을 지면 갚아야 할 차입금이다. 귀농인이라 해서 일반 농민과 다를 바가 없는 것이다.

귀농인이 농사를 하려면 농자재를 구입해야 하는데 농지원부를 만들고 농협조합원으로 가입하면 여러 지원사업을 신청하는 데 유리하다. 지원사업 내용은 지자체마다 다를 수 있다. 특정 농자재에 대한 지자체의 지원이 있을 수 있고 지역의 특산물 재배에 관련된 지원사업도 있다. 이런 정보는 해당 지역의 농업기술센터에 문의하면 자세한 내용을 알 수 있다.

현재 귀농인이 정착하는 데 겪는 어려움 중 하나는 주거문제이다. 기존의 농촌주택이 낡은 것이 많고 도시에서 살던 사람에게 주거시설이나 공간배치 등에 있어서 불편한 점이 한두 가지가 아니다. 농촌주택 개량비를 행정부처에서 지원하고 있지만 수리를 해도 만족스러운 공간을 확보하기가 어려운 것이 현실이다. 그렇다고 자신의 구미에 맞는 집을 새로 지으려면 많은 돈이 필요하다. 그래서 사람들은 귀농인에게 집이나 땅에 먼저 투자하지 말라고 충고한다. 귀농자금의 상당 부분을 주거공간에 투입하게 되면 초기 정착에 필요한 경비 확보가 문제가 되기 때문이다.

귀농해서 땅이며 집을 바로 구입하지 말라는 충고를 듣고서도 다음의 귀농인은 귀농 후 바로 땅을 구입하고 거주할 집을 새로 짓게 되었다. 그는 농촌에 정착하기로 굳게 마음을 먹고 내려온 이상 하루속히 땅과 집을 사서 도시로 돌아갈 꿈을 꾸지 않는 것이 농촌적응에 더 유리하다고 생각하였던 것이다.

"귀농하기 전에 ○○귀농학교를 다녔어요. 거기 선생님들이 참 맘에 안 드는 소리를 해요. 시골에 가면 절대 땅이나 집부터 사지 말라고 해요. 그것을 덥석 사놓으면 팔고 나오려 해도 잘 팔리질 않는대요. 시골 가서 나는 평생을 살 생각을 하고 가는데 지금 발뺄 생각을 염두에 두면 거기 가서 성공적으로 정착을 할 수가 없다고 생각했어요. 그래서 난 여기로 오는 해에 한두 달도 안 돼서 땅부터 사고 그다음에 집을 지었어요. 그리고 정착을 했어요. 제 판단이 그건 좋았다고 생각해요."(BTL003)

그는 농촌으로 이주하자마자 땅을 사고 집을 지었다. 빨리 정착해서 살려면 귀농학교 선생들의 충고와는 반대로 땅과 집에 돈을 투자해서 자신을 스스로 얽매이도록 하는 것이 도시로 재이주하는 것과 같은 대안을 생각하지 않게 된다는 논리이다.

처음 귀농해서 땅과 집을 짓지 말라는 충고가 옳은 것인지, 아니면 앞의 사례와 같이 귀농 후 바로 주택을 마련하는 것이 좋은지에 대해서는 객관적인 판단을 할 수 없을 것이다. 개인의 사정에 따라서 그리고 개인의 가치에 따라서 편차가 있을 수 있다. 아무튼 농촌의 주거사정이 좋지 않다는 사실을 염두에 두고 귀농지역을 선택하는 것도 중요할 것이다.

요약

요점
귀농인은 다양한 일을 하면서 살아간다. 귀농 후 어떤 일을 하면서 살아갈 것인가? 예비 귀농자는 귀농 전에 많이 고민해야 할 것이다. 일단 목표가 설정되면 도시생활을 하면서 준비과정이 필요하다. 직접 농사경험을 통해서 그리고 멘토로부터 농업 기술과 경영법을 익히는 것이 중요하다. 귀농 후 정착 설계는 단기와 장기로 나누어서 기획되어야 한다. 정착자금은 3년간 수요 내용별로 책정하되 개인의 귀농자금 사정과 귀농 후 경제활동에 따른 가계수입을 고려해야 할 것이다.

선배 귀농인의 조언
- 선택한 작목에 대한 농업기술을 귀농 전에 익히되 멘토를 찾아서 배워라.
- 농업기술은 도시농업의 경험을 통해 익혀라.
- 가능하면 유기농법을 적용하고 유기농업기술을 배워라.
- 농촌사회를 이해하기 위한 노력을 게을리하지 마라.

주요 단어
농업기술, 멘토링, 농업인턴제, 귀농자금

생각해 보기
1. 귀농 후 할 일을 자신의 귀농성격(경제 목적＋생태가치)과 관련시켜 생각해보자.
2. 작목을 선택했다면 가까운 곳에 살고 있는 멘토를 찾아보고 농사현장을 방문해보자.

CHAPTER

04

귀농지역 선택

농촌에 대한 주관적 인식

우리나라는 공업화 과정에서 저농산물가격정책을 유지해 왔으며, 신자유주의에 근간한 국가의 산업정책은 소위 세계화라는 기치 아래 농업에서도 개방정책을 추진해 왔다. 이 과정에서 농민들은 국가정책에 반대하면서 2004년 한 해 동안에 140여 회가 넘는 상경투쟁을 하였고 2005년에는 쌀 개방 국회비준을 저지하기 위한 투쟁과정에서 두 명이 목숨을 잃기도 하였다. 그럼에도 불구하고 이러한 농민투쟁은 국민적 공감을 형성하는 데 실패하였다. 다수의 도시소비자들에게 우리 농업을 반드시 지켜야 한다는 신념을 갖도록 하기에는 역부족이었다. 그 이유는 농업이나 농촌에 대한 도시인의 인식이 부정적이거나 도시인의 농촌의존성이 약화되었기 때문으로 보인다. 그뿐 아니라 수출 의존도가 높은 한국 경제에서 농업의 희생은 불가피하다는 정부의 주장에 대해 절대다수가 비농업 부문에 종사하고 있는 도시민으로부터 암묵적인 동의를 얻는 데 어렵지 않았기 때문이다(박세길, 2007).

이와 반대로 영국의 경우 2008년 농업 종사자는 531,000여 명으로 총 고용의 1.7%에 불과하다. 그런데 영국 농가의 평균소득은 영국의 1인당 GDP 43,785파운드보다 많은 44,300파운드에 달했다. 이 같이 평균보다 높은 소득은 정부의 농업보조금 때문에 가능하다. 영국 국민의 대다수가 농업을 가치 있는 산업으로 생각하고 농촌을 보존하는 데 도덕적 책임을 느끼고 있는 것이다(정학구 외, 2011).

이같이 농업에 대한 시각은 국가마다 그리고 개인마다 다를 것이다. 영국이나 한국 모두 농업이 주된 산업이 아니라는 점에서 농업국가는 아니다. 그런데 두 나라의 농업경제 사정을 농민의 수입과 관련시키고 국가의 농업정책의 차이를 비교하면 쉽게 이해할 수 있다. 한 국가의 농업정책은 국가의 농업에 대한 인식을 반영한다. 그리고 한 개인의 농업에 대한 인식은 다양한 요소들에 의해 영향을 받는다. 즉, 국가의 농업정책, 매스미디어의 내용 그리고 개인의 가치관 등에 영향을 받는다. 농업문제가 사회적 이슈로 등장할 경우 국가의 농업정책에 대한 홍보나 설득은 개인에게 영향을 미친다. 언론매체의 보도내용이나 드라마 등에서 부정적인 농촌성의 표현은 개인에게 농업이나 농촌에 대한 부정적인 인식을 갖도록 만든다. 그리고 개인의 가치이념이 실천적 지향성을 가진 하나의 신념으로 작용할 때 농업에 대한 주관적 인식[19]을 결정하는 중요한 요소가 된다.

최근 서구사회의 지역성장이 어메니티에 기인한 이주자들의 증가에 의한 것으로 관찰되고 있음을 보여주는 연구들이 많이 있다(Brehm, Eisenhauer and Krannich, 2004). 어떤 지역이 지닌 객관적인 자연환경이나 직업의 기회 그리고 생활 편의시설 등이 도시인을 불러들이는 요인이 되고 있다는 것이다. 그러나 이 같은 객관적인 조건들이 반드시 귀농인을 유인하는 요소는 될 수 없다. 같은 지역이라도 그 지역에 대한 평가가 개인마다 차이를 보이는 것은 각자의 공간에 대한 인식이 다르기 때문이다. 농촌성은 행위자의 농촌공간에 대한 긍정적 또는 부정적 태도, 농촌공간에 대한 주관적인 해석과 의미부여, 그리고 농업에 대한 생산주의적 또는 탈생산주의적 입장 등을 포함하는 농촌 또는 농업에 대한 개인의 주관적 인식을 의미한다. 이러한 농촌성(rurality)은 귀농자가 귀농지를 선택하는 데 영향을 줄 뿐만 아니라 현재 살고 있는 지역에 대한 귀농인의 평가를 포함하게 된다. 귀농 후 귀농인이 살고 있는 지역에 대한 인식은 적응에 중요한 요소이다. 자신이 거주하고 있는 지역에 대해 소중함을 느끼고 애착을 갖는 것은 귀농인이 농촌생활에 적응하는 과정에서 요구되는 태도이기 때문이다.

대도시에서 농촌 지역으로의 인구이동은 전 지구의 북부 지역이나 남부 지역 할 것 없이 일어나는 현상이지만 그것은 경기의 변동이나 사회적 환경의 변화를 반영하고 있으며 일부 지역에서의 인구증가로 나타난다. 연구자들은 특정 농촌 지역의 성장의 요인으로 그지역이 지닌 어메니티를 주목하였다. 이러한 현상을 설명하기 위한 개념들은 대부분 지리학적 연구에서 인구성장과 인구분산에 따른 도시와 농촌 간의 관계에서 구성되었다. 즉, 도시와 농촌 공간이 때로는 이분법적으로 이질적인 공간 또는 상호보완적인 공간으로 인식되면서 각 공간의 특성과 성장을 인문 지리적인 측면에서 논의하여 왔다. 그런데 이 연구들의 대부분은 객관적인 지역적 특징과 관련하여 설명하고 있으나 개별 행위자에 대한 분석이 결여되어 있다는 한계가 있다.

경제나 물리적 환경요소가 인구이동에 영향을 미친다는 구조적인 해석도 중요하지만 행위자 자신이 가지고 있는 가치나 태도가 행위의 결과에 어떠한 영향을 주는지에 대한 이해도 그와 마찬가지로 중요하다. 행위론적 접근법(behavioral approach)에서는 이주자들의 마음속에 차지하고 있는 것이 무엇인가, 그리고 어떻게 그들이 살 곳을 결정하는가를 이해하는 것이 중요하다는 것이다. 이주자들은 단순히 지역 편의성(place utility)이나 객관적으로 존재하는 어메니티 자원을 보고 어디에 살 것인가 결정하지 않는다는 것이다. 행위론적 접근법에서는 지역이 지니고 있는 흡입(pull)과 배출(push) 요인을 행위자에 따라 다른 방식으로 이해하고 그러한 제한 내에서 선택을 하게 된다는 것을 강조하고 있다(Walmsley, Epps and Duncan, 1998).

환경적 요소가 개인 행위에 영향을 주는가의 문제(environmental influences on behavior)는 극단적으로 말한다면 개인의 행위를 환경적 요인으로 설명할 수 있는 환경결정론(environmental determinism)이라고 말할 수도 있다. 이런 문제를 극복하기 위해서는 행위자가 환경적 요소를 어떻게 인식하고 해석하느냐를 고려할 필요가 있다. 도시인의 농촌이주 결정에 영향을 미치는 요인은 매우 많이 있지만 사람들은 농촌공간이 지니고 있는 어떤 매력적인 요소들에 이끌려서 농촌으로 이주하게 된다. 구조론적 입장에서는 농촌이 지니고 있는 매력 그 자체가 인구유입의 요인이라는 것이다. 그러나 개별 행위자 분석에서는 매력적인 요소를 개인이 인지하고 그 가치를 부여함으로써 개인의 이주동기를 유발하게 된다고 보는 것이다. 즉, 농촌공간에 대한 개별 행위자의 주관적인 인식은 농촌에 대한 이미지로 나타나게 되는데 본 연구에서는 이를 가리켜 '농촌성'이라고 정의한다.

도시인의 농촌 지역으로의 이주는 공간에 대한 인지 및 선호도와 관련되어 있다. 농촌 지역에 사는 것 자체로 위안을 받을 수 있는 사람도 있다. 그런 사람들에게 농촌은 안식(relaxation)을 주는 공간으로서 그리고 도시의 인공적 구조물보다는 초목과 야생동물을 발견할 수 있는 곳으로서 농촌의 공간적 이미지가 존재한다. 이렇게 농촌공간에 대한 인식은 사람마다 다를 수 있는 것이다. 농촌 지역에 별장을 가지고 있는 사람은 농촌을 자연경관을 즐길 수 있는 곳으로 여길 것이며, 농사를 지으려는 사람에게는 영농활동의 공간으로 인식된다. 농촌공간에 대한 공간 소비(consumption)의 내용이나 농촌공간이 지니고 있는 매력적인 요소들도 개인의 농촌성에 따라 각기 다르게 인식될 수 있는 것이다.

도시인들이 농촌성을 구성하는 어떤 요소들에 의해 농촌을 매력적인 공간으로 인식할수록 농촌으로 이주할 가능성이 높다. 그들이 농촌이 지니고 있는 자연경관이나 전통적인 문화적 요소를 농촌이 지닌 고유한 가치로 인식하고 평가할 때 긍정적인 농촌성을 지니고 있다고 말할 수 있다(문옥표, 2000). 도시인이 지니고 있는 농촌성이 긍정적인가, 부정적인가에 따라서 농촌이주에 영향을 미칠 것으로 보인다. 특히 농촌이주를 고려하고 있는 예비 귀농인이 어떤 농촌 지역이 다른 지역에 비해 매력적인 요소를 지니고 있다고 인식한다면 특정 지역으로의 이동이 촉진될 것이다. 이것은 특정 지역에서 인구가 증가하고 그 지역사회가 성장하고 있음을 보여주는 많은 선행연구에서 확인되고 있다.

농촌성의 차이는 귀농에 대한 가치평가에서도 다르게 나타난다. 정부는 노령화로 인한 농업노동력의 부족을 젊은 귀농자가 일정 부분 대체할 수 있을 것이라고 전망하고 있다. 나아가 그들을 영농승계 가능성이 있는 농업후계자로 인식하고 있다. 국가는 귀농자가 농업을 경제적인 면에서 고려할 수 있는 하나의 비즈니스로서 선택하기를 희망하며 농업기술적인 내용의 귀농교육을 지원하고 있는 것이다. 반면에 농촌현실을 매우 비관적으로 바라보고 있는 사람들은 귀농인의 빈곤화의 가능성을 염려하고 있다. 그래서 이 사람들은 그들의 가족 중에서 누군가 귀농을 한다고 하면 적극적으로 반대하고 나서는 것이다. 농업에 대한 이러한 상반된 전망과 견해는 농촌성에 대한 차이에서 비롯되는 것으로 이해할 수 있다. 귀농인도 귀농동기에 따라 그가 인식하는 농촌성에 차이가 있다. 경제 목적 귀농인은 농촌이 재화를 생산할 수 있는 효율적인 공간으로 인식하게 되고, 생태가치 귀농인은 농촌을 농산물을 생산하는 곳인 동시에 생태계를 치유할 수 있는 공간으로 인식할 것이기 때문이다. 무분별한 화학적 농약과 비료의 사용으로 인한 환경오염, 지역개발의 이름으로 행해지고 있는 자연훼손, 전통문화의 소멸 그리고 지역 공동체의 해체 등에 대해 문제의식을 가지고 개인이 그것들을 복원하거나 재생하려는 의식적인 노력을 통해 재구조화할 수 있다고 생각하는 것이다. 농촌을 농산물의 생산공간으로 강조하게 되면 경영과 생산성이 중요하게 되고 반면에 생산공간 외의 기능을 강조하게 되면 유·무형의 전통문화나 공공재에 대한 관심이 높아지게 된다. 전자는 생산주의적 농촌성으로 후자는 탈생산주의적 농촌성으로 담론화되어 왔다.

존스(Jones, 1995)는 농촌성에 대한 담론을 누가 하느냐에 따라 4가지 상이한 유형이 존재한다고 주장한다. 그는 ① 농촌에 살고 있는 사람이 일상에서 인식하는 농촌성, ② 대중매체에서 표현되는 농촌성, ③ 전문가나 행정관료들이 인식하는 농촌성 그리고 ④ 연구자가 구성하는 농촌성 등으로 분류하였다. 농촌성은 어떤 장소가 사람에 따라 다르게 정의되고 있는 것을 반영한 개념이다. 어떤 사람은 타운(town)으로 다른 이는 작은 마을로 정의하는가 하면, 농촌경관에 대해서도 어떤 이는 아름다운 경관에 둘러싸인 곳으로 다른 사람은 야외활동(outdoor activities)을 하기 좋은 곳으로 규정하고 있는 것이다(Munkejord, 2006).

농촌 지역에 살고 있는 사람들이 인지하고 있는 농촌성을 탐색하기 위해 핼퍼크리(Halfacree, 1995)는 6개 지역의 주민을 대상으로 설문지와 인터뷰를 실시하였다. 그중에서 농촌성을 강하게 표현하고 있는 문항으로 환경적인 요소에 대한 질문, 직업적인 요소 그리고 사회적인 특징(social characteristics) 등을 지적하고 있다. 그는 인터뷰를 통해 응답자들이 농촌성에 대해 더욱 추상적으로 인식하고 있다는 것을 발견했다. 사회적 요소들은 장소 특징적 농촌성(place-specific rurality)보다 추상적 농촌성(abstract rurality)을 표현하고 있다는 것이다. 환경적 요소들로는 농촌경관, 신선한 물과 공기, 그리고 교통 혼잡 등과 관련되어 있다. 직업적 요소로는 농업 및 영농생활에 관련하여 농촌공간을 표현하고 있는지, 아니면 농업 외 부문과 관련하여 표현하고 있는지 질문할 수 있다. 거주지역에 대한 인식은 긍정적인 평가와 그와 반대로 부정적인 평가가 있을 수 있다. 이것은 거주지역의 지위(status)를 나타내며 커뮤니티 특성을 반영하기도 한다. 예를 들면, 자기가 거주하고 있는 지역을 편안한 곳으로 표현하는가, 아니면 불편한 곳으로 묘사하는가 하는 점을 미루어보아 농촌성에 대한 사회적 특성을 살펴볼 수 있다(Halfacree, 1995).

농촌성은 사회적 표상이며 지역사회, 집단 그리고 개인들 간에 상이하게 그들만의 농촌성을 구성하게 된다(Meijering, Van Hoven and Huigen, 2007). 윌리엄스(Williams, 1973)는 농촌에 대한 표상이 문학적이고 예술적인 것에 집중되어 있다고 말한다. 텔레비전이나 문학작품 그리고 사진 등에서 농촌에 대한 이미지는 한결같이 전원적인 풍경을 담고 있다는 것이다. 이러한 대중매체의 농촌성에 대한 표현은 부정적으로 또는 긍정적으로 사람들에게 매우 큰 영향을 미치게 된다(Halfacree, 1995).

농촌성을 정의하는 주체가 국가인 경우 농촌성에 대한 정의는 아주 극단적으로 제도화되어 나타나기도 한다. 예를 들면, 농촌성에 대한 정의가 농업정책을 통해서 제도화되기도 한다. 구소련에서 농촌성은 집단농장이나 콜호스에 기초한 사회(a collective-farm or kolkhoz-based society)로 정의되기도 하였다(Juska, 2007).

특히 농업정책 측면에서 그 사회나 국가가 지닌 농촌공간에 대한 인식은 매우 중요하다. 농촌을 경쟁적인 시장 조건에 적응하도록 유도할수록 기계의 사용이 증가하고 산업화가 촉진되며 자원의 사용에 있어서 지속적이지 못하다. 만일 상이한 결과물을 얻으려면 새로운 농촌성에 대한 사회적 합의와 그것의 실천으로서 새로운 접근법과 정책이 요구된다는 것이다(Midmore and Whittaker, 2000).

어쨌든 간에 농촌성에 대한 정의는 행위 주체자마다 다를 수 있다. 그리고 그들이 규정하고 있는 농촌성은 경험적 실재(reality)와 어느 정도 거리가 있기 마련이다.

농촌에 대한 담론은 농촌을 서술하는 의미체계이다. 담론은 어떤 측면을 강조하고 다른 부분은 감추려는 특징을 가지고 있으므로 그것은 사회의 권력관계의 구성이라는 의미를 함축하고 있다. 농촌성에 대한 정의에 따라 농촌사회에서 어떤 집단은 우월적인 지위를 차지하게 되며 다른 집단은 종속적인 위치에 속하게 된다(Juska, 2007; Lind and Svendsen, 2004). 리투아니아(Lithuania)의 독립 후 농촌변동을 분석한 Arunas Juska(2007)는 신문기사 내용을 분석하여 농촌성의 담론 변화를 살펴보고 있다. 이 연구에서 독립초기에 나타나는 농촌사회의 혼란상은 하층 농민의 부도덕성으로 대치되고 있음을 보여주고 있다. 그러나 농촌이 상당히 안정된 국면에 돌입했음에도 불구하고 농촌담론을 언론에서 계속 부정적으로 끌고 가는 이유는 언론의 상업성에 기인하는 것이라고 말한다. 이러한 부정적인 농촌담론은 도시와 농촌의 삶의 격차가 커지면서 농촌에 거주하는 사람은 가난하고 실패한 사람들로 묘사되고 말았다. 도시인의 관점에서 농촌의 빈곤은 농촌 내부의 문제로 간주되기에 이른 것이다. 식량기근에 처했던 소비에트연방 시기에 농촌은 도시민을 먹여 살리는 역할을 한 것으로 인식되었으나 도시화가 진행되면서 식량 자급문제는 부각되지 못하였고 결국 농촌의 가난한 사람들을 사회에서 책임져야 할 부담으로 인식하게 되었다. EU의 지원을 받는 리투아니아의 농촌은 2004~2006년 농촌개발계획에서 농촌의 복합적 기능을 강조하고 있다. 언론에서도 이전의 농촌에 대한 부정적인 보도에서 점차 벗어나면서 공동체적인 농촌발전을 위한 긍정적인 시각으로 돌아서고 있다는 것이다(Arunas Juska, 2007: 251). 리투아니아 농촌의 담론변화에서 나타나는 것처럼 농촌성에 대한 담론의 변화는 농촌의 발전방향을 제시할 수 있는 이정표가 될 수 있다. 그리고 농촌성에 대한 정의는 그 사회의 주류에 의해 얼마든지 재편될 수 있음을 보여주고 있는 것이다.

농촌성과 같은 공간에 대한 인식은 개인이 이해하는 경험적 실재를 표현하는 데 기초하고 있다(Frank van Dama, 2002). 연령에 따라 농촌성에 대한 인식은 조금씩 다르다. 젊은이들은 보통 농촌의 이미지를 전원적인 요소와 같은 가시적으로 보이는 것으로 표현하는 데 반해 나이가 많은 사람들은 그것에다 사회경제적인 요소를 가미한다. 그리고 종종 농촌의 이미지를 농산물 생산지로 표현하기도 한다(Haartsen, Groote and Huigen, 2003; Rye, 2006). 농촌성 개념에 대한 다양한 입장을 정리하고 있는 프랫(Pratt, 1996)은 다양성을 강조하고 있다.

농촌성 개념에 대한 논의는 인구학적 접근(Fuguitt, 2004), 상징적 접근(a symbolic analysis of rurality)(Phillips, Fish and Agg, 2001) 등 관점에 따라 정의가 달라지기도 한다. 또한 이러한 농촌성에 대한 인식은 러시아에서 정치적·사회적 변동에 따라 달라졌음을 슈빈 (Shubin, 2006)의 연구에서 밝히고 있다. 농촌공간에 대한 인식은 여러 가지 농촌 이미지와 정책적 개념이 함축되어 있는 것이다.

행위자 개인이 인식하게 되는 농촌성은 체화된(embedded) 농촌의 이미지를 표현하는 것이다. 따라서 개별 행위자인 귀농자가 보는 농촌에 대한 시각은 부정적이거나 긍정적인 면을 지니고 있다. 농촌을 긍정적으로 바라보는 사람은 그렇지 않은 사람에 비해 귀농결정에 있어서 도시의 배출요인보다는 농촌의 흡입요인에 의해 영향을 받는다. 따라서 귀농자가 농촌성을 구성하는 어떤 요소들에 의해 농촌을 매력적인 공간으로 인식하게 되면 그 구성요소의 활용이나 실천이 귀농 후 삶에서 나타날 것으로 기대할 수 있다. 귀농인이 농촌공간에 긍정적인 태도를 지니고 있다면 그렇지 않은 사람보다 귀농 후 농촌생활에 잘 적응할 것으로 보인다.

문옥표의 연구(문옥표, 2000)는 현대 일본 사회에서 농촌성에 대한 인식 및 도시-농촌 관계의 성격의 변화를 그린투어리즘의 생산과 소비를 통해 살펴보고 있다. 일본 정부는 농촌의 활성화를 위해 그린투어리즘을 추진하였다. 그것을 성공적으로 실행하기 위해서는 도시인의 농촌공간에 대한 인식을 생산적인 농촌공간에서 소비적인 농촌공간으로 전환하려는 정부의 노력이 필요했다. 농촌주민은 자신들의 존재가치를 새로운 시각으로 긍정적으로 바라보게 되었다는 점에서 임파워먼트가 강화되는 효과를 거두게 되었다. 이와 같이 농·산촌의 관광지화 과정은 농촌 혹은 농촌성의 인식전환과 그에 따른 농촌 재편성을 수반한다. 즉, 전통적인 농촌 분위기를 관광상품화하는 과정에서 농촌성이 재구성되는 것을 의미한다. 농촌성의 재구성 과정에서 도시인에게 농촌은 맑은 공기와 물, 풍요로운 녹음, 건강과 휴식, 그리고 정신적 재활 등의 원천으로 새롭게 인식되기 시작하였다. 그리고 농촌은 근대화 과정에서 잃어버린 것이 보존되어 있는 곳으로 도시인들에게 향수를 불러일으키는 공간으로 기능할 것이 요구되었다고 주장한다.

민기(민기, 2009)는 지역의 정책 수용성에 대한 집단별 차이를 농촌성의 차이와 관련시켜 논의하고 있다. 한라산 케이블카 설치를 두고 도시 지역 거주자 집단과 농촌 지역 거주자 집단 간의 의견이 대립되고 있는데 이것은 근본적으로 농촌성의 차이에서 비롯된 것으로 해석하고 있다. 이 연구에서 거주지역이 농촌 지역이고 직업이 농·어업에 종사하는 사람은 거주지가 도시이고 직업이 농·어업이 아닌 사람보다 케이블카 설치를 반대하고 있는 것이다. 이것은 사회구성원의 가치체계에 따라 정책의 수용성이 달라진다는 것을 시사한다. 자연과의 공존, 생태계 보호와 같은 농촌성을 지닌 농촌주민의 정책수용은 개발 지향적인 도시성을 지닌 도시민의 정책수용과는 다르다는 것이다.

많은 사회과학자들은 도시와 농촌거주자들의 생활만족이나 적응을 비교하여 연구해왔다. 이 연구결과를 보면 농촌거주자들이 도시거주자들보다 생활만족도가 높다는 연구(Campbell, 1981; Miller and Crader, 1979; Oklahoma, Amos et al., 1982; Pittman and Lloyd, 1988)가 일반적이다. 이것은 농촌이 지니고 있는 전통적인 요소들에 의한 영향이라는 것이다. 농촌거주자의 생활만족도가 높은 이유는 친척, 친구 그리고 가족들과 면대면 관계에 있고 전통적인 신념들에 대한 경험에서 비롯된다고 보는 것이다. 농촌과 도시거주자들의 생활만족도에 대한 차이는 젊은 층보다 노년층에서 확연하게 드러나는데 그것은 농촌성에서의 차이에서 나온다고 해석하는 경향이 있다. 즉, 노년층일수록 사회 네트워크나 전통적 가치관 같은 생활요소가 더욱 중요해지고, 그것이 도시보다는 농촌에 더 많이 존재한다고 인식하기 때문이라고 가정한다(양승필, 2011).

이상에서 우리는 농촌이나 농업에 대한 행위자의 주관적 인식의 중요성을 살펴보았는데 다음과 같이 정리할 수 있다.

① 귀농자의 농촌성은 이주지역을 결정하는 하나의 요인이 될 수 있다. 많은 연구자들은 농촌의 흡입(pull)요인에 의한 특정 지역의 이주현상을 설명해 왔다. 그러나 이것은 환경결정론이라는 비판을 받아 왔다(Brehm, Eisenhauer, and Krannich, 2004).

② 행위론적 분석에서는 농촌이주자들이 단순히 지역편의성(place

utility)을 보고 어디에 살 것인가 결정하지 않는다는 것이다. 지역이 지니고 있는 흡입(pull)과 배출(push) 요인을 행위자에 따라 다른 방식으로 이해한다는 것이다(Walmsley, Epps and Duncan, 1998).

③ 농촌성은 농촌이나 농업에 대한 행위자의 주관적 인식을 말한다. 그러므로 행위자마다 농촌이나 농업에 대한 인식에 차이가 있으며 이것은 다중적 실재가 존재함을 반영한다(Halfacree, 1995; Jones, 1995; Shubin, 2006; Munkejord, 2006; 이민수·박덕병, 2007; 민기, 2009; 양승필, 2011).

이상과 같이 농촌에 대한 행위자의 주관적 인식이 달라지게 되고 그에 따라서 농촌에 대한 다중적 실재가 존재하게 된다는 점을 살펴보았다. 그리고 귀농자의 농촌성은 귀농 전과 귀농 후가 다를 수 있다. 귀농 후의 삶의 경험에서 농촌을 바라보는 시각이 달라질 수 있고 농촌에 대한 귀농자의 인식에 변화가 있을 수 있기 때문이다.

도시인이 지니고 있는 농촌성이 부정적이냐, 긍정적이냐에 따라 도시인의 농촌이주는 매우 유동적일 수 있다. 그리고 특정 지역이 지니고 있는 매력적인 자원에 대한 인식은 귀농자가 정착할 수 있는 흡입요인으로 작용한다. 하지만 그 자원은 개인마다 다르게 인식되기 때문에 객관적인 가치를 지니고 존재하는 것은 아니다. 생태가치 지향성이 높을수록 긍정적인 농촌성을 갖기 쉽다. 생태가치 지향성이 높은 사람은 농촌의 환경요인이나 사회적 요인 차원에서 긍정적으로 인식할 가능성이 높은 반면에 경제 목적 귀농인은 농촌공간을 직업적 차원에서 도시보다 유리한 곳으로 생각할 개연성이 높기 때문이다. 생태가치 귀농인은 탈생산주의적 농촌성을 그리고 경제 목적 귀농인은 생산주의적 농촌성을 지닐 가능성이 높은 것이다.

농촌공간에 대한 개별 행위자의 농촌성은 다른 행위자들의 농촌성으로부터 영향을 받는다. 개인 행위자는 국가의 농촌성에 의해 또는 매스미디어의 농촌성에 의해 영향을 받는 것이다. 국가의 농촌성은 도시인이나 농민이 인식하게 되는 농촌성의 형성에 영향을 미친다. 마찬가지로 농촌에 대한 매스미디어의 내용과 노출빈도에 따라 개인 행위자의 농촌성 형성에 영향을 준다. 일반적으로 산업화 과정에 있어서 농촌은 도시의 노동자에게 식량을 공급하는 기지로서 인식되며, 그러는 한 농촌에 대한 도시인의 인식은 매우 긍정적이다. 그러나 산업의 발달과 산업자본주의의 성장기에 이르면 농촌 부문은 전체 산업에서 차지하는 중요성이 작아지며, 농업은 국가에 의해서 보호해야 할 부문으로 인식되면 도시인이 인식하는 농촌성은 부정적으로 나타난다. 농업의 생존이 국가재정에 의존해야 하고 결국 농촌 부문은 도시민이 보호하고 지원해야 하는 대상으로 인식되기 때문이다. 따라서 도시민은 농촌을 도시보다 낙후된 곳으로 여기게 되고, 농민에 대한 시선도 부정적이게 된다. 이러한 부정적인 농촌성은 아직도 도시민의 농촌공간에 대한 인식이 생산주의에 머물러 있기 때문이다. 과거 산업화 과정에서 농촌이 식량의 생산지로서 도시인에게 필요한 공간으로 인식되었던 것이 농촌의 식량공급기지로서의 기능이 약화되었다고 인식되면서 농촌이나 농업에 대한 도시민의 이미지가 바뀌게 된 것이다. 그러나 도시민이 농업을 산업적인 측면에서가 아니라 농촌을 복합적인 기능 공간으로 인식한다면 사태는 달라진다. 농업이나 농촌공간이 식량공급원은 물론 전통적인 문화공간으로, 환경보전을 위한 공간으로, 자연재해 방지기능을 하는 공간으로 그리고 도시민의 휴식공간 등으로 인식될 때 농촌 부문에 대한 보호와 지원을 위한 정책을 지지하게 될 것이다.

본 연구에서 연구대상자의 농촌성이 귀농 지역을 선택하는 데 어떤 영향을 주었는지 그리고 현재 귀농 지역에 대한 농촌성에 어떤 변화가 있는지 살펴볼 것이다. 특히 경제 목적 귀농인과 생태가치 귀농인 간에 농촌성의 차이가 있는지 살펴보고 그 차이가 있다면 어떤 차원에서 그러한지 설명할 것이다. 농촌성이 귀농인의 농촌생활 적응에 어떤 영향을 미치게 되는지 경험적으로 밝혀보려는 것이다.

부모 세대와 귀농인의 농촌인식의 차이

　한 국가의 농업정책이나 산업정책은 그 국가의 농촌성을 포함하고 있다. 개인을 행위자로 간주하는 경우에 농촌성은 농촌이나 농업에 대한 행위자의 주관적 인식을 말하지만 행위자를 국가로 설정하는 경우에는 구체적인 농업정책 내용이나 배경 그리고 그 정책에 내재된 이데올로기를 분석함으로써 국가의 농촌성을 이해할 수 있다.

　1960년대부터 진행된 한국의 공업화 과정에서 산업정책은 2차 산업 중심으로 이루어졌다. 이것은 2차 산업 이외의 부문은 철저하게 소외되어 왔다는 것을 말하는데 대표적인 것이 농업 부문이었다. 산업화 과정에서 국가는 공업 부문에 국가자원을 집중함으로써 농업 부문을 철저하게 배제하였던 것이다.[20] 그리고 저농산물 가격의 지속은 농민의 가계재생산을 위협할 정도였다.[21] 국가의 자원은 2차 제조업에 집중적으로 투자되었고 농업은 단지 2차 산업을 지원하기 위한 주변적인 산업으로 인식되었다. 이러한 산업정책의 추진 주체는 국가였으며 엘리트 관료를 중심으로 한 권위주의적 정부에 의해 실현되었던 것이다. 산업화 과정에서 국가의 농촌성은 산업정책에서 뚜렷하게 나타났다. 2차 산업 중심의 자원배분은 불가피하게 농업 부문을 소외시켜 왔으며 농업은 2차 산업에 종사하는 노동자들의 가계재생산을 가능하도록 저농산물가격유지 정책[22]을 지속해 왔다. 농업은 도시노동자를 위한 저렴한 식량생산지로 간주되었다. 농업 부문은 2차 산업 부문보다 고용지수가 낮으며, 경제적인 면에서 국가 전체로 보면 제조업의 발전으로 국가의 부를 증가시킬 수 있다고 생각하였다. 이러한 국가의 목표에 의해 농업은 제조업을 뒷받침해 주는 보조적인 산업으로 간주되었다. 따라서 농업에 대한 정부의 투자는 매우 제한적이었고, 농민의 삶은 점점 어려워지게 되었다.

　도―농의 차이를 심각하게 받아들인 정부는 농촌 근대화를 위해 새마을운동을 기획하게 된다. 그러나 이 운동은 실질적으로 농민들의 소득과 연계되지 못한 국가동원체계를 확립하기 위한 정치적인 목적에서 이루어진 것이다.[23] 애초에 미곡이중곡가제나 새마을운동과 같은 정책은 사실상 농촌을 살리기 위한 정책이라기보다는 내수의 부진을 타개하기 위하여 농촌의 수입을 늘리려는 것으로 결국 제조업의 발전을 위하거나 정치적 목적으로 기획되었던 것이다. 산업화 시기에 국가는 농촌을 제조업 노동자에게 저렴한 식량을 공급하는 생산지로 여겼다. 그리고 신자유주의화 이후에도 여전히 국가의 농촌성은 생산주의에 머물러 있다고 볼 수 있다. 왜냐면 국가는 WTO와 FTA협정에 의한 농산물개방으로 저농산물가격을 그대로 유지시키고 있으며, 이 상황에서 농민이 살길은 규모의 확대 경영에 의한 농업의 공업화에 있다는 것을 농업정책 기조로 삼고 있었기 때문이다.

　산업화 과정에서 농민은 저농산물가격정책에도 불구하고 국가가 중농정책을 추진하였던 것으로 인식하고 있었다.[24] 국가에 의한 형식적인 중농 이데올로기가 농민들 사이에서 받아들여졌는데 그것은 정부의 의도하지 않은 정책의 결과였다. 이것은 그 당시 농민의 농업에 대한 전통적인 가치이념과 결합되었고 국가는 이 점을 이용하여 농민의 지배를 정당화할 수 있었다. 산업화 과정에서 농민은 도시로 이주하거나 '자기보상의 제3자에게 위임'과 같은 합리적인 선택도 있었지만 지속적인 영농을 가능하게 했던 실천규범 중 하나는 전통적인 영농 가치관을 지니고 있었기 때문이었다. 농민들은 영농을 자기 세대에서 어쩔 수 없이 해야만 하는 일로 생각하였고 그들의 자녀에게는 물려주고 싶지 않은 가업이었다. 산업화 과정에서 1차 산업인 농업이 배제됨으로써 가계재생산이 어려운 농민들은 이농하였고, 자기 착취적 노동력을 투입하여 농사를 지었던 농민들은 자기 보상을 유보하거나 그들의 형제나 자녀들이 더 나은 보상체계의 직업을 갖도록 지원하게 되었다.[25] 이농하여 산업노동자가 된 가족에게 식량을 대주거나 어려운 살림에도 자녀를 위한 학비를 적극적으로 지원하였다. 왜냐하면 이 시기 농민들은 농촌을 살아가기 어려운 곳으로 그리고 농업을 그들의 자녀들에게 대물림해서는 안 되는 것으로 여겼기 때문이다. 다른 한편으로 산업화 과정에서 농민들의 영농활동은 전통적인 이념에 의해 지속되었다. 즉, 농업이 근본이 된다는 유교적인 이념과 함께 농토를 경작하지 않는 것은 자신의 게으름으로 그리고 윤리적으로 부도덕한 것으로 인식되었다.[26] 이러한 농민의 이중적인 태도는 당시 농업과 농촌에 대한 인식으로서 농민의 농촌성을 잘 보여주고 있는 것이다. 신자유주의하에서 농민의 농촌성은 산업화 기간의 그것과 큰 차이가 없다. 무엇보다도 저농산물 가격이 그대로 유지되고 있어서 가계재생산이 어려운 처지에 놓여 있다.[27] 가족 노동력에 의한 소규모 농업경영으로는 귀농인의 가계재생산이 매우 불안정하고 장기간 이러한 상태에 놓이게 되면 빈곤층으로 전락할 가능성이 있다. 대농일지라도 농업소득에 의한 가계비의 충당이 쉽지 않은 처지이고 보면 소규모 가족농이 현재의 대농 위주 농업정책하에서 농업소득에 의한 가계의 재생산은 더욱 어렵게 된다.[28]

대농육성을 위한 농업정책[29]은 국가가 생산주의적인 농촌성을 지니고 있음을 보여주는데 다수의 소농을 정책적 수혜대상에서 배제[30]시키게 되었다. 농업에 신규로 진입하려는 귀농인의 대부분이 영세농임을 감안하면 많은 귀농인들이 정책의 수혜로부터 배제된다는 것을 예상할 수 있겠다. 이 시대 농민의 대부분을 구성하고 있는 영세농들도 여전히 농업을 자녀에게 물려주고 싶지 않은 직업으로 인식하는 부정적인 농촌성을 지닐 가능성이 높은 것이다. 귀농 후 영세한 영농을 하는 귀농자인 경우에 국가의 농업정책 수혜대상에서 배제되고 농업소득 기반의 취약함으로 인하여 부정적인 농촌성을 지니기 쉬울 것이다. 경제 목적 귀농인의 성격이 강할수록 농업소득을 성취하려는 욕구에 따른 장벽은 더욱 높아져 보일 것이다. 반면에 경제 목적보다는 생태가치 귀농인의 성격이 강하다면 농업 수입이 일차적으로 중요하지 않게 되고 농업에 의한 기대수익의 증가에 대해서는 이차적인 것으로 간주하기 때문에 그리고 농업소득에 대한 이해관심이 경제 목적 귀농인보다 적다고 볼 수 있기 때문에 영농규모에 따른 차별적 제도에 대한 인식이 경제 목적 귀농인보다 낮을 것이다.

세대 간 농업이나 농촌공간에 대한 경험적 차이는 농촌성의 차이를 반영한다. 일반적으로 과거 농촌생활의 경험을 통하여 부정적으로 농촌성을 인식하고 있는 부모 세대와 농업이나 농촌생활의 경험이 없더라도 부모의 영향이나 매스미디어의 노출에 의해 부정적인 농촌성을 지닌 자녀 세대가 존재한다. 그리고 농촌생활 경험이 없는 자녀 세대의 경우에 농촌에 대해 이념적으로 순수한 이상향을 가지고 있을 가능성이 높다.

귀농자와 그의 부모 세대 간의 농업과 농촌에 대한 인식의 차이는 그들의 경험과 밀접한 관계가 있다. 산업화 과정에서 재촌 농민들은 그들의 경제적 상황에 비추어 농촌을 살아가기 힘든 곳으로 그리고 농업을 생업으로 부적당한 직업으로 인식하였다. 그래서 그들의 자녀에게 농업을 대물림하고 싶지 않았으며 그것은 바로 자기 보상을 포기하는 대신 그들의 자녀에게 학업이나 직업훈련을 지원하여 후속 세대에게 보상을 위임하려는 전략으로 나타났던 것이다. 그들의 자녀가 도시 부문의 직업을 가짐으로써 자기보다 나은 삶을 살 수 있도록 하기 위한 방책이었다. 이 점에 대해서는 앞에서 언급한 바 있듯이 '자기 보상의 제3자 위임'이라는 개념으로 설명하였다. 따라서 재촌자의 자녀가 도시의 직업을 버리고 농업에 종사하는 것은 그의 부모에게 불효하는 행위로 인식되고 그 자신은 부모의 기대와 지역사회에서 부모의 위신을 손상시킬 수 있는 일로 받아들이게 된다.

귀농자의 부모의 농촌성은 다음과 같은 상황에서 부정적이거나 생산주의적으로 나타나기 쉽다.

㉮ 부모가 농업에 종사하였고 자기 보상의 제3자 위임을 경험한 경우
㉯ 농업에 종사하여 자기 보상의 제3자 위임을 경험하지 않았으나 생업으로서 농업이 비합리적인 수단으로 인식되고 사회 전반적으로 부정적인 농촌성이 존재하는 경우

그런데 부모의 농촌성과는 달리 자녀 세대(여기서는 귀농자)에서는 긍정적으로 나타나는 경우가 있는데 다음과 같은 상황에서 그러할 가능성이 높다.

ⓐ 귀농자가 농업이나 농촌에 대해 순수하게 이상향을 가지고 있을 경우
ⓑ 귀농자가 생태가치 실현을 위해서 농촌공간이 도시보다 유리하다고 생각하는 경우
ⓒ 도시보다는 농촌이 가계재생산에 유리하다고 판단하는 경우

ⓐ과 ⓑ은 긍정적 또는 탈생산주의적 농촌성을 지니고 있는 경우이며 ⓒ은 직업적 차원에서 긍정적인 그리고 생산주의적인 농촌성을 가질 가능성이 높다.

위에서 ㉨의 경우 부모가 과거의 농업과 농촌생활의 경험에 비추어, 특히 경제적인 면에서 농촌이나 농업에 대해 부정적인 또는 생산주의적 이미지를 갖게 됨으로써 자녀의 귀농을 생애적 위험으로 인식하여 적극적으로 만류하게 된다. ㉨의 경우 당시 사회에 만연해 있는 부정적이거나 생산주의적인 농촌성의 영향으로 자연스럽게 부모가 귀농하려는 자녀에게 우려를 나타내는 것이다. 특히 자녀의 귀농을 경제적 위험의 노출이라고 인식하면 부모의 노파심은 높아질 것이다. ㉩의 경우는 ㉨보다 부정적인 농촌성의 강도가 약할 가능성이 있다.

위에서 제시한 부모의 부정적 농촌성과 귀농자의 긍정적 농촌성을 조합하면 6가지 경우(㉨-ⓐ, ㉨-ⓑ, ㉨-ⓒ, ㉩-ⓐ, ㉩-ⓑ, ㉩-ⓒ)가 나타나는데 부모와 자녀 세대 간 농촌성의 차이가 뚜렷하게 나타나는 경우도 제시될 수 있다. 결국 귀농자 부모의 농촌성은 두 가지

로 갈라진다. 부모는 자녀가 가능하면 도시 부문에서 직업을 갖고 살아가기를 희망하고 있으며 농업에 종사하거나 농촌 지역에 사는 것을 좋아하지 않는 생산주의적 또는 부정적인 농촌성을 지니고 있는 경우이다. 귀농인의 부모세대는 농사경험을 통해 또는 사회적으로 만연해 있는 생산주의적인 농촌성으로 인해 농업을 가계재생산에 적절하지 않은 부문이라고 생각하거나 농촌공간을 살아가기에 부적절한 곳으로 인식하는 부정적인 농촌성을 지니고 있기 때문이다. 그러나 부모가 자신의 농업경제 상황에 대해 긍정적으로 평가하는 경우 긍정적인 농촌성을 지닐 가능성은 높아진다. 특히 자녀의 도시 경제생활이 불안정할 때 부모가 자녀의 귀농을 권유하게 되면 더욱 그러할 것이다. 사회 전반적으로 부정적인 농촌성이 존재함에도 불구하고 2세대 모두 긍정적인 농촌성을 지니게 되는 경우도 있을 것이다. 대부분 농민의 농촌성이 부정적이라 하더라도 부모는 자신의 경험에 비추어 또는 이웃의 경제사정을 잘 알고 있기 때문에 영농에 기대되는 결과에 대해 확실한 정보를 가지고 긍정적인 농촌성을 지니게 되는 경우이다.

ⓐ 부모가 이웃의 농업상황을 통해 가계재생산이 가능하다고 판단하여 자녀의 생계수단으로서 농업을 권유하게 되고 그가 도시에서 경제적으로 불안정한 상태에 놓여 있어서 귀농을 긍정적으로 고려할 때

ⓑ 부모가 경제적으로 농촌이나 농업에 기반을 두고 있으며 가계재생산에 전혀 문제가 없고, 부모가 자녀에게 그것을 상속하려는 의도에서 자녀의 귀농을 권유하게 되는 상황에서 자녀가 현재 자신의 경제적인 상황을 고려하여 계산을 하게 되고 그에 따른 결과로 귀농을 선택하게 될 때

ⓒ 부모가 농업이나 농촌생활의 경험으로부터 도시에서는 얻을 수 없다고 생각하는 어떤 가치이념의 소중함을 느끼고 자녀에게 농업 또는 농촌생활을 권장하는 경우에 자녀가 그것에 동조하고 귀농을 고려할 때

부모와 자녀의 농촌성이 모두 긍정적으로 인식되는 경우, ⓐ와 ⓑ는 경제 목적 귀농의 성격을, ⓒ는 생태가치 귀농의 성격을 지니고 있다고 볼 수 있다.

부모가 자녀의 귀농을 반대하고 나서는 경우는 생태가치 귀농자의 부모들이 대부분이다. 생태가치 귀농자들은 도시 부문에서의 직업적 보상수준이 높고 학력수준이 높아 도시에서 안정적인 직업생활을 영위하고 있었던 집단이다. 따라서 이들이 귀농할 의사를 부모에게 알리는 순간 부모의 부정적인 농촌성으로 인해 그에 대한 심한 반대에 직면하게 되는 것이다. 부모와 자녀 세대가 모두 긍정적인 농촌성을 지니고 있는 경우 ⓐ, ⓑ, ⓒ를 제외하면 대부분의 부모는 자녀의 귀농을 반대하는 위치에 서게 될 가능성이 매우 높다.

이하에서는 부모와 자녀(여기서는 귀농자)의 농촌성의 차이에 의해 귀농하려는 자녀를 걱정하는 부모와 그러한 예상에도 불구하고 귀농을 결정하게 된 자녀들의 사례를 그리고 부모와 자녀의 농촌성이 긍정적으로 일치하는 경우를 본 조사연구의 사례에서 제시해보기로 한다.

BTL006이 귀농을 결심하고 그의 어머니에게 농촌으로 내려가서 살겠다고 말씀을 드리자 어머니는 아들의 귀농에 대해 심히 염려하였다고 한다. 그의 어머니 세대가 생각하는 농촌은 아무리 열심히 농사일을 하여도 먹고살기에 너무나 어려운 곳으로 인식하고 있기 때문에 그의 농촌행을 반대하였던 것이다. 그의 어머니는 과거 시골에서 농사를 경험했던 사람이다. 이와 같이 귀농자와 그의 어머니 간 농업이나 농촌에 대한 인식의 차이가 갈등을 일으키는 요인이 되었다(㉜-㉡의 사례).

"어머님께 시골로 가겠다고 말씀을 드리자 걱정을 많이 하셨죠. 아무래도 우리 위 세대분들은 쉽게 말해서 보릿고개도 넘기셨고, 시골에서 굉장히 고생하셨잖아요. 그러다 보니까 농촌에 대한 부정적인 생각이 몸에 배어 있으시고 시골에 가면 일단 힘들고 고생스럽다는 거에 대해서 거부감이 있잖아요."(BTL006)

BTL005는 그의 아버지의 고향으로 귀농하고 싶었지만 친척이나 동네 사람들의 시선이 무서워서 그곳으로 가지 않았다고 말한다. 그가 7살 때 떠나온 고향이기 때문에 사실상 고향에 대한 추억과 향수가 남아 있지는 않다. 그러나 아버지의 고향이기 때문에 성장하면서 그곳을 자주 방문하였고 그로 인해 고향에 남아 있는 친척이나 동네 사람들이 그를 기억하고 있다는 것이다. 만약 고향에서 그를 잘 알지 못하는 사람일지라도 '누구의 아들'이라고 일러주면 그의 아버지를 생각하게 될 터이고 아버지에 대한 추억이나 옛 기억을 떠올리면서 고향으로 다시 돌아온 젊은 그를 어떻게 평가하고 어떤 말을 할 것인지 예상이 된다고 말한다.

"귀농지를 물색할 때 제일 먼저 고향으로 가고 싶었어요. 고향 합천, 합천도 풍경이 괜찮거든요. 산악지대이기도 하고 나름 발전이 상대적으로 덜 되어서 고향으로 가려고 의사타진은 여러 번 했었는데, 안타까운 거죠. 제가 7살 때 도시로 가게 됐는데, 조상 얘기 다 나오고 '너희 어머니, 아버지가 다 소 팔아서 땅 팔아서 공부시켰더니 그 젊은 나이에 농사짓겠다고 기어들어오냐.' 그렇게 인생 낙오자로 평가할지도 몰라요. 그래서 고향으로 갈 수가 없는 거죠. 새로운 도전, 새로운 의식 이런 것에는 점수가 없는 거죠."(BTL005)

BTL005는 고향으로 되돌아가고 싶었지만 고향 사람들은 살기 좋은 도시에서 그가 적응하지 못하고 빈털터리가 되어 돌아오거나 한 것처럼 여길 테니 그러할 수 없는 노릇이었다. 그는 농촌이 도시보다 비경쟁적인 공간이어서 마음의 평안을 주는 곳으로 생각하고 있었지만 고향 사람들은 농촌을 사람이 살기에 적당하지 않은 공간으로 인식하고 있는 것이다. 그의 부모 세대는 농촌을 배우지 못하고 전문적인 기술도 없기 때문에 어쩔 수 없이 농사를 짓는 사람들이 살아가는 곳으로 여기고 있는 것이다(㉙-㉡의 사례).

BTL009의 부모님도 역시 그의 귀농을 반대하셨다고 한다. 그의 어머니는 시골에서 살았던 경험이 있어서 시골의 삶이 얼마나 어려운지 알고 있었기 때문에 그러하였을 것이라고 말한다(㉙-㉡).

부모와 자식 간에 나타나는 농촌성의 차이뿐 아니라 귀농자 간에도 농촌성에 차이가 나는 경우가 있다. 귀농예비가족의 부부 중 어느 한쪽이 귀농을 반대한다면 부부관계에 갈등을 일으키는 위협적인 요인이 될 수 있다. EPM004의 아내는 물론 장인과 장모도 부정적인 농촌성을 지니고 있었다.

> "제가 식당사업을 했는데 실패했어요. 그래서 시골로 내려가겠다고 생각하고 아내에게 말을 했지요. 부모님이 농사짓고 있는 고향에는 포도농사를 해서 성공한 사람들도 있고 해서. 그러나 아내는 시골에 가서 살려면 아예 이혼을 하자고 했어요."(EPM004)

그가 귀농을 하겠다고 선언하자 처 부모는 사위의 생계를 걱정하면서 매우 반대하였다는 것이다(㉙-㉢의 사례). 이러한 반대는 다음에서 보는 것처럼 그의 친부모도 마찬가지였다(㉙-㉢).

> "내가 농사를 지으면서 시골서 살겠다고 했을 때 부모님은 귀농을 반대했어요. 내가 농사를 지어본 적도 없으니 도시에서 벌어먹는

것이 훨씬 낫다는 거지요. 그때 한번 농사를 해보겠다고 부모님을
설득하고 많이 부탁을 드렸죠. 그러자 한 달만 내려와 있어라 하
고 말씀하셨어요."(EPM004)

그의 친부모가 반대한 가장 큰 이유는 그가 농사를 해본 경험도
없을뿐더러 농사가 힘들고 어려운 일이라 자식이 하는 것을 지켜보
는 부모의 마음이 편치 않다는 것이었다. 그래서 그의 부모는 자녀
의 간곡한 부탁에 할 수 없이 한 달만 머무르다 도시로 갈 것을 허
락하였는데 결국 그는 그곳에 눌러앉고 말았다. 그가 귀향하여 부모
의 집에서 동거 생활하고 있는 첫해의 일이다. 내로라하는 공기업에
'취직자리가 났으니 취업을 하라'는 아버지의 호령과 권고를 두고 고
민하게 되었다고 한다. 그 취업자리는 아버지가 친구에게 특별히 부
탁을 하여 얻어낸 자리였다.

"처음에 내려와서 직장을 들어갈 기회가 있었어요. 아버님이 친구
에게 부탁하여 취직자리를 알아보시고 저한테 거길 들어가라 하
셨어요. ○○공사라고 하는데 고민을 좀 했죠. 직장에 다니면 안
정적인 생활을 할 수 있을 것 같아서요."(EPM004)

그는 그 직장에 취업을 할까 망설이게 되었는데 무엇보다도 이미
포도를 심어두고 농사를 시작했기 때문에 선뜻 취직을 하지 못하였
다. 그의 부모는 아들의 생계를 걱정하고 농사를 하는 아들을 보기
가 안쓰러워서 아들의 취직자리를 친구에게 부탁했던 것이다. 결국
그의 아버지가 애써 구해준 직장에 들어가는 것을 포기한 것은 무엇
보다도 포도원에서 얻게 될 수입에 대한 큰 기대 때문이었다. 당시
이웃 사람들이 이미 포도농사를 하여 제법 큰 수입을 올리고 있었던

것이다. 이 사례는 부모의 부정적인 농촌성이 자녀에게 어떤 형태로 표출되고 있는지 보여준다. 부모는 귀농한 자녀가 농업 외의 부문에서 일하기를 간절히 바라고 있었던 터라 귀향을 반대한 것은 물론 귀향 후에는 농업 외 다른 직장을 알선까지 했던 것이다. 그것은 무엇보다도 농업으로 생계를 유지하는 것이 힘들다는 것과 농사일이 육체적으로 힘들다는 경험에서 나온 농업에 대한 부정적인 인식에서 연유된다(㉠-㉢의 사례).

BTL010이 그의 어머니에게 귀농을 하겠다고 이야기하자 "좋은 직장 그만두고 시골 가서 사서 고생하려고 그러느냐"고 한탄을 하였다고 한다. 그리고 그의 친구들도 직장생활을 더 해서 돈을 모은 다음 나이가 들어서 귀농하는 것이 어떻겠느냐는 의견도 있었다 한다.

> "어머니께서 좋은 직장 버리고 시골 가서 고생하려 하느냐고 반대하셨죠. 친한 친구는 더 나이 들면 가지 뭐하려고 이렇게 일찍 가느냐, 돈도 더 벌어가야 편하지 않느냐 그런 이야기를 하더라고요."(BTL010)

BTL010에 대한 주변 사람들의 충고는 농촌에 가면 경제적으로 어려우니 도시 직장생활을 더 연장하여 귀농자금을 충분히 마련한 다음에 귀농하면 더욱 좋겠다는 것이었다. 농촌이나 농업을 경험하지 않은 같은 세대의 동료나 친구들도 농촌에 대한 부정적인 인식을 지니고 있었기 때문에 귀농 시기를 늦추는 것이 합리적이라는 판단을 하였던 것이다. 이 사례는 동일 세대 간 농촌성의 차이를 보여주고 있다. 결국 그는 동 세대의 친구나 동료들의 충고를 뒤로하고 귀농하게 된다.

EPM007은 서울에서 대학을 나와 고시공부를 하였지만 그 뜻을 이루지 못하고 이 일 저 일을 전전하면서 방황을 하고 있을 때 고향에 계신 부모님이 먼저 귀향을 권고하였다.

"제가 고시공부를 그만두고 떠돌아다니는 거 부모님도 알고 계셨
어요. 그래서 부모님이 차라리 고향으로 내려오기를 더 원했어요.
저도 그때는 갈 데가 없었고 더 이상은……."(EPM007)

그도 더 이상 방황을 하면 안 되겠다는 생각으로 귀향을 결심하게
된다. 그때의 심정은 '죄인'과 같았다고 말한다. 시골에서 온갖 고생
으로 자식을 서울에 유학시켜 대학까지 보냈지만 성공도 못 하고 오
히려 방황하면서 부모의 속을 태우기까지 하였고 결국 고향으로 돌
아왔으니 부모님 뵐 면목이 없었던 것이다. 그래도 그가 귀향을 결
심한 배경에는 고향에 부모님이 해오던 농사일이 있었고 이웃들이
포도농사를 하여 경제적으로 윤택하게 살고 있는 사람들이 더러 있
어서 자신도 열심히 노력하면 그러할 가능성이 있었기에 망설임이
없었다. 이 사례는 부모와 자녀 세대 간 농촌성의 차이가 없는 유형
ⓐ에 속하는 전형이다.

EPM007은 자신이 농업에 종사하고 있다는 것에 대해서 자부심을
갖고 있다. 우선 부모의 대를 이어서 농업에 종사하고 있다는 자부
심과 새로운 농업기술을 시도하는 열정을 보이고 있다. 그는 귀농
초기에는 부모의 농법을 답습하였지만 새로운 작물의 도입에 따른
농업기술은 부모 세대를 능가하게 되었다. 새로운 농업기술을 배우
게 되고 실제로 그것을 적용하면서 농사에 대한 경험지식이 쌓이게
되니까 부모 세대의 농업기술보다 앞서는 것이 많아졌다.

"저는 부모의 대를 이어서 농사를 하고 있다는 점에서 농촌의 발

전에 기여하고 있다고 생각해요. 대를 잇는다는 것이 아버지 농사 패턴을 그대로 따르는 것은 아니고 분명히 달라졌어요. 포도밭에 가서 아버지하고 농사에 적용하는 기술을 두고 트러블이 많아요. 결국 농사 방법이죠. 아버지도 농사를 잘 짓기 위해서 노력하고 나도 농사를 잘 짓기 위해서 노력하는데 내가 보기에 아버지 농사 방식이 아닌 게 많아요(EPM007).”

EPM007은 그의 두 딸 중 한 사람이라도 장차 성장하여 그와 함께 농사를 한다면 좋겠다는 희망을 품고 있다.

“아직 딸이 어려서 직접 말을 한 것은 아니지만 집사람하고 계속 얘기하고 있어요. 두 딸 중에서 적어도 한 명은 우리와 같이 농사를 했으면 좋겠다고요(EPM007).”

EPM007의 이러한 바람 속에는 자신이 선택한 귀향과 농업에 종사하고 있는 것에 대한 만족감이 녹아 있다고 볼 수 있다. 만일 그의 희망대로 장차 그의 자녀가 그와 함께 농업에 동참하게 된다면 유형 ⓑ가 똑같이 나타나게 될 것이다.

본 연구를 위한 경험적 조사에서 유형 ⓒ에 해당하는 사례는 보고되지 않았다.

시골 출신 귀농자들 중에는 자기 고향으로 귀농하지 못하는 경우도 있다. 특히 자녀의 학력수준이 높으면 재촌 부모는 그의 자녀가 도시 부문에서 직업을 갖기를 희망하며 도시에서 생활하는 것이 바람직하다고 생각한다. 즉, 자녀의 도시생활의 지속에 대한 기대가 높아지게 된다. 재촌 부모는 그의 자녀가 농사 외의 도시 부문에서 직업을 갖고 살아가기를 희망하는 것이다. EPM003의 부모는 재촌자로서 자식의 도시 부문의 직장생활에 대한 기대가 높았던 사람이다.

"부모님이 시골에 사시면서 아들 자랑도 많이 하고 기대도 많이 했었는데 내가 농사지으러 고향으로 가면 부모님의 자존심이 어떻게 되겠어요. 사실 저는 아버지의 반대보다도 제 스스로 두려웠어요. 아버지가 지역 사람들로부터 어떤 눈총을 받지 않을까? 당신 아들이 저 정도밖에 안 됐구나 하는……."(EPM003)

EPM003은 부모님이 농사를 짓고 있는 고향으로 가고 싶었지만, 그렇게 할 수 없었던 것은 부모의 마음에 상처를 주지 않기 위해서였다고 말한다. 시골에서 대학을 공부시키고 사법고시공부까지 지원해주었던 부모로서는 자식의 성공과 출세를 간절히 바랐을 것이다. 그러나 그가 부모의 기대에 미치지 못하게 되자 부모의 실망도 컸겠지만 그에게 더 두려운 것은 고향 사람들이 부모에게 보내게 될 비난이라는 것이다. 그 이면에는 '굶주리면서 온갖 고생으로 자식을 대학까지 공부시켰더니 모두 허사가 되지 않았느냐'라는 비아냥 섞인 흠집 보기와 '대학 공부나 시키지 않았더라면 부모는 고생이나 덜했을 텐데'라는 한탄과 안타까움이 뒤섞여 있는 것이다. 시골에서 어렵게 대학까지 보냈더니 겨우 농사나 하게 되었다는 고향 사람들의 부정적인 평가에 대해 그의 부모는 견딜 수 없는 치욕으로 생각할 것이라고 그는 믿고 있었다. 그가 도시 부문에서 직장을 구하지 못하고 농촌으로 와서 부모와 똑같은 농업에 종사하게 된다면 부모의 자식에 대한 실망감은 매우 클 것이다. 그래서 도저히 고향으로 가서 농사를 지을 수는 없다고 판단한 그가 전혀 연고가 없는 지역으로 귀농을 하게 된 이유였다. 이 사례는 부모의 부정적인 농촌성을 인지하고 있는 자녀가 자신의 귀농에 대해 부모가 반대하는 것은 물론 고향의 이웃 사람들부터 비난에 접하게 될 것이라는 점을 고려해서 귀향하지 않았던 것이다.

　이상과 같이 귀농자의 농촌성은 대체로 긍정적이라고 평가된다. 경제 목적 귀농자의 농촌성은 직업적 측면에서 가장 긍정적으로 나타날 가능성이 높다. 특히 도시에서 직업을 갖기가 어려웠던 사람은 농촌의 자연환경이나 사회적 차원의 농촌성에 이끌려서 온 것보다는 도시에서 살아가기 힘들었기 때문에 어쩔 수 없는 선택으로 귀결된 것이다.³¹ 반면에 생태가치 귀농인은 직업적 차원에서는 물론 환경적 차원이나 사회적 차원의 농촌성에서도 긍정적일 가능성이 높다. 생태가치 귀농인은 농촌에서 가계재생산의 부담을 덜 느끼게 되므로 직업적 차원에서도 긍정적으로 생각함은 물론이고 자연환경 면에서 도시보다는 농촌이 생태가치를 실현하기에 적절한 곳으로 생각하는 경향이 있으며 공동체적 속성을 중시하므로 타인과의 관계에서도 적극적인 상호작용을 도모하려고 한다. 따라서 농업이나 농촌을 다양한 기능을 포함하고 있는 것으로서 인식하는 탈생산주의적 농촌성을 지닌 생태가치 귀농인이 단지 직업적 차원에서 긍정적인 경제 목적 귀농인보다 지역사회 적응에 유리하다고 판단된다. 생태가치 귀농인은 농촌공간에 살아가는 자체만으로도 만족하는 경우가 많으나 경제 목적 귀농인은 가계재생산 수단들이 얼마나 많이 존재하고 그것을 이용하여 자신의 경제적 목적을 달성하느냐에 따라 삶의 만족도가 결정되기 때문이다. 아무튼 귀농인들은 부모의 농촌성이 대체적으로 부정적인 경우가 허다한 상황에서도 가계재생산이 가능한 경제적 성공을 거두거나 도시에서보다 만족스러운 삶을 지속하고 있는 모습을 보여줌으로써 그의 부모 세대를 안심시키려는 노력을 게을리하지 않고 있는 것이다.

귀농 유형과 귀농 정착지

　도시에서 살았던 사람이 농촌으로 이주할 경우에 이주지역에 대한 인식이 긍정적일수록 농촌적응에 유리하다고 판단된다. 특정 지역을 선택하고 그곳에서 산다는 것은 자신이 생각하기에 타 지역과 차별되는 그곳만이 지니고 있는 지역적 특성을 가지고 있기 때문이다(소진광, 2010). 게다가 어떤 지역이 개인의 주관적인 인식에 의해 타 지역과 구별된다면 그곳을 귀농지로 선택할 가능성은 높아지게 된다.

　도시에 살고 있던 사람이 농촌에 정주할 곳을 물색하게 될 때 많은 요소들을 고려하게 되는데, 개인마다 그 요소들의 중요성에 대한 평가는 달라지게 된다. 경제 목적 귀농인은 무엇보다도 자신에 맞는 직업을 구하기가 용이한 곳인가, 또는 상업적 영농을 하기에 적당한 지역인가 관심을 갖게 될 것이다. 생태가치 귀농인은 생태가치를 실현하기에 적절한 지역인지, 그리고 영농의 측면에서는 생태농업을 하기에 유리한 지역인가를 우선 고려하게 될 것이다.

　귀농인이 지역에 적응하고 살아가면서 지역에 대한 주관적 인식은 귀농 초기와 달라지기도 한다. 어떤 지역적 요소에 대해서는 그

지역의 강점으로 인식하게 되지만 다른 요소에 대해서는 부정적인 이미지가 강화되기도 한다. 이와 같이 귀농인이 인식하는 농촌성은 유동적이다. 이하에서는 개인이 특정 지역에 대해 지니고 있는 인식을 환경적·직업적 그리고 사회적 차원 등으로 나누어 살펴보고 그것이 귀농지 선택 및 적응과 어떤 관련성이 있는지 논의하고자 한다.

1) 환경적 요소

농촌이 지니고 있는 자연경관이나 맑은 공기, 깨끗한 물 등과 같은 자연환경은 도시민을 유인할 수 있는 중요한 요소가 된다. 이것은 유럽이나 북미 지역에서 도시에서 농촌으로 인구이동을 설명할수 있는 중요한 변수들 중 하나이다. 마찬가지로 한국에서의 귀농자들도 농촌의 경관이나 자연환경이 이주지역을 결정하는 데 고려하는 요소이다. 경제 목적 귀농인과 생태가치 귀농인을 비교해보면 생태가치 귀농인이 귀농지를 선택할 때 그 지역의 자연환경을 고려할 가능성이 높다. 왜냐하면 영농환경 측면에서 경제 목적 귀농인은 경제활동에 유리한 요소들을 우선 계산할 것이고, 생태가치 귀농인은 생태가치 추구적 농업 또는 유기농업에 유리한 곳을 선호하는 경향이 있기 때문이다. 이러한 이유로 보통 대규모의 영농이 이루어지는 평야지대나 상업적 농업이 발달된 지역으로 귀농하는 사람들은 경제 목적 귀농인이 많고 반면에 산간지역과 같이 농토가 많지 않은 지역에는 생태가치 귀농인이 선호하는 지역이 될 가능성이 높다. 본 연구의 조사지인 전북 남원을 보면 같은 행정 면에 속해 있을지라도 경작지가 넓고 상업적 영농이 발달된 지역에서는 경제 목적 귀농인들이 많이 살고 있으며 경작지가 적지만 자연경관이 수려한 산간지역에는 생태가치 귀농인들이 많이 밀집되어 살고 있다. 이같이 귀농인 성격에 따라 분포되는 지역이 달리 나타나는 것은 농업생산활동과 관련된 지역적 여건과 유사한 이데올로기 속성을 가진 사람들이 모여 사는 곳이라는 특수한 사회적 특성을 반영하고 있기 때문이다.

아무튼 경제 목적 귀농인이든 생태가치 귀농인이든 간에 기본적으로 모두 농촌의 자연환경에 대해서는 도시보다 낫다고 긍정적으로 평가하고 있다는 사실이다. 그들은 농촌의 자연환경이 오염되어 있는 부분을 지적하고 있지만 그래도 도시보다는 덜하다고 생각하고 있는 것이다. 다만 경제 목적 귀농인보다는 생태가치 귀농인이 농촌의 자연환경에 대해서 의식적으로 고려하는 경향이 있으며 경제 목적 귀농인은 일차적으로 생계수단으로서 농업 또는 생업을 위한 공간으로서 농촌을 생각하기 때문에 자연환경은 이차적인 관심사가 된다는 점만 지적하고자 한다.

BTL002는 과거 도시에 살았던 기억을 떠올리면서 현재 농촌에서의 생활이 환경적인 측면에서 도시보다 더 좋다고 생각하고 있다. 그래서 그는 많은 도시민들이 농촌으로 이주해서 살아갔으면 좋겠다는 바람을 가지고 있는 것이다.

> "시골에서 지내다가 도시에 딱 올라가면 그런 생각이 들어요. 여기서 어떻게 살았나 여기서 지금도 사람이 살고 있구나 이런 생각도 들고. 그렇다고 도시가 혐오스럽다고까지 생각하지는 않는데 거기를 잘 벗어났구나 하는 생각과 함께 도시 사람들이 시골에 많이 살았으면 좋겠다는 생각이 들어요."(BTL002)

BTL003은 귀농생활을 '진짜 삶'이라고 표현하고 있는데 자신이 하고 싶었던 농사일을 할 수 있게 된 것은 물론 항상 아름다운 자연환경에서 살아가게 되었기 때문이라고 말한다. 그는 농사철을 제외하고 한가한 날이면 주위에 살고 있는 귀농인들 여러 명과 함께 인근에 있는 산을 오르는 것을 일상생활로 생각한다.

> "귀농 후 진짜 삶으로 들어왔다고 생각하죠. 하고 싶었던 농사를 짓게 되고 산과 자연을 접하는 것이 일상적인 일로 되었으니."(BTL003)

BTL008은 농촌공간이 도시보다 자연환경에 노출되어 있기 때문에 사람들에게 정서적으로 안정감을 준다고 생각한다. 그녀는 도시에서 목회활동 중 도시빈민 아이들의 교육활동에서 얻은 경험을 통해서 이 점을 인식하고 있었다. 그래서 귀농을 결정하고 나서 '자연으로 간다' 또는 '시골로 간다'라고 하는 그 자체가 좋았다고 말한다. 그녀는 영농활동을 할 때조차도 자연환경에 노출된다고 생각한다. 농사짓는 것을 자연과 함께하는 소중한 시간으로 생각하며 현재 살고 있는 집에서 조망할 수 있는 자연경관을 보고 감탄하는 자신의 모습을 발견하고 행복을 느낀다고 말한다. 이와 같이 귀농인들은 도시에서의 자연환경에 대한 욕구가 귀농 후 일상생활에서 충족되면서 전체적인 삶에 만족하고 있는 것이다.

EPM007은 귀농하기 전에는 농촌에 대해서 부정적인 시각도 있었지만 귀농 후 농사를 하다 보니까 농업의 중요성을 깨닫게 되었고 농촌공간에 대해 긍정적으로 생각하게 되었다고 말한다. 그리고 도시에서 살았던 시기를 '방황의 시기'라고 묘사했는데 좀 더 일찍 귀향했더라면 좋았을 것이라며 때늦은 귀향에 대해 아쉬움을 나타냈다.

"제가 고시공부 한다고 매달렸던 세월은 나름 열심히 했다고 해도 엉뚱한 길로 가고 있었어요. 지금 와서 보니까 농업이야말로 정말 중요한 가치가 있는 것이라고 느끼게 되었죠. 제가 아는 사람들이 애들 진로를 얘기하면 항상 농업 관계된 거 교육시키고 그와 관련된 일을 할 수 있도록 했으면 좋겠다고 말해요(EPM007)."

EPM007 사례처럼 도시에서 부정적이었던 농촌 이미지가 농촌에 살면서 긍정적으로 달라진 것은 자신이 몰두하고 있는 일에 대한 자부심에서 비롯된 것으로 보인다. 그가 도시에서 살 때는 전혀 생각하지도 않았던, 그리고 관심을 가지지 않았던 대상들이 새로운 시각에서 새롭게 인식되었던 것이다. 도시의 환경에 대한 그의 인식도 이와 크게 다르지 않다. 그가 귀농 전 도시생활을 할 때 도시공간에 대해서 부정적으로 인식하지도 않았음에도 불구하고 귀농 후 어쩌다가 대도시에 가게 되면 도시의 환경오염을 피부로 느끼게 된다면서 도시공간에 대한 부정적인 면을 드러내고 있는 것이다.

"서울에서 십 몇 년을 살았으니 친구들도 많고 하니까 가끔 가게 되는데 숨을 못 쉬겠어요. 제가 냄새를 잘 맡거나 민감한 편이 아닌데 도시 공기가 너무 싫어요. 지하철 안에서는 숨을 못 쉬어요. 체질적으로 도시환경이 안 맞아요."(EPM007)

그가 십수 년을 살았던 도시였지만 지금은 도저히 살 수 없는 공간으로 다가온 것이다(BTL002도 마찬가지였다). 이 같은 도시공간에 대한 인식변화는 무엇보다 농촌공간에 대한 긍정적인 평가에서 비롯된다고 보인다. 이 같은 귀농인의 농촌성의 변화는 귀농 후 정착에 긍정적으로 영향을 미칠 것임에 틀림없다.

2) 직업적 요소

　귀농자의 생계문제와 관련되는 직업적 요소는 경제 목적 귀농인뿐만 아니라 생태가치 귀농인에게도 매우 중요한 사안임에는 틀림없는데 이 요소에 대해서는 두 집단 간 뚜렷한 차이가 있다. 즉, 농촌성에서 직업적 요소는 경제 목적 귀농인과 생태가치 귀농인 집단의 성격 차이를 가장 잘 드러내준다. 귀농인이 특정 지역에서 생업으로서 직업을 얻기 쉬운 정도, 그 직업으로 인한 경제적 보상이나 자아성취감에 따라 직업적 요소에 대한 인식은 달라진다.

　귀농인이 영농을 하는 경우에는 귀농인의 성격에 따라 다음과 같은 지역적 특성을 지닌 정착지를 선호하는 경향이 있다.

> ⑪ 경제 목적 귀농인이 선호하는 지역은 상업적 영농에 유리한 곳으로 생산자의 조직화가 잘되어 있는 지역, 단일 작물의 재배가 지역적 연속성을 지니고 밀집되어 있는 곳, 해당 작물에 대한 영농기술이 개인 간에 전수될 수 있는 지역, 농산물 유통이 체계화되어 있는 지역 그리고 농업용수나 도로 등 생산기반이 잘 갖춰져 있는 지역 등이다. 대개 이 지역은 이미 상업적 농업으로 경제적으로 안정된 농민들이 산재해 있으며 경제적 성공 사례가 알려져 있는 경우가 많다. 따라서 귀농자들이 경쟁적으로 이 지역으로 유입해 들어오려고 하기 때문에 지역의 인구증가와 함께 환금성이 높은 고소득 작물재배 면적의 확산이 일어난다. 특정 농촌 지역이 상업적 영농의 발달과 함께 경제 목적 귀농인의 이주로 인한 인구증가가 초래될 수 있다.
> ⑫ 그런데 생태가치 귀농인들은 상업적 영농이 발달된 지역으로 이주하는 것을 꺼리는 경향이 있다. 상업적 영농이 발달한 지역은 생태가치 추구적 농업을 하기에 적절하지 못한 지역으로 인식되고 있기 때문이다. 그들은 상업적 영농에서 유기농법을 적용하기에는 한계가 있다고 생각한다. 대규모의 상업적 농업은 화학적 농약이나 제초제에 의존하지 않고서는 불가능한 경우가 많다고 인식하고 있는 것이다. 따라서

그들은 상업적 영농이 발달된 지역보다는 생태가치 추구적 농업을 하기에 적절한 산간지역을 선호하게 된다. 산간지역은 대규모 토지확보가 용이하지 않으며 인공적인 환경을 조성하여 작물을 재배하는 시설농업을 하기에는 여러 제약적 요인이 존재하기 때문에 상업적 영농의 발달은 제한된다.

경제 목적 귀농인이 정착하기에 유리한 곳은 상업적 농업이 발달하고 그곳에 그의 부모나 형제가 농업기반을 가지고 있는 지역이다. 특히 경제 목적 귀농인이 고향으로 귀농한 경우라면 그의 부모의 농토와 농업기반을 이용할 수 있고 이웃의 도움을 얻기 쉽다. 고향으로 귀농한 사람은 부모나 자신의 지역기반을 중심으로 자원을 동원하고 이용할 수 있는 기회 면에서 지역연고가 없는 귀농인보다 훨씬 유리하다. 그리고 농법이나 농업기술의 적용에 있어서도 부모 세대를 통해 자연스럽게 계승될 가능성이 높다.

그러나 생태가치 귀농인들은 농법이나 농업기술이 관행농업을 따르지 않는 경우가 많아서 관행농업을 해오던 원주민들과 갈등을 일으킬 소지가 있다. 농법의 차이에서 오는 갈등이 빈번하게 발생한다면 이들이 생태농업을 실천하기에 좋은 곳은 원주민들과 일정한 거리를 두고 영농을 할 수 있는 지역이 될 것이다. 만일 생태가치 귀농인이 그의 고향으로 귀농한다면 원주민들과 상이한 농법 때문에 그들의 간섭을 받을 가능성이 높아질 수 있다. 따라서 이러한 상황을 염두에 두고 있는 생태가치 귀농인은 고향보다는 지역연고가 없는 타향으로의 귀농을 고려할 것이다.

귀농인은 정착지를 선정할 때 그의 목적에 따라 합리적인 수단을 강구하게 된다. 경제 목적 귀농인은 시장을 매개로 화폐를 얻기 위한 적절한 수단적 요소를 고려하여 정착지를 선택할 것이며, 생태가치 귀농인은 생태가지 실현에 알맞은 자연적 또는 사회적 요소를 염두에 두고 정착지를 물색하게 될 것이다. 일반적으로 상업적 영농이 발달한 농촌 지역은 그렇지 못한 지역보다 젊은 층의 인구가 많이 거주하고 있으며 지역경제의 쇠퇴 정도가 덜하다. 이에 병행하여 농업 외의 일자리나 자영업의 존속으로 인해 젊은 사람의 인구유입도 증가할 것이다. 앞으로 우리나라 농촌인구는 계속 감소하겠지만 특정 지역에서는 인구증가가 지속될 것으로 전망된다. 특정 지역의 인구증가는 농가인구의 증가 및 서비스업의 유지와 밀접한 관련이 있다. 농촌인구의 증가는 농업인력의 충원을 용이하게 할 뿐 아니라 어느 정도 지역 인구규모가 되어야 도·소매업이 존속 가능하게 되는 조건을 만들어준다(김경덕, 2004; 김병률 외 8, 2010). 결국 특정 지역으로 인구유입은 특정 지역의 성장을 촉진하게 되므로 농촌의 쇠퇴와 재생이 지역적으로 불균등하게 이루어질 수 있음을 시사해준다.

귀농인들이 직업적 요소를 어떻게 인식하고 있는지 경험적 사례를 통해 살펴보고자 한다.

EMP002는 양계를 하기 위해서 맨 처음에는 자신의 고향으로 귀농하였다. 그러나 그의 고향에는 상업적으로 양계를 하는 농가가 없어서 양계를 많이 하는 곳을 찾아 다시 이주하게 되었다. 그의 고향에는 부모가 물려준 토지도 있었지만 상업적 양계를 하기에 적당한 기반이 전혀 없는 지역이었기 때문이었다. 그가 귀농지역 선택 시 가장 중요하게 여긴 것은 양계장을 하기에 적합하고 민원이 발생하지 않을 지역인가, 이웃에 양계를 하고 있는 농가들이 많은가, 양계 농가와 정보교환을 할 수 있는 지역인가, 생산물의 유통체계를 갖추고 있는 지역인가 등을 따져보고 귀농지역을 물색하였던 것이다(ㅁ).

앞의 유형 ㅁ에 해당하는 또 다른 사례는 EPM004이다. 그는 서울에서 자영업을 하다 실패하고 나서 고향으로 내려가서 농사를 하기로 마음을 먹었다. 그가 고향으로 내려가기로 결정한 배경에는 당시 고향에 살고 있는 이웃들 중에는 포도농사로 경제적인 안정을 이루어낸 농가들이 다수 있었기 때문이었다. 그도 귀향해서 포도농사를 한다면 경제적 난관을 극복할 수 있을 것이라고 생각했던 것이다. 당시 그의 고향에서 포도농사는 소득이 높은 것으로 알려져 있었으며 포도재배 농가들 간에 영농활동을 체계적으로 하기 위한 '작목반'이 조직되어 있었다. 따라서 고향은 초보 농사꾼으로서 상업적 영농을 하기에 알맞은 지역이었던 셈이다.

그는 귀농 후 부모님 소유의 토지에 포도나무를 심고 축사를 지어 소를 키우기 시작하였다. 귀농 당시 그의 부모는 80세가 넘는 고령이었기에 농사일을 하는 데 한계가 있었고 부모가 물려준 토지를 이용하여 포도밭을 가꾸는 데 열중하였다. 그의 부모는 주로 벼농사를 많이 하였으나 그가 귀농한 이후에는 벼농사를 하던 논에 포도원을 만들어나갔다.

> "포도를 심고 시설을 해야 하는데 그 시설비가 많이 들어요. 포도시설비 2,000만 원, 축사에 2,000만 원 넘게 투자해서 모두 4,000만 원 정도 투자를 했고 땅은 부모님이 갖고 계시던 걸 이용했어요. 주로 벼농사를 하던 논인데 그곳에다 포도를 심었어요. 당시 아영에는 포도농사가 어느 정도 정착되어 있어서 선배들한테 포도재배기술도 배울 수 있었으니까요."(EPM04)

그의 위로 누나와 형이 있는데 도시에서 모두 경제적으로 넉넉하게 살고 있어서 부모님의 농토를 전부 상속받아 농사를 하는 그를 지지하고 있다고 말한다. 귀농 첫해에 1,400평의 논에 포도를 심었고 그 이듬해에 1,200평 그리고 2013년 봄에는 1,200평에 새로운 포도원을 조성하였다. 그가 계속해서 포도원의 규모를 확장하는 이유는 기존의 포도원에서 좋은 성과를 얻고 있기 때문이다. 그리고 벼농사와 소를 사육하고 있지만 수입 면에서 포도농사만 한 것이 없어서 포도로 단일화하여 소득을 극대화할 예정이다.

EPM004의 고향인 ○○면에는 귀농가구가 약 40여 가구가 되는데 거의 다 포도농사를 한다. 귀농 전 그들은 대부분 도시에서의 직장생활이나 자영업으로부터 얻는 경제적 보상이 가계를 충족시킬 만한 수준을 유지하고 있지 못하였다. 그들의 평균 학력은 고졸이며 나이는 40~50대가 주를 이루고 있다. 일반적으로 경제 목적 귀농인은 도시에서의 직업적 보상이 낮았거나 경제적 불안정 상태에 놓여 있었던 사람들이라는 특성을 보인다. 지금도 고향을 떠나 도시에 살고 있는 고향 친구들이 포도농사의 경제적 성취 가능성에 대해서 그에게 종종 문의한다고 한다. 그가 포도농사로 경제적인 면에서 성공한 것으로 이웃으로부터 인정받고 있기 때문에 도시에 살고 있는 고향 친구들 중에서 경제적으로 불안정한 사람은 그에게 자문을 구하고 귀농 여부를 판단하려는 것이다.

> "지금은 제가 어느 정도 경제적으로 자리를 잡으니까 서울에 있는 고향 친구들이 포도농사에 대해서 문의를 많이 해요. 그리고 고향의 선배나 후배들도 문의를 많이 해요. 여기로 온 사람들 중 은퇴하고 온 사람은 거의 없고 비교적 젊은 사람들이 많이 와요."(EPM004)

이 사례에서 보는 것처럼 귀농인이 성공적으로 정착하여 살아가면 도시에 살고 있는 사람들도 자신의 귀농 가능성을 타진해보는 것이다. 특히 경제적으로 안정된 귀농인에 대한 정보는 고향의 부모나 형제들에 의해서 전파되어 도시에서 경제적 지위가 불안한 자식이나 형제들의 귀농을 부추길 가능성(chance)이 높다. 안면이 있는 자기 고향 출신이 귀농하여 경제적으로 풍요한 생활을 누리게 되면 그의 영향력은 더 커질 수 있는 것이다. 왜냐하면 도시에서 살고 있는 사람이 고향 친구, 고향의 선배 또는 고향 후배의 경제적인 성공 소식을 접하게 되었을 때, 자기의 현재 경제상황을 고려하게 되고 특히 경제적인 면에서 가계재생산이 어려운 처지에 놓여 있다면 귀향을 적극적으로 고려하게 될 것이기 때문이다. 실제로 EPM004가 살고 있는 고향으로 귀농한 사람들은 최근 몇 년 사이에 급속하게 증가하였다. 그들이 귀농을 결정하게 된 배경에는 EPM004 같은 모범사례를 통해 자신도 귀향하여 포도농사를 한다면 경제적 성공 가능성을 확신하였기 때문이다.

도시에 살고 있는 사람뿐만 아니라 인근의 타 지역으로 귀농한 사람들 중에도 포도농사가 경제적으로 성공 가능성이 높다고 생각하여 포도농사가 집중적으로 행해지는 지역 인근에 경작지를 마련하고 농사를 지으려는 사람들도 나타나고 있다. 이 경우에는 경작자의 농경지와 거주지가 서로 떨어져 있다. 자동차를 이용하면 시간상으로는 얼마 되지 않기 때문에 주거 지역과 농지가 서로 분리되어 있는 경우도 나타나고 있는 것이다. 즉, 주거 지역은 경치가 좋은 지역에 그리고 경작지는 특수한 작물을 집단적으로 재배하여 상품출하가 용이하고 영농기술을 상호 교류할 수 있는 곳에 두고 있는 것이다(사례 BTL010).

이와 같이 어떤 농촌 지역이 상업적이고 환금성이 높은 작물로 특화되고 규모화되어 발달될수록 인구유입은 증가하게 될 것이다. 귀농인 중에서도 경제 목적 귀농인이 특정 지역에 발달된 상업화된 영농지역으로 편입될 가능성이 높아진다 하겠다.

EPM004가 살고 있는 지역으로 귀농한 사람들은 대부분 포도농사로 경제적으로 안정된 생활을 하고 있는 사람들이 많아지자 고향 사람들이 그들의 자식이나 형제들에게 귀농을 권유하는 경우도 많이 나타나고 있다.

> "제가 살고 있는 지역의 흐름을 보니까 오히려 시골 부모들이 자녀들에게 얘기를 해서 내려와서 농사하기를 권하는 경우도 많이 있어요. 부모님은 도시에서 수입이 적고 생활이 불안정한 자녀에게 '내가 보니까 포도농사를 하면 괜찮게 살더라' 하며 귀농을 권하는 거예요. 오히려 부모가 귀농을 적극 권하는 경우가 많이 있어요. 그래서 앞으로 포도농사는 더욱 확대될 거라고 생각해요."(EPM004)

부모가 자녀의 귀농을 권하는 것은 이전에는 찾아볼 수 없는 현상이었다. 농사는 힘이 드는 일이었고 소득이 낮아서 생계를 꾸려가기 어려운 직업이라는 고정관념이 깨지게 되자 농부인 부모가 그의 자녀에게 농사를 권하게 된 것이다. 영농에 의한 경제적으로 안정된 생활의 가능성이 높아지자 도시에서 경제적으로 힘들게 살아가고 있는 자녀에게 부모가 귀농을 권장하고 있는 것이다. 이러한 부모의 농촌성의 변화는 과거 자신이 경험하였던 부정적인 농촌 이미지는 사라지고 경제적인 면에서 가계충족 가능성이 엿보이면서 나타나게 된 것이다. EPM004는 자기가 살고 있는 행정 면이 남원에서 가구당 평균소득이 가장 높은 농촌 지역이라고 말하는 것으로 미루어보아 경제적인 면에서의 긍정적인 평가가 부모 세대의 농촌성의 변화에 큰 영향을 미친 것으로 해석된다.

EPM006도 귀농지역을 선택할 때 귀농학교 주변지역을 탐색하였다. 그가 귀농지역 선택에서 제일 먼저 고려한 것은 경작지를 구하기에 용이한 곳이었다. 귀농학교 근처는 자연경관이 좋아서 거주지로서는 손색이 없었으나 농사지을 만한 토지가 부족하였다. 따라서 그가 선택한 곳은 경작지를 유리한 조건으로 임차할 수 있고 상업적 농업이 발달한 지역이었다. 그가 귀농 정착지로 정한 지역은 토마토를 집단적으로 재배하고 있었다. 그는 귀농 첫해 논을 임차하여 벼농사를 시작하였고 이듬해부터 토마토농사를 본격적으로 시작하게 되었다(ㅁ).

이상과 같이 경제 목적 귀농인은 경제적 수단을 획득하는 데 유리한 지역을 귀농지로 선택한다. 그러면 생태가치 귀농인은 귀농지 선택 시 어떤 점을 먼저 고려하게 되는지, 그리고 가계재생산에 대해서 어떠한 태도를 가지고 있는지 직업적 차원에서 알아보도록 한다.

BTL001은 농지가 발달되지 않은 지역에 거주하고 있다. 그는 전업농이지만 인력이 많이 투입되는 유기농업을 하기 때문에 혼자서 감당할 수 있는 정도의 농사규모를 유지한다고 말한다. 그래서 대규모의 경작지가 필요하지 않았다(ㅂ). 그는 여러 가지 작물을 재배하여 식량을 자급하고 현금은 주로 농업 외 노동을 통해서 얻는다. 누구든지 노력만 하면 농촌에서 생계를 유지할 수 있다고 말하는데 이것은 그의 생존전략에서 비롯된 주장이다.

> "시골에서 일자리를 구하기가 쉽지는 않은데 노력하면 다 만들어지는 것 같아요. 물론 미리 일자리를 구해놓고 내려오는 사람들도 있지만, 대부분은 와서 살면서 구하는 것 같아요."(BTL001)

BTL001은 귀농인이 어떤 일이든 하려고 마음을 먹는다면 할 수 있는 일이 많이 있다고 한다. 물론 이것은 귀농인이 희망하는 수준의 보상이 주어지는 일이 많다는 것을 의미하지는 않는다. 농업노동을 포함하여 여러 가지 잡다한 일을 가계수입이 필요할 때마다 일시적으로 할 수 있다는 의미이다. 그의 이러한 인식은 귀농 후 가계재생산 문제에 대해서 긍정적으로 평가하고 있는 것으로 생각된다.

BTL002는 어릴 적에 시골에서 자랐으나 청소년기 이후에는 주로 도시에서 살았다. 귀농 시 자신의 고향이라 할 수 있는 충북으로 귀농을 하려고 해도 고향에 가면 이런저런 간섭을 받게 될 것이라고 짐작하여 귀향을 포기하였다. 물론 고향이라고 해봐야 성장기에 잠시 머물렀던 곳이지만 아직도 친척들이 다수 살고 있어서 그가 방문하면 누구인지 분간하고 알아볼 처지에 있는 사람들이 있는 곳이다. BTL002는 자신이 실천하고 싶은 자연농법을 고향에서 실천하기란 어렵다고 판단했다. 왜냐하면 자연농법은 풀도 매지 않을뿐더러 비료나 농약을 사용하지 않는 농사라서 시골 사람이 보기에는 잡초농사를 짓는 것 같기도 하여 게으름을 피우고 노력하지 않는 사람으로 낙인 찍힐 가능성이 높다고 판단했다. 만약 귀향을 해서 그런 농사를 짓는다면 고향에 계신 어른 중 참견하지 않을 사람이 어디 있겠는가 하는 생각을 하니 고향으로 가는 것을 망설이게 되었다. 그는 가계수입 면에서는 고향으로 귀농을 하는 것이 유리하다고 생각하였지만 자신이 지향하는 생태농법에 대한 이웃의 간섭과 갈등에 대해 염려하였기 때문에 귀향을 망설이게 되었다.

"저는 고향보다 그냥 모르는 데로 가는 게 더 낫겠다고 생각했어요. 아는 데 가면 간섭도 많이 받게 될 터인데…… 간섭이 가장 문제인 거 같아요. 예를 들어, 농사를 제 방식대로 지으면 고향 사람들은 이상한 방법으로 농사를 짓는다고 생각하고 간섭을 할 텐데 서로 잘 알지 못하는 타향으로 귀농하면 간섭은 없을 것 같았어요. 그런 거 염려가 됐어요 정말로. 도움받을 것도 많겠지만 간섭받을 것도 많다고 생각했죠. 아는 사람들인데."(BTL002)

BTL002는 생태가치 귀농인의 성격을 잘 대변해주고 있는 사례이다(ⓗ). 그가 고향으로 귀농하지 않은 이유는 자신이 실천하려고 하는 자연농법에 대해 고향의 이웃에게 간섭을 받지 않으려는 것이었다. 이와 같이 생태가치 귀농인의 관심은 영농의 결과물에 대한 경제적 가치의 제고에 있는 것이 아니라 영농 시 생태농법의 실천으로 생태가치를 구현하게 된다는 믿음에서 얻게 되는 정서적인 보상에 있는 것이다. 생태가치 귀농인은 결과를 고려하지 않고 자신의 행동에 평가를 하려는 가치합리적인 면이 강하게 나타남을 알 수 있다.

귀농지역을 선택할 때 경제 목적 귀농인은 직업적 요소를 중요하게 생각한다. 경제 목적에 알맞은 합리적 수단에 대한 평가는 개인의 사정에 따라 달라질 것이다. 그런데 일반적으로 경제 목적 귀농인은 가계재생산에 유리한 지역을 선호하게 되는데 고향으로 귀농하는 것을 가장 합리적인 방안으로 생각한다. 고향에서는 가계재생산과 관련된 자원을 동원하기가 유리하고 지역적응 시 이방인으로 취급되지 않기 때문에 단시간 내에 적응할 수 있는 장점이 있다. 생태가치 귀농인은 영농을 생계수단으로 간주하는 것이 아니라 생태가치 실현을 위한 수단으로 생각하는 경향이 있기 때문에 상업적 영농지역으로의 편입이나 고향으로의 귀농을 중요하게 생각하지 않는다. 따라서 귀농인의 성격에 알맞은 귀농지역 선택이 농촌적응과 정착에 중요함을 알 수 있다.

3) 사회적 요소

　일반적으로 귀농인들은 농촌 지역이 도시보다 범죄비율이 낮고 각종 사고에 의한 인명피해가 적은 안전한 곳으로 인식하고 있다. 그리고 자율방범대와 같은 자치적인 치안조직에 참여하였거나 현재 활동하고 있는 귀농인들은 지역의 안전을 위한 봉사활동을 통하여 자신이 살고 있는 지역의 안전성에 대해 신뢰한다. 본 조사대상지역인 남원시 ○○면의 자율방범대원의 과반수는 귀농인으로 구성되어 있는데 그 업무의 특성상 젊은이들에게 어울리는 것이기 때문이다. 귀농인들이 방범대에 적극적으로 참여하는 것을 거의 의무적인 일로 받아들이고 있다. 그런데 이러한 지역집단이 단순히 지역치안을 위한 기능적인 면만 있는 것은 아니다. 집단 구성원 간에 친목을 도모하고 지역의 정보를 교류하는 장으로도 기능하고 있는 것이다.

　흔히 사람들은 농촌을 마음의 고향이라고 말한다. 이런 표현은 여러 매체에서 농촌의 현실을 도외시하고 농촌을 이상적으로 묘사하는 데서 많이 찾아볼 수 있다. 한편 귀농인도 자기가 살아갈 공간을 미화하여 긍정적으로 평가할 가능성이 있다. 본 연구참여자의 대부분이 농촌은 '마음의 고향'이라고 표현을 하고 있는데 농촌공간이 지니고 있는 긍정적인 이미지를 함축하고 있는 것으로 볼 수 있다. 그중 대표적으로 세 사례를 소개한다. BTL010이 귀농을 하게 된 것은 농촌에 대한 향수에서 비롯되었다고 말한다.

　　"자기적인 경험에 의한 향수라고 해야 되나? 그런 거가 주요 귀농

동기라고 할 수 있어요. 경제적으로 성공한 귀농인을 모델로 했다든가 생태문제나 철학적인 것들을 갖고 오신 분들이 많은데 저는 그런 케이스가 아니고 되게 단순한 편이에요."(BTL010)

그는 경제적인 목적이나 생태가치 실현을 위해 귀농한 경우가 아니라고 자신을 스스로 평가한다. 어릴 적 시골에 대한 향수가 성인이 되어서도 기억 속에 남아 있었기 때문에 언젠가는 귀농을 하겠다고 결심을 하면서 도시에서 살아왔다고 말한다. 그러던 중 그의 딸이 현재 살고 있는 곳에 있는 대안학교에 진학하게 되자 생각보다 빨리 귀농을 하게 된 것이다.

BTL001은 농촌을 '포근한 곳'으로 묘사하고 있다. 어릴 적 시골에 조부모님이 살고 있었는데 방학 때마다 방문했던 기억이 지금도 가슴속에 남아 있다는 것이다. 특히 시골의 자연풍경이 주는 이미지는 '포근한' 느낌을 주었다는 것이다. 그는 사람 간의 정을 두고 '포근한' 것으로 표현하는데 농촌 사람이 도시 사람보다 인정이 많다는 것이다.

"농촌이라 하면 뭔가 포근한 그런 마음이 들었죠. 제가 외가나 친가의 할머니, 할아버지가 사셨던 곳이 시골이었기 때문에 제가 초등학교 다닐 때는 방학 때마다 놀러 갔어요. 사람들은 포근한 측면이 있고, 또 안 그런 측면, 즉 양면성이 있는데 그래도 농촌이 도시보다는 인간적인 정이 더 있죠. 여러 가지 안 좋은 면도 있긴 하지만 그런 걸 더 느낄 수 있죠, 도시보다는. 뭐 사람 사는데 문제는 다 똑같이 있다는 것을 염두에 두었고 제가 20대에 내려온 것도 아니고, 40대 돼서 내려왔기 때문에 농촌에 대해 특별히 환상은 없었던 거 같아요. 좀 더 자연과 가깝게 지낼수록 사람이 좀 더 마음이 포근해지고 넉넉해질 수 있다고 생각했어요. 실제 또 그런 것 같고."(BTL001)."

BTL001은 귀농 전에도 농촌에 대한 긍정적인 이미지를 지니고 있었다. 어릴 적에 시골에 살고 있었던 조부모와의 소통과 농촌체험을 통해 농촌은 할머니 품처럼 따뜻한 곳으로 인식되었고 성년이 되었어도 그러한 이미지는 계속 마음속에 자리잡고 있었다.

EPM005가 농촌으로 오게 된 것도 시골이 마음의 안식처가 될 수 있겠다고 생각해서였다.

> "처음에는 시골이 좋아서가 아니라 그냥 너무 힘들어서 시골에 나 자신을 묻고 싶었죠. 제가 도시에 있을 때 산속으로 숨고 싶어서 시골 외딴 데에다가 집을 지으려고 했거든요. 그랬더니 귀농학교 동기들이 안 된다고 말렸어요."(EPM005)

이혼과 사업실패로부터 오는 좌절감이 그녀를 억누르고 있었던 당시에 도시를 벗어나 시골에서 마음의 평안을 얻고 싶었던 것이다.

이상의 세 사례는 농촌에 대한 평소의 이미지를 마음의 안식을 주는 곳, 인정이 넘치는 곳 그리고 어릴 적 향수가 남아 있는 곳 등으로 표현하고 있는데 모두 도시보다 농촌공간이 정서적인 면에서 살아가기에 좋은 공간이라고 인식하고 있음을 보여준다.

BTL001은 귀농 선 현 귀농지가 아닌 타 지역에 이미 귀농해 살고 있던 지인을 찾아 귀농생활에 대해 정보를 얻게 된다. 그가 도시 출신이라서 농촌사정을 잘 모를 뿐 아니라 귀농 후에 어떤 어려운 점이 있고 그것을 극복하기 위해 어떻게 준비를 하면 좋을지 조언을 구하였다.

> "먼저 제가 아는 사람 중에 귀농한 사람을 찾아갔어요. 제가 도시

에서만 살아왔고 농촌실정을 전혀 모르니까, 귀농해서 사는데 어떤 어려움이 있는지 어떤 준비를 하면 좋을지, 이런 조언을 들으러 갔습니다. 특별히 어떤 지역을 고르지 않고 귀농교육을 받은 인근지역이 괜찮겠다 싶어서, 딱히 다른 데 이곳저곳 가보지도 않고 여기서 살게 되었어요."(BTL001)

BTL001은 귀농지를 선택하는 데 지역여건을 중요시하지 않았다. 그가 평소 알고 있던 사람이 귀농하여 살고 있던 곳을 선택하지도 않았고, 귀농교육을 받은 인근 지역에서 살게 된 것이다. 처음 살게 된 마을은 빈집이 있어서 정착하게 된 곳이다. 훗날 이곳보다 주거여건이 좋은 빈집이 났다 하여 이사한 곳이 현재 살고 있는 곳이다. 빈집을 빌려서 살고 있던 차에 그 집 옆에 있는 땅을 사게 되었고 거기에 자기 집을 새로 짓게 되었다. BTL001은 자연적 환경보다도 빈집과 같은 삶의 거처가 존재하는 곳을 선택하였는데 이는 자원적 조건이 중요한 귀농지역 결정요소임을 보여주는 사례이다.

BTL002는 귀농지를 선택하는 데 자녀 교육 여건을 중요하게 생각하였다. 그가 처음 귀농하였던 곳은 전남 곡성이었지만 자녀들이 어울릴 만한 또래들이 없었다. 그래서 아이를 위해 교육여건이 좋고 또래가 많이 있는 현재 살고 있는 곳으로 다시 이주하게 되었다.

"귀농지를 물색하려고 인터넷 카페 운영자의 조언도 들어봤고 막연하게나마 지도 책을 보고 전국을 돌아다녀 보았어요. 컨설팅에 의뢰하여 보기도 했지만 돈만 들어가서 일단은 아무데나 가보자 마음먹고 전남 곡성으로 내려왔어요. 그곳을 베이스캠프로 해가지고 1년 정도 살았거든요. 그런데 이웃에 아이의 친구가 없었어요. 귀농한 사람도 거의 찾아볼 수 없었고 그러던 차에 여기에 아는 선배가 있어서 주변을 탐색해보니까 어린이집도 가까이 있고 이웃에 아이의 또래들이 많이 있어서 이곳으로 이사를 한 거죠."(BTL002)

그는 처음 귀농했던 곳은 귀농자가 별로 없어서 이방인처럼 느껴졌다는 것이다. 그런데 현재 살고 있는 지역은 귀농인들이 많아서 그들과 자연스럽게 어울리는 것이 좋다고 하였다. 현재 그가 살고 있는 마을 전체 30가구 중 귀농가구가 6가구이다. 귀농가구가 많다 보니 원주민들도 이방인으로 취급하지 않는다는 것이다. 그리고 젊은 귀농인들이 많아져서 자기 아이 또래의 아이들이 학교나 마을에서 서로 어울릴 수 있게 되었다고 말한다.

BTL003은 농촌에 대해 향수를 가지고 있는 사람이다. 그는 서울 출생이지만 서울 외곽지역의 농촌에서 농사를 하는 부모와 살았던 경험이 있다. 서울이 확대되기 전에 외곽지역은 전형적인 농촌 지역이었다고 회고한다. 그가 어릴 적에 경험했던 농촌은 아름다운 풍경을 지닌 평화로운 곳으로 기억된다.

> "저희 집이 서울이지만 농장을 했어요. 어릴 때 그 농장 풍경이 되게 아름다웠거든요. 지금도 생생하게 기억이 나요."(BTL003)

그는 귀농지를 선택하려고 석 달 동안 전국을 돌아다니게 된다. 그때 그의 부인 친구의 소개로 현재 귀농해 살고 있는 지역을 방문하게 되었고 탐색하게 되었다. 그가 이곳에 정착하게 된 것은 무엇보다도 귀농자가 많아서 도시생활을 해왔던 자신이나 아내가 그들과 원만하게 소통할 수 있다고 생각하였기 때문이었다.

> "제가 귀농지를 찾아 한 두세 달씩 전국을 돌아다닌 적이 있거든요. 정선, 삼척, 태백, 봉화, 영주, 풍기, 보은 등 여러 곳을 살펴보았어요. 근데 마음에 딱 와 닿는 데가 없었어요. 그러던 중 마누라

의 친구가 이곳을 추천했어요. 여기 ○○농장에 와서 자원봉사를 하게 되었고 주위에 귀농자가 많아서 좋았어요. 같은 도시문화를 접하던 사람들이 많이 있으니까 소통이 잘될 거 아니에요? 그래서 여기에 정착을 했는데 그게 딱 맞았어요."(BTL003)

BTL007은 도시환경에 대해 부정적인 이미지를 가지고 있었다. 그는 도시문명이 인간에게 희망을 주기보다는 절망을 안겨주고 있다고 말한다. 이러한 반문명적인 태도는 경제적인 어려움에도 불구하고 그가 농촌에 와서 살아갈 수 있는 신념으로 작용하고 있는 것이다.

"저는 시골에 가서 자연과 더불어 삶을 살아가고 싶다고 생각해왔었습니다. 그것을 통해 나눔의 삶을 살아가고 싶다는 생각을 했고요. 또 사회적 의미로는 도시환경 자체가 우리에게 희망을 던져주기보다는 여러 가지 면에서 부정적이고 절망적인 상황을 만들어가니까, 그럴 바에는 대안적인 삶을 일궈나가는 것이 필요하다는 생각을 했습니다. 그러하던 중에 아내가 먼저 시골에 가서 살면 어떻겠냐고 제안했어요. 사실 저는 은퇴 후에 시골에 살 생각을 했거든요. 아내는 나보다 시골에서 사는 것에 대해 더 많은 생각을 하고 있었습니다. 저도 똑같은 생각을 하고 있었기 때문에 시골에 오는 것에 동의한 거죠."(BTL007)

BTL007이 현재의 귀농지를 선택하게 된 연유는 이곳에 이미 귀농해서 살고 있는 지인이 있었기 때문에 귀농을 결심하고 나서 자주 그를 방문하여 귀농에 대한 정보를 얻고 있었다.

"제가 서울에 있을 때 귀농운동본부에서 도시민을 대상으로 하는 귀농학교가 있었는데 거기에 신청을 하고 몇 번 다닌 적이 있습니다. 그리고 진안에 이미 귀농한 친구 부부가 있어서 귀농 전에 자주 방문하면서 그분들의 모습을 보면서 느낀 바가 있었죠. 또한 전북 지역에 이미 귀농해서 살고 있는 지인들이 몇 분 있습니다. 그들과의 교류를 통해 귀농에 대한 정보를 접하게 됐죠."(EPM007)

BTL007과 유사하게 BTL008도 평소에 잘 알고 지내는 친구가 이미 귀농해서 살고 있는 지역에 정착하게 되었다. 친구가 가까이 살고 있어서 정서적으로 자신에게 위안이 될 수 있을 것 같았다고 한다. 더구나 친구가 살고 있는 곳에서 그리 멀지 않은 마을에 빈집이 나왔고 그 집이 맘에 들어서 정착하게 된 것이다.

> "서울에서 알고 지내던 친구가 현재 우리 집에서 가까이 살고 있었어요. 친구가 있으면 어려운 일이 생길 때 의논할 상대가 되겠다고 생각하여 이곳으로 결정하게 되었어요. 그리고 또 중요한 건 빈집이 나왔어요. 사실은 제가 하동도 갔거든요? 거기도 누가 빈집이 있다고 보라고 했는데 이웃하고 너무 많이 떨어져 있어 가지고 별로 마음에 안 들었어요. 왜냐면 저는 마을에 들어가서 농사를 배워야겠다는 생각을 가지고 있었기 때문에 마을 안에 있는 빈집이 맘에 꼭 들었어요. 그리고 우리 동네는 아니지만 그래도 15분 정도 가면 아는 사람이 한둘이 있다는 게 안심이 되었어요."(BTL008)

BTL008은 농사기술을 원주민으로부터 배우기 위해서는 마을 안에서 사는 것이 좋다고 생각하던 차에 마을 내 빈집을 소개받고 그곳에 정착하게 된다.

EPM005가 현 귀농지에 정착하기로 결정한 이유는 그가 다녔던 귀농학교 출신이며 같은 동기생이 여러 명 살고 있는 지역이기 때문이었다고 말한다.

> "이쪽에 미리 와 있는 귀농학교 동기들이 있었어요. 동기들이 있어서 소통도 할 수 있고 우선 마음이 편했어요. 다른 곳 어디를 가봐도 아는 사람은 없을 테고, 제 고향이 전남 광주인데 부모님 뵈러 가기도 좋고 해서 이곳에 정착했죠."(EPM005)

EPM005가 귀농학교 출신자들이 많이 살고 있는 지역에 정착을 해야겠다고 결심한 후에 농사지을 계획을 세우고 인근에 토지를 구입하였다. 귀농학교 기간이 짧은 기간이지만 그동안 쌓은 인맥은 지역에서 살아가는 데 소중한 연결망이 될 수 있다. EPM005가 농사일을 하면서 바쁘게 살아가다 보니까 귀농 전에 있었던 우울증이나 좌절감 등이 모두 사라졌다고 말한다. 그리고 지역에 귀농한 사람들과 수다를 떨고 같이 여행도 하면서 삶의 의욕을 되찾게 되었다.

> "농사일을 하면서 우울증이 없어졌어요. 머리가 자주 아파서 쓰러질 것 같았는데 건강도 좋아지고 마음도 편해졌어요. 자연에서 사니까 그런가 봐요. 저는 출타해서 운전을 하면서 집으로 올 때마다 차 안에서 혼자서 '여기가 너무 좋다. 여기가 너무 좋아'라고 큰 소리로 외치고 다녀요. 주위 사람들이 저한테 많이 변했다고 말해요. 귀농 초기보다 편안해진 것 같다고요."(EPM005)

그녀는 귀농 후 농사를 하면서 마음의 평안을 얻었고 경제적으로도 안정된 생활을 하고 있다. 그리고 매일 자연환경을 접하는 일상생활과 귀농인과의 교류에서 오는 정서적 안정도 만족스럽게 생각한다.

EPM008의 부인은 귀농하는 것을 반대하였다고 한다. 그녀는 시골생활에 대한 두려움도 있었지만 무엇보다도 자녀의 교육문제를 걱정하였는데 자녀가 성장해서 중학교에 가게 되면 도시로 나와서 살기로 그와 약속하고서야 마지못해 귀농에 동의하게 되었다고 한다.

> "처음 귀농을 하겠다고 아내에게 말했을 때 반대를 많이 했죠. 아무래도 도시생활만 하다가 시골에 내려와서 산다는 것이 두려웠겠죠. 아이들이 중학교 다닐 때쯤에는 아내와 아이들은 도시로 나가서 살기로 약속했죠. 저야 여기가 고향이니까 동네 사람들도 다 아

는 처지고 둘째형님도 살고 있어서 마음이 편합니다만."(EPM008)

　귀농지를 결정하는 데 고려되는 사회적 요소는 개인마다 다르다. 빈집과 같은 거처의 존재 여부, 자녀 교육 여건, 귀농인이 많이 살고 있는 지역인가, 이미 귀농해서 살고 있는 지인이 있는가 등 여러 가지 변수를 고려하고 최종 정착지를 결정하게 되는 것이다. 이와 같이 귀농인들이 정착지를 결정하는 데 여러 사회적 요소를 고려하게 될 것이다. 이러한 귀농지 결정요소들은 특정 지역에 편중되어 있는 경우가 많다. 따라서 특정 지역에 귀농자가 집중되는 경향이 나타날 것으로 예상된다. 이미 귀농자가 많이 살고 있는 지역은 귀농지를 물색하고 있는 예비 귀농자에게 매력적인 곳이다. 이미 귀농해서 살고 있는 사람으로부터 정서적 지원을 받기가 용이하며 원주민보다는 타 귀농인에서 동질성을 발견하기가 쉽기 때문이다. 자녀의 교육 여건은 농촌 지역학교가 있는 곳이 그렇지 않은 지역보다 유리할 것이고, 자녀 또래집단이 존재하는 지역이 보다 좋은 교육환경을 지니고 있다고 판단할 것이다.

　귀농인이 귀농지를 선택할 때 경제 목적 귀농인과 생태가치 귀농인 간 직업적 요소에서 가장 뚜렷한 차이를 보이고 있다. 경제 목적 귀농인은 일차적으로 돈을 벌기 위한 합리적 수단을 생각하고 그것을 용이하게 취득할 수 있는 지역으로 정착할 것이다. 상업적 영농이 번창하고 있는 지역에서는 경제적으로 성공한 농민들을 많이 발견할 수 있을 것이고 그들을 자신의 성공모델로 삼고자 하는 욕구와 경제적 성공에 대한 기대가 있기 때문이다. 생태가치 귀농인은 그와 달리 생태농업을 실천하기에는 상업적 영농이 발달한 지역을 부적합하게 생각하는 경향이 있다. 그리고 가계재생산에 필요한 농 외 소득은 다양한 일을 통해서 충당되기 때문에 특정 지역에 존재하는 일자리나 직업을 찾아 정착지를 물색하지 않는다. 그리고 자신과 유사한 가치이념을 갖고 살아가는 사람들과 교류하기 용이한 지역을 선호하게 되는데 그들로부터 농촌생활과 생태가치 실현 방식을 배울 수 있을 것이라는 기대가 있어서이다. 따라서 경제 목적 귀농인과 생태가치 귀농인 모두 그들의 목표에 대한 기대와 관련되고 욕구 충족이 가능하리라 예측되는 지역을 선호한다는 공통점을 지니고 있다 하겠다. 그렇지만 직업적 요소 이외의 환경적 요소와 사회적 요소에 대해서는 두 집단 간 뚜렷한 차이를 발견하기 어렵다.

상업적 농업지역과 친환경농업

1) 상업적 농업지역

앞에서 경제 목적 귀농인의 성격이 강한 사람은 상업적 농업이 발달한 지역으로 귀농하는 것이 합리적이라는 점을 밝혔다. 요약하면 상업적 농업지역은 특정 작물의 재배에 따른 농업기술 습득의 용이성, 기존 생산기반시설의 이용 가능성, 농산물의 계통적 출하 그리고 생산자 조직화에 따른 정부 또는 지자체의 지원사업의 혜택 가능성 등으로 인하여 처음 농업에 종사하려는 귀농인에게 좋은 영농환경을 제공하기 때문이다.

여기서 상업적 영농지역이라 함은 특정 작물이나 가축 등이 집단적으로 재배되거나 사육되고 있는 지역을 말한다. 따라서 이 지역의 해당 농산물이나 축산물 등이 상업적으로 발달된 시장으로 출하되는 것이 보통이다. 다음의 <표 1>과 <표 2>는 우리나라 최대 농산물 도매시장인 가락시장에서 거래되는 농산물의 양을 기준으로 순위를 매긴 것을 기초로 농산물 생산지역을 순위적으로 정리한 것이다. 특정 농산물이 어떤 지역에서 많이 생산된다는 것은 그만큼 상업적 영농이 성행하고 있다고 추측할 수 있다. 따라서 귀농인 자신이 염두에 두고 있는 작물이 어느 지역에서 많이 재배되고 있는지 알고 그 지역을 귀농 정착지로 탐색해볼 필요가 있다. 물론 상업적 영농지역이라 할지라도 영농에 요구되는 여러 자원이 자신의 고향에 비하여 열악하다고 판단된다면 그곳으로 귀농이 제한적일 수 있다. 그러나 고향과 같은 연고지가 없고 자신이 경제 목적 귀농인의 성격이 강하다고 스스로 평가한다면 특정 작물과 관련된 상업적 영농지역을 일차적인 정착지로 고려할 수 있다.

<표 1> 과일별 주요 생산지역

종류	주요 생산지	비율(%)	누적비율(%)
감	경남 진주	25.7	25.7
	경남 함안	24.1	49.9
	경남 창원	22.7	72.5
	경남 밀양	5.0	77.5
	경남 산청	4.3	81.8
	경남 창녕	2.7	84.5
대추	경남 밀양	41.0	41.0
	충남 예산	15.1	56.1
	경북 영천	11.9	68.0
	충북 영동	11.6	79.6
	경북 경산	7.3	86.9
	경북 청도	6.6	93.6
매실	전남 순천	25.5	25.5
	전남 광양	20.0	45.5
	경남 진주	19.2	64.6
	전남 곡성	8.0	72.6
	경남 밀양	5.5	78.1
	전북 순창	5.4	83.5

종류	주요 생산지	비율(%)	누적비율(%)
모과	경북 청도	86.6	86.6
	경북 영천	5.1	91.6
	경북 상주	3.8	95.5
	경남 밀양	1.9	97.3
배	경기 안성	19.6	19.6
	경기 평택	10.8	30.4
	충남 천안	9.6	40
	전남 나주	9.4	49.4
	충남 연기	7.5	56.9
	경북 상주	7.2	64.1
	충남 아산	6.6	70.7
	경기 이천	4.6	75.3
	경기 여주	4.1	79.4
	경기 화성	3.7	83.1
복숭아	충북 음성	26.4	26.4
	경북 영천	24.7	51.1
	경북 경산	22.5	73.6
	충북 충주	4.7	78.3
	충북 영동	3.2	81.5
사과	충북 충주	20.7	20.7
	경북 청송	20.7	41.4
	경북 영천	8.4	49.9
	경북 의성	6.6	56.4
	경북 봉화	5.8	62.3
	전북 장수	5.7	68
	경북 영주	3.3	71.3
	충북 괴산	2.9	74.2
	경북 문경	2.5	76.8
살구	경북 영천	54.4	54.4
	대구 동구	23.9	78.2
	경북 경산	9.6	87.8
	경북 김천	5.2	93

종류	주요 생산지	비율(%)	누적비율(%)
양앵두	충북 영동	65.1	65.1
	충남 부여	9.6	74.7
	충남 보령	8.4	83.2
자두	경북 김천	23.8	23.8
	경북 의성	21.1	44.9
	경북 영천	20.1	65
	경북 경산	10.1	75.2
	경북 청도	4.2	79.4
참다래 (키위)	제주 제주	34.9	34.9
	제주 서귀포	9.4	44.3
	경기 안성	7.7	52.0
	전남 보성	6.0	58.0
	전남 해남	4.1	62.1
포도	경북 상주	23.6	23.6
	경북 영천	13.5	37.1
	충북 영동	12.9	50.0
	경북 김천	12.1	62.1
	충남 천안	3.8	65.9
	경북 경산	1.9	67.8
딸기	경남 산청	23.6	23.6
	충남 논산	18.3	41.8
	전남 담양	18.2	60.1
	충남 부여	6.2	66.3
	전북 남원	4.3	70.6
	경남 거창	4.3	74.9
메론	전남 나주	19.1	19.1
	충남 부여	18.5	37.6
	전남 담양	10.9	48.5
	전남 곡성	5.9	54.4
수박	충북 음성	17.5	17.5
	전북 고창	16.2	33.8
	경북 고령	11.5	45.3
	경북 구미	8.9	54.1
	경남 함안	6.0	60.1

종류	주요 생산지	비율(%)	누적비율(%)
참외	경북 성주	87.3	87.3
	경북 김천	4.3	91.6
	대구 달성	4.0	95.7
	경북 고령	2.2	97.8

출처: www.returnfarm.com에서 정리함(2013년 11월 1일).
참고: 홈페이지 개편에 따라 내용에 변동이 생길 수 있음.

<표 1>에서 감의 주요 생산지역은 경남 진주, 경남 함안, 경남 창원, 경남 밀양, 경남 산청, 경남 창녕 등이다. 이들 6곳에서 우리나라 감의 약 84.5%가 생산되고 있다는 것을 알 수 있다. 그리고 이 지역에서 감과 관련된 가공산업이 다른 지역보다 발달되어 있다고 추측할 수 있다. 귀농인 중에서 감을 재배하거나 감을 가공하려 한다면 위의 6지역에서 감농사를 하거나 감 가공업을 하는 것이 여러모로 유리할 것이다. 다만 이 같은 판단은 다른 어떤 요소들을 고려하지 않은 채 오직 상업적 영농의 발달에 따른 귀농지의 적합성에 따른 것이다.

다음 <표 2>에서는 채소별 주요 생산지역을 순차적으로 정리하였다. 이 표에서도 <표 1>과 동일한 성격의 자료가 제시되어 있으므로 귀농지 선택 시 참고할 수 있겠다.

<표 2> 채소별 주요 생산지역

종류	생산지	비율	누적비율
가지	경기 여주	27.8	27.8
	강원 춘천	16.6	44.3
	경기 하남	10.7	55.0
	경기 이천	8.5	63.5
	강원 홍천	6.5	70.0
	경기 광주	6.4	76.4
감자	강원 평창	22.2	22.2
	제주 제주	7.5	29.8
	충남 당진	7.3	37.1
	전북 김제	6.9	43.9
고구마	경기 여주	36.1	36.1
	충남 논산	16.9	53.1
	전북 고창	6.6	59.7
	충남 서산	5.4	65.1
양상추	강원 횡성	21.0	21.0
	경남 의령	20.4	41.4
	경남 하동	11.2	52.6
	강원 평창	8.6	61.2
	전남 광양	8.6	69.8
깻잎	경남 밀양	51.1	51.1
	충남 금산	34.4	85.5
	대구 중구	4.4	89.9
	경북 경산	2.8	92.7
당근	제주 제주	36.2	36.2
	경남 양산	6.3	42.5
	강원 평창	5.0	47.5
더덕	강원 홍천	80.6	80.6
	경기 양주	12.6	93.2
	강원 횡성	2.1	95.3
	충남 예산	1.2	96.5

종류	생산지	비율	누적비율
도라지	강원 홍천	33.6	33.6
	경기 여주	18.5	18.5
	대구 달서	17.6	36.1
	충남 서산	3.5	41.6
	충남 논산	2.0	43.6
두릅	전북 순창	22.3	22.3
	충남 부여	20.3	42.6
	충남 금산	14.3	56.9
	충남 보령	8.6	65.5
마늘	경남 남해	17.2	17.2
	전남 해남	16.7	33.9
	제주 제주	13.1	46.9
	충남 서산	10.7	57.6
	전남 고흥	9.2	66.8
무	제주 제주	42.3	42.3
	강원 평창	11.0	53.3
	전북 고창	8.1	61.4
	강원 홍천	4.4	65.8
미나리	전남 나주	16.1	16.1
	경기 시흥	8.5	24.6
	부산 강서	8.0	32.5
배추	전남 해남	25.3	25.3
	강원 평창	7.7	33.0
	강원 태백	7.7	40.7
	강원 강릉	6.0	46.7
부추	경북 경주	13.8	13.8
	경북 포항	11.2	24.9
	울산 북구	9.6	34.5
	경기 양평	7.5	42.0
브로콜리	제주 제주	34.9	34.9
	충북 제천	14.5	49.4
	강원 횡성	8.2	57.6
	강원 평창	3.2	60.8

종류	생산지	비율	누적비율
상추	경기 이천	31.0	31.0
	충남 논산	18.3	49.3
	경기 광주	8.2	57.5
	경기 용인	5.3	62.8
시금치	경기 포천	25.0	25.0
	전남 신안	13.7	38.7
	경북 포항	11.3	50.0
	경기 남양주	8.6	58.6
아스파라거스	강원 양구	26.2	26.2
	강원 홍천	18.9	45.1
	충남 논산	10.7	55.8
	제주 제주	9.7	65.5
양배추	제주 제주	37.1	37.1
	강원 평창	14.2	51.3
	충남 서산	6.1	57.4
	전남 진도	5.5	62.9
양파	전남 무안	55.9	55.9
	전남 함평	11.7	67.7
	전남 해남	5.9	73.5
	제주 제주	3.4	76.9
오이	충남 천안	14.9	14.9
	경북 상주	10.5	25.4
	강원 춘천	9.0	34.4
	전남 고흥	5.8	40.2
토마토	강원 춘천	16.6	16.6
	충남 부여	7.8	24.5
	전남 담양	5.2	29.7
	충남 논산	4.8	34.4
	충남 예산	4.7	39.1
파	전남 진도	25.9	25.9
	전남 신안	13.1	39.0
	경기 고양	5.1	44.2
	충남 예산	4.9	49.1
호박	경남 진주	22.8	22.8
	충북 청원	7.4	30.1
	강원 화천	6.5	36.6
	강원 춘천	5.0	41.6

출처: www.returnfarm.com에서 정리함(2013년 11월 1일 기준).

2) 친환경농업지역

친환경농업[32]은 농산물 개방정책하에서 농업 경쟁력 회복을 위한 대안으로 떠오르고 있다(이성우 외, 2004; 허장, 2005; 허승욱, 2007; 김윤성 외, 2008; 최도일, 2007; 현기순·이금숙, 2011, 임정현·고태호, 2013 재인용). 지구온난화와 이상기후에 따른 농업 지속성에 대한 관심이 증가하면서 친환경농업의 중요성이 부각되고 있고, FTA 등 농산물 개방하에서 국내 농산물가격의 하락에 대응하기 위해 식품안전성을 기본으로 한 농업경쟁력 향상을 목적으로 친환경농업이 장려되고 있다.

1999년부터 2009년까지 친환경 농산물 생산량은 약 56%의 증가세를 보였다. 그러나 2009년을 정점으로 친환경 농산물의 생산량은 점차 감소하고 있다. 농림어업총조사에 의하면 2005년 전체 농가의 6.85%(87,199가구)가 친환경농업을 실행하였으나 2010년에는 4.96% (58,441가구)로 감소하였다. 이러한 감소의 원인에 대해서 자세히 알 수 없으나 정부의 대농육성정책에 따른 대규모 경작 농가의 증가가 친환경농업의 성장을 저해한 것으로 보인다(이성우 외, 2004; 김윤성·이정전, 2008; 임정현·고태호, 2013 재인용). 친환경농업을 실행하고 있는 농가의 가구주의 개인적 특성을 보면 연령이 낮을수록 학력이 높을수록 친환경농업비율이 높으며, 관행농업의 대안으로서 친환경농업을 지향하는 가치관을 지니고 있다(허장, 2005; 허승욱, 2007; 임정현·고태호, 2013 재인용).

친환경농업의 실천이 행위자의 문제라면 국가나 개인의 차원으로 분리해서 생각해볼 필요가 있다. 국가는 농업정책을 통해서 그리고 개인은 가치관이나 소득의 차별성에 의해서 친환경농업을 실천할 것이라고 가정해보자. 앞에서 언급한 적이 있지만 현재 국가의 농업 정책이 생산주의적 농촌성에 놓여 있다고 볼 때 친환경농업을 육성하겠다는 것은 실질적인 정책이행보다는 형식적인 수준에 머물 가능성이 높다고 생각한다. 무엇보다도 농산물 유통에서 관행농산물과 구분되어 거래되는 체계가 구축되어 있지 않아서 지배적 시장에서 관행농산물보다 낮은 가격에 거래되는 경우가 많다. 이런 사실에서 미루어보면, 높은 수익을 기대하고 친환경농업을 시작했던 농가의 수익기대치가 무너지면서 친환경농업으로부터 이탈한 것이 아닌가 추측해본다.[33]

생태가치 추구적 농업을 실천하는 사람은 친환경 농산물이 비교우위적 가격을 유지하지 못하고 있다 하더라도 그들의 가치이념에 따라 그것을 지속한다. 반면에 친환경농업 소득이 관행농업과 견주어서 낮다면 그 농업실천을 지속하지 않는 경우, 경제 목적 농업의 전형이라 하겠다. 어떤 농민의 생태가치이념이 자신의 이해관계와 상충될 때 그것을 철회하는 경우에 있어서는 생태가치보다는 경제목적의 성격을 지니고 있다고 평가할 수 있기 때문이다.

친환경농업이 지역적으로 그리고 집단적으로 실행되고 있는 사례는 여러 곳에서 발견된다. 산업화 초기부터 유기농업을 시작한 곳으로 충남 홍성 문당리 사례[34]를 꼽을 수 있다. 최근에는 생태가치 귀농인이 집단적으로 거주하는 지역이나 학교급식과 연계하여 친환경급식자재를 납품하기 위한 생산자집단이 특정 지역을 거점으로 친환경농업을 실행하고 있는 사례가 생겨나고 있다.[35]

요약

요점
귀농인의 성격에 따라 귀농지역을 선택하는 것이 중요하다. 경제 목적 귀농인은 상업적 농업이 발달한 지역에서 정착하는 것이 농촌생활 적응에 유리하다. 반면에 생태가치 귀농인은 상업적 농업이 발달된 지역을 선호하지 않고 생태가치 추구적 농업을 하기에 유리한 곳을 찾는다. 전자는 경제적 수익의 극대화에 그리고 후자는 생태가치 실현에 목적을 두고 있기 때문이다. 이러한 목적달성에 적합한 수단으로서 전자는 상업적 영농이 그리고 후자는 생태가치 추구적 영농이 각각 대응된다.

사실
귀농인의 성격은 농업을 영위하는 사람에게만 관찰되는 것은 아니다. 개인의 일상생활이나 직업적 태도 등에서도 귀농인의 성격이 드러난다.

주요 단어
농촌성, 귀농지역 선정, 상업적 농업

생각해 보기
귀농 후 경작할 작물을 선택했다면 어느 지역에서 그것을 많이 재배하고 있는지 상위 세 지역을 찾아보자. 그리고 해당 작물의 농업기술을 배울 수 있는 멘토를 찾아보자.

CHAPTER 05

귀농 후 적응생활:
농촌에서 잘 살아가기

개인의 가치이념이 농촌적응에 중요한가

　지금까지 개인의 가치이념이 삶의 질에 어떤 영향을 줄 것인가에 대한 일반적인 물음은 그리 중요한 문제가 되지 못하였다. 왜냐하면 삶의 질이나 삶의 만족에 관한 많은 선행연구에서 개인의 가치관보다는 경제적 변수를 포함한 여타의 변수들이 더욱 중요한 요인들로 취급되었기 때문이다. 그런데 어떤 가치관이 개인의 삶을 지배하는 경우에 있어서는 농촌생활 적응에 가장 큰 영향을 미치는 것은 바로 개인이 지닌 가치이념이다.

　귀농자의 농촌생활 적응은 그들의 욕구(needs)가 자신들의 생활환경 내에서 충족되는가의 문제이다(이동하, 1998; 박공주, 2006 재인용). 일반적으로 생활만족도가 높으면 지역생활 적응도가 높다고 말할 수 있다. 생활만족도란 생활 전반에 걸쳐 느끼는 한 개인의 주관적인 감정에 대한 판단 혹은 자신의 기대에 대한 충족을 나타낸다. 적응은 인간 욕구의 만족 상태를 말하며 그 욕망이 충족되지 않을 때에는 부적응 상태에 있다고 말한다. 인간의 욕구가 자신이 처한 환경 속에서 조화를 이루도록 자신을 잘 조정하여 안정되고 행복한 생활을 영위할 때 적응이라고 말한다(김경미, 1993).

인간이 삶에 대한 만족을 느끼는 적응 상태를 결정하는 요인은 객관적 조건도 중요하지만 최근에는 개인이 자신의 삶에서 경험하고 느끼는 만족감이나 안녕감 같은 주관적인 인식을 강조하는 연구들이 많이 있다(김정연, 2008; 황혜원, 2011). 경험적 연구에서 만족에 대한 객관적 지표는 측정이 용이하고 비교대상끼리 횡단비교분석과 시계열적 추세파악이 가능하다는 장점이 있다. 반면, 개인이 진정으로 추구하는 삶의 목표와 가치를 반영하기 어렵고, 개인이 추구하는 삶의 목표와 가치와 일치하지 않는 경우가 많다. 객관적 지표가 향상되었다고 해서 반드시 행복감과 만족감을 증진시키는 것은 아니기 때문이다. 주관적 지표는 개인의 일상생활에서 경험하는 생활상태를 측정한다. 주관적 지표는 개인의 생활경험과 주관적 지각에서 오는 복지, 만족, 행복 등을 평가하는 것으로 생활경험을 통해서 느끼는 삶의 조건을 측정한다(박대식, 2007).

개별 행위자가 느끼는 주관적인 생활만족도에 대한 조사와 연구는 경제적 지표와 아울러 사회적 지표의 하나로서 마이컬로스(Michalos, 1983)는 삶의 만족과 행복(Satisfaction and happiness with life)을 건강, 경제, 가족, 직업, 친구, 주거, 지역, 여가활동, 종교, 자존감, 교통과 정부 서비스 등에서 느끼는 만족감으로 분석하였다. 이같이 개인이 느끼는 주관적인 안녕 상태를 가리켜 삶의 질, 삶의 만족 등으로 표현되고 있는 것이다(문승태·김소라, 2012).

삶의 만족도에 관한 연구에서 독립변수로 인구학적 특성을 언급한 연구가 가장 많이 있다(Rojet et al., 1975; Campbell et al., 1976, 고순철, 1992; Brown, 1993, Filkins et al., 2000, 조영숙 외, 2004;

한정란·김수현, 2004; 김동원·박혜진, 2005; Brown et al., 2005). 박덕병 외(2006)는 농업에 종사하는 사람들의 지역사회 만족에 관한 연구에서 인구학적 변인 이외에 영농생활변인을 추가하였다.

귀농인의 농촌생활만족도에 영향을 미치는 요인에 관한 연구에서도 인구학적 특성은 물론 건강상태, 교육수준, 경제상태, 친구·이웃관계, 주거생활, 건강상태, 영농활동 그리고 가족관계 등을 반영하고 있는 연구가 있으며(박공주 외, 2006; 이장영, 2002), 송병국과 정지웅(1987)의 연구는 자아존중, 농업에 대한 긍지, 건강, 마을에 대한 태도 등을 독립변수로 설정하였다. 박공주 외 2인(2006)은 은퇴 후 귀농인을 대상으로 한 설문조사에서 귀농인의 현재 건강상태가 좋을수록 그리고 귀농 전에 영농교육을 받고 농촌 이주정착자금이 많을수록 이주 후 만족도가 높은 것으로 나타났다. 그리고 귀농 후에는 이웃 주민과의 관계를 향상시키려고 노력하는 사람일수록 농촌생활에 대한 만족도가 높다고 보고하고 있다.

귀농인의 지역사회 활동 만족도와 농촌생활 만족도의 관계를 조명하고 있는 한 연구(황정임, 2011)에서는 지역사회에서 귀농인의 참여활동 동기가 '의미 있는 일이라고 생각해서'인 경우에는 활동 만족도가 높게 나타났으나, '경제적 이유'인 경우에는 활동 및 농촌생활 만족도가 모두 낮게 나타났다.

김철규 외 3인(2011)은 성공적인 귀농생활에 영향을 미치는 요인들을 조사하였다. 귀농 성공도는 ① 생활 전반에 대한 자기평가, ② 생활 성취도 평가 그리고 ③ 성공요인의 중요도 평가 등 3차원으로 구분하여 조사하였다. 종속변수인 귀농 성공도에 영향을 미치는 독립변수로 ① 귀농 동기, ② 귀농 유형, ③ 귀농 기간, ④ 귀농 후 직업, ⑤ 갈등관계, ⑥ 지역사회관계, ⑦ 동거가족, ⑧ 배우자 지지도 등이 어떠한 영향력을 미치는지 분석하였다. 생활 전반에 대한 자기 평가는 '귀농생활에 만족하는가'라는 질문에 대해 자기평가를 하도록 하였다. 귀농 성공도는 행복만족, 경제소득, 가족관계, 주민화합, 공동체 생태가치 그리고 귀농 전 경험활용 등 6항목으로 세분화하여 측정하였다. 그리고 귀농생활이 성공적이기 위해서는 7개 요인들 (사전농촌 이해, 가치신념, 경제적 여유, 지자체공무원지원, 가족관계, 전문능력) 중 어떤 요인이 중요한가를 측정하였다. 그 결과 가족 관계 요인이 가장 중요하고 그다음으로 가치와 신념이 그리고 경제 적 여유자금과 안정적 소득 순이었다.

임춘희(임춘희, 2012)는 비은퇴자 귀농가족을 심층 면접한 내용을 중심으로 심리적·신체적 적응, 경제적 적응, 대인관계 적응 그리고 지역사회 생활적응 등 4차원으로 분류하여 정리하고 있다. 그녀는 피면접자의 응답내용의 공통 부분을 범주화하였는데 차원마다 구체 적인 몇 가지 요소들로 묶어내고 있다. ① 귀농 후의 심리적·신체 적 적응 차원은 농촌적인 삶의 지향에 대한 만족, 농촌의 생활방식 순응에 따른 심리적 안정, 신체적으로 건강해짐, 전원생활로 인한 정서적 순화 등의 요소로 범주화하였다. ② 경제적 적응 차원에서는 농사도 취업도 힘든 상황에서의 고군분투, 농촌이 아닌 외부에서의 소득확보, 검소하고 절약하는 생활방식, 부모의 경제적 지원 그리고 농업이 아닌 일 찾기 등의 요소로 정리하고 있다. ③ 귀농 후의 대인 관계 차원은 다른 지역에서의 귀농생활, 다른 귀농인들의 도움, 지 역주민과의 융화를 위한 노력, 지역주민들의 도움 그리고 농촌 주민 들의 간섭에 대한 대처 등으로 구성되어 있다. 그리고 ④ 지역사회

생활 적응에서는 부족한 기반시설로 인한 불편 감수, 교육 프로그램과 간사제도의 이용, 주거지 확보와 개선 그리고 지역 문화의 창조를 위한 노력 등의 요소를 꼽았다.

선행연구에서 기초해서 본 연구와 관련한 농촌사회 적응이나 생활만족도를 다음과 같이 정리해볼 수 있다.

① 귀농인의 농촌사회 적응은 귀농인 개인의 생활만족도와 관련이 높다. 즉, 귀농인이 귀농 후 농촌사회에 적극적으로 적응하려고 노력할 때 생활만족도가 높아진다고 볼 수 있다.

② 귀농인과 같이 특수한 집단에서 개인의 가치이념은 농촌사회 적응에 영향을 주는 중요한 요소이다. 주류연구에서는 농촌사회 적응의 결정요인으로 인구학적 변수를 언급한 경우가 제일 많다. 귀농인과 같이 특수한 집단에 대한 연구와 달리 연구대상이 포괄적일수록 생태가치와 같은 개인의 신념이 삶의 질에 미치는 영향력은 드러나지 않을 것이다. 방법상으로는 유개념(類槪念)이 중요하게 취급되는 연구에 있어서는 여러 변수 중 가장 빈도수가 높은 것이 가장 의미 있는 것으로 해석되고 개인의 신념과 같은 변수는 삶의 만족도에 영향을 미치지 않는 요인으로 판정될 것이기 때문이다.

③ 귀농인을 대상으로 조사한 경우도 농촌사회 적응의 결정 요인으로 나이, 성별, 건강상태, 교육수준, 경제상태, 가족형태(박공주 외, 2006), 가족관계 요인, 가치와 신념, 경제적 여유자금과 안정적 소득(김철규 외 3인, 2011), 지역사회 참여활동(황정임, 2011) 등과 관련하여 언급되고 있다. 그러나 귀농인의 신념이나 가치

관이 적응과정에서 그리고 생활만족도에 어떻게 영향을 미치는지 심층적으로 살펴본 연구는 전무하다.

④ 귀농인의 가치이념이 농촌사회 적응과 지속적인 삶에 영향을 미치는 중요한 요소로 간주될 때, 생태가치 귀농인은 생태가치를 실현하려는 에토스를 지닌 사람으로 정의될 수 있다.

이상에서 보는 바와 같이 농촌사회 적응에 관련된 원인적 요소는 다양하게 논의되고 있으나 개인의 가치이념과 결부시켜 자세하게 연구한 것은 거의 없다. 일반적으로 삶의 만족에서는 개인의 가치이념보다 경제적이거나 구조적 변인이 중요한 요소가 될 수 있으나, 개인의 가치이념이 개인의 행위의 동기로 작용하는 경우에는 무엇보다 가치이념이 중요한 결정요인이 된다.

캐나다 브리티시 주와 앨버타 주의 귀농인의 생활만족도를 조사한 연구에서 구조적 변수와 인구학적 변수는 삶의 만족도에 큰 영향을 미치지 못하고 있음을 보여주고 있다. 예를 들면, 수입과 교육 정도는 삶의 질에 대한 인식에 큰 영향을 주지 않는다는 것이다. 그런데 이 연구에서 태도나 가치를 나타내는 변수는 삶의 질과 상관성이 커서 높은 설명력을 갖는다는 것을 보여주고 있다. 이런 결과는 구조적 또는 물질적 조건들이 삶의 만족에 가장 영향력을 미친다는 이전의 연구결과들과 차이가 있는 것이다. 행위자의 설명변수로서 가치이념적 지향성은 주류사회에서 생활하는 집단을 설명하는 데는 잘 어울리지 않으나 대안적 생활양식을 지닌 귀농인을 이해하는 데 아주 중요한 설명변수임을 밝히고 있는 것이다(Brinkerhoff and Jacob, 1984).

농촌에서 사람관계

　귀농인이 농촌에서 적응하며 살아가기 위해서 누구와 어떤 일을
도모하며 어떻게 협력할 것인가는 중요한 문제이다. 귀농자가 지역
사회에서 이방인으로 살아가지 않으려면 누군가를 만나 정보를 얻
고, 개인적이거나 사회적 도움을 받아 자원을 동원할 필요가 있다.
이러한 과정은 상대방에 대한 신뢰, 상호 간의 호혜성(상호부조), 연
결망(사회 네트워크) 등을 포함하고 있다. 귀농 후 농촌사회 적응활
동이 귀농인의 삶의 만족에 영향을 미치는 중요한 요소가 될 수 있
는 것이다. 지역 사람들을 신뢰하고 네트워크를 통해 어떻게 자원을
얻느냐는 귀농 후 농촌사회 적응에 요구되는 필요조건이기 때문이
다. 귀농인의 농촌사회 적응을 위한 활동은 사회자본을 축적하는 과
정으로 볼 수 있는데 일반적으로 사회자본이 클수록 지역사회에 잘
적응하면서 살아가고 있는 것으로 선행연구들이 밝히고 있다는 점
에서 보면 그것은 귀농인의 농촌사회 적응에 영향을 미치는 중요한
변수임을 알 수 있다.

　개인은 인맥, 친분, 협력관계 등이 풍부할수록 지역공동체 조직에

활발하게 참여하게 되는데(김승현, 2008) 개인의 인맥은 일상생활이나 사회생활에서 도구적인 도움을 줄 수 있는 권력 혹은 전문성을 가진 사람들과의 관계에서 필요한 자원을 요구하거나 얻을 수 있는 사회적 자원이기도 하다. 개인의 자원동원능력은 다양한 타자들과의 연결망과 관련되어 있다(이재열・남은영, 2008). 이웃과 지역사회와의 연결망은 지역사회 내 공식 및 비공식 단체와의 교류, 이웃의 범위 그리고 도움이 필요할 때 외부의 지원체계 등으로 표현될 수 있다(소진광, 2004; 한상일, 2008).

공동체주의자들은 개인적 이해관계보다 공동체 가치에 주목한다. 공동체 가치는 개인의 이익을 극대화하기보다 공동체에 애착을 갖고 지역사회에 자발적으로 참여하는 개인에서 나타난다. 지역공동체 참여를 강조하는 공동체주의적 관점에서 사회자본은 매우 중요한 것으로 인식되고 있다. 개인이 타인이나 집단과의 관계에서 자생적으로 발전시키게 되는 사회적 자본은 협력, 조언, 친밀도 그리고 공동체 내부에서의 연결망 등의 축적상태로 표현된다(한상일, 2008). 이 연구에서도 귀농인의 사회자본을 이웃공동체에서 누구를 신뢰하는가, 어려울 때 누구와 도움을 주고받는가, 그리고 사회적 연결망은 어떻게 작동되고 있는가 등을 중심으로 살펴보고 있다.

우리나라 농촌은 지난 50년간 산업화와 도시화로 인하여 지역사회의 인적 자본이 도시로 유출되었다. 인적 자본의 약화는 필연적으로 마을에 축적되었던 사회자본이 전반적으로 쇠퇴함으로써 농촌사회는 더욱 활력을 잃고 해체의 길을 걷고 있는 것이다(박공주, 2006a; 송인하, 2010; 정기환, 심재만・최경은, 2006). 이렇듯 지역공동체에서 개인들이 사회자본을 축적하고 지역사회에 적응하면서 살아가게 될 때 지역공동체는 활력을 띠고 발전해가는 것이다. 귀농인도 원주민(non-migrant) 사회에서 초기에는 이방인으로 살아가게 되지만 점차 상호 교류를 통하여 농촌사회를 이해하게 되고 그곳에 적응하기 위해서 무엇이 요구되는지 알게 된다. 마을공동체에 존재하는 상호부조나 노동력 교환 그리고 재화의 교환을 위한 제도나 수단들을 통해 개인 간 상호 의존성이 강화되면 개인은 물론 지역사회의 사회자본이 증가하는 것이다(송인하, 2010).

생태가치 지향성이 높은 귀농인은 생태가치 실현에 관심이 많아서 생태적 생활양식을 가지고 있는 귀농인과의 교류를 도모하려고 할 것이다. 반면에 경제 목적 귀농인은 사회 네트워크를 통해 개인의 소득을 창출할 수 있는 자원이나 수단에 대한 정보를 얻으려는 경향이 강할 것이다. 이러한 적응의 차이는 생활만족도에 영향을 미칠 것으로 보인다. 즉, 비경제적인 목적으로 사회 네트워크를 활용하는 생태가치 귀농인과 경제적 자원의 동원을 목적으로 네트워크에 참여하는 경제 목적 귀농인의 성취도를 비교해보면 전자가 후자보다 높을 것이다. 왜냐하면 비경제적 네트워크에 참여해서 얻을 수 있는 자원은 동질감에서 오는 또는 동료의식에서 기인하는 정서적인 지원인 경우가 많아서 경제적 자원보다 얻기가 용이하기 때문이다.

개인의 생활만족도에 미친 사회자본의 영향에 대한 연구의 결과는 농촌사회 적응과정에서 형성되고 축적되는 사회자본의 중요성을 시사해주고 있다. 송건섭은 대구시와 미국 시애틀 지역의 주민을 상대로 주관적인 삶의 질(QOL, Quality Of Life)을 측정하여 비교하였는데, 두 도시 모두 삶의 질에 영향력을 미치는 요인으로 사회자본이 중요함을 밝히고 있다(송건섭, 2008).

개인의 삶의 물질적 조건이 만족스럽다 하더라도 사회구성원으로서 자신의 역할에 따른 자각이 결여되거나 집단에서 오는 정체성이 결여된 경우, 또는 소속된 집단에 대한 자긍심이 부족한 경우 개인은 행복감을 느끼지 못할 것이다. 따라서 개인이 소속된 집단과의 관계 속에서 그들의 삶에 대한 인식과 태도를 분석해야 할 필요가 있다. 사회자본 개념은 사람들 사이에서 상호성을 기반으로 형성되는 신뢰, 사회적 연결망 그리고 규범 등을 말하는데 실제로 OECD보고서에 따르면 사회자본이 발달된 국가에서 사회적으로 안전하며 시민들의 삶에 대한 만족도가 높다는 것이다. 이러한 사회자본에 대한 논의가 상기시켜 주는 것은 개인의 경제적 충족이 삶의 행복감을 가져다주는 유일한 요소가 아니라는 점이다. 그리고 개인과 집단 간의 끊임없는 상호작용과 그 결과가 개인의 삶에 대한 주관적인 평가에 영향을 미치게 된다(김형국, 2012).

1) 원주민의 인정과 신뢰관계의 형성

귀농인이 농촌에 적응하면서 살아가기 위해서 최우선적으로 무엇을 해야 할 것인지 고민하게 될 것이다. 농촌 지역에 적응하기 위해 귀농인이 기울이게 되는 활동은 다양하며 적응과정에서 우선시하는 요소는 개인마다 다를 수 있다. 어떤 사람은 농업과 관련된 일을 열심히 하여 원주민들과 농사일에서 등가적으로 노동을 교환할 수 있게 된다면 인정을 받을 수 있다고 생각한다. 또 다른 사람은 의식적으로 원주민과의 관계를 향상시키기 위한 노력을 하기보다는 자신과 동질성이 높은 귀농인과의 교류에 관심을 갖는다. 원주민을 상대하기에는 많은 시간과 노력이 요구된다고 생각하며, 세월이 가면 언젠가는 원주민과 자연스럽게 친해질 수 있다고 전망한다.

귀농인의 사회적 자본의 축적은 원주민과의 관계에서만 고려될 수 있는 것이 아니라 귀농인과의 관계를 따져보는 것노 중요하다. 농촌 지역의 사회자본의 연구에서 이주자(귀농인)와 비이주자(원주민)를 구별하는 변수를 고려하지 않은 경우에는 동질집단이라는 가정이 전제되어야 한다. 그러나 본 연구와 같이 특수한 집단에 대한 연구에 있어서는 이주자·비이주자 변수가 중요하다고 볼 수 있겠다. 즉, 귀농자가 누구와 더 자주 어울리고 사회적 활동에서 누구와 협력하는지 알아볼 필요가 있는 것이다. 이 문제는 현재 농촌의 연령별 인구구성에서 노인층의 비율이 매우 높기 때문에 생활양식의 차이에서 오는 이질감뿐만 아니라 연령 차에서 오는 비동질성 요인을 고려해야 한다는 것을 말한다. 특히 귀농인이 수적으로 많지 않았던 과거에는 원주민과의 동화문제가 귀농인의 적응에 중요하였지만 귀농인의 수가 많아진 현 상황에서는 누구와 친해질 것인가를 귀농인 스스로 선택할 수 있게 되어 귀농인과 원주민의 관계개선에 유보적인 태도를 취하기도 한다. 그렇다고 하더라도 여전히 다수자는 원주민이며 귀농인은 그들과 협력하지 않으면 적응할 수 없는 것이 현실이기 때문에 원주민과의 관계 개선은 여전히 중요한 문제로 남는다.

귀농인들은 지역사회에 새로 편입된 사람들이다. 이들은 원주민들과의 관계 그리고 귀농인 간의 관계에서 신뢰를 쌓아가면서 농촌생활에 적응하여 살아간다.

귀농인은 ① 원주민과의 관계에서는 인정받기를 원하며, ② 귀농인 간의 관계에서는 상호 존중받기를 기대한다. ①의 경우에 귀농인은 원주민과의 이질성을 수용하고 원주민과 동화할 수 있는 방법을 적극적으로 모색하거나 상호 이질성을 인정하고 장기적으로 신뢰관계를 회복할 수 있을 것으로 생각한다면 동화주의에 소극적인 경우가 존재한다. ②의 경우에는 귀농인 간 동질성을 바탕으로 한 상호인정을 기대하게 된다. ①은 장기적으로 형성되어야 하는 상호관계로 ②는 단기적으로 구축할 수 있는 신뢰관계로 규정된다. 따라서 귀농 초기에는 귀농인 간의 교류가 빈번하게 되고 원주민과의 관계는 그보다 약한 것으로 보일 가능성이 있다. 특히 원주민이 귀농인들은 그들끼리 모이는 존재라고 규정하게 되면 더욱 그러할 것이다.

귀농인이 원주민과 동화되기 위해 기울이게 되는 노력과 전략은 다양하다. 지역에 동화하려는 의지에 따라 귀농인이 원주민에 대해 취하는 태도는 달라지게 되는데 귀농인이 자신을 이방인[36]으로 규정하고 원주민으로부터 인정을 받으려는 태도에서 나타나는 행동을 간추려보면 다음과 같다.

---

①-ⓐ 귀농인이 원주민으로부터 인정을 받으려고 하며 그에 따라 신뢰가 형성될 가능성을 높이기 위하여 취하게 되는 적극적인 행동

②-ⓑ 귀농인과 원주민은 상호 존중의 전제하에 이질성을 극복하려고 노력해야 하며 그에 기초하여 서로를 신뢰하게 될 것이라고 생각하며 동화주의에 소극적인 경우이다.

---

①-ⓐ의 경우는 원주민과의 관계 개선을 동화주의적으로 해결하는 경향이 뚜렷한 반면에 ①-ⓑ의 경우는 원주민과의 신뢰관계 형성을 위해 자신과 동질성을 가지고 있는 한에서만 선택적으로 이루어질 가능성이 존재한다.

원주민과의 관계를 장시간에 걸쳐 개선해나가야 할 문제로 인식하는 귀농인의 상호 존중과 신뢰관계는 상호 접촉빈도를 촉진할 수 있는 요소의 차이에 의해 다르게 형성될 가능성이 높다.

②-ⓐ 가치이념의 유사성과 그에 따른 동질감에 의해 상호 접촉기회가 증가하면서 신뢰관계가 형성되는 경우

①-ⓑ 유사한 경제적 수단의 소유와 그것의 경영에 관한 기술 및 정보의 교류에 의해 상호접촉 관계가 증가하여 신뢰관계가 형성되는 경우

②-ⓐ는 생태가치 귀농인 집단에 속하는 사람들이, ②-ⓑ는 경제목적 귀농인 집단의 사람들이 각각 동질집단 내에서 접촉빈도를 강화하는 현상으로 나타나기 쉽다. 그런데 생태가치 귀농인 중에도 일시적으로 필요에 의해 ②-ⓑ와 같은 이해 사회적인 결합을 하게 되지만 지속성이 결여되는 특징이 있다. 반면에 ②-ⓐ와 같은 성격의 집단이 지역적으로 장시간 지속되면 이웃공동체적 결합이 강하게 나타날 것이다.

BTL010은 귀농 후 이웃의 농사일을 도와주면서 농업노동 요령이나 작물재배 기술을 습득하는 데 힘을 쏟았다. 그는 이웃의 원주민에게 가능하면 빨리 인정을 받으려고 적극적으로 노력한 사례(①-ⓐ)에 해당한다.

"저도 어릴 때 시골에 살기는 했지만 저의 아버님이 교사라서 농사를 짓지는 않았어요. 친구 집에 가서 농사일 거들어주는 정도였지 힘들게 농사일을 해본 경험은 없어요. 처음에 와 가지고 내가 농사하는 것은 면적이 얼마 안 되니까 이웃의 일을 도우면서 농사법도 배웠죠. 일을 하되 현지인들이 하는 것처럼 강도 높게 하고 싶다는 생각을 했었거든요. 따라서 하다 보니까 비슷하게 흉내를 내게 되더라고요."(BTL010)

그는 귀농 전에 농사일을 전혀 해보지 않은 미숙련의 농업노동력이었다. 그래서 원주민들과 어울리기 위해서는 그들과 같은 수준의 농업노동력으로서 역할을 할 수 있어야 된다고 스스로 생각하였다. 그래야만 품앗이를 해서 노동교환을 하게 되고 그것이 결국 원주민과 쉽게 동화될 수 있는 방법이라고 생각했던 것이다.

> "이 동네에서 내가 적응해서 살려면 남들만큼 일을 해야 대접을 받을 수 있겠다고 생각했어요. 적어도 친한 사람들하고 품앗이를 할 수 있는 정도가 되어야 동네 일원으로 대접을 받고 품앗이도 당당하게 할 수 있다는 차원에서 농사일을 열심히 배웠죠."(BTL010)

　그는 추운 겨울 날씨에도 포도농사를 하고 있는 이웃의 젊은 사람들 6명과 함께 비가림을 위한 포도재배시설 작업으로 하루 종일 일을 하고 돌아오는 길에서 면접에 응하였다. 그와 함께 포도재배시설 작업에 참여하고 있는 사람들은 모두 40대의 동년배들이며 일의 숙련도에서도 거의 균일하다고 하였다. 그가 귀농한 지 햇수로는 7년이 되었고 그동안 농사일을 배우는 데 노력한 결과 이러한 품앗이집단에 참여할 수 있었던 것이다.

　전통적으로 마을 사람 간에 가장 빈번하게 이루어졌던 상호 협력 방식이 두레나 품앗이였다. 품앗이는 노동력의 상호 교환의 성격을 지니고 있는데 노동생산성이 비슷한 사람 간에 이루어질 수 있는 노동교환형태이다(송인하, 2010). 귀농인은 원주민과 비교해보면 보통 농업노동력으로서 생산성이 떨어지기 때문에 이러한 공정한 노동력 교환에 참여할 수 없는 경우가 일반적이다.

"마을 사람들과 품앗이는 안 해요. 품앗이라고 하는 것은 내가 상대방을 도와줬을 때 상대방도 나를 도와주는 거잖아요. 그런데 부담이 돼요. 내가 도와주는 노동력이 형편없기 때문에 의도적으로 안 했죠."(BTL009)

BTL009는 자신의 노동력이 원주민들과 등가교환을 할 정도로 숙련되지 못하였기 때문에 품앗이에 참여할 수 없었다고 실토한다. 사실 품앗이와 같은 노동교환행위를 통해 귀농자가 원주민과 함께 어울릴 수 있는 기회를 갖게 되지만 귀농자들의 농업노동력으로서의 사용가치는 원주민보다 떨어지기 때문에 그것에 참여할 수 없는 것이다. BTL010은 이 점을 일찌감치 간파하고 원주민과의 차이를 극복하려고 의식적으로 노력했던 것이다.

농업노동력으로서 가치를 지니고 있는 귀농자가 원주민으로부터 인정받기 쉬울 것이라는 BTL010의 판단을 뒷받침해주는 사례는 EPM003에서 동일하게 찾아볼 수 있다. 그는 귀농 초기에도 농사일을 원주민 못지않게 잘 해내고 있었기 때문에 동네 사람들이 인정을 하게 됐다고 주장한다.

"저는 다른 귀농인보다 마을 사람들하고 잘 어울렸어요. 제가 농촌 출신이니까 농촌 분위기를 잘 알아요. 그래서 쉽게 적응을 했어요. 진짜 적응을 잘했어요. 그리고 기본적인 밭일이나 논일을 할 줄 아니까 원주민들하고 괴리감이 없었어요. 뭔 일을 해도 잘하니까 다 놀라지. 뭔 일을 그렇게 잘하나. 내가 촌에서 살아서 그래요. 그리고 말하죠. 사실 제가 벼를 베도 동네 아저씨들보다 더 잘해요. 저 사람은 시골에 내려와서 살 만한 사람이라고 인정을 하게 되거든요."(EPM003)

그는 시골 출신이어서 웬만한 농사일을 능숙하게 하니까 그것을 본 마을 사람들은 자신을 인정하게 되었다는 말이다. 평생 농사일을 해왔던 사람이 타인에 대해 평가를 내릴 수 있는 기준은 그가 농사일을 얼마나 잘하는가에 있는지도 모른다. 그는 도시 출신인 아내가 귀농 초기에 시골 정서를 모르고 행동하는 것에 대해 안타까워하였다. 원주민들은 시골 정서를 잘 파악하지 못하는 도시인들을 무시하거나 잘난 척하는 사람으로 취급하고 마을 사람으로 인정하지 않으려는 경향이 있기 때문이다.

BTL001은 마을의 애·경사나 마을행사와 같은 호혜적인 활동이나 공동체적 행사에 참여를 하지만, 같은 생각이나 이념을 가진 귀농자들과 더 자주 접촉하고 실질적인 일들을 하고 있다. 이같이 원주민들과 분리되는 이유는 나이 차이가 많이 난다는 것과 가치관의 상이함 때문이다. 물론 원주민들 중에서 나이가 젊은 사람으로 가치관이 비슷한 사람을 자신이 속한 동질집단 내 성원으로 생각하는 경우도 있다.

> "주로 가장 대표적인 게 정월 보름에 달집 짓고 축제를 하거든요. 농사 풍년을 기원하는 행사할 때 나무를 같이 베다가 달집을 만들고, 함께 어울려 행사하는 이런 것들을 동네 주민들하고 같이 하죠. 마을 주민들과의 관계는 대개 나이 드신 분들 60이 넘으신 분들이 대부분이고, 그분들이 혼자 하기 힘든 일이라든가 어려운 일이 있을 때 도와주는 것으로 관계를 맺고 있죠. 주로 어울려서 같이 얘기하고 모임도 갖고 하는 사람들은 대개 귀농자가 많고, 또 원주민 중에서 좀 젊고 어느 정도 생각이 통하는 사람들이 일부 섞이죠. 대체적으로 귀농자와 어울리는 경우가 많죠."(BTL001)

BTL001이 가장 신뢰하는 사람은 귀농해서 살고 있는 사람들이다. 귀농인 중에서 생각하는 바가 유사하여 상호 신뢰를 하게 되면 자주 접촉을 하게 되고 어떤 일을 두고 서로 협력하게 된다. 이 사람은 원주민과의 관계를 장기적으로 신뢰를 쌓아가야 할 문제로 생각하며 동질성이 강한 귀농인 간의 모임을 더 선호한다. 그리고 마을 사람들 중에서는 친환경농업을 하고 있는 사람들을 신뢰한다고 말한다. 친환경농업을 하는 마을 사람을 자신과 동질적인 이념이나 가치관을 지니고 있는 것으로 취급하고 있는 것이다(②-ⓐ). 즉, 원주민과의 신뢰관계가 상호 인정을 바탕으로 선택적으로 형성된다(①-ⓑ).

> "귀농해서 살고 있는 몇 사람이 있는데 그들을 가장 신뢰하죠. 생각뿐만이 아니고 기본적으로 서로 그동안 관계를 통해서 보니까 자기가 손해나고 좀 힘들더라도 같이하려는 것들을 서로 확인할 수 있었기 때문에 신뢰를 하죠. 이해관계를 떠나서…… 마을 사람을 전부 다 신뢰하는 건 아니고 신뢰하는 사람들도 있죠. 그 사람의 평상시 농사짓는 거라든지 이런 것을 보면 아니까요. 주로 친환경농업을 하는 사람들을 신뢰하는 편입니다."(BTL001)

BTL001과 마찬가지로 BTL002도 원주민보다는 귀농인을 더 신뢰한다고 말한다. 그 이유는 성향이 비슷한 귀농인끼리 자주 어울리다 보니까 자연스럽게 신뢰하게 되고 어려운 일이 있으면 서로 돕게 된다는 것이다(②-ⓐ).

> "특별히 마을 사람들이 못 해준다거나 이런 건 아니지만 마을 사람들과 어떤 화제를 놓고 의사소통을 하는 데는 어려운 점이 많아요. 그러나 귀농인들끼리 모이면 사고가 비슷한 점이 많이 있죠. 농사를 짓는 사람들도 친환경농업이나 관행농업으로 구분되는데 친환경농업은 주로 귀농자들이 관행농업은 원주민들이거든요. 귀농자들 중에는 농사를 짓지 않더라도 친환경적인 생각을 갖고 있고 공동체에 대한 관념도 지니고 있어요. 그래서 대화하기가 편하죠."(BTL002)

BTL002가 귀농인과 더 가깝게 지내는 이유는 의사소통이 원활하기 때문이다. 원주민들은 대부분 그보다 나이가 많아서 특별한 화젯

거리가 없을 뿐 아니라 나이가 비슷한 원주민이 있더라도 의사소통에 문제가 있는 경우에는 친하게 지내지 않게 된다는 것이다(①-ⓑ, ②-ⓐ). 귀농인들과 원주민들 간에 의사소통을 방해하는 요소는 연령과 같은 세대 차이, 영농에 적용하는 농법 그리고 가치이념의 차이 등에서 오는 장벽임을 알 수 있다.

BTL008은 마을 내에서는 노인학교나 농사를 통해서 원주민(마을 사람)들과 신뢰를 쌓아가고 있지만 귀농인만이 겪는 어려운 점들을 털어놓고 말하거나 의논할 상대가 필요했다고 말한다. 그래서 귀농한 여자들끼리 만나서 수다를 떨고 서로 이해할 수 있는 기회를 갖기 위해서 한 모임을 만들게 되었다.

> "면 내에 거주하는 여성 귀농인들의 모임이 있어요. '바느질 모임' 인데 농사가 바쁘지 않을 때 같이 모여 바느질하면서 수다를 떠는 모임인데요. 바느질 모임에 동네 아낙들도 같이하자고 할까? 우리끼리 하면 좀 그렇지 않을까 했는데 우리끼리 모여야 할 필요가 있었어요. 왜냐면 언어가 같고요. 생각하는 것이 비슷해서 내려와서 살면서 힘든 걸 토해낼 자리가 필요하다는 생각을 해서 바느질 모임을 했죠. 꽤 됐어요."(BTL008)

여성 귀농인 모임은 동질성을 가진 귀농인을 중심으로 한 친목집단으로 원주민은 포함되지 않는다. 그 이유는 귀농인들만이 가지고 있는 애환을 주고받는 자리이기 때문에 그 모임의 구성원에서 원주민은 제외되어 있다. 이 모임은 비슷한 가치관을 가지고 있는 귀농인끼리 동류의식을 느끼며 의사소통이 자유롭다는 점 때문에 지속될 수 있다는 것이다(②-ⓐ).

BTL007은 자신과 이데올로기 성향이 비슷한 귀농인들과 자주 교류한다고 말한다. 그는 이념이 같은 귀농인과 만나면 동지애를 느낄 정도로 마음이 편한 것이다(②-ⓐ).

> "나와 똑같은 생각을 가지고 똑같은 여건과 처지에서 이런 삶을 지향하는 사람들이 주위에 함께 있다는 것이 농촌 생활하는 데 도움이 됩니다. 귀농이라 해도 목적과 거기에 대한 어떤 철학이 다양하지 않겠습니까? 나와 같은 생각을 하는 사람들이 주변에 함께 있다는 것이 힘이고 저분들이 수년간 귀농생활을 해왔는데 나도 할 수 있겠다라는 용기 같은 게 얻어지는 것 같습니다. 이 사람들과 일 년에 몇 차례 모여서 식사를 하면서 농사에 대한 정보, 한 해 결실에 대한 얘기, 삶에 대한 얘기, 우리가 어떻게 살아가야 되는지 삶의 철학에 대한 문제, 세상에 대한 얘기들을 모여서 토론하고 그러죠."(BTL007)

BTL007 사례에서 보는 것처럼 이데올로기 성향이 같은 귀농인 집단 내에서의 교류는 성원 간 상호 일정한 행동에 대한 기대를 갖게 하고 그로 인한 자신의 행위에 의미를 부여하게 될 것이다. 특히 생태가치 실현에 따른 어려운 문제를 논하면서 서로 위로를 받게 되면 어려운 현실을 극복해나갈 수 있는 용기를 얻게 된다는 것이다. 이러한 동류의식은 귀농 초기에 단순한 친목성격을 넘어서 그들의 생태 이데올로기를 강화할 수 있는 기제가 될 것이다. 귀농인 간 의사소통이 사용하는 언어나 도시생활양식 그리고 경험의 유사성 등으로 원활하게 이루어질 가능성도 있지만, 귀농 후에 어떤 경험이나 활동을 공유하면서 동질성이 강화될 수 있는 것이다.

BTL008은 농사경험의 교류를 통해 마을 사람들과 소통하고 동질감을 갖게 되었다고 말한다.

> "저는 귀농인보다 원래 마을 사람들을 더 신뢰해요. 마을 사람들

이 살아가는 방식을 이해하고 나니까 귀농인들이 원주민의 텃세를 말하면 마음이 편하지 않아요. 어르신들도요 농사하는 귀농인에게 더 친근감을 느끼고 자기네 안으로 품어주는 게 있는 거 같아요. 그래서 농사를 짓느냐, 안 짓느냐가 소통에서 중요하고 동질감을 가질 수 있는 계기가 되는 거죠. 원주민들이 받아들여 준다는 느낌이 들죠. 농사를 시작하면서 원주민들에게 신세지는 일이 많아지다 보니까 그분들에게 신뢰가 가죠. 사람관계가 농사를 매개로 이어지는 것 같아요."(BTL008)

사람 간에 느끼는 동질감은 상호 신뢰를 촉진하게 된다. 농사에서 어려운 일이 닥치면 농사기술 면에서 자신보다 월등한 원주민에게 자문을 구하게 되는데 이 과정에서 자연스럽게 상대방을 신뢰하게 되는 것이다. BTL008의 경험에 비추어보면 귀농인의 영농은 농촌생활에 적응하기 위해 필요한 활동임에 틀림없다. 농사 경험이 없는 귀농인이 농사를 지으려면 영농에 필요한 기술은 물론 여러 가지 정보를 원주민으로부터 얻을 가능성이 높다. 이 과정에서 귀농인은 원주민과의 접촉기회가 증가하게 되고 결국 사회자본의 축적으로 이어지게 된다. 원주민이 선호하는 농산물 품종에 대한 정보, 파종시기, 경작지 정리 방식, 배수관리 그리고 시비방법 등은 지역적으로 차이가 존재하고 경작지에 따라 달리 적용해야 하는 문제가 있기 때문에 그러한 정보를 가장 잘 알고 있는 원주민들의 도움이 절대적으로 필요하다. 이 점을 인식하고 있는 귀농인은 원주민의 농사기술과 정보에 대한 신뢰와 도움에 감사한 마음을 갖기 마련이다.

귀농인들은 필요에 의해서 서로 협력하는 가운데 신뢰관계가 형성되기도 한다. BTL005는 품앗이 방식으로 자기 집을 건축하였다. 이것은 건축 기술을 가진 사람들이 여러 명 결합하여 순차적으로 집 짓기 품앗이에 참여한 사람의 집을 지어주는 방식이다. 이러한 방식으로 집을 짓게 되면 건축비에서 많이 차지하는 인건비를 지불하지 않아도 되므로 건축주는 건축경비를 아낄 수 있는 장점이 있다.

> "예전에는 동네에서 결혼을 하여 살림을 차리게 되면 살림집을 동네사람들이 협력해서 지어줬다는 얘기를 들은 적이 있어요. 사실 마을마다 목수 한 명만 있으면 가능한 일이었어요. 왜냐하면 목수가 시키는 일을 동네 사람들이 하면 되니까. 하지만 요즘 시대에는 이게 많이 없어진 거죠. 그래서 품앗이로 집 짓기를 해서 서너 채를 지었던 것 같아요. 저희 집도 품앗이로 지어졌어요. 건축 자재비만 있으면 인건비는 아낄 수 있었으니까요."(BTL005)

집 짓기 품앗이에 참여한 사람들은 귀농인들이 대부분이다. 현재 농촌의 주택사정이 열악하기 때문에 경제적 부담을 줄이면서 집을 구할 수 있는 방법 중의 하나로 저렴한 토지를 구입하여 손수 집을 짓는 방식이 선호되고 있다. 집을 신축하는 데 많은 경비가 소요되기 때문에 귀농자금이 충분하지 못한 경우 부담스러운 지출이 될 수 있다. 물론 빈집을 수리하여 살게 되면 행정에서 집수리 비용으로 수백만 원을 지원하기도 하지만 그 비용으로 만족할 만한 주거공간을 만들기는 어려운 것이 현실이다. 아무튼 집 짓기 품앗이에 참여한 사람들 중에는 자기 집을 다 짓게 되면 품앗이 활동을 끝내고 자신의 생업으로 돌아가는 사람도 있고 지속적인 집 짓기 노동의 참여가 생업의 일부로 남아 있는 사람도 있다.

BTL005는 귀농지를 선택할 때 자기 고향으로 가는 것이 바람직하다고 말한다. 자신과 같이 고향으로 갈 수 없는 처지가 아니면 가급적 고향으로 귀농하면 좋겠다고 말한다. 가장 큰 이유는 고향으로 돌아가면 이방인 취급을 받을 리가 없기 때문이란다.

"귀농과 귀촌은 1순위로 고향으로 가는 게 좋겠다. 고향에는 친인 척도 있고 또 나름 이점이 있다고 생각해요. 텃세도 없고 저뿐만 아니고 다른 귀농자들이 타향으로 귀농했을 경우 가장 애로사항 중에 하나가 바로 텃세입니다. '너는 굴러온 놈이잖아, 너는 마음 만 먹으면 언제나 나갈 놈이잖아.' 지역 공동체 일원으로 받아주지 를 않아요. 또 다른 소외감을 가지는 거예요. 이방인처럼 한 십 년 을 살아야 인정해준대요. 그래서 인위적으로 지역 봉사활동도 하 고, 그것을 통해 인정받으려는 거지요."(BTL005)

BTL005가 지역 봉사활동에 적극적인 이유도 알고 보면 이방인으 로서 원주민으로부터 인정을 받기 위한 노력의 하나로 평가할 수 있 다. 그는 원주민으로부터 인정을 받지 못한다면 지역에서 살아가는 데 어려운 점이 많다고 역설한다.

"지역공동체 일원으로 안정해주지 않으면 지역에서 소외된 느낌을 갖는다든지 범접하기 어려운 나름의 벽이 생길 수 있는 거죠. 그리고 지역정보가 차단될 수 있어요. 예를 들면, 제가 벼농사를 지으려고 논으로 한두 마지기 정도 임대를 했으면 좋겠는데 임대에 관한 정보 가 나한테 차단되어 있는 거예요. 그들끼리 하니까 많은 그런 부분에 있어 소외되어 있죠. 이 마을을 형성하고 있는 토착세력에 의해 모든 것이 이루어지는데 귀농자에게는 참여가 제한적인 거죠."(BTL005)

BTL005는 원주민들로부터 인정을 받기 위해서 귀농인들이 의식 적으로 지역사회활동에 참여하거나 개인적으로 친밀성을 높일 수 있는 행동을 한다고 생각한다(①-ⓐ).

"예를 들면, 우리 지역의 봉사단체나 자율방범대 등에 스스로 가입 을 해서 굉장히 모범적으로 한다든지 마을 경조사에 적극적으로 참 여해서 술도 한잔씩 하면서 어울리고 모내기나 가을 수확철에 어르 신의 일손 돕기를 해서 친해진다든지 방법이야 많이 있겠죠. 젊은 귀농자는 자가용을 가지고 있으니까 보건소나 병원 그리고 장에 갈 때 모셔다 드리기도 하고요. 그러면 '괜찮네, 열심히 하네, 술 한잔 해', '형님, 저 농사 좀 짓게 한두 마지기 정도 알아봐주세요', '그래, 너 농사 좀 잘 지을 수 있을까?' 자연스럽게 정보가 흘러나오게 되죠. 이것이 원주민들과 융화되는 과정인 거죠. 그러면 평가들이 좀 나오겠죠. '저 녀석 쓸 만하네. 술도 괜찮게 먹고, 서글서글하네' 이제 그러면 정보를 조금씩 주기도 하고 마을의 일원으로 조금은 인정하는 분위기가 되는데 아무래도 세월이 필요한 거죠."(BTL005)

BTL005의 말에 따르면 귀농인이 유용한 정보를 얻기 위해서는 원주민과의 교류가 있어야 한다는 것이다. 지역사회나 농지 임차정보를 얻으려 해도 형식적인 원주민과의 교류가 아니라 원주민들로부터 인정이 전제되어야 한다. 이러한 인정은 개인 간 친밀성, 일상생활에서의 도움, 마을 내에서의 호혜적 행사에의 참여, 지역사회에서의 봉사활동 등 다양한 차원에서 지속될 때 원주민들로부터 얻어지는 것이다. 이방인이 원주민으로부터 얻게 되는 인정은 신뢰를 바탕으로 한다. 신뢰는 행위자가 타인의 기대를 예상하고 하는 행위이기 때문에 이방인과 원주민 간 단기간 내에 형성되지 않는다. 특히 도시생활에 익숙해져 있는 귀농인은 마을공동체 내에서 어떤 규범을 따라야 되는지 모르는 경우가 많다.

EPM005는 기존 마을 내에 있는 집터를 구해서 집을 신축하여 입주하였다. 이 마을에는 귀농학교 출신의 선배가 살고 있어서 그녀가 마을 사람들과 어떻게 관계를 맺어야 하고 처신을 해야 하는지 알려주기도 하였다.

"제가 사는 마을에 이미 귀농학교 선배님이 미리 와 살고 계셨어요. 그분이 마을 사람들에게 어떻게 해야 한다고 알려주었어요. 우선 어른한테 인사 잘해야 하는 것이 기본이고 이사 오게 되면 마을잔치에 돼지 한 마리를 내놔야 한다고 해요. 그래서 그에 해당하는 돈으로 내놓기도 했고요. 마을 행사나 마을 어르신들이 외부로 놀러 갈 때 찬조를 하고 명절에는 노인들 밥해 먹는 마을회관에 쌀을 기부해요."(EPM005)

그녀는 마을로 이사를 한 후 선배가 일러주는 대로 마을 사람들에게 의례적인 행사를 치렀다. 그녀가 이러한 절차의식이나 마을행사에 물질을 제공하는 것은 마을 사람들로부터 인정을 받기 위해서라고 말한다. 그녀가 원주민 출신이었다면 하지 않아도 될 형식적인 의례를 치르는 것은 마을에 들어와 사는 외지인으로서 의무라고 생각하고 받아들였기 때문이다.

귀농인은 마을 원주민으로부터 인정받기 위해서 원주민 개인별로 친밀성을 높일 수 있는 노력을 기울이는 동시에 마을 외부에서는 사회봉사단체에 참여하여 지역사회로부터 인정받기를 희망하고 있는 것이다. 이렇게 원주민으로부터 인정받기 위한 귀농인의 행위는 자신이 이방인으로 살아가는 것보다는 원주민 속에 동화되는 것이 합리적이라고 생각하기 때문일 것이다.

BTL006은 자원봉사활동을 통해 지역에서 인맥을 넓히고 지역사회에서 인정을 받고 싶어 한다. 이 같은 지역사회 적응 노력은 생계와 관련된 일과는 별도로 조직화된 집단을 통해 실천되고 있는 것이다.

"제가 지역에서 상호 협력하고 부조하는 것으로 '두꺼비 활동'이라고 있어요. 이것은 지역 사람들이 모여서 봉사활동을 하는 거예요. 혼자 계신 분들, 연로하신 분들 찾아가서 집도 고쳐주고, 땔감도 해주는 등 도움을 필요로 하는 사람들을 위해 한 달에 한 번씩 활동을 하는데 급한 일이나 도움을 필요로 하는 일이 생기면 두 번도 합니다. 봉사활동에 들어가는 경비는 회비에서 지출합니다. 회원 중에서 귀농자와 원주민의 비율은 7 대 3 정도 되지요."(BTL006)

자생적인 자원봉사단체는 귀농자가 지역사회에 기여하고 원주민들로부터 인정을 받을 수 있는 창구가 되고 있다. 이 단체 구성원의 70%가 귀농인들로 구성되어 있고 각자가 가지고 있는 여러 기술을 이용하여 지역주민에게 전문적인 서비스를 제공하고 있기 때문이다. 봉사활동에 따른 지역의 평가를 들어보았느냐는 질문에 대해 많은 사람들로부터 칭찬을 받고 있다고 말한다.

> "봉사활동을 통해 혜택을 받으신 어르신들이 주변 사람들에게 많이 얘기를 한답니다. 누가 와서 집을 다 고쳐줬다, 아궁이를 고쳐줬다 라고. 어르신들이 저희 활동에 칭찬을 많이 해주십니다."(BTL006)

귀농인들은 자기가 살고 있는 마을을 벗어나 외부 사람들과 많은 교류를 하고 있는데 이는 노령의 원주민들과 비교해볼 때 여러 가지 면에서 차이를 보이고 있다.

첫째, 과거에 원주민들은 자동차와 같은 자기 소유의 교통수단을 가지고 있지 않은 경우가 많아서 이동성이 낮았다. 따라서 원거리에 있는 사람과의 교류가 어려웠는데 귀농인들은 대부분 자가 교통수단을 가지고 있어서 원거리에 있는 사람과의 교류가 확대되었다. 예를 들면, 귀농인들이 참여하고 있는 지역사회 봉사활동은 마을 내에서뿐만 아니라 마을 외부지역에까지 확대되고 있다. 그리고 농사에 관련된 기술교육이나 각종 교양교육 등은 면 단위나 군 또는 시 단위로 행해지는 경우가 많은데 거기에는 주로 젊은 연령층이 많이 참가하는 경향이 있다.

둘째, 지역에서 열리는 각종 행사에는 젊은이들이 참여하여 일손 역할을 한다. 지역의 젊은이는 상당 부분 귀농인들이고 보면 귀농인의 지역활동 범위는 확대되고 있는 추세이다. 귀농인들은 각종 지역사회활동을 통하여 원주민보다 폭넓게 지역 사람들과 교류하고 있다. 귀농인의 다양한 지역사회활동 참여는 지역공동체로부터 신뢰를 얻는 결과를 가져온다.

셋째, 귀농인들이 지역사회활동을 통해 지역 주민들과 교류의 범위를 확대하는 것은 의도적으로 지역에서 신뢰를 쌓아가려는 이방인의 노력의 하나라고 볼 수 있다. 즉, 귀농인들이 대인관계를 확장해나가면서 마을뿐만 아니라 외부지역 사람들로부터 인정을 받으려는 행위는 결국 지역에 적응하여 살아가기 위한 나름의 전략으로 이해할 수 있다.

넷째, 자기 고향으로 귀농한 사람들은 지역사회 봉사활동을 의무 내지는 당연히 해야만 할 것으로 여기는 경향이 있다. 그들은 자기 고향에 대한 애착이 있는 사람이라면 지역을 위해 봉사해야 한다고 믿는다. 따라서 이것은 위의 셋째의 경우(타향으로 귀농한 사람)와 대비된다.

BTL008의 남편은 지역 내에 있는 여러 사회단체에서 활동을 하고 있다.

> "새로 시도하고 있는 컴퓨터 협동조합과 녹색평화연대, 적정기술
> 연구회 등은 좀 더 확장된 이웃관계라 볼 수 있겠죠."(BTL008)

이 사회단체들은 군 단위로 조직되어 있는데 그 구성원은 대부분 귀농자들이다. 원주민보다 비교적 젊은 귀농인들은 지역의 다양한 사회단체에서 활동하면서 지역발전과 유지에 기여하고 있는 것이다. 물론 지역사회 봉사활동이 순수하게 그에 맞는 기능을 하게 되는 면

도 있지만 귀농인들 간에 상호 농사나 지역정보를 교류하고 나눌 수 있는 소통의 장이 되고 있기 때문에 귀농인들이 원주민보다 적극적으로 참여하는 경향이 있다.

> "처음 시골에 와서 방범대에 들어갔어요. 그 자체에 봉사정신도 있지만 사실 그것은 명목적인 거고 실질적인 것은 사람들의 만남 이죠. 방범대를 통해 소통의 장이 하나 형성이 되는 거죠. 여기서 만나서 농사정보, 행정보조사업에 대한 정보 그리고 사는 얘기 등 을 나누면서 토론도 하게 돼요."(EPM007)

EPM007이 참여하고 있는 전체 방범대원의 90%가량이 귀농인이 라고 말한다. 이와 같이 지역 봉사활동은 귀농인이 지역사회에 기여 하는 면도 있으면서 동시에 상호 정보를 공유할 수 있는 네트워크로 기능하고 있다.

귀농인이 원주민으로부터 신뢰를 얻고 사회자본을 축적해나가는 방 법은 여러 가지가 있는 것 같다. 품앗이에 의한 노동력 교환을 통해서 신뢰를 쌓아가는 귀농인이 있는가 하면 지역사회의 봉사활동을 통해 서 지역 사람들로부터 인정을 받으려는 행위 그리고 영농활동을 통해 원주민과 경험을 공유함으로써 상호 신뢰가 형성되는 등 다양하게 나 타난다. 귀농인의 영농활동은 지역의 원주민과의 동질성을 경험할 수 있는 가능성을 높인다. 영농과정에서 원주민의 도움을 많이 받게 되는 쪽은 아무래도 귀농인이 되고 이 과정에서 귀농인은 원주민과 친밀성 을 유지하게 되며 원주민도 귀농인에 대해 같이 농사를 짓는 사람으로 서 동질성을 느끼게 될 것이다. 따라서 귀농인이 초기 정착과정에서 영농활동을 하는 것은 조기 정착에 바람직한 일이라고 평가할 수 있다.

2) 귀농인의 성격과 사회자본 축적 방식의 차이

사회자본의 축적 과정에서 지역에서 자원을 동원할 수 있는 여력은 귀농인의 정착지 배경과 관련된다. 귀농 정착지가 귀농인의 고향인 경우 인적·물적 자원을 동원하기가 용이하다. 그리고 귀농인이 정착지를 자기 고향으로 정한 경우와 그렇지 않고 연고가 없는 곳으로 결정한 경우에 사회자본 축적과정에서 상호작용 대상자가 달라지게 될 뿐만 아니라 적응기간에서도 차이가 날 것이다. 따라서 다음과 같이 양극단의 성격을 지닌 두 가지 유형의 귀농인이 존재한다.

ⓐ 귀농 정착지인 고향에서 자신, 부모, 형제 그리고 친인척 등의 연결망을 이용하여 인간관계를 확대하게 됨으로써 지역 적응에 유리한 귀향 귀농인이 존재한다.
ⓑ 귀농 정착지에 물적 또는 인적 기반이 없어서 지역적응에 요구되는 신뢰관계를 새로 구축해야 하는 귀농인이 존재한다.

자기 고향으로 귀농한 사람은 과거의 인맥관계를 복원하는 경향이 있으나(ⓐ) 지역에 연고가 없는 사람은 새로운 인맥을 구축해야 한다(ⓑ). 전자처럼 같은 지역학교 출신이거나 같은 동네 출신과 같은 지역적 동질성으로 결합된 집단은 성원들 간 신뢰구축 기간이 짧으며 지역 정체성에 대한 인식이 강하게 나타난다. 반면에 후자의 경우는 이념적 성향에 따라 결합되기 쉽기 때문에 동질성이 강하지만 지역 정체성에 대한 인식은 약한 편이다.

전자(ⓐ)는 ⓐ-㉮ 지역 정체성에 기반한 결합으로 나타나고,

후자(ⓛ)는 ⓛ-㉯ 이데올로기적 지향에 기초한 결합을 낳는다.

지역 정체성을 기반하여 어떤 귀농인의 친밀한 관계나 이해관계가 형성된다면(㉠-㉮) 그것으로 인한 귀농인의 친밀성이나 이해관계가 지역에 기초하고 있는 이익집단(예를 들면, 작목반, 마을 재산을 관리하는 성격의 계, 동창회, 관습적으로 지역의 이익을 대변할 수 있는 사회단체 등)을 통해 나타난다. 귀농인의 인간관계의 친밀성이나 이해관계가 지역 정체성보다는 이데올로기적 결합으로 성립된다면(ⓛ-㉯) 귀농인의 이해관계는 이념적 지향이 뚜렷한 사회단체의 형태로 나타날 것이다. 따라서 ㉠-㉮에서는 지역연고가 있는 사람을 구성원으로, ⓛ-㉯에서는 이데올로기적 성향이 비슷한 구성원을 중심으로 지역집단이 형성된다. 일반적으로 ㉠-㉮는 경제 목적 귀농인이 속한 집단일 가능성이 높고 ⓛ-㉯에는 생태가치 귀농인이 활동할 가능성이 높다. 경제 목적 귀농인은 고향으로 귀농하는 경우가 자원 동원뿐만 아니라 인맥관계에서 유리하기 때문에 귀향을 하는 경우가 많은 반면에 생태가치 귀농인은 오히려 타향으로 귀농하는 경우가 허다하기 때문이다.

지역 정체성을 기반으로 한 친밀집단의 예(㉠-㉮)는 EPM004가 속한 계집단 성원의 지역적 출신배경을 보면 잘 알 수 있다. 그는 동년배의 고향 사람들과 친목계 모임을 하고 있는데 계원은 모두 9명이다. 그 집단 성원 중에 원주민은 4명이고 귀농을 한 사람은 5명이다. 이들 5명의 귀농인은 모두 이 고향 출신 사람들이다.

지역 정체성보다는 이데올로기적 결합의 성격이 강한 집단에 참여하고 있는 귀농인들은 생태가치 귀농인 집단에서 많이 발견된다.

이것은 아마도 생태가치 귀농인의 이데올로기적 지향과 관련된다고 볼 수 있겠다. 사례 BTL008이 참여하고 있으며 지역환경운동 단체의 성격을 지닌 '생명평화연대'와 '적정기술연구회' 등은 생태가치이념적 특성이 강하게 나타나는데 그 구성원의 대부분은 어느 정도 생태가치 귀농인의 성격을 지니고 있다(ⓛ-ⓗ).

BTL001은 이데올로기적으로 비슷한 귀농인끼리 모임(ⓛ-ⓗ)이 기존 마을 주민과의 관계보다 공동체적 성격이 강하다고 말한다. 그는 사람들과의 관계에서 실제적으로 자주 만나고 어떤 일을 함께 도모하는 것이 공동체적 집단이라고 인식하고 있다. 예를 들면, 그는 농기계를 필요로 하는 귀농인끼리 공동으로 농기계를 구입하여 공동으로 관리하며 사용하고 있는데 이것을 하나의 협동조합형태라고 인식하고 있다. 그는 개인적으로 소유하고 있는 농기계는 없으나 고가의 트랙터·이앙기·경운기 등을 여러 귀농인과 공동으로 소유하고 그것의 사용으로 인한 이익을 얻고 있는 것이다.

> "(마을은) 넓은 의미로 공동체라고 볼 수 있는데 굉장히 약화되어 있죠. 장기적으로 보면 마을과의 관계를 잘 풀어나가서 잘하면 좋을 것 같아요. 시간이 많이 필요할 것 같아요. 예를 들면, 이제 그런 경우가 있죠. 농사짓는 사람들이 트랙터 같은 기계를 다 혼자 살 순 없잖아요. 농기계가 필요한 사람, 귀농자들이 중심으로 같이 돈을 모아서 공동으로 트랙터를 사서 공동으로 운영한다든지 이런 경우는 있죠. 그것은 하나의 협동조합이나 단체적인 형태랄까? 개인적으로 갖고 있는 농기계는 없고, 공동으로 갖고 있는 트랙터하고 이앙기, 경운기 이런 정도는 같이 쓰고 관리하죠."(BTL001)

지역적으로 이웃하고 있는 귀농인끼리 상호 이익을 위해 결합되면, 즉 이웃 공동체적 결합(Vergemeinschftung)이 이해사회적 결합(Vergeselschaftung)으로 확장되면서 나타나는 조직의 전형이 협동조합이라고 한다면[37] BTL001이 농기계를 공유하고 있는 집단을 협동조합 형태라고 지적한 것은 옳은 것 같다. 생태가치 귀농인이 분명히 공동체적 가치를 소중히 여기고 있지만 기존의 마을공동체에 편입되는 것에는 부담감을 갖고 있는 것도 사실이다. 그는 성격이나 가치관이 비슷한 귀농인끼리 우선 협력하고 기존의 마을공동체와는 장기적으로 시간을 두고 좋은 협력관계를 형성해나가야 할 것이라고 생각하고 있는 것이다.

BTL001은 귀농 초기에 공동노동과 공동분배로 운영되는 공동체농장에서 생활하였던 경험이 있다. 공동체 시작 7년 만에 공동체농장을 탈퇴하기에 이르는데, 가장 큰 이유는 공동체이념 때문에 사람 관계가 손상되는 것 때문이었다고 한다.

> "제가 내려와서 맨 처음에 공동체농장에서 7년 정도 같이 일했습니다. 그러다 보니까 어떤 이념이라든가 가치가 더욱 중요하게 부각되어 어떤 신념, 이념 때문에 사람 관계가 좀 곤란해지고 애매해지고 상하는 경우를 너무 많이 보게 되었어요. 그것 때문에 고민을 많이 했고 그런 건 바뀌었으면 좋겠다 하는 그런 생각을 많이 갖게 됐죠. 공동체 농장은 약 2만 평의 논밭에 친환경농법으로 경작되었고 공동노동, 공동분배 방식이었죠. 그러나 공동거주는 아니었습니다."(BTL001)

BTL001이 참여했던 공동체농장은 서양의 생태가치 귀농에서 일반적으로 나타나는 모습을 띠고 있었다. 이 공동체농장은 전통적인 마을공동체와 성격이 매우 다르다. 즉, 이데올로기적으로 결합된 공동체농장과 오랜 시간 동안 전통적 규범을 지닌 채로 존재해온 마을

공동체와는 구성원의 특성도 다른 것이다. 전자가 이데올로기적인 유사성으로 구성된 공동체라고 한다면 후자는 지역적 기반을 갖는 동족집단 공동체로 구성된 경우가 많았다. 따라서 후자는 전자보다 이방인에 대한 배척이 강해서 동족집단 공동체로부터 인정을 받지 못하면 진정한 의미의 마을공동체 성원이 될 수 없었다. 반면에 전자는 이데올로기적인 유사성과 그 집단이 정한 성원자격을 갖추면 그 집단의 구성원으로 편입되는 합리적인 성격을 지니고 있다 하겠다.

마을공동체에는 마을 사람들이 공유하고 있는 마을재산이 있다. 마을재산의 형태는 토지나 건물과 같은 부동산이나 현금과 같은 동산 그리고 마을공동 소유의 임야에 소재하고 있는 산림자원의 채취권과 같은 소득자원 등으로 구분될 수 있다. 그런데 귀농인은 이러한 마을재산의 이용으로부터 배제되는 경우가 많이 있다. 원주민이 귀농인을 정서적으로는 '우리 동네 사람'이라고 칭한다 하더라도 이해관계가 결부된 경우에는 결정적으로 배제시키는 것이다. 이것은 원주민이 귀농인을 공동체 성원으로 인정하지 않았다는 것을 의미한다. EPM003은 마을행사나 애·경사에 빠짐없이 참여하고 원주민과 갈등 없이 잘 지내고 있다고 생각하였지만 마을소유의 산에서 매년 봄에 고로쇠 수액을 채취하는 일로부터 배제되고 있었다. 그는 원주민이 귀농인을 결정적으로 배제하는 경우는 마을공동재산의 행사에 관련된 것이라고 말한다. 이와는 달리 자연부락의 구성원들 간 합의에 의하여 새로 이사 온 귀농인들을 자연스럽게 마을공동체에 편입시키고 있는 경우도 있다. 마을의 공동재산이나 공동재산의 이용권은 일정한 자격을 갖추거나 시간의 경과에 따라 귀농인에게 보장되기도 한다. 마을공동재산 내에서 고로쇠 수액이나 송이버섯 등의 채취에 귀농인이 동참하려면 마을에 일정 기간 거주해야 한다는 마을내규를 가지고 있는 경우가 많다. 이와 같이 귀농인이 마을공동재산의 이용권리를 얻기까지는 일정한 거주기간의 경과나 물질적인 기여 등에 의하여 규정되는 것이 일반적이다.

생태가치 귀농인의 대부분은 그의 정착지가 자신의 고향이 아니거나 부모의 고향이 아닌 경우가 많다. 따라서 그들은 낯선 지역에 적응하는 데 도움을 받을 지역의 인적 또는 물적 기반을 가지고 있지 않다. 그들은 자신과 이념이 같은 사람끼리 어울리기를 좋아하여 가치관이 비슷한 귀농인이나 원주민과의 관계에서 상호 신뢰가 구축되는 경우가 많다. 반면에 경제 목적 귀농인은 자신의 고향이거나 부모의 고향으로 귀농을 한 경우가 많다. 따라서 그의 부모나 형제가 농업에 종사하고 있어서 영농을 할 수 있는 물적 토대를 갖추는 데 지역적 연고가 없는 귀농인보다 유리하다. 경제 목적 귀농인 중에는 경제적 보상이 낮은 직장인이나 자영업자로 도시에 살면서 경제적으로 어려운 상태에 이르렀을 때 영농기반이 있는 고향으로 와서 농업에 종사하는 경우가 많은 것이다. 도시의 자녀가 경제적으로 어려움에 처하게 되면 부모는 자신이 하고 있는 농업을 승계할 것을 권유하기도 한다. 특히 그의 부모가 나이가 많고 상업적 농업이 발달된 지역에 살고 있다면 그러할 가능성이 더욱 높아진다. 이러한 상황에서는 부모는 영농기반을 자녀에게 자연스럽게 승계할 수 있으며 자녀의 경제적 안정 면에서도 도시보다 유리하다고 판단한 것이다. 이 같은 경제 목적 귀농인은 농촌적응과정에서 영농기반을 쉽게 구축할 수 있을 뿐 아니라 다양한 연결망을 가지고 있기 때문에 필요한 정보의 습득이 용이하고 이방인이 아닌 '누구의 자녀', '누구의 친척' 그리고 '누구의 친구' 등으로 불리고 지역에 쉽게 동화되는 것이다. 따라서 경제 목적 귀농인은 지역적응을 위한 대인관계를 지역연고에 의존하게 되는데 그것은 기존의 대인관계를 복원하는 의미를 가지고 있다. 따라서 지역연고가 없는 생태가치 귀농인이 선택적으로 또는 의도적으로 원주민과의 상호관계를 위한 노력을 기울이는 반면에 경제 목적 귀농인은 지역연고를 바탕으로 자연스럽게 원주민 집단에 편입되고 있는 것이다.

ⓐ-㉮에 해당하는 귀농인이 지역 연결망을 쉽게 구축할 수 있는 장점이 있더라도 지역공동체 내에서 확고한 인정을 받기 위해서는 경제적 성공과 같은 객관적인 표상을 보여줄 필요가 있다.

EPM004는 처음 귀농해서 동네 사람들, 특히 경제적으로 성공한 이웃 사람들로부터 인정을 받지 못했다고 말한다. 그 이유는 농사를 해본 경험이 없는 그가 얼마나 버텨내고 정착할 수 있을까 하는 의구심이 들었기 때문일 것이라고 그는 추측한다.

> "저의 아버지는 고향에서 가축병원을 운영하셨어요. 제 아버지 이름만 대면 지역 사람들은 다들 아시니까 살아가는 데 도움이 많이 돼요. 그런데 고향에서 일찍 경제적 기반을 잡으신 분들이 있어요. 50대 중반이나 후반 되시는 분들인데 처음에 고향으로 들어왔을 때 무시하는 경향이 있더라고……, 경제적인 바탕이 없을 때니까 더구나 농사 경험도 없으니 도시 사람이 얼마나 버티고 도시로 다시 갈까 하는 의구심으로 인정해주지 않는 거죠."(EPM004)

평생을 농사에 매달려온 사람들도 경제적인 안정을 이루기 어려운 게 농촌의 현실인데 하물며 도시에서 살다가 갓 들어와서 농사를 시작한 사람에 대한 농촌 사람들의 과소한 평가는 당연한지도 모른다. 그러나 지금은 그가 경제적으로 안정되고 성공했으니 무시하는 일은 없다고 한다. 고향으로 귀농한 사람에 대해 형식적으로는 고향 사람으로부터의 인정이 지역성을 기반으로 그리고 그의 부모나 형제들의 연줄에 의해 용인되지만 그 이면에는 도시생활에서의 실패자로 낙인 찍힐 가능성도 있다. 귀향 귀농인일지라도 경제적인 성공이나 어려운 농촌생활을 견디고 살아가는 모습을 보여줄 때 진정한 의미의 인정을 받게 된다는 것을 알 수 있다.

EPM007은 귀농 후 경제적인 성공으로 지역에서 인정을 받게 된 경우이다. 귀농 후 그의 부모와 함께 포도농사를 해서 2012년 한 해 동안 1억 원의 수입을 올렸다. 그는 대학졸업 후 고시공부를 하다가 실패하고 이리저리 방황을 하다가 부모의 권유로 귀향하게 되었기 때문에 귀농 초기에는 부모나 마을 어르신들 보기가 부끄러울 지경이었다. 그러나 지금 그의 부지런함과 경제적 성공으로 인해 마을 사람들로부터 인정을 받게 되었던 것이다.

정서적 적응

　귀농인은 귀농 후의 삶을 가리켜 '새로운 인생의 출발'이나 '인생의 전환점'이라고 말한다. 그만큼 귀농 후의 삶은 개인에게 의미 있고 다른 한편으로는 새로운 것에 도전하고 적응하는 과정으로 이해할 수 있다. 따라서 귀농인에게 새로운 삶은 기존의 것을 버리거나 포기하고 새로운 것에 희망을 걸고 살아간다는 것을 의미한다. 경제 목적 귀농인은 가계재생산이 가능한 경제적인 안정을 그리고 생태가치 귀농인은 생태가치를 실현함으로써 얻게 되는 생태적 생활양식으로 살아갈 수 있기를 희망하고 있는 것이다.

　귀농인이 도시생활을 청산하고 농촌생활을 새로 시작하기까지 과정은 앞에서 귀농 전 도시생활을 통해서 살펴보았다. 그런데 실제 귀농 전후의 귀농인의 경제생활을 비교해보면 경제 목적 귀농인과 생태가치 귀농인 간 경제생활 방식에서 차이가 뚜렷하게 나타난다. 도시에서의 경제생활이 불안정하고 소득수준이 낮았던 경제 목적 귀농인은 귀농 후에 겪게 될 가계소득의 불안정을 일시적인 것으로 생각하며 점차 가계소득의 증대를 기대한다. 그러나 생태가치 귀농인은 도시에서의 경제생활이 비교적 안정적이었으나 귀농 후 가계수입이 도시에서보다 훨씬 미치지 못할 것이라고 예상하고 그것을 극복하면서 살아가기 위해서는 검소한 생활이 필수적이라고 생각한다. 이와 같이 경제 목적 귀농인과 생태가치 귀농인은 귀농 전후의 경제생활에 대한 예측과 기대에서 명백한 차이가 존재한다.

> ㉯ 생태가치 귀농인은 귀농 전후의 경제생활에 대한 예측에서 도시보다 낮은 수입을 예상하고 거기에 맞춰 검소하고 절약적인 생활을 하려고 한다. 이러한 경제생활에 대한 태도는 생태가치이념에 부합하기 때문에 당연한 것으로 받아들인다.
> ㉰ 경제 목적 귀농인은 귀농 후 가계소득 수준이 도시보다 높을 것으로 기대하고 귀농 후의 가계수입의 불안정을 일시적인 상황으로 생각한다. 이 사람은 가계소득의 증대를 귀농의 성공목표로 설정하며 도시인의 소비수준을 지향한다.

귀농으로 인한 도시에서의 경제적 보상기회를 포기하거나 그에 따른 위험성을 감수하면서 농촌으로 이주한 사람은 생태가치 귀농인 중에서 많이 발견된다. 그들은 도시에서의 경제적 보상이나 사회적 지위를 버리고 자신의 삶의 가치이념에 따라 살아가기를 희망하면서 농촌으로 이주한 사람들이다. 따라서 ㉯의 경우에는 '자발적 배제'의 성격을 지닌다. 그러나 ㉰의 경우는 도시보다 더 높은 경세적 수입을 기대하고 있기 때문에 농촌을 경제적인 면에서 기회의 공간으로 인식하고 있다. 경제 목적 귀농인들은 도시보다는 농촌에서 가계재생산을 성취하기가 유리하다고 생각한다. 이러한 합목적성을 지닌 경제 목적 귀농인은 도시의 직장이나 자영업을 그만두고 농촌으로 오게 된 연유를 따져보면 자발적 배제의 성격을 지니고 있지 않은 합리성에 기초한 이주자라고 말할 수 있다.

경제 목적 귀농인들의 목적합리적인 성격과 달리 생태가치 귀농인들은 기존의 높은 직업적 보상을 버리고 그로 인한 경제적 어려움이 따를 것이라는 예상에도 불구하고 자신이 추구하는 가치이념을 실천하려는 이상에 따라 가치합리적으로 지향된다. 이러한 사람들은 자신을 주류로부터 배제시키는 자발적 배제의 성격을 지니고 있다고 볼 수 있겠다. 이하에서는 자발적 배제[38]의 성격이 생태가치 귀농인에게 두드러지게 나타난다는 것과 경제 목적 귀농인에서 합리적 선택이 지배적이라는 점을 밝히기 위해서 몇 사례들을 살펴보기로 한다.

BTL001은 귀농 시 다니던 직장을 그만두고 농촌에서 생활한다면 경제적 어려움을 겪을 것이라고 예상하였다. 그럼에도 불구하고 자신이 하고 싶은 일을 농촌에서 하면서 살아갈 수 있다는 생각이 지배적이었기 때문에 귀농 후 경제적 어려움을 감내할 각오를 하고 있었다(㉮).

> "개인적으로는 직장을 그만두고 농촌에 오는 것에 대해 고민을 안 했었어요. 제가 하고 싶은 걸 하는 게 좋다고 봤기 때문에 뭐 경제적인 건 좀 어려움이 있다고 할지라도."(BTL001)

BTL001은 자신이 다니던 직장을 그만두게 됨으로써 경제적 어려움을 겪게 될 위험성을 알고 있었음에도 불구하고 스스로 경제적 주류로부터 자신을 배제시켰던 것이다. BTL001이 귀농을 결심한 후 부모님께 말씀드리자 아들이 귀농하는 것에 대해 심하게 반대하였다고 한다. BTL001의 부모는 자식의 귀농을 주류로부터의 이탈이라고 간주하고 그에 따른 자발적 배제의 위험성을 경험적으로 알고 있었기 때문에 자식의 귀농을 탐탁하게 생각하지 않았을 것이다. 농촌에서는 경제적으로 살아가기가 힘들 것으로 예상되고 더구나 안정된 직장을 그만두고 자진해서 시골에서 산다는 것은 부모로서 이해할 수 없는 사건이기 때문이다.

> "특히 부모님 같은 경우는 도시에서 시골로 내려가서 산다 하면 '도시에서 살 수 없는 처지가 되어 어쩔 수 없이 농사지으러 간다'라는 그런 개념이 있었기 때문에 별로 좋아하지 않으셨습니다."(BTL001)

BTL001은 경제적 풍요보다는 새로운 삶의 방식으로서 자아를 찾아 떠나는 여행을 시작하고 싶었다. 그러한 생각을 하게 된 것은 도시직장의 노동조합활동에서 오는 회의에서 비롯되었고 그것을 실천하려는 욕구는 한 잡지에 실린 생태적 삶에 관한 글을 통해서 더욱 자극을 받게 되었다.

BTL002는 자신이 경영하는 회사를 그만두고 귀농을 결정하게 되었다. 당시에 그가 경영하고 있었던 회사는 잘 운영되고 있었기 때문에 경제적인 면에서 도시생활도 안정적이었다. 그럼에도 불구하고 그는 '도시로부터 탈출'을 결행하게 된다.

> "직장은 내 소유의 회사를 운영하고 있었던 것이지만 귀농을 결정하고 나서 동업자에게 말했더니 내가 내려가면 회사가 타격을 입는다고 못 내려가게 하였죠. 자꾸 못 내려가게 하기에 다 내놓을 테니까 그냥 내려가겠다 하고 내려왔어요. 사장한테 '나는 아무것도 안 받아도 좋다'고 말하고 내려왔어요. 시골에 내려와서 살겠다는 의지가 있었기 때문에 내가 회사에다가 한 다리 걸쳐놓고 돈이라도 좀 받아 쓰고 이런 생각을 하면서 내려온 것은 아니에요."(BTL002)

그가 운영하던 회사의 지분을 다른 사람과 공동으로 소유하고 있었고 그 회사에서 근무하여 임금과 수익배분을 받아왔는데, 회사 일을 접는다는 그의 말을 듣고 동업자인 사장은 회사 운영의 어려움을 이유로 BTL002의 귀농을 만류하였던 것이다. 그때 동업자인 사장에게 회사로부터 아무런 대가를 받지 않아도 좋다고 선언하면서 귀농이라는 자신의 선택을 실행에 옮기게 되었다. 이러한 그의 태도는 귀농자가 기존에 누렸던 삶의 안정성을 포기하고 닥쳐올 위험성에 맞닥뜨리는 것을 의미한다. 이것은 경제적 안정성을 포기하는 대신 자신의 삶의 가치 이념에 따라 정서적 안정성을 추구하려는 욕구이기도 하다.

그는 귀농 초기에는 한동안 이전 직장의 일에 전혀 관여하지 않았다. 그러나 현실적으로 농사일로부터 얻을 수 있는 가계수입이 거의 없었기 때문에 가계재생산의 위험에 처하게 되었고 하는 수 없이 전 직장의 일을 재택근무 조건으로 다시 하지 않을 수 없었다. 전 직장의 일의 일부분을 분담하게 되면서 가계수입이 안정되었지만 농사일에 투입할 시간은 그만큼 줄어들게 되었다. 그래서 귀농 후 직장 일을 처음 다시 시작했을 때보다 업무의 양을 줄여달라고 회사에 요청하였는데, 농사일에 더 많은 노력과 시간을 할애하기 위해서였다. 그가 귀농을 한 것은 농촌에 거주하면서 회사 일을 지속적으로 열심히 하려는 것이 아니라 농사일을 철저하게 하려는 것이었기 때문이다. 회사에 관련된 자신의 일의 양이 줄어든 만큼 회사로부터 받는 수입은 처음 일을 시작할 때보다 절반으로 감소하였지만 회사 일에 매달리는 시간을 줄이고 영농활동 시간을 늘릴 수 있었다(㉯의 사례).

BTL002가 귀농을 결심하고 그의 어머니에게 자신의 의중을 전하자 다음과 같이 질타하였다고 한다.

"농사짓는 게 얼마나 힘든지 아느냐, 도시서 편하게 직장 다니고

돈 모으고 그러고 살아야지 왜 내려가느냐."(BTL002)

그의 모친은 시골에서 오랫동안 농사를 지었던 경험이 있어서 농촌의 경제사정을 잘 알고 있었고 더구나 농사일이라는 것이 육체적으로 매우 고단한 일이기도 해서 농사경험이 전혀 없는 아들의 귀농을 염려했다. BTL002의 모친도 BTL001의 어머니와 똑같이 괜찮은 직장을 버리고 고생을 스스로 선택하려는 아들에 대해 염려하고 못마땅해하였던 것이다.

BTL003은 귀농 전 직장에서 연봉으로 5,000만 원 이상을 받고 있었다. 2012년 현재 소득은 연간 1,500만 원 정도가 된다고 한다. 현재 그의 가계소득은 2,400평의 논과 밭을 경작하여 얻는 농업소득과 틈틈이 건축 일을 하면서 벌어들이는 농 외 소득으로 구성되어 있다. 귀농 후 가계소득은 귀농 전 가계 소득의 30% 정도에 지나지 않지만 농촌에서 살아가는 생활비로는 충분하다고 말한다.

> "농업소득하고 집 짓는 일하는 데서 얻는 수입을 합치면 월 100만 원에서 200만 원 정도 됩니다. 이 수입이 도시에 사는 사람 소득하고는 비교할 바가 안 되지만 시골에서 살 만큼은 되죠."(BTL003)

현재 수입의 규모는 도시에 살 때의 그것과 비교해보면 양적으로는 형편없지만 농촌에서는 충분히 살아갈 수 있는 소득이라고 스스로 평가하고 있다. 도시에서의 직업을 지속했더라면 소득 면에서는 현재보다 몇 배나 더 많겠지만 현재의 가계수입에 불안해하지 않고 농촌에서의 삶에 더 만족하고 있는 것이다(㉑의 사례).

BTL010은 토지를 임차하여 마을 사람들이 주로 하는 농작물들을 경작하였다. 생산물의 규모는 겨우 자급적인 수준에 머무르고 있었다. 3년 동안 임차지 경작에서 얻는 수입은 가계에 별 도움이 되지 않았다. 그러던 차에 이웃 마을에서 포도농사를 하고 있는 사람들의 수입이 괜찮다는 정보를 얻게 되어 포도농사를 해보기로 하였다. 그런데 문제는 다년생 작물인 포도농사는 임차지에서 불가능한 것이었다. 포도농사는 시설비가 많이 투자되고 한 번 시작하면 오랜 기간 지속되는 농사이기 때문이다. 임차지에 단기간에 회수 불가능한 자본을 투자할 수 없는 것이다. 그래서 포도농사를 하기 위해서는 자기 소유의 경작지가 필요했다. 그러나 그의 수중에는 토지를 구입할 만한 돈이 없었기 때문에 귀농하기 전에 다녔던 서울 소재 직장에 1년 동안 다시 일을 하여 땅 구매에 필요한 목돈을 마련하였다. 귀농 후 3년 동안의 농사결과를 따져보니 농업소득으로는 도저히 포도경작에 필요한 토지를 구입할 수 없다고 판단하였기 때문이었다. 그래서 보수가 높았던 전 직장에 1년 동안 재취업을 하여 토지구입에 사용할 목돈을 마련할 수 있었던 것이다.

> "서울에 아파트를 전세 놓고 그 전세금을 받아서 여기 와서 집을 샀어요. 그리고 집사람이 교사를 하니까 생활을 할 수는 있었어요. 집만 겨우 구하고 땅은 빌려서 경작을 하다가 중간에 1년 정도 서울에 가서 다시 직장생활을 했어요. 전에 다니던 회사에서 1년 정도 일을 해서 번 돈으로 포도밭을 샀어요. 그전에는 토지를 임대해가지고 쌀, 콩, 고추 등을 해봤는데 소득이 아주 빈약했죠. 그러다가 포도밭을 하면서 소득이 조금 나아졌죠."(BTL010)

BTL010이 귀농 전 직장에서 1년 만에 농지구입자금을 마련할 수 있었던 것은 그의 연봉이 6,000만 원으로 높은 수준이었기 때문에 가능한 일이었다. 이 사례에서 보는 것처럼 도시직장에서의 높은 경제적 보상수준에 비해 귀농 후 가계수입이 그보다 현저하게 낮음에도 불구하고 농촌에서 삶을 지속할 수 있는 것은 귀농생활에서 얻는 비경제적 면에서의 보상이 높기 때문이라고 보인다. 이와 같이 귀농하기 이전의 경제적 보상이나 사회적 지위를 포기하면서까지 자신의 가치를 추구해나가는 것은 일종의 자발적 배제의 성격을 지니고 있다고 볼 수 있겠다(㉗의 사례).

자발적 배제의 특성을 지닌 귀농인이 자신의 귀농을 '새로운 가치관과 생활양식을 쫓아가는 인생의 전환점'이라고 인식한다면 경제목적 귀농인은 자신의 귀농을 '새로운 생계수단으로 경제적 성공을 향한 인생의 전환점'이라고 생각할 것이다.

BTL001은 귀농생활을 인생의 전환점이라고 의미를 부여하고 있다. 그가 처음 회사에 들어가 노동조합운동을 하던 시기에는 정권에 대한 반대투쟁이나 사업주와의 협상에서 노동자에게 유리한 교섭을 통해 보다 나은 노동조건을 쟁취하는 역할을 선두에 나서서 진행하였다면 지금은 생태적 가치의 실현, 자아성찰을 통해 지역공동체의 삶의 질을 어떻게 향상시킬 것인가에 관심이 기울어져 있다고 말한다. 이러한 공동체 가치의 실현에는 투쟁이 아니라 상호 협력하고 도모하며 참여하는 쪽으로 방향을 잡는 것이 중요하다고 말한다. 그런 의미에서 그는 인생의 전환점 또는 삶의 가치관의 전환점에 서 있는 것이다.

> "귀농이 인생의 전환기인 건 분명한 것 같아요, 그전까진 주로 생각했던 게 사회적 가치, 이런 거였다면 지금은 생태적인 가치라든지, 자기 성찰이라든지 이런 쪽으로 무게가 더 가고, 공동체적인 삶이나 모습을 어떻게 가져갈 것인가 이런 쪽으로 초점이 바뀌었

죠. 그때는(노동조합운동을 할 때는) 반대하고 쟁취하는 이런 쪽이 있는데, 지금은 꾸려나가는 방향 쪽으로 고민하게 되고, 인생의 전환점이 되는 거죠."(BTL001)

EPM006은 도시에서 가장 오랫동안 종사했던 택시노동자 생활에 대한 불안에서 타 직업을 물색하던 중 우연히 귀농하게 되었다고 말한다.

"택시 직업상 특징이 현금을 만지다 보니까 돈이 쉽게 써지더라고요. 월 150만 원 정도 월급 생활을 하면서 저축도 해야 하는데 모아지지가 않고, 그래서 젊은 청춘을 운전하면서 보낼 수는 없다고 생각했어요."(EPM006)

미혼인 그가 택시기사로 일을 하면 경제적으로는 도시생활이 가능하였지만 저축하면서 살아갈 수 있는 환경이 되지 못하였다고 한다. 그가 귀농을 하기 위해서 택시기사를 그만둔 것이 아니고 다른 직장을 모색하기 위해서였다. 그가 택시기사를 그만두고 직장을 알아보고 있을 때 제주도에 여행을 하게 되었다. 그곳에서 영농인의 수입이 괜찮다는 정보를 접하게 되었고 농사도 잘 지으면 경제적으로 안정된 생활을 할 수 있을 것이라고 생각하게 되었다. 그래서 농업기술을 배울 필요성을 느꼈고 귀농학교에 입학을 하게 되었다. 귀농학교를 졸업하고 나서 곧바로 귀농학교에 이웃하고 있는 지역에서 농사를 시작하였다.

"택시 그만둘 때는 시골에서 살려고 그만둔 것은 아니고 다른 일을 찾아보려면 그 일을 그만둬야 할 것 같았어요. 그 뒤 제주도에 가서 무엇을 할까 생각하면서 지내는데 우연히 신문에서 충남 예산과 지리산에 있는 귀농학교에 관한 기사를 보게 되었어요."(EPM006)

경제 목적 귀농인 사례들을 귀농동기와 그들의 귀농 전 직업을 요약하여 보면 자발적 배제보다는 합리적 선택의 성격을 지니고 있다. 그들의 귀농 직전 직업수준을 보면 경제적 보상수준이 낮은 단순 노동자로 종사한 경우가 많았다. 귀농의 계기가 회사의 부도에 의한 직장의 상실 또는 생계수단의 소멸상태에 놓인 경우가 많았다. 자영업자의 경우는 경제적으로 파산 상태에 처해 있는 경우가 많았다. 경제 목적 귀농인의 도시에서의 경제적 지위는 불안정하였고 경제적으로 안정된 생활을 누리기 위해서 농촌으로 이주한 사람이기 때문에 자발적 배제의 성격이 드러나지 않는다. 특히 다음과 같은 상태에 놓인 경제 목적 귀농인에게서 자발적 배제의 성격을 찾기란 더욱 어려울 것이다.

A. 농촌에서 농업 생산기반을 갖춘 그들의 부모나 형제로부터 농업과 관련한 물적 또는 기술적 지원을 받을 수 있는 여건을 가지고 있기 때문에 영농에 쉽게 진입할 수 있고 결국 경제생활 측면에서 도시보다 유리하다고 생각하는 경우
B. 지역의 다양한 인맥을 통해 경제 목적을 달성하기 위해 필요한 자원을 동원할 수 있고 특히 그 수단의 활용이 자기 고향에서 더욱 유리한 경우
C. 가계재생산이 가능할 만큼 경제적 보상이 충분하지 못하였던 도시 직장인이나 사업에 실패한 자영업자의 경우

이상의 논의를 자발적 배제의 측면에서 간추려보면 생태가치 귀농인이 자발적 배제의 성격이 강하고 경제 목적 귀농인은 그러한 특

징이 약하게 나타난다고 볼 수 있다. 이러한 두 집단의 성격구별은 무엇보다도 도시생활 기간에 보이는 직업적인 경제 보상수준 차이와 그로 인한 도시생활의 경제적 안정성의 차이에서 비롯된다고 말할 수 있다. 생태가치 귀농인은 귀농 후 경제적 보상이 도시에서보다 적더라도 상대적 박탈감을 느끼지 않고 만족스럽게 귀농생활에 적응하고 있는 것이다. 이 점은 자발적 배제로부터 기인될 수 있는 정서적 위험성을 극복하고 있는 것으로 평가된다. 한편 경제 목적 귀농인은 부모나 형제로부터 생산수단을 승계받을 경우 또는 귀향 귀농으로 인해 자원의 동원 시 유리한 점 등이 정서적인 안정감을 가져다줄 수 있는 요인이지만, 그에 따른 성과가 만족스럽지 못할 경우에 심리적 불안감은 커질 수밖에 없을 것이다.

경제생활 적응

사람들은 자신의 정체성을 확립하는 과정에서 자신이 속하려는 특정 집단에 대한 독특한 생활양식을 발전시키려 하는데 이것은 여타의 집단들과 자신이 속한 집단을 구별되게 한다. 지멜(Simmel)은 근대화 과정에서 사회의 분화가 개인의 선택권을 확대하도록 했으며 이것이 결국 어떤 생활양식의 발전을 가져오게 만들었다고 말한다. 지멜이 근대화를 개인의 선택권의 확대과정으로 이해한 점은 후기 근대에서 개인화 과정에 대한 담론과 맞닿아 있음을 발견할 수 있다. 오늘날 생활양식에 대한 논의는 전통적으로 계급을 구분할 수 있는 '계급적 생활양식'에 대한 개념보다는 개인화 과정에서의 생활양식의 변화에 관심을 기울이고 있다(정선기, 1996). 생태가치 귀농인 집단과 같은 특정 집단이 다양하게 존재하는 현실세계에서 개인화된 행위자가 구성해나가는 생활양식에 대한 이해는 타 집단들을 그것과 구분할 수 있으며 그 집단만이 지닌 독특함을 색출해내는 데에도 유용할 것이다. 생활양식은 특정 집단의 존재를 규정하며 그 집단에 속한 개인의 삶의 목표나 지향에 따라 지속적으로 균일하게

나타나는 행위양식을 말한다. 따라서 어떤 귀농인이 농촌사회에 적
응하면서 살아가고 있는 양태는 개인의 삶의 가치이념이나 목표에
지향하여 일상생활 세계를 구성해나가는 일정한 생활양식을 통해
나타난다. 생활양식은 개인의 소득과 소비에 관련된 경제생활의 목
표를 규정하는 틀이며 가족공동체 구성원의 행동양식에도 영향을
미친다. 생활양식이 개인의 가치이념에 좌우될 때, 그 유동성은 제
한되고 일정한 형식을 갖추게 된다.

　누구든지 살아가려면 생계를 유지할 수 있는 수단을 가지고 있어
야 한다. 가계재생산에 대한 가치관과 가계수입 목표에 대한 태도에
서 생태가치 귀농인과 경제 목적 귀농인 간에 차이가 난다. 생태가
치 귀농인은 도시에서 살 때보다 소박한 생활을 영위하려는 목표를
가지고 있으나 경제 목적 귀농인은 가능한 최대의 경제적 소득을 지
향한다. 전자의 소박한 삶에 대한 지향은 생태가치이념에 기인한다.
소박한 삶은 소비를 줄이고 검소하게 사는 것을 말한다. 후자가 모
든 자원을 동원하여 최대의 소득을 올리려고 노력하는 것은 경제적
성공이 바로 귀농 후의 삶의 만족과 성공을 의미하기 때문이다. 이
점은 경제 목적 귀농인이 도시에서 농촌으로 귀농을 하게 된 배경과
일치한다. 귀농인이 지향하는 삶의 목표에 따라서 가계재생산을 위
한 개별적 경제활동이 상응된다.

㉠ 생태가치 귀농인의 경제활동은 소박한 생활을 영위하기 위한 가계재
　생산을 목표로 제약된다.
㉡ 경제 목적 귀농인의 경제활동은 모든 자원을 동원하여 최대의 수입을
　얻기 위한 목표로 지향된다.

㉮와 ㉯는 추구하는 목표에 따라 각각 경제 수단들을 달리하게 된다. ㉮의 경우에는 가계재생산에 필요한 경제적 수단 중에서 무엇보다도 생태가치 실현을 위한 영농을 우선시한다. 식량을 자급하기 위하여 자신의 노동력 범위 내에서 영농을 유지하고 가계재생산에 필요한 나머지 수입은 농업 외 부문에서 충당된다. ㉯의 경우에는 가계수입을 최대한 증가시키기 위하여 동원 가능한 자원들을 수집하고 그것들을 소득자원으로 활용한다. 따라서 초기에는 다양한 소득원으로부터 가계소득이 발생하게 되며 점차 소득창출 면에서 가장 효율성이 높은 소득원이 선택되고 그것에 동원 가능한 자원들이 집중된다.

1) 소박한 생활을 영위하기 위한 수입구조 만들기

이하에서는 ㉮ 소박한 삶을 살아가려는 귀농인의 사례를 소개하고자 한다. 이러한 사례는 생태가치 귀농인에서 많이 발견된다.

BTL007은 소규모 영농에 의한 식량자급과 농한기에 자신의 노동을 판매하여 생계를 유지하고 있다. 그가 농사를 해서 얻은 농산물은 일부 자급하고 나머지는 인맥을 이용하여 판매된다. 그 수입은 연간 700만 원 정도이다. 이것으로 농촌에서 살아가려면 극도의 절약적인 생활방식이 아니고서는 불가능한 것이다. 적은 수입규모임에도 불구하고 그는 이것에 맞춰 소비를 줄이면 농촌에서 충분히 살아갈 수 있다고 말한다. 경제적인 면에서 검소하고 절약적인 생활양식을 엿볼 수 있다.

"농사짓고 있는데 이것저것 먹는 건 다 합니다. 저희 부부는 기본적으로 자급자족을 원칙으로 농사를 합니다. 벼농사 400평, 고추 300평, 콩 800평 그리고 기타 감자, 고구마 등입니다. 경작면적은 2,000평 정도 됩니다. 도시에서 생활하던 그 방식을 그대로 가지고 와서 농촌의 적은 수입으로는 살아갈 수 없습니다. 저는 올해 귀농 4년째를 맞이하고 있는데 3년 정도 농사를 짓다 보니까 농사를 수확하고 나면 남는 게 없습니다. 이게 현실이지만 지금까지 3년을 살아왔어요. 그 수입에 맞춰 살아온 거죠. 그 수입에 맞춰서 최대로 절약하면서 수입에 맞춰가면서 생활한다면 농촌생활도 가능하다는 생각을 하게 되었습니다. 저가 농촌에 4년 정도 살아보니까 저희 부부가 결정한 이 선택이 옳았다는 생각을 하게 됩니다."(BTL007)

BTL007이 적은 수입으로 살아갈 수 있었던 것은 도시에서의 검소한 생활방식이 몸에 배어 있었기 때문이다. 자신이 추구하는 것이 돈이 아니었기 때문에 경제적으로 궁핍한 생활을 인내할 수 있다고 말한다. '귀농한 후에 경제적으로 어려울 것이라고 예측하였습니까?' 라는 질문에 대해 그는 다음과 같이 말하였다.

"경제적인 부분에 대해서는 사실 크게 고민하지 않았어요. 어차피 제가 사회단체에서 활동가로 일하면서 경제적인 가치를 추구하면서 살아가는 게 제 삶이 아니었거든요. 그런 생활 속에서 이미 훈련되었고 내려와도 경제적인 어려움은 크게 문제가 되지 않을 것이라고 생각했고요. 그러다 보니까 지금 수입이 적긴 하지만 그래도 큰 불만족 없이 거기에 자족하면서 살고 있습니다."(BTL007)

그는 자신의 삶이 경제적으로 성공하려는 것이 아니었기에 가계수입이 충분하지 못해서 겪는 어려움은 참고 견딜 수 있는 것으로 받아들이고 있는 것이다.

BTL001은 귀농 전에 농촌에서 경제적으로 살아가기가 힘들다는 말을 많이 들었지만 실제로 부닥쳐보니 생각보다 어렵다는 고백을 한다. 경제적인 면에서는 귀농생활이 어려울지라도 종교생활이나 자연 친화적인 삶의 방식으로부터 위안을 얻는다고 말한다.

> "우리는 보통 농사지어서 먹고살기 힘들다는 말을 많이 들어왔잖아요? 현실적으로 살아보니까 이게 만만치 않다는 것을 느꼈어요. 경제적으로는 그렇지만 종교나 자연 같은 것을 접하면서 내 자신이 좀 넉넉해지는 것 같아요. 귀농 전에 막연하게 생각했던 것을 구체적으로 실감하게 되는 거죠."(BTL001)

BTL001의 귀농 후 수입은 도시 직장의 3분의 1 수준이었다. 그렇지만 농촌에서 생활하기에는 충분하다고 말한다. 적은 수입에 맞춰 소비를 줄이는 것이 그의 생존방식이었기 때문이다.

> "(귀농 후 초기에 농촌에서의 수입은) 도시의 반도 안 됐죠. 제가 퇴직하기 전에 한 150만 원 받았다 치면 시골에 내려와서 얻는 수입은 50만 원이었으니까요. 적은 수입으로 살아갈 수 있는 방법은 기본적으로 그전보다 덜 먹고 덜 쓴다는 거죠. 조금 벌었으니 조금 쓰자는 식이었죠. 옷 같은 것도 유행이라든지 이런 것에 전혀 구애받지 말고 살자. 소신껏 살자. 그런 거죠. 바깥에 나가서 돈 쓰고 사치하거나 옷도 예쁘게 사 입고 이런 거에 관심이 없어요. 옷은 일 년에 한두 번 구입할 정도입니다."(BTL001)

BTL001의 생존전략은 수입의 범위 내에서 최소한의 지출을 하는 것이다. 농촌에서는 돈을 벌기가 어려우니 적게 벌고 적게 쓰는 것이 합리적이라는 것이다. 자신의 주위에 있는 귀농자들도 대다수 그렇게 생각하고 생활의 원리로 받아들이고 있다고 말한다.

> "적게 벌고 적게 쓴다! 첫 번째가 많이 벌긴 힘들고 많이 쓰면 감당이 안 되니깐 적게 벌고 적게 쓰는 게 속 편한 것 같아요. 귀농

한 사람들 많은 경우가 그렇게 생각하는 것 같아요. 뭐 안 그런 사람도 있죠. 귀농 스펙트럼이 다양하니깐. 넉넉하진 않아도 그럭저럭 꾸려가는 것은 큰 문제가 없어요. 저 같은 경우에는 집사람이 직장 다니면서 벌어오는 돈하고, 농사지어서 버는 돈하고, 또 한 가지는 가끔 필요할 때면 막노동해서 벌어오기도 하고…… 가계수입이 작년 기준으로 본다면 마누라가 1,000만 원 벌고, 농사지어서 한 500만 원 벌고, 일용 노동해서 500만 원 벌고 해서 한 2,000만 원 되는 것 같아요(BTL001)."

그는 전업농이지만 농산물 판매에 의한 수입은 전체 가계소득의 25% 정도에 지나지 않는다. 농한기에는 막노동을 하여 부족한 가계수입을 벌기도 한다. 그의 가족의 주 수입원은 아내의 월급에서 나온다. 그의 아내는 도시에서 직장생활을 하다가 BTL001과 합류하게 되었다. 농촌에 내려와서 그녀가 할 수 있는 일을 찾아보다가 숲해설사 자격을 취득하고 계약직으로 일을 하게 되었다. 이와 비슷하게 BTL003의 아내도 숲해설사로 일하고 있는데 가계비의 충당을 위해서 농업 외의 노동에 아내들이 나서고 있는 것이다. 농업노동력으로서 가치가 적은 귀농자들은 농업노동력의 교환수단인 품앗이에도 적합한 사람들이 아니다. 품앗이는 등가적인 노동력 교환을 전제하고 참여하는 경우가 대부분이어서 귀농인과 같이 농사일에 서툰 비숙련자가 품앗이에 참여하기는 어려운 것이다. 따라서 귀농자가 농업노동에 익숙하기 전까지는 농업 외의 부문에서 일자리를 구하기가 더 용이하다.

농촌에서 현금으로 매월 100만 원의 가계수입이 들어온다면 '고소득가구'로 분류할 수 있다고 BTL001은 말한다. 이렇게 말할 수 있는 근거는 농촌에서 절약한다면 월 100만 원으로 한 가족이 살아갈 수 있는 가치를 지니고 있기 때문이며 농사를 지어 매월 100만 원의 현금을 벌어들이기란 정말 어려운 일이라는 것을 경험적으로 잘 알기 때문이다.

> "대체적으로 도시의 기준으로 봤을 때 농촌에서는 수입이 좀 떨어지죠. 흔히 농담식으로 월급 100만 원 받으면 고소득이라 그래요. 도시기준으로는 낮은 수준이잖아요. 월 100만 원씩 벌면 고소득이라고 말하는 이유는 어렵긴 해도 대충 먹고살 만하다고 생각하는 것이고 무엇보다 농촌에서 돈 벌기가 쉽지 않아서 그런 것 같아요. 농사로 100만 원 벌기 진짜 어려워요."(BTL001)

BTL001은 전업농으로 가장 많은 노동을 농사일에 투입하고 있지만 그것으로부터 얻는 연간 소득규모는 전체 수입의 일부분에 지나지 않는다. 그럼에도 불구하고 농사를 지속하는 이유는 건강한 먹을거리를 스스로 경작한다는 자부심과 함께 생태계를 보전할 수 있는 일이라고 인식하는 데서 오는 정서적인 만족 때문이다. 가계수입은 다양한 경로를 통해서 얻어지는데 무엇보다 한 가지 일에서 가계비 충족이 어렵기 때문이다. 그는 돈이 필요할 때마다 잡부로 일을 나간다고 한다. 주로 농한기에 막노동을 하여 모자란 가계수입을 보충하고 있는데 가계재생산에 필요한 범위 내에서만 그러한 일을 한다고 말한다. 즉, 가계재생산에 필요한 만큼의 가계수입을 유지하려는 태도 때문에 농업 외 노동시간도 그에 따라 제한되는 것이다. 그의 이러한 태도는 경제 목적 귀농인의 경제활동에 대한 비판에서도 엿볼 수 있다. 경제 목적 귀농인은 가계재생산에 필요한 가계수입의 범위를 정해놓고 경제적 수단을 책정하거나 기획하는 것이 아니라 최대한 많은 수입을 얻으려는 욕구를 지니고 있다는 것이다. 예를 들면, 상추재배 시설농업을 하고 있는 한 귀농인은 새벽부터 밤늦게까지 강도 높은 노동을 하고 한여름에는 고온에 시달리면서 자신을 혹사하고 있다고 말한다. 그 결과 가계수입은 매우 높은 수준을 유지하고 있고 그것으로 인해 스스로 인식하는 삶의 만족도가 높아질지 모르겠지만 BTL001이 보기에는 오히려 그의 삶의 질이 낮다고 평가한다. 그는 경제 목적 귀농인의 삶의 방식에 동조하지 않는 것이다. 만일 생태가치 귀농인이 그렇게 한다면 그는 이상한 일로 받아들일 것이고 돈을 많이 벌려면 차라리 도시에서 직업을 갖는 것이 낫지 구태여 농촌으로 와서 고생을 하는가라는 질책을 할지도 모른다.

BTL002는 전업농으로 귀농 4년 차이다. 현재 경작지는 논 800평과 밭 800평으로 소규모이지만 앞으로 그 규모를 늘릴 생각이다. 그가 귀농 후 3년 동안 농사를 지어봤지만 그가 기대했던 만큼의 소득은 나오지 않아서 가계재생산에 문제가 생겼다. 그래서 귀농 전에 다니던 직장의 일을 귀농지에서 재택근무 조건으로 다시 하게 되었고 그로 인한 소득이 그의 가계소득의 70%를 차지하고 있다.

> "전 직장은 제가 다른 사람과 공동으로 설립하였고 운영하고 있거든요. 지금도 전 직장의 일을 하고 있는데 생계비가 그쪽에서 많이 들어오고 있고요. 인터넷으로 관여를 하고 있어요. 그렇지만 거기에 투자하는 시간은 별로 안 돼요. 회사에다 투자하는 시간은. 주로 농사일에 전념을 하고 있어요. 회사로부터 돈을 받는데 내가 회사 일을 처리해주는 일에 대한 대가이지만, 제가 직원이라면 그 일하고 그만한 돈은 안 주겠죠. 같이 동업하고 살아온 사람이니까 일하는 것에 비해 더 많은 돈을 주는 거겠죠."(BTL002)

이렇게 귀농 후에도 도시직장의 일을 계속할 수 있는 것은 일의 성격상 인터넷을 이용하여 할 수 있는 일이었기 때문이라고 한다.

그는 앞으로 농촌에서 지속적으로 살아가기 위해서는 농업소득만으로는 불가능하다고 예측한다. 그래서 농업 외 소득을 올릴 수 있는 방법을 새롭게 마련해야 할 것이라고 말한다. 현재 서울 소재 전 직장의 일을 할 수 있는 것도 지속적이지 않을 것이라고 판단하고 있으며 언젠가는 새로운 농 외 소득을 발굴해야 농촌생활이 가능하다고 믿고 있다. 그가 전 직장의 일을 귀농 후에도 계속하는 이유는 농업소득만으로 생계가 불가능하기 때문이었다.

> "여기로 귀농해서 사는 분들 보면 여러 가지 일을 다 하고 다니거든요. 왜냐하면 농촌에서 한 가지 일로 수입을 얻기가 어려워요. 그래서 집 짓는 데 가서 일을 거들어주기도 하고, 과수원에 가서 과일을 따는 등 닥치는 대로 일을 하는 경우가 많아요. 저 같은 경우도 일하고 있는 회사가 없어지면 살기가 팍팍하겠다는 생각이 들어요. 농사로 전체가 굴러가면 괜찮은데 현실은 그렇지 못하거든요. 농사 외에 소득을 올릴 수 있도록 하기 위해서는 우리 회사가 망하기 전에 여기서 농사 외에 혼자 할 수 있는 어떤 일거리를 만들어야 하지 않나 생각해요."(BTL002)

BTL002는 회사의 사정이 어려워질 때를 대비하여 현재 살고 있는 곳에서 농업 외의 수입을 올릴 수 있는 방안을 마련해야 할 것이라고 걱정을 하였다. 그는 농업소득만으로는 경제적인 자립생활이 어렵다는 현실을 경험적으로 알고 있는 것이다. 그가 원래 기대했던 것은 농사로 가계재생산이 가능하도록 해보려는 것이었는데 3년 동안의 농사를 해본 결과는 딴판이었다. 농사만으로는 생계가 불가능하다는 거였다. 그렇다고 그가 도시에서 직장생활을 할 때와 같은 정도의 가계수입을 목표로 경제활동을 한 것은 아니었다. 전 직장의 일이 많아짐에 따라 농사일을 할 시간이 줄어들자 그는 회사 일의 양을 줄였고 그에 비례하여 수입도 줄어들었다. 가계수입의 규모를 증가시키려면 회사 일에 시간을 더 할애하는 것이 합리적이지만 그는 농사일이 더 중요하고 가치 있는 일이라 생각하여 회사 일을 줄이고 농사일에 자기 노동력을 더 투입하는 가치합리적인 측면을 엿볼 수 있다.

귀농가족의 생애주기에 따라서 가계지출규모에도 변화가 생기게 마련이다. 특히 자녀가 성장하여 대도시로 유학을 가게 되면 가족의 가계재생산 비용에서 자녀교육비에 대한 지출이 크게 증가하게 된다.

> "도시에서 살 때는 도시 패턴에 억지로 살아가는 것이었다면 귀농 후에는 내가 설계한 본연의 삶, 즉 경쟁하지 않고 욕심내지 않고 살아가고 싶은 게 초창기의 목표였고 희망이며 행복이었죠. 근데 어느덧 작은애가 중학교 3학년 올라가고 딸도 고등학교 생각해야 하는데 '고등학교 어디로 보내지? 여기는 고등학교도 없는데' 하는 생각이 들더라고요. 결과적으로 내보낸다는 얘기는 돈이 많이 든다는 얘기죠. 그 비용을 감당하기 위해서는 시골에서 치열하게 경쟁을 하고 헌신을 해야 하는 상황에 온 거죠. 남들은 부쩍부쩍 집안 살림살이도 늘어나는 게 눈에 보이는데 저는 그냥 그 자리인 것 같아요. 이런 생각이 들면 심리적 위축감을 느끼고……. '내가 열심히 안 살았나? 난 열심히 살았는데.' 이렇게 심리적 불안이 엄습해오는 시기인 것 같아요. 그러면 '내가 여기 있어야 할 이유가 뭐지?'라고 반문해보기도 하고, 부부간에 오가는 얘기 중 하나가 됐어요. 그러면 소득을 높일 수 있는 방안을 찾든지, 아니면 처음에 귀농했을 당시의 초심으로 돌아가든지 결정을 해야겠다. 귀농이 나의 삶의 패턴을 한번 살아보겠다는 희망적인 새 출발의 의미라면 몇 년의 세월이 지난 지금 자녀 교육문제에서 오는 압박감, 또 노후 준비에 대한 압박감 이런 것 때문에 도시와 별반 다를 게 없이 생활해야 하는 건가 하는 불안감이 밀려오고 혼란스럽기도 해요."(BTL005)

귀농가족의 가계지출 규모는 가족생애주기에 따라 변화하게 된다. 가계지출이 증가함에 따라 가계소득의 증가를 위한 경제수단을 만들어가야 하는데, 이러한 일련의 과정이 귀농인의 정체성이나 가치관에 혼란을 초래하기도 한다. 가족생애주기에 따라 자연스럽게 가계수입의 증대에 대한 압박이 높아지는 상황에서 귀농인의 정체성은 매우 유동적으로 존재하게 되는 것이다. BTL005는 그의 자녀의 도시학교 진출로 가계수입의 증대를 모색해야 하는 처지에 놓이게 되었다. 가계수입을 증대시키기 위해서는 소득자원을 동원하여 적합한 경제수단을 강구하는 것이 당연한 이치임에도 불구하고 그것을 마치 도시에 살고 있는 사람들이 경쟁적으로 돈을 벌어 자식에게 헌신해야 하는 일로 받아들이고 있는 것이다. 한편 그는 자신의 인생을 열심히 살아왔다고 생각하지만 경제적인 어려움에 닥치게 되자 정서적인 불안감을 느끼고 있는 것이다. 이러한 상황에 접한 그는 '내가 농촌에 살아야 할 이유가 무엇인가'라는 근본적인 물음, 즉 맨 처음 귀농을 하면서 갖고 있었던, 자신만의 인생을 살겠다는 다짐에 대해 다시 성찰하게 되었다 한다. 그는 자신의 정체성이 혼란스러운 상태에 놓여 있음을 실토하고 있는 것이다. 그는 귀농 후 시골생활에서 돈을 벌어들이는 데 집착한다면 도시에서 살고 있는 사람들과 별반 차이가 없는 삶이라고 생각한다. 그가 귀농을 하게 된 이유가 그런 삶으로부터 벗어나려는 것이었는데 지금 그에게 닥친 가계비 증가에 대비한 경제활동이 자칫 자신을 돈 버는 데 치중하는 삶으로 돌아가게 만들지나 않을까 염려하였다. BTL005의 사례에서도 보듯이 생태가치 귀농인은 경제활동을 자족적이고 소박한 삶을 이어갈 수 있는 범위 내로 한정하려는 경향이 있음을 알 수 있다. 가족생애주기에 따라 가계지출이 증가하게 되면 그에 맞춰 경제활동 체계가 확대되어야 함은 당연한데도 불구하고 그것을 마치 생태적인 삶의 지속에 부정적으로 작용할지도 모른다는 우려를 나타내고 있는 것이다.

생태가치 귀농인의 경제생활은 소박한 삶을 살아갈 수 있도록 체계화된다. 소규모 영농을 기본으로 하여 식량을 자급하려고 하며 일부 잉여 농산물의 판매에 의해 농업소득을 얻고 나머지 부족한 가계 수입은 다양한 농 외 소득으로 충당된다. 가계재생산에 필요한 소득 규모는 도시에서 살 때보다 적고 도시에서의 소득 수준을 갈망하지 않는다. 생태가치 귀농인은 경제 목적 귀농인의 삶의 방식인 최대한 수입을 얻으려는 태도와 노력에 대해서 못마땅하게 생각한다. 최대한 많은 수입을 얻으려면 농업보다는 도시에서의 직업이 유리하다고 생각하며 밤낮없이 일하는 모습을 보고 도시인의 생활양식과 다를 바 없다고 인식하기 때문이다. 경제적인 면에서 생태가치 귀농인이 소박한 삶을 살아가는 방식은 '최소 생활에 필요한 만큼 돈을 번다'라는 표현으로 압축될 수 있다. 가계재생산에 필요한 범위 내에서만 경제활동을 유지하려는 태도를 취한다.

2) 모든 자원을 동원하여 최대의 수입구조 만들기

경제 목적 귀농인이 경제적으로 만족할 만한 생활수준에 이르기까지는 오랜 시간이 필요할 것이다. 시간이 흘러도 경제적 만족을 얻을 수 있는가는 또 다른 문제이기도 하다. 경제적 성공을 이루기까지는 수많은 장애요인들이 존재하기 때문이다. 이에 반해 생태가치 귀농인의 경제생활에 대한 만족은 단시간 내에 이룰 수 있는 가능성이 존재한다. 그의 영농규모가 작고 자가 소비를 위한 영농이 주가 되기 때문이다. 잉여 농산물이 있다 하더라도 지배적 시장에 의존하지 않는 인맥에 의한 거래 방식으로 안정적인 판매처를 가지고 있으며 농산물가격이 폭락하는 사태에서도 가계수입에 미치는 영향력은 매우 작다. 그러나 경제 목적 농업은 농산물의 판매를 시장에 의존해야 하고 농산물가격의 폭락과 같은 상황에서는 파산의 위기를 맞을 수도 있다. 경제 목적 귀농인이 경제 목적 농업에 종사하지 않는 임금노동자라도 최대의 가계수입구조를 만들려는 의지는 동일하다고 가정한다. 그렇다면 자족적이고 검소한 생활을 실천하려고 하며 가계수입에 대한 기대도 그것을 영위할 수 있는 범위 내에서 제한된다는 생태가치 귀농인의 경제생활에 대한 태도와 구별된다.

EPM001은 도시에서의 직장을 통해서 경제적으로 안정된 도시생활을 영위할 수 없었다. 그의 도시에서의 생활은 경제적으로 매우 불안정하였기 때문에 차라리 고향으로 귀농하여 농업에 종사하는 것이 유리하지 않을까 판단하였던 것이다. 이 사례는 자신에게 유리한 삶의 조건과 환경을 찾아 이주하는 전형적인 경제 목적 귀농인이라고 말할 수 있을 것이다. 그는 도시의 경제적 상황이 가계를 유지할 수 있을 정도로 충분하였다면 결코 귀향을 선택하지 않았을 것이다.

EPM001은 고향으로 내려와 생업으로 양봉을 곧바로 시작하게 되었다. 당시 그의 고향에는 양봉을 많이 치고 있었으며 그의 형이 적극 권장하였던 탓이다. 자신은 양봉 치는 기술이 없었지만 형제나 그의 고향 친구들 중 다수가 양봉을 하고 있었던 터라 그들로부터 배우면 된다고 생각하였다. 그는 고향으로 귀농했기 때문에 정서적으로 그리고 경제적으로 적응하기는 유리한 측면이 있었다고 말한다.

EPM001은 귀농인이 경제적으로 잘 살려면 쉬지 않고 일을 해야 하는데 요즘 귀농인을 보면 그렇지 않다고 부정적으로 평가한다. 자신은 밤낮없이 열심히 일을 하여 가정경제를 안정적으로 꾸려가고 있지만 많은 귀농인들은 게으르기 때문에 경제적으로 어려움에 처하게 되고 결국 귀농생활에 적응하지 못하고 농촌을 떠나게 된다는 것이다.

> "귀농인들은 농사를 쉽게 생각하고 와요. 저는 시골로 올 때 각오를 단단히 하고 왔는데 요즘에 오는 사람들은 제가 맘먹고 온 거하고 차이가 많이 있어요. 열심히 일해야 하는데 열심히 하지 않는 겁니다. 저는 새벽에 나가서 일하고 밤에도 일을 하는데 그들은 한낮에는 쉬고 아침에 잠깐 했다가 저녁 나절에 일을 하는데 그건 좀 아닌 것 같아요."(EPM001)

이 같은 EPM001의 견해에 대해서 BTL001은 오해라고 말한다. 사람들마다 가치관이 다르고 그에 따라 삶의 목표가 다르다는 점을 인식하지 못한 이유로 그러한 오해가 발생한다고 말한다. 귀농인 중에는 최소한의 경제생활을 영위할 수 있는 범위 내에서만 생업에 종사하려는 사람들이 있다는 것이다. 따라서 EPM001이 생각하기에 농사일을 열심히 하지 않는 귀농인은 게을러서가 아니라 밤낮없이 일을 하여 최대한 돈을 많이 벌려고 하는 욕구를 지니고 있지 않기 때문이라는 것이다.

EPM001과 같이 EPM002도 농촌에서 살려면 도시보다 더 피나는 노력을 하지 않고서는 살아갈 수 없다고 말한다. 열심히 일을 하여 가능한 한 돈을 많이 버는 것이 자신의 가족을 지킬 수 있고 세상에 떳떳하게 살아갈 수 있다고 생각한다. 세상에서 돈이 최고의 가치를 지니고 있다고 단정한다. 자녀들이 돈에 구애받지 않고 공부하고 살아갈 수 있도록 뒷받침해주는 것이 부모의 도리라고 생각한다. 그가 이러한 생각을 하게 된 것은 자신이 성장기에 경제적으로 풍족하게 누려보지 못하였기 때문이라고 말한다. 그래서 자식에게만은 원하는 것을 할 수 있도록 경제적으로 지원해주는 것이 자신의 삶의 목표이며 돈을 버는 목적이 되었다는 것이다.

> "직장생활 할 때는 남한테 욕 안 얻어먹고 다니면 월급이 나오지만 자기 사업은 노력을 하지 않으면 수입이 없죠. 농업은 노력하는 만큼 받게 되니까 노력을 많이 해야죠. 이왕이면 애들한테도 자기들이 하고 싶은 걸 할 수 있도록 해주려고 노력하고 학교에 가서도 '너네 집은 못 살아' 이런 소리를 안 듣게 하려고 노력을 많이 해서 돈을 벌어야죠."(EMP002)

모든 생활조건이 같다면 생태가치 귀농인과 경제 목적 귀농인 중 누가 농촌을 떠나지 않고 지속적으로 살아갈 가능성이 높은가라는 질문에 대해 BTL008은 다음과 같이 말한다.

> "가치 지향적으로 내려오신 분들이 좀 더 행복해하는 것 같고 좀 더 오래 버티는 것 같아요. 경제 지향적으로 하다 보면 기본적으로 투자를 많이 해요. 투자한 것은 단시간에 뽑기 어렵고 기대한 만큼 소득이 안 나와요. 농사해서 돈 번다는 것이 굉장히 어렵죠. 농사해서 돈 많이 벌었으면 여기 지역에 사시는 분들이 벌써 다 그렇게 됐겠죠."(BTL008)

그녀는 생태가치 귀농인이 경제 목적 귀농인보다 더 행복히다고 느끼면서 살아간다고 평가한다. 현실적으로 경제 목적 귀농인은 바라는 만큼 농업수익을 내기가 어렵기 때문에 좌절하기 쉽다는 것이다. 그리고 자신이 농사를 해보니까 농사로 수입을 내기가 얼마나 어려운지 경험하였으며 그것이 쉬운 일이라면 원주민들은 벌써 경제적으로 윤택하게 살고 있어야 된다는 얘기다. 그녀는 귀농하려고 하는 사람에게 필요한 것은 돈을 투자해서 돈을 벌려고 궁리하기 전에 삶에 대한 가치가 바뀌어야 한다고 충고한다. 그리고 농사는 기본적으로 하되 개인이 가지고 있는 전문적인 기술을 최대한 활용할 것을 제안한다. 그녀의 이러한 제안은 농업소득으로 가계재생산이 어렵다는 것을 강조하고 있는 것으로 이해된다.

EPM003이 도시에서 했던 일들이 뜻대로 되지 않자 농사를 짓겠다고 마음먹게 되었다. 유기농업으로 고부가가치의 농산물을 만들어서 판매한다면 승산이 있는 사업이 될 것이라고 생각했다. 그리고 그는 시골 출신이어서 정서적으로는 농사일에 친근하며 어느 정도 농사일에 대한 자신감도 있었다.

> "바로 IMF외환위기 끝나고 나서 워낙 건축경기가 안 좋았잖아요. 나같은 경험 없는 사람들은 그냥 무너지게 되어 있었죠. 결국 서울서 하던 일을 그만두고 촌에 가서 농사를 지어야겠다 생각을 하고 있던 중에 대구서 방송을 보니까 남원 실상사귀농학교에서 학생을 모집한다고 나오더군요. 그래서 귀농학교 6기로 입학하게 되었습니다. 내가 농촌에서 자랐기 때문에 농촌사정은 저 나름대로 훤히 알고 있었지요. 대학 다닐 때도 틈틈이 시골에 계신 부모님의 농사일을 도와주었으니까 전반적인 농촌생활은 다 알고 있었어요. 그런데도 여기 귀농학교에 군이 오게 된 것은 혼자서 농사지으려고 생각해보니 땅도 없고 돈도 없고 막막했어요. 그래서 여러 명이 어울려서 멋지게 한번 농사를 지어볼까라는 생각을 했어요. 제초제나 화학농약을 안 쓰고 유기농으로 제대로 지어가지고 그야말로 요즘 얘기하는 명품을 만든다면 농촌도 희망이 있겠다고 생각했어요."(EPM003)

EPM003은 부모의 농사일을 도와준 경험밖에는 없었지만 그것에 대한 기억은 힘든 일로 남아 있었고 '농사일이라면 지긋지긋했다'고 말한다. 그래도 그가 생업으로서 농업을 선택할 수밖에 없었던 것은 도시생활에서의 경제적 실패를 딛고 새 출발을 할 수 있는 유일한 길이기도 했다. 그는 귀농 첫해 벼농사를 시작으로 그 이듬해 양봉을 하게 된다. 그가 양봉에 쉽게 손을 댄 것도 벌을 다룰 줄 알아서였다. 그의 부모가 자가 소비를 목적으로 몇 개의 벌통을 가지고 있어서 어려서부터 자연스럽게 벌 다루는 법을 알게 되었다 한다.

EPM003은 매우 다양한 소득원을 가지고 있었다. 벼농사 1,000평, 양봉 100통, 고사리 농사, 고추 1,000평, 한우 15마리 사육 그리고 연간 500명 정도의 손님을 받는 민박집 운영 등 여러 가지 수입원을 확보하고 있었다. 그가 생산한 농산물들은 주로 민박손님을 통해 판매되고 있었다. 그가 양봉을 해서 얻은 벌꿀로 차를 개발하였는데 민박손님들의 반응이 좋았다는 것이다. 그 뒤로 자기가 생산한 꿀과 농산물을 이용하여 가공식품을 만들어 팔기 시작하였으나 얼마 지나지 않아 식품제조 허가를 받지 않았다는 이유로 벌금을 부과받게 되었다. 이 사건 이후에 정식으로 식품제조허가를 받아 농산물가공업을 시작하면서 안정적인 경제적 기반을 잡게 되었다. 그가 식품제조업으로 경제적인 안정을 찾게 되자 이전에 지속하였던 다양한 농사거리는 축소되었다. 결국 그의 소득원 중에서 부가가치가 가장 높은 농산물가공업에 전념을 하게 된 것이다. 그는 귀농한 지 11년 만에 비로소 경제적으로 안정되었다고 말한다. 그동안 타향에서 설움도 많이 받았다고 술회한다. 만일 그가 고향으로 귀농을 하였다면 안정적으로 정착하는 데 걸린 시간이 여기에서보다 더 짧았을 것이라고 판단한다. 그의 고향에는 아직도 농사를 하고 있는 노령의 부모가 생존하기 때문에 농토를 포함한 농업기반을 승계할 수 있었을 터이고, 고향의 인맥을 이용하여 자원을 동원하기 쉬운 것은 물론 이방인으로 취급을 당하지도 않았을 것이다. 그렇지만 그가 고향으로 귀농지를 정하지 않은 것은 자신의 도시생활이나 출세에 대한 부모의 기대에 부응하지 못한 죄스러움이 남아 있었기 때문이었다. 농사일로 어렵게 자식을 대학까지 보냈더니 고작 농사나 지으려고 고향에 내려오는가 하는 부모의 심리적 혼란상태를 생각하여 귀향을 포기했던 것이다. 그는 한동안 귀농 사실을 부모에게 숨기면서 살아왔지만, 결혼을 하게 되고 경제적 안정에 이르게 되자 부모와 원만한 연락관계를 유지하게 되었다.

EPM004는 자신의 귀농을 성공적이라고 평가한다. 수입 면에서 보면 도시의 웬만한 직장생활이나 사업으로 벌어들일 수 없는 정도라고 스스로 말한다.

> "포도밭에서 작년에 8,000만 원 했어요. 그리고 소 키운 것 등 다른 데서 나오는 것을 합치면 1억 원은 넘어요. 이 정도 수입은 도시에서 대기업의 연봉이나 사업에 성공해야만이 이렇게 1억을 넘을 수 있지. 게다가 시골은 부가가치가 높아요. 나가는 것이 거의 없어요. 거의 순이익이라고 보면 돼요."(EPM004)

EPM004는 포도원의 규모를 지금의 두 배 정도까지 확장할 계획을 가지고 있다. 이렇게 영농규모를 늘리면 수익은 현재의 두 배가 넘을 것이고 자가 노동력으로 경영이 불가능해지면 외부의 농업노동력을 고용하면 된다는 것이다.

> "앞으로 포도원 규모를 더 늘려서 놉을 더 많이 써가지고 대규모를 갖추는 게 낫겠다는 생각이 들더라고요. 4,000평 정도를 더 늘릴까 구상 중이에요."(EPM004)

그는 현재 포도원의 경영으로 스스로 만족스러운 수입을 올리고 있지만 그가 판단하기에 현재 영농규모를 두 배로 늘리고 농업노동력을 고용하면 최대의 수입구조를 갖추게 된다고 생각하는 것이다. 그는 영농에 필요한 노동력을 지역 내에서 구하지 못하는 때가 많아서 가장 가까운 대도시에서 구하기도 한다.

EPM005는 10,000평의 고사리밭을 경작하면서 연간 1억 원가량의 수익을 올리고 있지만 아직 기대수익에 못 미친다고 말한다. 2012년의 기대수익이 1억 5,000만 원이었기 때문에 그에 미치지 못하는 수입에 대해 만족하지 않는다는 것이다.

> "처음 고사리밭을 시작할 때 예상수익과 지금 수익과는 차이가 좀 많이 나요. 평당 수익금액을 일만 오천 원으로 보았는데 한참 못 미치는 거죠."(EPM005)

그리고 고사리밭에서 채취한 생물의 고사리를 판매하는 것에 그치지 않고 더 많은 수익을 올릴 수 있는 방안을 모색하고 있는 중이다.

> "고사리를 가지고 부가가치를 높일 수 있는 게 무엇일까 구상 중이에요. 저거를 가공하는 데 어떻게 할까, 양념이 된 상태에서 바로 볶아 먹을 수 있도록 해야 하지 않을까 궁리를 하고 있어요."(EPM005)

그녀는 생산되고 있는 고사리를 생물로 팔지 않고 가공해서 판매하면 부가가치를 높일 수 있다고 생각한 것이다. 그러하기 위해서 농한기를 이용하여 식품가공에 필요한 교육을 받고 있는데 이는 현재보다 더 많은 소득을 얻기 위한 노력을 게을리하지 않고 있다는 것을 보여주는 것이다.

앞에서 경제 목적 귀농인의 경제생활에 관한 활동과 가치관을 살펴보았는데 경제 목적 귀농인의 특징을 몇 가지 사례를 통해서 다음과 같이 정리할 수 있겠다.

① 자기 노동력을 최대한 활용하여 가계수입을 늘리려는 자기 노동착취적 태도를 나타낸다(사례 EPM001).
② 최대한 돈을 많이 버는 것을 인생의 목표로 삼는다(사례 EPM002).
③ 유기농업 또는 생태농업에 의한 생산물을 부가가치가 높은 상품으로 생각한다(사례 EPM003).
④ 현재 소득이 도시 생활에서의 소득보다 많으면 자신을 성공한 귀농인이라고 평가한다. 그리고 경제적으로 안정된 생활을 영위하는 귀농인은 지역에서 성공한 사람으로 인정을 받을 수 있다고 생각한다(EPM002, EPM003, EPM004, EPM005, EPM007).
⑤ 영농규모가 자가 노동력의 범위 내에서 제한되지 않으며 동원 가능한 자원의 양에 따라 그것을 확대하고 그로 인한 노동력 부족은 외부의 고용노동력으로 충원된다(EPM004, EPM006).
⑥ 가계수입의 증대를 목적으로 자신이 생산한 농산물의 부가가치를 제고한다(EPM003, EPM005).

이상에서 경제 목적 귀농인의 경제활동에 대한 가치관은 생태가치 귀농인의 그것과 다르다는 점이 발견되는데 후자가 '필요한 만큼 돈을 번다'는 신조를 지니고 있는 데 반해 전자는 가계재생산에 필요한 만큼을 넘어서 '최대한 돈을 많이 번다'는 의식을 지니고 있다. 결국 귀농 후 경제생활 적응은 귀농인의 경제적 태도에 따른 욕구충족 여부에 따라 달라질 것이다.

가족생활 적응

　　보통 귀농인은 농촌에서 살면서 도시에서 살 때보다 부부관계가 더 좋아졌다고 말한다.[39] 그 이유는 무엇보다 부부가 함께하는 시간이 많아져서 서로를 이해할 수 있게 되었다는 것이고 자녀와의 관계에서도 많은 대화를 할 수 있어서 상호 배려와 이해에 유익하다는 것이다. 귀농인의 가족강점(family strengths)에 대한 한 연구(임춘희, 2012)에서 귀농인들이 귀농 이후 재인식하게 된 가족 강점으로 부부로서의 강점, 부모로서의 강점, 자녀의 강점 그리고 가족으로서 강점 등을 정리하고 있다. 부부관계에서는 '생활시간 공유로 늘어난 부부간의 대화증가', '귀농에 대한 아내의 이해와 협력', '인생에 대한 가치관과 신념의 일치', '절약하고 만족하는 생활방식의 일치', '성격 차이에 대한 긍정적 해석', '친구와 같은 친밀감과 유대' 그리고 '부부 각자의 생활에 대한 존중' 등이 강점으로 부각되었다. 그리고 귀농인들이 지각하는 부모로서의 강점으로는 '부모와 자녀 간 시간과 대화의 증가', '자녀양육에 대한 새로운 통찰'과 '소신 있는 자녀양육'을 들 수 있다. 그리고 귀농인들이 지각하는 자녀의 강점으로는 '자녀의 밝아진 성격'과 '자녀의 신체적·정신적 건강', 그리고 '친구관계와 대인관계의 확대', '자연 친화적인 태도' 등이다. 귀농인들이 하나의 단위로서 인식하는 가족으로서의 강점으로는 '가족이 함께하는 시간과 활동의 증가'와 '가족의 신체적·정신적 건강의 호전', 그리고 '자급자족의 생활과 농촌생활에 적응하려는 '가족 개개인의 적극적인 적응노력'을 꼽을 수 있다는 것이다.

경제 목적 귀농인과 생태가치 귀농인 가족 모두 부부관계나 부모-자녀관계가 향상 또는 개선되는 가족강점을 보이고 있다. 이러한 가족강점이 나타나는 이유는 무엇보다 가족 간 상호관계에서 접촉 빈도가 높기 때문이다. BTL004 사례와 EPM002의 사례에서도 역시 가족구성원 간의 접촉빈도가 높을수록 긍정적인 가족강점이 나타나는 것으로 보인다. 부부나 가족이 함께 공유하는 즐거운 시간의 증가는 결혼의 건강성과 부부 유대감을 증진시킨다고 할 수 있다 (DeFrain & Stinnett, 2002; 임춘희, 2012 재인용).

"부부관계도 도시에 살 때보다 같이 보내는 시간이 많아지니까 좋다고 생각하죠. 닭을 보살피는 것도 같이하게 되고, 시장이나 시내에 나갈 때 집사람이 운전을 못 하니까 데려다 주기도 하는데 이런 것들이 서로 의지하도록 만들고 부부관계도 좋아지게 하죠. 물론 처음에는 같이 있다 보니까 의견 충돌이 생기기도 하였지만 차츰 서로 이해하게 되고 지금은 어느 정도 이야기하면 딱 알아들으니까 싸우는 일이 없죠. 도시에서 직장 다닐 때는 애들이 일어나기 전에 출근하고 또 술 한잔 먹다 보면 집에 늦게 오고 해서 서로 얼굴을 볼 수 없었는데 귀농 후에는 아이들이 초등학교에 다닐 때여서 같이 놀아주는 시간이 많았죠. 중학교에 들어가서는 아침저녁으로 학교에 태워다 주면서 대화도 하구요."(EPM002)

앞의 사례에서 부부간 그리고 부모 자녀 간 관계가 접촉의 빈도가 많아지면 대화의 기회가 증가하게 되고 자연스럽게 친밀성이 증가되는 것을 엿볼 수 있다. 도시와 달리 대중교통의 이용이 제한되니까 오히려 상호 의존성이 증가하게 되고 그것이 결국 가족집단의 결속을 가져오게 된 것이다. 도시에서의 대중교통은 개별적으로 이용 가능한 편리한 수단이지만 가족구성원 간 상호 의존성을 떨어뜨리는 것이기도 하다.

BTL005는 귀농 후 설거지나 세탁 그리고 식사준비 같은 가사분담에 적극적으로 참여하고 있다. 이러한 변화는 농촌에서 부부가 같은 일을 함께 참여하다 보니까 대화시간이 많아지고 서로를 이해할 수 있는 기회의 증가에서 비롯된다고 말한다. 도시 직장생활에서는 일과를 마치고 동료들과 술자리를 하면 밤늦게 귀가하는 때가 많아서 가족구성원들과 함께할 수 있는 시간이 그만큼 적었고 가사를 도울 여유가 없었을 뿐만 아니라 분담에 대한 이해도 부족하였다는 것이다. 그는 외부에서 가계수입을 벌어오는 사람으로 그리고 아내는 집안 살림을 하는 사람으로 부부의 역할분담을 내면화하고 있었기 때문에 남자가 집안 살림을 돕는 것은 자연스럽지 못하다고 생각하였다. 그렇지만 귀농 후 부부가 동질의 노동을 함께하다 보니까 가사일도 함께 해야만 하는 일로 당연히 받아들이게 되었다.

> "여기 와서 부부 금실도 좋아졌어요. 대화시간이 많이 늘어나서 서로 이해할 수 있는 부분이 많아요. 같이 일하다 해 떨어지면 집에 와야 하니까 늘 같이 있는 셈이죠. 도시에서 직장생활을 할 때는 아침 일찍 출근하고 밤늦게 집에 오는 경우가 많아요. 도시에 살 때는 설거지나 요리 그리고 빨래를 해본 적이 별로 없었어요.

왜냐하면 아침밥 먹고 출근해서 밤 9시나 10시쯤에 퇴근하면 밥상 차려놓은 것 먹고 잠자기 바빴는데, 여기에서는 가끔 밥 차릴 때도 있고 빨래를 거둬들인다든지 갠다든지, 아니면 설거지를 한다든지 그런 측면에서 가사분담을 더 많이 하고 있어요."(BTL005)

BTL005처럼 BTL001도 도시에 살 때보다 가사분담을 더 많이 하는 편이라고 한다. 이 부부는 요가를 함께 배우고 있는데, 도시에 살 때보다는 가족들과 함께 여가활동에 참여할 시간을 내기가 쉽다는 것이다. 그리고 농촌에 와서 그의 아내 건강도 더 좋아진 것으로 인식하고 있었다. 가족이 함께 참여하는 여가활동은 가족강점에 영향을 미치며 남편의 가사분담과 친밀성의 증가는 부부관계의 강점에 긍정적으로 작용할 것이다.

"도시에 살 때보다 가사분담이야 많이 하죠. 아내는 시간 날 때 텃밭 일을 거들기도 하고 같이 일하면 좋기는 해요. 마을 복지회관에 일주일에 두 번씩 가서 아내와 함께 요가를 하고 있어요. 농촌으로 내려와서 대체의학하고 요가 해서 수술 안 하고 목 디스크가 있었는데 나았죠. 병원에서 수술해야 된다고 했는데."(BTL001)

BTL004는 모든 가족구성원이 함께 '난타'를 배우게 되었는데 취미활동 그 자체도 좋지만 다른 사람들과 친교할 수 있는 기회가 된다는 것이다. 도시에서 살 때는 가족과 함께 취미활동을 참여한 적이 없었지만 귀농 후 자녀가 학원에 가지 않게 되자 가족과 함께 보내는 시간이 많아져서 자연스럽게 평생학습 프로그램에 참여한 사례이다.

"지역주민센터에서 아이들과 아내와 함께 난타를 배우고 있습니다. 난타를 배우는 다른 가족들과 함께 어울리다 보니까 서로 가까워지게 되었어요."(BTL004)

부모-자녀관계도 좋아지는 것으로 나타났는데, 일단은 아이들과 함께할 수 있는 시간이 많기 때문이라고 한다. 타인에 대한 이해의 폭은 어떤 경험을 같이하느냐에 따라 달라질 것이다. 부모와 자녀관계에 있어서도 일상생활의 공유 또는 함께 참여하기를 통해 상호 이해 가능성이 높아지게 됨은 당연하다고 하겠다.

"귀농 후에는 아이들과 같이 있는 시간이 굉장히 많죠. 아이들과 충분히 대화하고 같이 있을 수 있는 시간이 많아서 좋은 것 같아요. 다른 사람들이 말하기를 저희 집 아이들이 밝고 명랑하다고 말해요. 그것은 아마 엄마, 아빠랑 오랜 시간 같이 이런저런 얘기를 나누고 숨김없이 모든 얘기를 다 할 수 있는 사이가 되었기 때문이라고 봐요."(BTL004)

부모와 자녀 간 대화시간의 증가는 상호 이해는 물론 부모로서의 강점을 강화시키며 가족구성원이 함께 참여할 수 있는 일이나 여가활동 등의 기회를 높이기 때문에 가족강점에 긍정적인 영향을 미칠 것이다.

BTL009도 도시에서 살 때보다 자녀관계가 강화되었다고 생각한다.

"아이들이 '우리 아빠가 달라졌어요'라고 이야기해요. 전에는 예민하고 그랬는데 지금은 그렇지 않으니까 자기들 보기에 아빠가 자기들을 이해해주고 있다고 생각해요. 그리고 집에 TV가 없으니까 아이들과 더 많이 얘기하게 되고 딸 같은 경우는 나갔다 오면 시시콜콜 얘기하고 나는 들어주고, 아들도 그렇고요."(BTL009)

그의 자녀들은 도시에 살 때와 달리 아빠의 자녀 대하는 태도가 달라졌다고 말한다. 그 이유는 무엇보다도 자녀와 함께하는 시간이 늘게 되면서 자녀와의 대화시간이 증가하니까 자연스럽게 상호 이해의 폭이 넓어지게 되었다는 것이다. 그리고 귀농 후 집에 텔레비전을 두지 않아서 자녀나 부부 간에 대화하는 시간도 더 늘었다고 한다. 이와 같이 귀농은 단순히 삶의 공간을 이동한 사건이 아니라 기존의 삶의 방식에 대한 반성과 새로운 삶을 기획하고 실천하는 전환점이 된다.

BTL010도 귀농 후 부부관계가 더 좋아졌다고 한다. 그 이유는 크게 두 가지인데 첫째는 부부가 같이 있는 시간이 많아서라고 했다. 두 번째는 도시에 살 때보다 금전에 대한 집착이 줄어들었기 때문에 돈 문제를 두고 부부가 갈등을 겪지 않게 되었다는 것이다. 귀농 후 도시보다 훨씬 적은 수입으로 살아가야 하는 현실에 직면하게 된 그는 가계수입에 맞춰서 지출을 한다는 식의 가정경제의 원칙을 받아들이고 있는 것이다. 결국 돈에 대한 집착을 버리게 된 가치관의 변화가 일상생활에서의 부부관계에도 영향을 미치고 있는 것이다.

> "일단은 많은 대화를 할 수 있고 서로 얼굴 볼 수 있는 시간이 많기 때문에 부부관계가 더 좋아진 것 같아요. 서울에서는 돈 문제가 중요한 문제가 되었었는데 많으면 많은 대로 적으면 적은 대로. 근데 여기서 살면서 집사람도 그렇고 저도 그렇고 경제적인 면에서 과거처럼 많이 갖고 싶다는 욕심을 버리게 된 것 같아요. 귀농하기 전에 부부 싸움할 때 돈을 왜 이렇게 많이 쓰느냐는 거였죠."(BTL010)

귀농 후 생활환경이 가치관의 변화를 만들었고 결국은 부부관계의 강점으로 작용한 것이다.

부부관계의 강점에 영향을 주는 요인은 다양하게 나타난다. EPM003은 같은 귀농학교 출신과 결혼하였다. 그의 아내는 서울 출생이고 서울에서 직장생활을 하다가 농촌이 좋아서 귀농했다. 시골 출신인 그와 달리 그의 부인은 도시 출신이라서 농촌생활에 적응하지 못하면 어쩌나 걱정을 하였지만 지금은 잘 적응하고 있다고 인정하였다. 이렇게 도시 출신이면서 농사 경험이 없었던 사람이 농촌생활에 잘 적응할 수 있었던 것은 귀농학교를 거치면서 정신적인 무장과 함께 농촌생활의 방식을 익혀왔기 때문이라고 EPM003은 생각하였다. 귀농을 준비하는 사람은 귀농학교에 다니면서 이주 후의 농촌생활을 준비하는 것이 바람직하다는 것을 보여준다. 농촌 이주 후 가족구성원 각자의 농촌생활 적응은 결국 가족구성원 간 관계에 있어서도 긍정적인 영향을 미치게 될 것이다. 농촌생활 경험이 없었던 배우자의 만족스러운 농촌생활 적응은 부부관계의 강점으로 작용하고 있는 것이다.

> "만약에 제가 아내를 서울서 만났다면 시골에서 살아갈 수 있을까 고민을 했겠죠. 그런데 집사람도 농촌에 살고 싶어서 내려왔기 때문에 그 부분은 안심이 되었죠. 이 친구가 진짜 농사일을 안 해봤는데 밭일, 논일을 할 수 있을까 혹시나 귀농한 것을 후회하지 않을까 걱정했는데 고맙게 잘 적응을 한 거죠."(EPM003)

그는 도시 출신의 아내가 농촌에서 살고 싶다는 내면적인 욕구가 있었기 때문에 농촌생활의 어려움을 극복하고 잘 적응해나갈 것이라고 생각하였지만, 농촌 출신인 자신의 행동과 비교해보면 서툰 면이 많이 드러나서 내심 걱정을 하고 있었다. 그러나 그것은 하나의 기우에 지나지 않았다. 이같이 가족구성원 각자의 농촌생활 적응행위는 또 다른 가족강점으로 작용한다.

EPM005는 이혼 후에 겪게 된 소외감 때문에 괴로워하다가 농촌을 도피처로 생각하고 귀농하게 되었다. 그녀는 이혼으로 인한 타인들의 시선을 피하려고 사람이 드문 시골로 내려오고 싶었던 것이다.

> "저는 이혼녀라는 거 때문에 너무 힘들었어요. 내가 왜 이혼녀라는 딱지를 붙이고 살아야 되나, 내 인생에는 이혼이 없다 생각하고 살았는데. 점차 가족도 친구도 피하게 되었어요."(EPM005)

그녀가 이혼으로 인한 충격에서 벗어나려고 애를 썼지만 가까운 가족이나 친구를 스스로 외면하게 되면서 정서적으로 매우 불안정한 상태를 유지하고 있었다. 그녀는 심리적으로 불안한 상태를 벗어나기 위해 농촌을 선택했다고 말한다. 그녀에게 농촌은 마음을 치유해주는 공간으로 인식되고 있었다. 현재 그녀는 도시에서 농촌으로 삶의 터전을 옮긴 것에 대해 만족하면서 그녀의 딸도 농촌생활에 합류하기를 권하였고 결국 모녀가 함께 귀농생활을 하기에 이르렀다. 이렇게 그녀의 자녀에게 귀농을 권유한 것은 그녀 자신이 귀농생활을 통해 마음의 평온은 물론 육체적 건강까지 얻는 삶을 살고 있기 때문이다. 한 개인의 농촌생활의 만족은 다른 가족구성원을 농촌생활로 끌어들이는 효과를 가져온다. 특히 귀농인이 인식하는 정서적인 만족감도 경제적 성취와 만족 못지않게 타인의 귀농을 권유하게 되는 요인이 되고 있다. 공간을 달리하고 있었던 가족구성원이 합류하게 되면 구성원 간 친밀성 증가를 예상할 수 있고 상호 의존성도 높아지게 된다. 이는 가족강점 측면에서 보면 매우 긍정적인 것으로 평가할 만하다.

"자연 속에서 사니까 우울증도 없어지고 건강해졌어요. 저는 항상 인월에 목욕을 가는데요 운전을 하면서 혼자서 오갈 때마다 '너무 좋다, 너무 좋아' 하면서 큰 소리를 지르고 다녀요."(EPM005)

EPM005처럼 도시에서 살 때보다 육체적이거나 정신적으로 더 건강해졌다고 스스로 인식하게 되면 삶의 의욕은 내적으로 충만하게 된다. 인간의 삶의 희망은 일에 대한 욕구에서 나온다. 일을 하고 싶은 욕구는 신체적·정신적 건강상태에서 지속될 수 있다.

귀농인들은 귀농 후 부부관계나 부모 자녀관계가 향상되었다고 생각하고 있었다. 이러한 가족강점은 무엇보다도 가족구성원들이 함께 보내는 시간과 의사소통 기회가 많기 때문이다. 귀농 후 남성의 가사분담이 늘었고 가족구성원과 여러 활동에 참여할 수 있는 기회가 증가한다. 그리고 돈으로 인한 부부간의 갈등은 소박한 삶을 살아가려는 태도로 인하여 도시에서 살 때보다 줄어들었다고 인식하고 있다. 어떤 사람에게 농촌공간은 마음을 치유해주는 정서적 안식처가 된다. 도시의 삶에 지쳐 있었을 때 상처받은 마음을 달래주었던 곳이 바로 귀농 정착지였다. 이미 마음의 고향이 되어버린 정착지에서 만족한 삶을 살아가고 있는 것이다. 또 다른 사람은 영농활동 자체에서 위안을 얻으며 도시의 복잡한 공간으로부터 벗어난 행복한 삶을 살아가고 있다. 이 사람은 도시 부적응자로 간주될 수 있을 정도로 농촌공간에 살아가는 것 자체를 행복하게 생각한다. 이같은 정서적인 안정감은 귀농 이후 나타나는 가족의 강점들을 상승시키는 효과를 가져왔음은 물론 귀농생활에 잘 적응하면서 살아갈 수 있는 원동력이 된다고 말할 수 있다.

귀농자들은 성공적인 귀농생활을 하기 위해서 가장 중요한 요소로 배우자나 자녀와의 가족관계라고 인식하고 있다. 이것은 배우자나 자녀의 귀농생활에 대한 지지가 성공적인 정착에 매우 중요한 요인임을 말해준다(김철규 et al., 2011). 모든 가족구성원이 귀농 후 생활에 적응하려고 각자 적극적으로 노력하는 행위는 가족강점을 높이며 만족스러운 삶을 영위하는 원동력이 될 것이다.

지역편의시설 적응

　농촌 지역에 살고 있는 귀농인은 생필품을 구매하거나 의료시설을 이용할 때 지역생활 시설에 의존할 가능성이 높다. 지역생활 시설은 무엇보다 거리상으로 가까워서 접근하기가 용이하기 때문이다. 지역의 상품판매점은 도시의 그것보다 상품의 종류나 양에 있어서 소비자의 욕구를 충족시키지 못하는 경우가 많아서 자연스럽게 지역 거주자의 소비를 제한할 수 있다. 즉, 지역판매시설에 적응하다 보니 도시에서 살 때보다 귀농 후 소비규모가 감소하게 된 것이다. 소비규모가 감소하게 된 또 다른 배경은 도시와 농촌의 생활양식의 차이에서 찾을 수 있다. 예를 들면, 도시생활에서 의생활은 직업에 따라 약간의 차이는 있지만 대개 타인을 의식하여 자신을 드러내고자 하기 때문에 유행에 편승하여 옷을 구입하는 형식을 띠게 된다. 그러나 농촌에서는 작업복 차림이 일상적인 의복형식이며 그것을 벗어나면 오히려 탈일상적이거나 특별한 날을 맞이한 사람의 복장으로 간주된다. 따라서 귀농 후 의생활에 따른 소비규모는 현저하게 감소된다.

BTL003은 농촌생활이 도시와 다른 점은 남의 외모에 덜 신경을 쓰게 되면서 소비형태가 달라지게 되고 소비규모도 달라지게 되었다는 얘기다.

"농촌에서는 외모에 대해서 남의 눈을 의식하지 않는 삶을 살 수 있어요. 도시에 살면요, 아침에 세수하고 머리 감고 샴푸 써야 되죠? 그다음에 남 보니까, 영업을 하는 사람이다 보니까 반듯하게 옷을 입어야죠? 또 꽉 조여 매고? 숨 막히게? 여긴 남이 보는 거 전혀 신경을 안 쓰니까 소비 패턴이 달라지게 되고 쓸데없는 소비는 많이 줄어들죠. 그리고 삶의 질도 많이 향상이 되는 거죠. 이게 바로 자기 삶을 사는 거니까. 남한테 나를 보여주는 삶을 사는 게 아니라 자신의 생각을 갖고 살아가는 것이기 때문이죠."(BTL003)

BTL003은 농촌에서 도시생활과 달리 외모에 신경 쓰지 않고 자기의 개성대로 살아가는 것이야말로 자신의 삶의 질을 향상시킨 것이라고 인식하고 있다. 남에게 잘 보이려고 사치스럽게 입는 옷을 쓸데없는 소비로 평가하고 있는 것이다. 의복이 개인의 과시욕구를 드러내는 수단이 될 수 있으며 신분을 나타내는 상징성을 지니고 있다고 볼 수 있지만, 이러한 의복의 상징적 의미는 개성적인 삶을 살아가는 사람에게서 찾아볼 수 없는 것이다. 개인의 가치관에 의해 의복의 상징적 의미가 해소됨으로써 스스로 일상생활의 편안함을 느끼는 상태에 이르게 된 것이다.

귀농인의 가치관에 의해 소비규모가 제약될 수 있다. 이러한 경제적으로 제약된 행위는 가능하면 소비를 줄이려는 생태가치 귀농인의 노력이 생태적 환경행동과 관련되어 나타날 때 발생한다. 인간의 소비행동은 예외 없이 모두 생태계에 충격을 주는 것이라고 생각하여 절약적인 소비생활을 하게 되는 것이다. 다시 말하면 지역생활 시설에 적응하다 보니까 자연스럽게 소비규모가 감소하게 된 경우가 아니라 의식적이고 적극적으로 검소한 소비생활을 실천하는 경우를 가리켜 '생태가치 추구적 소비'라 말할 수 있으며 대중 소비자에 대해서는 '윤리적 소비' 행위와 비견될 수 있다. 이러한 태도는 경제 목적 귀농인보다는 생태가치 귀농인에게 나타나는 것이 일반적이다.

BTL001은 도시와 농촌의 소비양태가 다르다고 한다. 그리고 일반적으로 농촌에서는 물건구입에 따른 번거로움 때문에 소비가 제한되는 만큼 생태계에 미치는 영향도 감소된다고 생각한다. 거기에다가 개인이 재활용품을 사용하고 소비를 줄이려는 적극적인 환경행동을 실천할 때 생태계에 미치는 충격을 다소나마 줄일 수 있다는 것이다. 이러한 생태적 환경행동을 반드시 실천해야 할 개인의 의무라고 생각한다. 소비규모를 줄이는 개인들의 노력이 생태계 보호에 좋은 결과를 가져올 수 있다는 논리이다. 이러한 가치관은 전형적으로 서구의 생태가치 귀농인에서 발견되는 이념과 동일하다.

> "(도시와 농촌의 소비규모에는) 아무래도 차이가 있을 수밖에 없는 게 일단 물건을 사러 가려고 해도 시내로 나가야 되고 불편하니까 덜 쓰게 되죠. 도시 같으면 다섯 번 사러 갔다면, 여기서는 한두 번 사러 갈 정도니깐, 필요하다고 생각해도. 아무래도 재활용이라든지, 아껴 쓰는 게 생태계를 위해 바람직하다고 생각하죠. 그것이 각 개개인한테는 정신 건강을 위해서도 좋고, 또 전체적으로도 그런 노력들이 쌓인다면 생태계 보존에 좀 낫지 않겠냐 하는 생각이 듭니다. 모든 물건을 재활용하고 버림을 최소화한다는 생각을 갖고 있어요. 그리고 대체로 새것을 안 사고 옛날 것 좀 고쳐서 쓰거나…… 예를 들면, 집에 있는 화장실 중에서 수세식화장실은 손님용이나 급할 때만 쓰고 평상시에는 밖에 대변과 소변이 분리되는 재래식 화장실을 주로 이용하고 있어요."(BTL001)

이와 같이 BTL001은 소비의 최소화와 물의 오염을 줄이기 위한 노력으로 생태(친환경)화장실을 이용하고 있다. 생태화장실의 사용은 생태계의 순환과 지속 가능한 생태계를 염두에 두고서 실천하는 환경행동의 하나이다. 인간이 소비한 음식물은 다시 생태화장실을 거쳐서 농작물의 성장을 위한 퇴비로 환원되는 것이다.

BTL001의 소비생활은 매우 소박하였다. 그는 자녀를 두고 있지 않아서 교육비의 지출도 없었고 의류를 포함한 사치품의 구입이 거의 없었다. 그와 그의 부인은 본래부터 그러한 데에 관심이 없었다고 말하면서 그것을 성격 탓으로 둘러대는 것이다.

> "저희는 도시 살 때도 생활용품이나 의류 등의 소비에서 별로 일반적인 추세나 유행을 안 따랐던 것 같아요. 뭐, 별로 개인적으로 좋아하지 않는 사항인 거 같아요. 저도 그렇고, 제 집사람도 그렇고."(BTL001)

BTL001은 도시에서 살 때에도 검소한 생활을 영위하고 있었지만 귀농 후 그러한 생활습관이 더 강화되었을 것으로 추측된다. 도시생활이라는 것이 남을 의식해서 의복도 잘 갖춰서 입어야만 하고, 유행하고 있는 생활용품들을 구입하려는 것이 도시인의 소비심리임을 비추어볼 때, 그의 도시 소비생활은 평균에도 못 미치는 수준이었다는 것이다. 더 나아가 특별한 소비재의 사용에 의한 타인과의 구별 짓기를 시도함으로써 차별화에 따른 이익을 얻으려는 것이 일반적인 사람들의 모습이지만 그와 그의 부인은 그것을 전혀 인식하지 않았다는 것이다. 더구나 농촌에 살게 되면서 도시에서 살 때보다 절대적으로 수입이 적기 때문에 그는 더욱 절약적인 소비생활을 하게 되었다.

또한 농촌에 사는 것이 도시에서 사는 것보다 소비규모가 줄어들게 되는 것은 식품을 자가 생산하고 그것을 소비하기 때문이기도 하다. 농촌에 살면서 농업에 종사하지 않는 사람일지라도 텃밭 정도를 경작하는 경우가 많다. 귀농인이 작은 텃밭을 경작하게 되면 식생활에 필요한 식자재들이 거의 밭에서 충족되기 때문에 상점을 이용하는 빈도가 도시보다 훨씬 적어지게 된다. 자급이 되지 않는 생선이나 고기류는 주로 오일장을 이용하거나 지역에 있는 상점을 통해 구입하고 식품의 대부분은 자가 생산물에 의존하고 있는 것이다.

귀농인은 수입이 적기 때문에 소비를 줄여야 살아갈 수 있다. 거꾸로 소비를 줄이면 농촌에서 살아갈 수 있다고 말하는 사람도 있다. BTL009는 귀농인들이 소비규모를 줄인다면 농촌에서 충분히 살아갈 수 있다고 말한다.

> "귀농인이 소비를 줄이면 충분히 살아갈 수 있다고 생각해요. 자기 수입에 맞춰 소비를 한다면 가능한 거죠. 도시처럼 소비하면 농촌 어딜 가나 살아갈 수 없다고 생각해요."(BTL009)

그의 소비생활도 도시에 살 때에 비교하면 크게 줄었다고 한다. 외식비 지출이 거의 없고 귀농 후 자신의 의복을 구입한 적이 없다는 것이다. 그의 가족의 생존전략도 알고 보면 가계수입에 맞춘 소비생활을 실천하는 데에 있다.

BTL007은 도시의 삶의 방식은 소비를 전제한 것이라고 인식하고 있으며 농촌에서 살아가기 위해서는 그것과 반대로 수입에 맞춰서 소비를 줄여야 한다고 말한다.

"도시에서 사는 친구들이 도대체 어떻게 살아가느냐고 궁금해하지요. 자기들이 봤을 때는 수입도 없는데 농사라고는 전혀 모르는 친구가 농촌에 가서 땅을 일군다고는 하나 수확도 거의 없는 것 같기도 하여 몹시 염려하고 있어요. 그런데 저는 생각을 바꾸면 가능하다고 말했어요. 도시에서의 삶의 방식이 소비가 전제된 거 아니겠습니까? 수입이 적으면 적은 대로 주어지는 대로 거기에 맞추어 살면 행복한 삶을 살 수 있다고 말해왔어요."(BTL007)

그는 도시의 생활양식은 소비가 전제되는 데 반해 농촌의 생활양식은 그렇지 않다는 것이다. 이와 같이 농촌에서 살아가는 필요조건으로 소비규모를 줄여야 한다고 생각하는 사람은 지역생활 시설에 잘 적응하고 있는 것으로 보인다. 반면에 도시에서의 소비행태를 그대로 지니고 있는 귀농인은 지역생활 시설에 불만을 갖게 마련이다.

BTL001은 소비규모를 줄여야 농촌에서 살아갈 수 있다는 입장을 보인 사람이다. 그는 면 소재지에 있는 상점을 주로 이용하고 있는데 큰 불편이 없다고 말한다.

"생활용품의 구입은 지역에 있는 가게를 이용해요. 집에서 걸어서 5분 거리에 ○○○마트라고 있어요. 그리고 오일장(삼팔장)이 서는 인월에도 가끔 가고 인월에도 없는 물건이 있으면 남원으로 가죠."(BTL001)

BTL001은 지역상점에서 구입할 수 없는 물건을 구입할 때는 주로 가까운 읍내에 있는 상점을 이용하고 있다고 한다. 그래도 구할 수 없는 경우에는 대도시에 나가 구입을 하게 된다. 지역도서관을 이용하고 영화를 보는 것이 중요한 그의 문화생활이다. 영화감상은 지역단체에서 제공하는 영화보기를 이용하기도 하고 집에서 인터넷상에서 다운받아 보는 경우도 많다고 한다.

> "병원은 가까운 인월로 가고, 전문적인 병원 갈라고 하면 남원 나
> 가야죠 최소한. 도서관에 가서 책 많이 빌려다 보고, 가끔 영화 보
> 러 남원 나갈 때도 있고. 영화를 도서관에서도 일주일에 한 번씩
> 상영하고요. 한생명이라는 공동체에서 많이 하죠. 집에서 컴퓨터
> TV로 다운받아서 많이 보고요. USB에다가……."(BTL001)

그는 지역에서 누릴 수 있는 생활 시설을 잘 이용하고 있는 모범
사례로 보인다. 가장 가까운 지역 편의시설을 먼저 이용해보고 미흡
한 점이 있으면 타 지역의 편의시설을 이용하고 있다.

BTL002는 일상 소비생활에서 발견되는 비생태적인 모습을 고발한
다. 그는 생활협동조합으로부터 소비재를 많이 구매하고 있는데 상품의
포장재를 과다하게 사용하고 있음을 안타까워한다. 생태적이어야 할 소
비자협동조합이 오히려 비생태적인 모습을 보이고 있다는 것이다.

> "자연 속에서 소비를 줄이면서 살면 생태적인 삶이라고 생각해요.
> 나는 나름대로 생태적으로 산다고 생각하는데 생협에서 물건을
> 구입할 때마다 생협을 이용하는 것 자체를 비생태적이라고 생각
> 하게 됐어요. 왜냐면 상품의 포장 시 비닐을 겹겹이 하여 과대포
> 장을 해서 보내요. 그래서 결국에는 소비를 줄이는 것이 생태적이
> 라고 생각해요."(BTL002)

그는 생태적으로 살아가려면 소비규모를 줄이는 것이 중요하다고
생각한다. 소비규모를 줄이면 상품포장에 들어가는 포장재의 남용을
줄일 수 있고 그것은 조금이나마 생태계를 보호하는 데 기여할 수
있다고 보기 때문이다.

귀농인들이 많은 관심을 갖는 지역편의시설은 병원과 시장이었다. EPM002는 간단한 치료를 위한 지역병원이 없다는 것에 불만이었다. 그리고 지역시장이나 상점에서 파는 물건이 질도 좋지 않고 물건도 다양하지 못하다는 것이다. 이렇게 농촌생활에 불편함을 느낄수록 농촌생활만족도가 낮아지는 것은 당연한 일이다.

> "농촌이 도시보다 부족한 것은 편의시설이죠. 진안에 큰 병원이 없다 보니 웬만한 치료는 전주로 나가야 하는 형편이죠. 지역의 병원시설이 괜찮으면 전주 나가는 시간에 치료를 할 수 있잖아요. 그리고 시장의 물건이 다양하지도 않고 대도시보다 비싸요."(EPM002)

이러한 지역시설에 대한 불만족으로 인해 인근 대도시로 나가서 대부분의 물건을 구입하고 지역에서는 사소한 물건을 구입하는 정도에 그치고 있는 것이다.

지역시설에 대한 불만족에 대해 지역 외부의 편익시설에 의존하려는 태도는 의도적으로 지역생활 시설을 애용하고 있는 사람들의 의식과 구별된다. 지역공동체를 소중하게 생각하는 사람은 다소 불편하더라도 지역의 경제를 고려해서 의식적으로 지역상점이나 편의시설을 기꺼이 이용하는 경우가 많이 있기 때문이다. 그는 개개인이 지역시설을 적극적으로 이용하게 된다면 지역경제의 활성화에 기여할 수 있다고 생각한다. 생태가치 귀농인은 의식적으로 소비규모를 줄이는 데 반해 경제 목적 귀농인은 상점의 접근이 어렵거나 자급하는 식품종류의 증가 등 환경적인 조건의 변화로 인해 소비규모가 자연스럽게 줄어든다고 인식하는 경향이 강하다.

자녀교육 적응

자녀교육은 귀농인에게 매우 중요한 문제이다. 현재나 과거의 이농자들의 가장 큰 이슈 중의 하나는 자녀교육의 문제였다. 귀농자가 그의 자녀를 지역학교에 보내느냐, 아니면 도시의 학교로 유학을 시키느냐 하는 것은 경제적인 비용에 대한 문제뿐만 아니라 부모의 가치관도 관련되어 있다. 일반적으로 생태가치 귀농인은 경쟁적이고 복잡한 도시환경에 사는 것을 좋아하지 않는 사람들이다. 따라서 그들의 자녀도 농촌환경에서 양육되기를 기대하며 그들의 자녀를 지역학교에 보내거나 홈스쿨링을 하기도 한다.

귀농인의 농촌성이 긍정적일수록 그의 자녀도 농촌공간에서 양육되기를 희망할 것이다. 귀농인이 도시보다 농촌이 안전한 공간이라고 생각하고 자연 친화적인 교육을 하는 데 도시보다 농촌이 유리하다고 생각한다면 그의 자녀가 농촌학교에 다니는 것을 만족스럽게 여긴다(BTL002, BTL005, BTL0100). 그리고 직업적인 면에서 농업에 대해 긍정적으로 생각하고 농촌공간에서 농업과 관련된 것을 체험하기를 바라는 부모의 입장에서는 자녀의 농촌학교 진학을 장려하게 된다(EMP004, EMP007). 그러나 농촌 교육환경이 자녀의 학업 성취도를 떨어뜨리며 그로 인해 자녀가 경쟁사회에서 뒤처지게 될 것이라고 생각한다면 농촌학교에 대해 불신하게 되고 자녀를 도시 학교에 보내고 싶어 한다(EMP001, EMP002, EPM008).

BTL002는 그의 자녀를 근처에 있는 유아원에 보내고 있는데 규모가 크고 시설이 잘 갖춰진 도시에 있는 유아원보다 더 만족하고 있다. 가까운 읍내만 나가더라도 시설이 좋은 유아원이 있지만 그런 곳은 대도시의 유아원처럼 프로그램 위주로 운영되고 있어서 자신의 육아법에 맞지 않는다는 것이다. 아이들이 자연 속에서 자유롭게 놀 수 있도록 배려하는 지역유아원의 교육방식이 맘에 든다는 것이다. 그가 자녀교육에서 중요한 요소로 생각하는 것은 아이의 의사를 존중하는 것과 자연을 많이 접할 수 있는 교육 커리큘럼이다.

> "여기 오기 전에 공동육아에 관심이 있었거든요. 지역유아원은 시설이랄 건 없지만 어떻든 중요한 것은 아이들을 자연 속에서 놀도록 하자 이런 식에 어느 정도 저의 이념과 맞는 겁니다. 가까운 인월만 나가도 규모가 큰 ○○어린이집이 있는데 그곳은 도회지의 어린이집처럼 가르치죠. 여기는 그렇지 않거든요. 주로 일과가 아침에 나들이 나갔다가 들어와서 점심 먹고 뭐, 그런 식으로 해서 만족하고 있어요."(BTL002)

BTL005는 도시의 경쟁사회적 환경에서 벗어나고자 농촌으로 귀농하였듯이 그의 자녀교육관에서도 그러한 삶의 가치관이 녹아 있다. 학생 간 경쟁을 부추기며 학력신장을 목표로 하는 도시교육을 벗어나 자율적이고 창의적인 교육환경이 제공되고 있다고 생각하는 농촌학교에 자녀를 보내고 있다.

"아이들이 어렸을 때 귀농을 했으니까, 아이들 교육도 도시의 경쟁적인 환경에서보다는 공부는 조금 못하더라도 창의적으로 자기 역할을 했으면 좋겠다는 그런 의미에서 농촌이 더 나은 교육환경이라고 생각해요."(BTL005)

부모의 가치관이 자녀의 교육내용이나 학교선택에 영향을 미치고 있음을 알 수 있다. 교육환경에 대한 주관적인 인식이 개인의 가치관에 따라 달리 나타나고 있는 것이다. 개인주의적이고 경쟁사회에서의 성공을 지향하는 부모는 농촌학교에 대한 만족이 낮을 것이나, 공동체주의적이고 경쟁보다는 더불어 살아가야 된다는 의식을 지닌 부모는 도시학교보다는 농촌의 교육환경을 더 좋다고 평가할 것이기 때문이다.

BTL010은 도시에서 자란 아이들보다 농촌에서 자란 아이들의 만족도가 더 높을 것이라고 생각한다. 그 이유는 서로 경쟁을 하지 않기 때문이라는 것이다.

"시골 출신 애들은 경쟁을 하지 않기 때문에 자기 삶에 대한 만족도가 도시 아이들보다 더 크다고 봐요. 산내중학교, 아영중학교에서는 자살하는 일 없잖아요. 아마 개교 이래로 그런 일이 없을 겁니다. 성장기에 만족스럽게 살았던 아이들은 커서도 삶의 만족도가 높을 거라고 생각하죠."(BTL010)

지역학교에서는 경쟁을 부추기지 않고 아이들에게 자연을 접할 수 있게 한다고 인식하며 지역학교에 보내는 것에 대해 만족하고 있는 것이다. 그는 도시학교에서 발생하는 학교폭력문제나 자살도 학생 간 경쟁을 부추기는 도시학교의 특성에서 나온다고 생각한다. 그리고 경쟁에 내몰리지 않은 아이들일수록 삶의 만족도가 높아질 것이라고 단정한다. 그가 이렇게 주장하는 배경에는 자신의 삶의 가치를 자녀교육에 반영하려는 의지가 존재하기 때문이다.

BTL007은 자신이 지니고 있는 생태가치관이 자녀의 교육에도 영향을 미치고 있음을 보여준다.

> "저희 부부가 도시에 살면서도 아이들을 자연과 접할 수 있도록 노력했습니다. 평소에도 아이들에게 자연과 더불어 또 이웃과 더불어 상생의 삶을 살아가야 된다, 그게 우리 삶의 방식이고 삶의 목적이 된다고 자주 말했습니다. 그러다 보니까 엄마, 아빠가 귀농을 결정했다고 말했을 때도 자연스럽게 받아들인 것 같아요. 둘째 아이가 서울에서 지역학교로 전학해서 다니게 되었는데 지금까지 다닌 학교 중에서 가장 좋았다고 하더군요."(BTL007)

그는 도시에 살 때도 자녀들에게 생태가치의 중요성에 대해 인식할 수 있도록 배려하였고 그것이 자녀의 시골학교 적응에 도움이 되었다고 생각한다. 정착과정에서 자녀가 현지 학교에 만족하고 학교친구와 잘 어울리면서 생활하는 모습을 보며 부모가 정서적 안정감을 갖게 될 것임에 틀림없다.

BTL009는 귀농 후에 세 자녀의 교육을 고등학교 과정까지 홈스쿨링으로 해결하였다. 그가 귀농할 무렵 큰 자녀는 중학교 2학년, 작은아이는 중학교 1학년 그리고 막내는 초등학교 6학년이었다. 그가 세 자녀를 모두 제도교육에 의존하지 않고 홈스쿨링으로 자녀를 양육한 이유는 자신이 제도권 교육으로부터 얻은 것이 삶을 살아가는데 별 도움이 되지 못하였다고 생각했기 때문이었다. 그도 BTL007처럼 자녀들에게 자신의 생태가치관을 전파시키고 있는 것이다.

EPM004는 그의 아들이 농업과 관련된 공부를 해서 자신의 포도원을 물려받아 포도농사가 대를 이어 지속됐으면 좋겠다는 희망을 가지고 있다.

> "아들이 잘돼서 농업을 같이 하면 좋겠어요. 시골이 좋지 않습니
> 까. 범죄도 없고 경제적인 문제도 부지런히 일하면 해결될 수 있
> 고, 문화적인 것도 도시에 나가서 누리면 되는데 왜 굳이 도시에
> 서 살아요. 우리 부부는 아들이 농업대를 나와서 우리 일을 물려
> 받으면 좋겠다고 생각해요. 아이한테도 이 말을 했고요."(EPM004)

그가 이러한 욕심을 내는 이유는 도시 못지않게 농촌에서도 경제
적으로나 문화적으로 부족함 없이 살 수 있다고 믿기 때문이다. 그
의 현재 농촌생활이 이 점을 증명해주고 있는 셈이다. 그는 포도농
사를 해서 경제적으로 성공한 사람으로 이웃 사람들이 인정하고 있
다. 그가 농촌학교나 농촌환경에서의 자녀교육에 만족하고 있는 것
은 도시에서 살아본 경험과 귀농 후 생활을 종합해볼 때 현재의 삶
이 훨씬 더 가치 있는 것으로 인식하고 있기 때문이다.

EPM007은 주위의 많은 귀농자들이 자녀교육에 대해 걱정을 한다
고 말한다. 그렇지만 그는 전혀 그렇지 않으며 다른 귀농자들도 그
럴 필요가 없다고 비판한다. 그가 자녀교육에서 가장 중요하게 생각
하는 것은 자기가 하고 싶은 일을 스스로 찾게 하는 것이며 그중 농
업에 대한 관심을 갖도록 지도하는 것도 포함된다. 그가 농업에 종
사하여 경제적으로 안정되게 살아가고 있는 자신의 모습을 보고 그
의 자녀도 그와 마찬가지로 농업에 종사하면서 살아갈 수 있기를 희
망하는 것이다.

> "귀농한 사람들이 자녀교육을 많이 걱정해요. 저 같은 경우는 아
> 이들에게 농사를 하라고 얘기해주는 것이 가장 큰 교육내용일 테

고 애들한테 지가 좋아하는 것을 찾도록 하는 게 교육이라고 생각
해요. 그니까 꼭 공교육이 아니더라도 요즘 뭐, 대안학교를 가도
되고. 집사람도 대안학교를 원하는데."(EPM007)

　그는 농업을 가치 있는 일로 인식하게 되자 그의 자녀들에게 농업
을 계승했으면 하는 바람과 함께 농업에 긍정적인 인식을 갖도록 하
기 위해서는 자녀를 농촌환경에 노출되도록 하는 것이 유리할 거라
고 생각한다. 그래서 그의 자녀들이 제도권 교육 내에서 경쟁적으로
성장하기를 바라지 않는다고 했다. 그는 학교제도가 아이들의 장래
를 보장하지 않는다고 생각하며 도시로 자녀를 유학 보내는 것을 고
려해본 적이 없다. 그는 자녀 스스로 자기의 미래를 탐색하며 설계
하도록 이끄는 것이 가장 중요한 교육이라고 믿고 있다.
　EMP001은 그의 자녀를 고등학교 진학할 때 도시로 유학시켰다.
중학교는 지역학교를 나왔으나 지역고등학교는 대학진학에 적합하
지 않았다고 생각했기 때문이었다.

　　"남원에 있는 고등학교가 모든 면에서 낫다고 보죠. 거기는 기숙사
　　도 있고 선생님들이 잘 지도해주고 그러니까 좋죠. 저녁에 자율학습
　　도 있고, 독서실도 있으니까 공부를 많이 하게 되니까요."(EMP001)

　EPM001과 같이 농촌에서 자녀교육을 시키기에는 부족한 점이 많
다고 생각하는 EMP002도 농촌학교 학생들과 도시학생들과의 성적
의 차이를 가장 심각하게 받아들인다. 지역에 있는 학교는 학업경쟁
에서 도시학교보다 열등한데 그것을 학업에 필요한 지역기반이 부
족하기 때문이라고 생각한다. 지역에는 방과 후에 공부를 할 수 있는
학원이나 독서실 같은 것이 잘 갖춰져 있지 않다고 인식하고 있다.

"여기서 중학교 다닐 때만 해도 공부를 잘한다는 소리를 들었는데 고등학교를 전주로 보내니까 경쟁상대가 안 돼요. 학교에서 배우는 것도 중요하지만 학원에서 더 배워야 하는데 진안은 학원의 질이 떨어져요."(EPM002)

EPM008은 그의 자녀가 중학교에 입학하는 때가 되면 전주로 이주하여 살 것이라고 말한다. 그는 농촌학교에서 초등학교를 다니는 것은 그런대로 괜찮다고 생각하지만 중학교 이상부터는 도시학교가 더 좋을 것이라고 생각하는 것이다. 초등학교에서 교육은 경쟁사회에서 인생을 좌우할 만한 것이 아니지만 좋은 대학을 가기 위해서는 중학교부터는 도시학교에 다니는 것이 좋다고 생각한다. 자녀의 학업성적을 높이는 교육을 받기 위해서는 농촌보다는 도시가 더 유리하다고 인식하고 있음을 보여준다.

"아이들의 교육문제로 중학교나 고등학교에 다니게 되면 아내와 아이들은 가까운 전주로 나가서 살 예정입니다. 그때는 아마 저도 전주에서 출퇴근하면서 농사를 지을 수 있죠. 지금도 전주에서 출퇴근하면서 농사를 짓는 사람들이 있죠. 겨울에는 완전히 도시로 갔다가 농사지을 때는 와서 하시는 분들이 있어요."(EPM008)

귀농인이 자녀교육을 위해 갖는 태도를 농촌성과 관련시켜 볼 때 긍정적인 농촌성을 갖고 있는 귀농인은 그의 자녀를 농촌학교에 보내고 싶어 하는 경향이 있고 그렇지 않은 경우는 도시학교를 선호하는 경우가 많다. 귀농인이 농촌공간이나 농업에 대해 긍정적인 태도를 지닐수록 그의 자녀가 농촌 소재 학교에서 교육받기를 희망하는 것이다. 귀농인의 삶에 대한 가치관은 자녀의 교육과 같은 생활양식에 영향을 미치게 되는데 제도권 교육에 대한 인식 차이나 자신의 가치관을 자녀에게 전파하는 과정에서 가정교육의 내용이 달라진다. 부모가 경쟁사회에서 자녀의 생존을 고려하고 경쟁우위를 갖추도록 하기 위한 합리적인 수단으로 도시학교나 도시의 교육 관련제도들을 생각한 다면 자녀의 교육을 도시 소재의 교육기관에 의존하려고 한다. 반면에 자녀의 교육의 질이 경쟁사회에 편입되거나 편승되어 가는 것에 있기 보다는 자녀 스스로 어떤 가치관을 갖고 삶을 살아갈 것인가를 깨닫도록 하는 것에 있다고 생각하는 사람이 있다. 전자는 삶의 성공을 경제적 성공이나 신분의 상승과 같은 요소들을 중시하는 반면에 후자는 스스로 자족하며 만족하는 삶을 살아가는 것을 중요하게 생각한다.

이상과 같이 두 귀농인 집단의 지역사회 적응에 대해 여섯 가지 차원으로 나누어서 경험적 조사의 사례들을 중심으로 살펴보았다. 경제 목적 귀농인과 생태가치 귀농인은 각각 자신에 맞는 생활양식으로 적응해 살아가고 있지만, 일반적으로 전자보다는 후자의 생활만족도가 더 높다고 말할 수 있다. 지금까지 논의에서 개인의 가치이념이 농촌 생활에서 물적 기반, 사회적 관계에 영향을 미치게 되며 결국 생활양식의 차이로 나타남을 살펴보았는데 특히 가계재생산 전략, 원주민과의 협력관계, 지역생활 시설의 이용 그리고 자녀교육 등에서 후자는 전자보다 유리한 점이 많다는 것을 경험적 사례분석을 통해 밝혀보았다. 후자의 생활양식이나 삶의 지속성은 경제생활의 만족보다는 그의 가치이념에 좌우되는 데 반해 전자는 무엇보다도 경제적 욕구 충족이 선행되어야 지속적인 삶이 가능하다고 생각하기 때문에 현재 농촌경제 사정하에서 경제 목적 귀농인의 경제생활은 불안정하다. 더구나 귀농 초기에 귀농인의 가계소득은 매우 낮아서 가계재생산에 필요한 개별적 재생산 소득을 얻기까지는 많은 시간이 요구되는 것이다.

요약

요점
생활양식은 개인의 삶을 지배하는 가치관을 반영한다. 하물며 귀농인의 경제적 적응 생활도 귀농인 성격에 따라 달라진다. 그 밖에 자녀교육 적응, 지역편의시설 적응, 정서적 적응 등과 같은 여러 차원 등도 귀농인의 성격에 따라 차이가 있다.

사실
개인의 생활양식은 겉으로 드러나는 것이 있는가 하면 잘 드러나지 않는 것들이 있다. 따라서 생활양식에 대한 탐색은 사회과학자들의 관심거리였다. 사회학자 부르디외는 개인의 소비양태의 차이가 문화적 차별성을 드러내는 것으로 묘사하였는데 그것을 결국 차별화에 따른 이익을 추구하기 위한 계급적 전략으로 해석하였다.

주요 단어
농촌사회 적응, 가치관, 대인관계 적응, 가족관계 적응, 경제생활 적응, 지역시설 적응, 자녀교육 적응

생각해 보기
귀농 후 적응생활에 대해 차원 별로 자신을 스스로 평가해봅시다. 예비 귀농자라면 본문에서 제시된 사례들과 비교하여 자신의 현재 상태를 서술해봅시다.

CHAPTER

06

영농활동과 건강한 삶

농업에 대한 태도: 부모 세대와의 비교

산업화 과정에서 재촌자는 생업으로서 농업에 종사하였던 사람들이다. 1960년대부터 약 30년간 우리나라 농촌인구는 급감했다. 농촌에서 도시로의 이농현상은 농촌의 인구감소는 물론 인적자원의 도시유출을 초래하여 농촌사회에서 인력난을 가져왔다. 이런 가운데 재촌자는 도시로 나갈 수 없는 처지에 있었거나, 도시로 나가서 살 만한 직업적 적응능력이 없거나, 학력이 낮아서 직업을 구하기가 어려운 상태 등으로 자신을 규정하고 농촌을 떠나지 않았던 사람들이다. 따라서 재촌자는 자아존중감이 낮은 사람들일 가능성이 높다(문옥표, 2000). 1987년 전국적인 농촌조사의 결과를 보면 농촌에 살고 있는 95%가 여건이 된다면 이농하고 싶다고 응답하고 있는(김익기, 1991) 상황에서 오매불망 이농을 꿈꾸는 사람에게 그 욕구가 충족되지 않았다면 자책감은 높아졌을 것이다.

재촌가구주는 이농을 하고 싶어도 도시로 나가 살 만한 경제력이 없다는 것과 나이가 많다는 것, 그리고 도시에서 직업을 가질 수 있는 기술이 없다는 것 등으로 인해 농촌에서 삶을 지속할 수밖에 없었던 것이다. 도시로 이주하여 생업문제를 해결할 자신이 없는데다가 도시생활에서 겪을지 모를 소외감에 대한 두려움을 지니고 있었다(민상기, 1991). 재촌자가 도시로 나가면 할 수 있는 일이 없어서 고향에 그대로 눌러앉게 되었다고 자책할 경우 이농자에 비해서 정서적 열등감을 가질 소지가 있다. 성공한 도시이주자들과 현재 생활을 비교하게 되면 인생의 낙오자나 무능력자로 자신을 규정할 가능성도 있는 것이다.

농촌의 도시이주자 중에는 생활수준이 농촌에서보다 낮은 경우도 있으나 평균적으로 농촌보다 소득수준이 훨씬 높은 것으로 보고된 바 있다. 이런 소득수준의 차이는 물론이고 생활환경수준에서의 격차가 농촌에서 도시로 이주하는 주요 요인이 되었다. 1983년 농촌조사의 결과 농촌에서 도시로의 이주자들은 교통, 식생활, 자녀교육, 생활환경 등에서 나아진 것으로 평가하고 있는 것이다(이은우, 1995).

재촌자가 도시이주자보다 못한 삶을 살아왔다고 생각하게 된 배경에는 무엇보다 농촌경제 사정에 의한 경제적 불안정에서 찾을 수 있다. 재촌자가 도시이주자의 부동산 가치의 상승으로 인한 안정된 경제생활, 연금생활로 인한 노후문제 해결 등을 도시이주로 인한 효과로 인식한다면 상대적 박탈감은 더욱 커질 것이다. 산업화 과정에서 농업경제는 가계재생산을 위협할 만큼 열악하였다. 그리고 후기 산업화 시기라 할 수 있는 2000년대 이후에도 농산물개방에 따라 여전히 농업경제상황은 나아지지 않았다. 더구나 신자유주의적 대농육성 정책은 이농을 더욱 부추기게 되었으며 젊은이를 중심으로 한 대농층의 형성은 농촌사회의 양극화를 초래하였다. 반면에 과소화된 농촌인구의 대부분은 노령화된 인구집단이다.

경제적인 면에서 일부 대농층이나 특수작물을 재배하는 농가를 제외하면 대다수의 농가는 빈곤층이라 볼 수 있다. 특히 연령이 높은 가구주일수록 빈곤상태에 처해 있을 가능성이 높다. 경작규모가 작은 전업농이나 비상업적 작물재배 농가는 자가 소비 또는 자급적 영농성격이 강해서 현금수입원이 영농으로부터 조달되기 어렵기 때문에 농업노동과 같은 농업노동자의 성격을 지니고 있다. 이렇게 볼 때 영농규모가 작은 귀농자도 역시 이와 유사한 상황에 처할 가능성이 높다고 볼 수 있다.

산업화 이후 지속적으로 열악한 농업경제 환경이 개선되지 못한 현실에서 농민의 농업에 대한 인식은 부정적일 수밖에 없었다. 그리고 일반인도 '자녀가 농업에 종사하는 것을 찬성하지 않는다'는 입장을 보이며 농업에 대해서 부정적인 태도를 가지고 있었다.

그러나 다음과 같은 경우에는 농업을 합리적으로 생각하며 그것을 실천하려 들 것이다.

가. 경제적 가치보다는 이념적인 지향에 의해 영농을 하려는 사람
나. 상업적 영농에 의한 경제적 성공을 직접 경험하였던 사람이 영농을 권고하고 그것을 수용한 사람
다. 상업적 영농의 성공 사례를 보고 자신도 그것을 시도한다면 성공 가능성이 있다고 확신하는 사람

위에서 '가, 나, 다'를 모두 귀농인이라 가정하면 '가'는 생태가치 귀농인에 그리고 '나'와 '다'는 경제 목적 귀농인에 배태된 특징임을 알 수 있다. 모두 농업에 대해 긍정적이라는 점에서 우리 사회에서 평균적으로 나타나는 부정적인 인식과는 뚜렷한 차이가 있다. 이런

인식의 차이가 농촌사회변동에 어떤 영향을 미치게 될 것인가에 대한 논의와 관련하여 크게 두 가지 측면에서 살펴보는 것이 중요할 것이다. 첫째는 농업에 대해 긍정적인 태도를 가지고 있는 주체의 탈근대적 이데올로기에 대한 것과, 두 번째는 농업의 계승 가능성에 관한 것이다. 이 두 가지에 주목하는 이유는 한국 농업의 지속성과 발전 가능성에 대한 함의를 내포하고 있기 때문이다. 이 점에 대해서는 맨 마지막 장에서 논의한다.

경제 목적 농업

　농산물생산자가 가계재생산을 위한 생계수단으로서 영농을 하며 생산에 투입된 비용과 생산물의 판매에 따른 수입을 비교하고 계산하며 시장에서 요구되는 상품성에 따라 농법이 적용되어 이루어지는 영농을 '경제 목적 농업'이라고 말할 수 있다. 경제 목적 농업에 종사하는 사람은 경제 목적 귀농인의 경제생활에 대한 태도와 관련하여 다음과 같이 정의할 수 있다.

- ㉠ 농업생산물의 비용과 산출을 비교하고 그 결과에 따라 후속 경작물을 결정하는 사람
- ㉡ 어떤 농산물의 판매가격이 지배적 시장에서 선호되는 규격에 의해 결정될 때, 그에 맞는 농산물을 생산하기 위하여 요구되는 농법을 적용하는 사람
- ㉢ 단일작물의 재배로 인한 농업기술의 적용과 집적의 효용성을 고려하는 사람
- ㉣ 농산물의 시장출하의 효율성이나 농업기술을 전수받기가 용이한 특정 작물의 집단재배가 이루어지는 곳을 선호하는 사람
- ㉤ 생태가치와 자기 이해관계가 충돌할 경우, 생태가치를 부차적인 것으로 생각하거나 그것의 폐기를 정당화하려는 사람
- ㉥ 단지 영농을 생계수단으로 생각하는 사람

경제 목적 귀농인은 부의 축적과 같은 경제적인 성취를 귀농생활의 성공과 동일시한다. 정착지의 이웃들은 그를 도시생활에서의 실패자로 간주하는 경향이 있다. 특히 도시에서의 경제생활이 지속적이지 못하였고 경제생활에 파탄을 맞았던 사람이라는 사실을 알고 있는 이웃 사람들은 그를 무시하거나 인정하지 않으려 한다. 이러한 상황에서 경제 목적 귀농인이 이웃 사람들로부터 인정받기 위해서는 경제적인 면에서 성공을 보여줄 필요가 있다고 생각한다. 따라서 경제 목적 귀농인이 모든 자원을 동원하여 최대한 수입구조를 만들기 위한 노력에 경주하게 되면 농업도 돈을 벌기 위한 수단이 된다.

영농에 종사하는 경제 목적 귀농인은 농산물의 판매에 의해 생계를 유지해야 되기 때문에 농산물의 생산비용과 판매수입을 비교하게 되고 어떤 작물의 재배에서 최대 이윤이 발생할 수 있는지 탐색하게 된다. 그 결과가 다음에 경작해야 할 농작물을 결정하는 데 영향을 미치게 된다(㉠).

경제 목적 농업에서는 시장 친화적으로 규격화된 농산물을 생산하기 위하여 그에 알맞은 농법이 적용된다. 여기서 경제 목적 농업에서의 농법이라 함은 농업기술, 농약 그리고 생산시설 등이 시장지향적 농산물 생산의 효율성을 높이기 위해 적용되는 것을 말한다. 예를 들면, 해충을 퇴치하기 위하여 작물에 화학적 농약을 사용하는 것은 농작물의 성장장애를 해충으로부터 막기 위한 것이며 동시에 해충에 의해 외형이 변형된 농산물이 발생하는 것을 막기 위한 조치로 이해할 수 있다. 농산물이 모양, 색깔, 표피의 상처 등으로 인해 외형이 변형되면 시장에서 상품성이 떨어지기 때문이다. 그리고 잡초를 제거하기 위한 제초제의 사용은 노동생산성을 높이기 위한 것으로, 각종 성장촉진제 또는 성장호르몬의 사용도 생산성을 높이기 위한 농업기술의 적용으로 볼 수 있다. 또한 각종 과일의 색깔을 보다 선명하게 내기 위한 발색제의 사용[40]도 시장의 구미에 맞도록 규격화하려는 생산자의 노력의 일환이다(ⓛ).

단일작물 재배는 노동력을 절감하며 농업기술을 적용하거나 그 기술을 축적하기에는 다양한 농작물을 재배하는 것보다 유리하다. 따라서 상업적 영농을 하는 사람은 단일 작물 재배를 선호하게 되는 것이다(ⓒ).

경제 목적 귀농인은 '경제 목적 농업'이 집단적으로 이루어지는 곳을 선호한다. 이 지역은 특정 농산물의 재배가 집단적으로 행하여지고 있기 때문에 그 작물에 대한 재배기술의 습득이나 시장 출하가 용이하기 때문이다(ⓡ).

경제 목적 농업이 성행하는 지역에서는 일반적으로 시장 지향적 농산물의 생산이 주를 이루고 있기 때문에 생태농업의 발달이 제한될 가능성이 높다. 영농에 종사하는 경제 목적 귀농자가 농산물 생산과정에서 생산성을 높이기 위하여 또는 시장에 적합하도록 어떤 농법을 적용하는 것이 경제적 이윤추구에는 필수적인 요소이기 때문에 그것이 생태가치와 충돌할 경우, 자아중심적 환경태도를 보인다. 이 경우의 예로서 비닐하우스시설재배와 조기 출하 또는 철을 달리하여 농산물을 생산하고 희소가치에 의한 높은 수익을 올리려는 의도에서 시행하는 가온 재배형식을 들 수 있겠다. 일반적으로 생태가치 귀농인은 제철 농산물을 생산하려고 하며 시설이나 화석에너지를 이용한 가온 재배 형태의 영농은 생태 농업적으로 이해되지 않는다(ⓜ).

생태가치 귀농인과 경제 목적 귀농인의 영농에 대한 태도는 상대방에 대한 이해에서도 차이가 나타난다. 생태가치 추구적 농업을 지향하는 귀농인은 경제 목적 농업에 종사하는 귀농인을 두고 말하기를 '농촌에서 돈을 버는 기계'라고 단정하고 그럴 바에야 '도시에서 돈을 벌면 더 좋지 않겠는가' 하는 못마땅함을 표시하기도 한다. 반면에 경제 목적 귀농인은 생태가치 귀농인에 대하여 '영농기술에 익숙하지 못하고 농산물의 소출을 높이기 위한 노력을 게을리하는 사람'으로 단정지을 수 있다. 경제 목적 농업에 종사하는 사람이 보기엔 생태가치 추구적 농업인이 잡초 제거를 소홀히 한다거나 작물의 성장에 필요한 비료를 충분하게 투입하고 있지 않은 것을 게으름으로 폄하하고 있는 것이다.

EPM001은 생태가치 추구적 농업을 하고 있는 사람들이 화학적 농약을 사용하지 않는 대신에 다른 방법으로 해충에 대응해야 하는데 그러하지 못하여 농사를 망치게 된다고 생각하고 있다. 그가 농사하는 방식과 자세로 그들도 부지런히 일을 한다면 농작물의 병충해 피해를 막을 수 있고 그 수확량도 증가할 것으로 기대되지만, 근본적으로 생태 농업을 하는 사람들은 게을러서 그러한 노력을 하지 않기 때문에 그 수확량은 평균에도 미치지 못한다고 생각한다.

> "유기농업을 하는 사람들은 열심히 농사일을 하지 않아요. 예를 들어서, 유기농으로 뭔가를 한다면 벌레를 잡는다든가, 퇴치를 확실히 해야 하는데 그런 노력을 안 하죠. 그러니까 수입이 떨어지는 거예요. 그리고 보편적으로 좀 게을러요."(EMP001)

EPM003은 귀농한 것을 두고 자기 인생에서 최고로 잘 내린 결정이라고 확신한다. 좀 더 젊었을 때 귀농했으면 좋았을 거라고 때늦은 후회를 한다. 그는 농촌에서 돈을 벌 수 있는 일이 많다고 생각하기 때문에 '농촌이 블루오션이다'라고 표현하고 있는 것이다. 농업을 적합한 생계수단으로서 인식하며 다양한 농업 분야에서 귀농인이 할 수 있는 일들이 많다고 생각하는 것이다(ⓑ).

> "저는 귀농이 내 인생에서 최고의 선택이었다고 생각해요. 사람들이 농촌에는 문화시설이 없어서 그리고 뭐가 없어서라고 말하는데 사실은 그렇지 않거든요. 진짜 조금만 불편함을 참는다면. 이제 와서 생각하면 조금이라도 젊었을 때 내려왔으면 제대로 된 일을 하고 있지 않았을까. 저는 그게 후회스러워요. 차라리 대학을 졸업하고 고시공부를 하지 않고 바로 내려왔으면 하는 아쉬움이 있죠. 무슨 일이든지 농촌에서 할 수 있어요. 일이 뭐, 한두 가지가 아니니까. 진짜 농촌이 블루오션이다. 이만큼 희망이 있는 곳이 없다고 생각해요."(EPM003)

EPM003은 귀농할 당시 19만 원을 가지고 왔다고 고백하였는데 거의 빈털터리로 온 거나 마찬가지였다. 처음에는 생활비를 얻기 위하여 건축 공사판에 나가서 보조 일을 하기도 하였으나 그러한 일을 일시적인 것으로 생각하였다. 주위 사람들로부터 수입이 될 만한 농사거리에 대한 정보를 얻었고, 새로운 농사를 시도하다 보니 점차 농산물 가짓수가 증가하게 되었다. 그는 쉬지 않고 열심히 일을 하는 사람이라고 스스로 인정한다. 그러나 타인이 자기를 '너무 욕심을 많이 낸다'라고 하는 평가에 대해서는 수긍하지 않는다. 귀농해서 무일푼으로 살아가려면 소득이 될 만한 것들을 닥치는 대로 시도해보고, 거기에 매달려 열심히 노력해야만 했던 것이 자신이 할 수 있는 유일한 선택이었다는 것이다.

언젠가 EPM003이 귀농 예비자들을 위한 강연에 초청을 받아 자신의 귀농 경험담을 들려줄 기회를 갖게 되었다. 귀농해서 열심히 농사를 해왔던 지난날의 경험을 귀농교육을 받고 있는 사람들에게 전하게 되었는데, 강연이 끝난 후 서울에서 온 한 경청자가 다음과 같은 질문을 하였다고 한다. '당신이 귀농 후 열심히 농사해서 살아온 것은 인정하겠는데 그렇게 살아가는 것은 도시에서의 삶과 별반 차이가 없지 않은가'라는 반문이었다. 아마 이것은 도시의 삶이 자신을 쉴 새 없이 무엇을 하도록 만드는 삶이었다면 농촌에서의 삶은 그와 다른 방식으로 살아가야 되지 않겠는가라는 경청자의 입장을 밝힌 것이리라. 그는 이 사람에 대해서 그와 다른 삶의 태도를 지니고 있는 사람으로 생각하였다.

EPM003은 현재의 농산물가공업을 확대할 계획이다. 그는 스스로 역량을 강화하기 위하여 지역의 혁신대학 1년 과정을 마쳤다. 2013년에는 한국벤처농업대학에 입학하여 농업과 관련된 선진기술을 배우고 농업에서 성공한 CEO들의 경험담을 들을 수 있을 것이라는 기대를 나타냈다.

> "제가 가서 배우려는 학교는 금산에 있는 한국벤처농업대학인데요. 실상사귀농학교처럼 자급자족하고…… 안빈낙도하는 삶을 추구하려는 사람에게는 어울리지 않는 학교예요. 우리나라에서 성공한 농업인이나 규모 있게 농사하는 사람이 오는 학교입니다. 한마디로 선진 농업인의 기술이라든가 성공 사례를 통해 농사짓는 사람들에게 부농이 될 수 있도록 농사기술에서 마케팅까지 교육을 하는 곳이죠."(EPM003)

한국벤처농업대학은 지역의 귀농학교와 성격이 완전히 다르다고 한다. 지역 귀농학교가 생태가치를 강조하는 커리큘럼으로 구성되어 있는 반면에 한국벤처농업대학은 부농을 꿈꾸는 농부에게 이미 성공한 사람들의 경험과 기술을 전수해주는 곳이라고 한다. EPM003은 생태가치 귀농인을 가리켜 '안빈낙도'하려는 사람으로 인식하고 있으며, 자신과 같은 경제 목적 귀농인의 성격과 구별된다고 말한다.

EPM006은 귀농학교를 마치고 상업적 영농을 하기에 유리한 곳을 찾았다. 그곳은 토마토가 집단적으로 재배되고 있었기 때문에 그와 관련된 농사기술을 배우기 용이한 환경이라고 생각하였다. 그리고 기존의 농산물 유통조직을 활용하면 판매에 따른 어려움도 없을 것이라고 판단하였다. 그는 귀농 첫해 마을 사람들로부터 임차한 답 4,000평에 친환경으로 벼농사를 시작하였다. 그리고 이듬해 토마토농사를 하게 되었는데 그 재배기술은 이웃 사람들로부터 배울 수 있었다. 그는 영농후계자가 되면서 영농자금을 받게 되자 토지를 구입하고 토마토를 재배하기 위한 시설을 만들었다. 그 뒤로 비닐하우스 재배시설을 늘려 상추도 재배하였다. 비닐재배에서는 겨울철에 작물이 얼지 않고 성장할 수 있도록 일정 온도를 유지해야 하기 때문에 연료비가 많이 든다고 한다.

EPM006은 다양한 작목을 재배하여 농업소득을 증가시키려고 노력하였다. 벼, 토마토, 상추 그리고 딸기 등 주로 환금성이 좋은 작물을 위주로 농사를 하고 있어서 농업소득이 높은 편이다. 그의 아내와 함께 농사일을 하고 있는데 육체적으로 힘은 들어도 정서적으로는 편안하고 자유로운 생활을 하고 있다고 생각한다.

> "농사일이 육체적으로는 힘들어도 정신적으로는 자유로워서 제일 좋죠. 처음 농사를 시작하면서 씨 뿌리고 그 새싹이 올라오는 게 신기하더라고요."(EPM006)

시설농업은 농업노동력이 많이 투입되기 때문에 부부의 노동력으로 꾸려가려면 온종일 쉴 새 없이 일을 해야만 하는 어려움이 따른다고 말한다. 그럼에도 불구하고 열심히 일을 할 수 있는 것은 경제적 보상이 만족스럽기 때문이다.

EPM007은 귀향 초기에는 그의 부모님의 농사를 돕는 입장에서 점차 주도적으로 농사일에 참여하고 있다. 그리고 새로운 농법에 대한 시도나 새로운 작목의 선택과 도입에 따른 의사결정에서 그의 역할이 점점 커지고 있으며 영농규모도 점차 늘려나가고 있다.

> "논이 한 28마지기(5,600평) 정도 됐는데 그중에서 1,000평을 사과밭으로 만들었어요. 그리고 논을 2,000평 새로 사서 포도를 심었어요. 이 논을 살 때 집사람이 도시 직장생활에서 벌은 돈으로 했어요."(EPM007)

EPM007과 같이 귀향하여 부모님과 같이 협력해서 농사를 하는 경우 농사규모를 확대할 가능성이 높다. 농업노동력이 증가하였기 때문에 그에 맞게 영농규모를 확대하려는 것이다. 그리고 젊은 노동력의 유입은 기존의 영농체계를 변화시키게 된다. 주로 경종농업에 치우쳐 있는 기존의 농업에서 상업농 체계로 전환하려는 욕구가 젊은 노동력의 유입으로 구체화되는 것이다. 영농체계의 변화를 촉진하는 요소로서 젊은 농업인은 새로운 농업기술을 도입하려고 하며 그에 따른 학습에 적극 동참하고 현장 적응도 빠르다. 이러한 혁신기술의 도입과 수용은 무엇보다도 새로운 작물의 채택에 따른 경제적 보상에 대한 기대와 전통적 기술을 극복하고 농업기술적으로 우위성을 가짐으로써 얻게 되는 타인으로부터의 인정을 기대하기 때문이다.

EPM007이 귀농 후 포도농사에 대한 새로운 기술을 배우고 그것을 농사에 적용하게 되자 그의 아버지가 해왔던 농사기술은 낙후된 것으로 여기게 되었다. 그래서 아버지에게 새로운 농사기술을 알려주었지만 그것을 잘 수용하지 않는 것에 대해 안타깝게 생각하였다. 다시 말하면 그가 배운 새로운 포도재배기술을 적용하면 포도의 수확량이 증가하게 되어 수익이 늘어나게 되는데 그의 아버지는 그 기술을 실제 농사에 적용하지 않는다는 것이다. 이러한 일은 그에게 스트레스를 주는 것이기도 해서 가끔 아버지와 이것을 두고 갈등을 겪기도 한다는 것이다.

> "포도밭 일을 할 때 보면 아버지는 옛날에 하시던 대로 해요. 논농사에 관해서는 제가 잘 모르니까 아버지가 하라는 대로 하거든요. 그러나 포도재배기술은 제가 더 나아요. 그래서 새로운 재배기술의 원리가 이러저러하니 기존에 알고 있는 재배법보다 낫다고 해도 실제로는 실행하지 않아요. 시골 분들이 원래 남의 말 잘 안 듣는 게 있어요. 아버지가 관리하시는 포도밭하고 제가 관리하는 포도밭의 수확량을 비교해보면 천지 차이가 나요."(EPM007)

EPM007이 귀농 후에 빨리 적응할 수 있는 이유는 두 가지가 있다. 첫째, 부모가 농사를 하고 있었기 때문에 생산기반을 공유할 수 있었음은 물론 농사기술을 쉽게 전수받을 수 있었고, 둘째는 부모가 적응하기 전까지 경제적인 지원을 하였기 때문이었다.

> "농사에 대한 두려움은 별로 없었어요. 아버지는 농사꾼이셨기에 저는 따라만 가도 된다고 생각했죠. 처음에 돈이 없어서 아버지께서 가지고 계신 통장을 제가 사용했거든요."(EPM007)

생산수단으로 중요한 농지를 확보하기에는 귀향 귀농인이 무연고의 귀농인보다 유리하다. 부모나 형제로부터 상속받을 가능성이 있고 경작규모를 확대하기 위한 농지임차에도 유리하다. BTL007과 같이 고향이 아닌 지역으로 귀농한 사람은 고향으로 귀농한 사람보다 농토를 임차하기가 어렵다. 특히 귀농자가 많이 유입해오는 지역이면 더욱 그러한 현상이 심화될 것이다. 같은 마을 내에서 귀향을 한 귀농인과 그 마을과 연고가 전혀 없는 귀농인 간에 어떤 농지를 두고 임차 경쟁을 한다면 귀향 귀농인이 더 유리할 것이다. 왜냐면 귀향 귀농인은 그의 부모나 형제 그리고 자신이 마을 사람들과의 상호관계를 유지하고 있었기 때문에 신뢰관계가 형성되어 있다고 볼 수 있지만 지역연고가 전혀 없는 이방인과 같은 귀농인은 그렇지 않기 때문이다.

> "2,000평의 경작지 중 대부분은 묵밭(밭이 지속적으로 경작되지 않아서 관리가 제대로 되지 않은 묵은 밭을 무상 임대했고 논 2마지기는 도지를 주고 빌렸습니다. 제가 농지를 구할 수 있었던 것은 몇 년 묵었던 밭이었기 때문에 제가 경작할 수 있었고요, 좋은 농지는 제 차례가 돌아오지 않죠. 제가 경작하고 있는 밭은 산으로 한참 올라가서 기계가 들어오지 않고 나이 드신 분이 걸어 다니기 불편한 그런 곳을 제가 일구었어요. 또 한 군데는 제가 벌초를 해주는 대신으로 밭을 경작하고 있어요. 제 소유의 농지는 없고요. 논을 임차하려 해도 저희 마을에서는 불가능하여 친구가 자기가 짓는 논 중에서 2마지기를 내가 한다고 하니까 떼어서 준 거죠."(BTL007)

EPM007은 자기가 살고 있는 지역으로 귀농한 사람들과 이웃해 있는 다른 행정 면에 살고 있는 사람들 간에는 큰 차이가 있다고 말한다. 자기가 살고 있는 곳으로 귀농한 사람들은 경제적인 면에 치

중해서 부지런히 일을 하는 데 반해 타 지역(이웃해 있는 다른 행정
면)으로 귀농한 사람들은 돈을 버는 데 관심을 두지 않고 자신들의
가치관에 따라 돈보다는 다른 어떤 것에 매달리고 있다는 것이다.

"산내에 살고 있는 귀농인들은 경제적인 이념에 대한 개념이 적어
요. 개념이라기보다 그것을 성취하려는 욕구가 적고 동기가 적으
니까 노력이 적겠죠. 여기서는 그렇지 않아요. 경제적인 농업을
원하는 거예요. 저분들이 친환경적인 농업을 원한다면 여긴 경제
적인 농업을 원하는 거죠. 가치관 차이일 텐데 땅을 잡아서 작물
아이템을 딱 잡아서 돈을 벌고 그래야 먹고살 거 아니에요? 근데
그 사람들은 그게 아니라니까요? 안 먹고살아도 돼. 꼭 그렇게 돈
안 벌어도 돼. 그렇게 생각하더라고요. 생각의 차이가 커요. 경제
성을 추구하지 않는 친환경 마니아들도 있어요. 그리고 문화적인,
공동체적인 가치를 두는 사람들도 많고 그래서 실상사 농장에 들
어가서 공동체적인 꿈을 실현하는 사람도 있어서 공동체 생활에
서 어떻게 하면 공동체를 잘 꾸려나갈까? 이런 연구하고 계속 고
민하고 사람들하고 어울려서. 우리 같으면 일을 하는 최소비용을
들여서 최대효과를 내는 것을 바랄 텐데, 진짜 이성적이라면 그렇
게 해야 하는데 그것은 두 번째 문제고, 그 사람들은 공동체를 어
떻게 꾸려나갈까 하는 게 많아요."(EPM007)

그는 이성을 가지고 있는 사람이라면 경제성을 추구해야 마땅한
노릇인데 경제성을 추구하지 않는 사람들을 비이성적이라고 생각한
다. 농사는 합목적적인 것을 지향해야 하는데 그렇지 않고 생태가치
를 추구하는 농업이야말로 비합리적이라는 지적이다. 그는 친환경농
업을 경제성을 추구하지 않는 농업으로 이해하면서, 경제성을 추구
하는 자신의 농업방식과 차별적임을 설명하고 있다.

EPM007은 귀농해서 경제적으로 안정적인 생활을 하는 사람들을
잘 살펴보면 작물선택을 잘했기 때문이라고 말한다.

> "그러니까 돈을 썩 잘 버는 사람들이 있죠. 어떤 사람들이냐 하면
> 아이템을 시기에 잘 맞추는 사람. 상추 같은 거 잘해서."(EPM007)

작물을 잘 선택하였다 함은 해당 작물의 수확과 출하 시기에 그것
의 시장가격이 높아서 돈을 벌게 된 경우를 가리킨다. 사실 이러한
선택에 따른 경제적 보상은 어떤 과학적인 정보나 기술에 의해서라
기보다는 우연적으로 이루어지는 경우가 많다. 농촌 지역에서 경제
적 보상의 차이는 작물의 선택과 투자에 의해 결정되는 경우가 많은
것이다(김홍주, 2001).

EPM007은 자신의 목표를 경제적으로 윤택하게 사는 것이라고 했
다. 그리고 포도농사에 관해 좀 더 기술을 익히고 이 분야에서 일인
자가 되고 싶다는 희망도 가지고 있다.

> "앞으로 경제적으로 더 윤택해졌으면 좋겠어요. 그리고 더 멋진
> 포도농원을 가꾸고 싶어요. 최고의 포도나무를 만드는 게 꿈이기
> 때문에 기술적으로 여러 가지를 시험해봐야죠. 최고의 기술과 최
> 고의 나무, 최고의 품질 이게 목표죠."(EPM007)

EPM006은 농사규모가 커지면 친환경농법을 적용하는 데 한계가
있다고 말한다.

> "너무나 생태적인 것을 강조하다 보면 경제적인 면과 갈등이 좀
> 있더라고요. 농사규모가 어느 정도 커지면 생태하고 거리가 멀어
> 져요. 처음 농사를 시작해서 그 규모가 작을 때는 미생물을 채취해
> 서 적용해보기도 했는데 규모가 늘어나니까 어려워져요."(EPM006)

영농규모가 작을 때는 유기농법을 적용하여 농사를 지을 수 있겠지

만 그 규모가 커지다 보면 그 농법으로 농사하는 것이 어렵게 된다는 것이다. 생태농업에 있어서 영농규모는 제한될 수밖에 없다는 것과 영농규모가 큰 경제 목적 농업에 있어서 친환경농법을 적용하는 데에는 한계가 있다는 것이다. 즉, 생태가치 추구적 농업과 같이 친환경농법을 적용하면 농업노동력의 투입이 증가하게 되고 그것은 생산비의 증가를 야기시키기 때문에 시장 적합적 농법이 될 수 없다는 것이다.

생태가치 추구적 농업

'생태가치 추구적 농업'의 영농종사자는 생태가치 실현을 위한 하나의 활동으로 영농에 참여하게 되고 그로 인한 생산물의 결과를 평가할 때 투입과 산출을 정확하게 계산하는 합리성이 결여되어 있다. 그는 영농활동 그 자체에 가치를 두고 있기 때문이다. 이 부류에 속하는 사람은 보통 노동의 생산성을 따지지 않는 경향이 있으며 생태농법 또는 친환경농법으로 농사를 짓는다. 농사규모는 자급적인 수준을 유지하는 편이고 약간의 잉여 농산물을 사적인 관계망을 통해 판매한다. 이들은 농업소득으로 충족되지 않는 가계비의 일부분을 농업 외 소득으로 충당한다. 농업은 생태가치 실현의 수단으로 경영되며 그것을 통해 정서적인 만족감을 얻으려고 한다. 따라서 생태가치 추구적 농업인의 영농은 목적합리적이라기보다는 가치합리적인 면이 강한 것이다. 영농의 결과인 농산물의 판매수입과 투입비용을 합리적으로 계산하여 다음의 영농계획에 반영하는 것이 아니라 그에게 보다 중요한 것은 생태농법의 적용에 충실하였는가의 여부이다.

어떤 농가의 가계재생산에 필요한 현금의 대부분이 농업생산물의 판매에서 발생하는 경우를 가리켜 '경제 목적 농업'의 전형이라 말할 수 있다. 그러나 경우에 따라서는 영농의 규모가 작아서 전체 가계비 중 농업생산물의 판매에서 차지하는 비율이 적더라도 농산물의 판매에 의한 수입과 농산물의 생산에 투입된 재화를 합리적으로 계산하는 경우는 여기에 포함된다. 이 사람에게는 손해를 보는 농사는 짓지 않는다는 신념이 작용한다. 따라서 영농에서 적용되는 농법은 소득 면에서 유리한 영농방법을 선택하게 되며 반드시 생태농법 또는 유기농법[41]을 고수하지 않는다. 경제 목적 농업에 종사하는 귀농인이 생태가치를 지니고 있으며 유기농법을 선호한다고 하더라도 자신의 경제적 이익을 고려해볼 때 유기농법이 불리하다고 생각하면 관행농법을 선택하게 되는 것이다. 이와 같이 자기중심적인 환경행동이 영농활동에서 나타나는 경우에는 '경제 목적 농업인'에 속한다고 말할 수 있다.

경제 목적 농업은 영농작물의 선택과 영농방법이 '시장 지향적'이다. 여기서 '시장 지향적'이라 함은 영농활동이 지배적인 시장체계에 편입 또는 동화되는 것을 말한다. 영농수입을 극대화하기 위하여 환금성이 높은 작물을 선택하고 시장에서 요구하는 농산물의 규격화에 대응하기 위해 관행농법을 선호한다. 현재 귀농인을 위한 정부의 지원정책이 생산주의적 농촌성에 기초하고 있기 때문에 농업경영에 있어서 필요한 자원이나 수단을 동원하는 데 경제 목적 농업인이 생태가치 추구적 농업인보다 유리하다. 생태가치 추구적 농업인은 영농작물의 선택과 영농방법이 '비시장 지향적'이다. 그는 시장상황을 고려하여 작물을 선택하지 않으며 시장에서 요구하는 규격화된[42] 농산물을 생산하는 데 부적합한 영농방법을 채택한다. 그가 생태농법을 적용하여 생산한 농산물은 일반적인 농산물 시장에서 거래 시 가격비교우위 면에서 취약하다. 이러한 비규격화된 농산물은 특히 외형적인 면에서 불리하기 때문에 도매시장의 중간도매인으로부터 외면을 당하기 쉽다. 그래서 생태가치 추구적 농업에 의해 생산된 비규격화된 농산물은 지배적 시장체계로부터 배제될 가능성이 높기 때문에 사적인 연결망을 통해 유통되는 경우가 많다.

이제 두 귀농인 집단의 영농목적에 대한 수단을 고려한 농업적 특성을 다음과 같이 정리할 수 있다.

ⓐ 경제 목적 귀농인은 가계재생산에 필요한 경제적 수단을 합리적으로 구성한다. 예를 들면, 영농을 하는 경제 목적 귀농인은 상업적으로 유리한 작물을 선택하고 그 생산물로부터 최대 이윤이 발생할 수 있을 것으로 기대하며, 그것이 시장의 욕구에 맞도록, 즉 판매에 유리한 조건의 생산물을 만들기 위하여 온갖 농업기술적 요소를 고려하며 적용한다. 이러한 경제적 원리는 농산물 가공업을 하는 귀농인에게도 똑같이 적용된다. 경제 목적 귀농인은 가계재생산을 위한 경제적 수단의 효율성을 계산한다.

ⓑ 생태가치 귀농인은 가계수입을 위한 자원들을 생각하기에 앞서 생태가치 실현을 위한 수단을 고려한다. 영농 시 경제적 효율성을 생각하거나 시장에서 생산물의 유통을 고려하여 그에 적합한 농업기술을 적용하지 않는다. 왜냐하면 그는 농업생산물의 질이 시장에서의 가치에 의해 결정되는 것이 아니라 순전히 경작자가 생태적 농법을 얼마나 충실하게 적용했느냐에 따라 결정될 수 있는 것이라고 생각하기 때문이다. 생태가치 귀농인의 영농규모는 생태적 농법으로 자가 노동력을 활용할 수 있는 범위 내에서 제한된다. 따라서 영세한 영농규모로 인하여 그리고 상업적 작물의 재배를 기피함으로써 가계재생산의 문제에 봉착하게 되면 농업 외의 부문에서 가계수입을 보충하게 된다. 이같이 생태가치 추구적 농업의 목적이 일차적으로 가계재생산에 있지 않으며 오히려 그것을 통해 생태가치를 실현하려고 한다. 여기서 영농인은 농업을 생계수단으로서 중요하게 생각하기보다는 생태가치 실현을 위한 수단으로 이용하려는 것이다. 즉, 생태적 영농의 실천을 생태가치 실현과 동일시하고 그것으로부터 정서적 만족을 얻으려 한다.

앞에서 언급한 ⓐ의 경우에 귀농 초기에는 다양한 생산수단을 도입하게 되지만 가구당 농업규모가 커질수록 상업적으로 유리한 작물재배로 단작화되거나 생산수단이 단일화되는 경향이 있다. 반면에 ⓑ의 경우에 있어서는 농산물이 시장 지향적이지 못하고 자가 소비의 성격이 강하기 때문에 그 종류가 다양하고 시장에서 유통되는 농산물의 규격에 맞지 않는 경우도 빈번하다. 따라서 이러한 농산물은 지배적인 시장에서 유통되기 어렵고 소규모로 사적인 인맥을 통해 거래되는 경우가 많다. ⓐ는 경제 목적 귀농인의 특성을, ⓑ는 생태가치 귀농인의 성격을 일정 부분 반영하고 있다고 볼 수 있다.

생태가치 추구적 농업은 영농 그 자체를 생태가치 실현으로 생각하는 사람이 생태적 농법을 적용하여 작물을 경작하거나 가축을 사육하는 것을 말한다. 생태가치 추구적 농업은 다음과 같은 특징을 지닌 사람에 의해 실현된다.

㉮ 영농의 결과보다는 영농과정에 적용하는 생태적 농법에 더 관심을 두는 사람
㉯ 생태적 농법에 의한 농업은 인력이 많이 소요되므로 영농규모를 늘리는 데 한계가 있다고 생각하는 사람
㉰ 생태적 농법이 다른 어떤 농법보다 생태계에 충격을 덜 준다고 생각하는 사람
㉱ 자신이 생태적 농법을 적용하여 농사를 짓는 것이 생태계를 보존하거나 생태계 복원에 일조를 하게 될 것이라고 생각하는 사람
㉲ 생태적 농법을 적용한 영농활동을 통해 생태가치를 실현하려는 사람

앞에서 생태가치 추구적 농업을 하는 사람의 특징을 생태가치 귀농인의 성격과 관련하여 발생적으로 정의하였다. 생태가치 귀농인은 생태가치 추구적 농업을 할 가능성이 높다. 그는 생태농법을 적용하

여 농사를 짓는 것이 곧 생태가치를 실현하는 것이라고 생각하기 때문이다. 그런데 현실적으로 귀농인이 생태가치 추구적 농업으로 가계재생산이 가능할 정도의 영농규모를 유지하기가 어렵다. 왜냐하면 자기 노동력으로 생태적 농법을 적용하여 농사를 짓는 데는 영농규모의 한계가 있기 때문이다. 그리고 그가 자가 노동력의 범위를 넘어서서 외부의 노동력을 이용한다고 하더라도 가계재생산이 가능한 범위 내에서만 영농규모를 확대할 것이다. 특히 노동력의 구입에 따른 비용이 증가함으로써 가계경영에 부정적인 영향을 미치거나 자가 소비규모 이외의 생산량을 처분하는 상황에 이르면 외부노동력을 동원하지 않을 가능성이 있다. 더구나 농업기술이나 자본이 부족할 경우에는 자가 노동력으로 가능한 영농규모로 제한될 것이다.

BTL001은 귀농인이 가급적 자신의 먹을거리를 손수 영농을 통해서 얻는 것이 바람직하다고 생각한다. 그리고 영농활동은 생태가치 실현과 관련된다고 말한다. 생태농법을 적용한 농업은 생태계를 보존하는 데 중요하다는 것이다.

"기본적으로 내가 먹을 거는 내가 가급적이면 키워서 먹는 게 좋겠다는 생각이 첫 번째죠. 그리고 영농은 생태가치 실현과 분명히 관계가 있죠. 생태가치를 갖고 있어도 농사짓지 않을 수도 있어요. 도시에서 살면서도 생태적으로 가치 있게 살 수 있는 것처럼."(BTL001)

BTL001은 생태농법을 적용하여 영농을 하는 것 자체가 생태가치 실천과 관련이 있다고 생각한다.

"자기가 갖고 있는 생태가치하고 자기가 선택하는 직업이 연관되면 제일 좋겠죠. 저 같은 경우에는 기본적으로 주 직업이 농사니까 생태하고 관련이 있다고 봅니다. 다른 직장이 꼭 농사가 아니더라도 생태와 관련해서 일을 할 수 있다고 봐요. 생태가치관을 갖고 있어도 직업은 돈이 필요해서 하는 일이고 생태하고 전혀 관계없는 일을 할 수도 있죠. 어떤 직업을 가지든 생태가치를 일상생활을 통해 실천할 수 있다고 봐요. 먹고사는 게 기본이 되어야 하니까, 아무리 생태가치를 갖고 있더라도."(BTL001)

생태가치 실현은 반드시 영농을 통해서 가능한 것이 아니라 다른 직업을 갖고도 가능하다고 추측하지만 귀농인의 직업이 생태가치 실천과 관련된 것이라면 더 없이 좋을 것이라고 자신의 생각을 정리하고 있다. BTL001은 농업에 종사하고 있는 자신을 생태가치 실현과 관련시켜서 말하고 있는 것이다.

BTL001은 논과 밭을 합쳐서 2,000평을 경작하고 있는데 더 이상 그 규모를 늘리지는 않을 것이라고 말한다. 그 이유는 현재의 영농 규모가 생태적 농법을 적용하여 자신이 혼자 감당할 수 있는 적정수준이기 때문이다.

"지금 현재 논 1,000평, 밭 1,000평 농사하는 건데, 그 정도로 계속 유지해야 할 것 같아요. 더 늘릴 생각은 없어요. 일단 환경 농업 쪽으로 하려면 더 규모를 늘리면 도저히 저 혼자 관리하기가 힘들어요."(BTL001)

BTL001은 농사를 짓는 것이 단순하게 식량문제를 해결한다는 의미뿐만 아니라 농사활동 자체가 인간을 정서적으로 안정되게 하며 자연에 대한 경외심을 갖게 하는 기능을 갖고 있다고 주장한다.

"전 지구적으로 봤을 때 농사짓는 사람이 많을수록 좋다고 생각해요. 식량은 각자 생산해서 소중하게 먹는 게 참 중요하다고 생각하고요. 또 현실적으로 식량문제도 여러 가지 위기사항이잖아요. 그리고 좀 더 안전한 먹을거리에 대해 생각을 할 때도 그렇고. 그리고 농사짓는 삶이 좀 더 인간적으로 사람이 풍부해지는 것 같아요. 생명의 어떤 고마움도 알게 되는 것 같고 여러 가지 인간성이 좋아진다 그런 가능성이 많은 것 같아요."(BTL001)

BTL001의 생각을 살펴보면 생태 이데올로기는 생태계파괴를 최소화할 수 있는 영농방식의 실현, 인간성 회복, 자연에 대한 경외심, 그리고 자연과 인간의 공존 등의 내용을 포함하고 있다. 따라서 그는 가능한 많은 사람들이 농업에 종사하면 좋겠다는 희망을 품고 있다. 사람들이 영농 활동을 통해서 생태적 이데올로기를 갖게 되고 그것이 지속적으로 실천된다면 생태계와 인간은 공존할 수 있다고 생각하는 것이다.

BTL006은 벼농사를 하고 있는데 그것으로부터 얻는 수익은 매우 적으며 대부분의 생활비는 건축 일을 통해서 얻고 있다. 그렇지만 그는 대안적인 삶의 방식의 하나로 농업을 중요하게 생각하고 있다.

"자본주의 속에서 정말 왜 농사를 지어야 되는지에 대해서 근본적인 생각과 올바른 시각을 가지지 않는다면 농사는 힘들고 돈도 안 된다고 생각하여 그만두게 됩니다."(BTL006)

그는 자본의 논리로는 유기농업이 지속될 수 없다고 단정한다. 유기농업은 많은 노동이 투입되어야 하는 반면에 그 수입은 관행농업에 비해서 떨어지는 편이기 때문에 농사의 중요성에 대한 가치관이 없다면 지속 가능하지 못하다는 것이다. 그에게 농업은 삶의 수단

또는 생계수단으로서 농업이 아닌 생태가치를 추구하기 위한 수단으로서의 농업의 의미가 더 크다고 볼 수 있다.

> "농사는 내 삶에 어떤 공간이라고 보는 거죠. 내가 다른 걸로 돈을 번다고 하더라도 지금 제가 농사를 안 짓고는 제 삶의 공간이 흔들리는 느낌을 받아요. 계속 농사를 지어야 된다는 생각이 머릿속에서 떠나지 않는 거죠. 앞으로 농사규모를 더 늘릴 예정인데 만약에 농사로 생활이 된다면 저는 집 짓는 일을 안 할 겁니다. 점차적으로 그렇게 가야죠."(BTL006)

BTL006은 영농규모를 점차로 확대할 생각이며 영농수입으로 최소한의 가계비가 충당된다면 현재 병행하고 있는 건축 일을 그만둘 생각이다. 그에게 있어서 농업이란 경제적 목적을 위한 것이라기보다는 정서적인 안정감 내지는 심리적인 치유를 주는 수단이 된다.

> "실제로 농사를 짓는 것은 몸을 힘들게 하죠. 고된 노동이 따르고 때로는 다치기도 하고요. 그러나 힘든 것 이상으로 농사로부터 받는 것이 워낙 많이 있기 때문에 인내하는 거죠. 내가 흙을 만지고 그 속에서 생명이 자라는 모습 보면서 감성적으로 많은 보답을 받거든요. 그런 것은 진짜 돈으로 판단하기 힘든 것이며 제가 생활하면서 겪는 여러 가지 어려움을 많이 해소시켜 주죠."(BTL006)

그가 농사일을 하는 것이 육체적으로는 힘들지라도 정서적인 만족이 그것을 보상해주기 때문이라고 말한다. BTL006이 생각하듯이 생태가치 귀농인이 영농만으로 가계재생산이 가능하다면 이상적이겠지만 현실적으로는 어려워서 농업을 기본으로 하되 가계재생산을 위해 더 필요한 재화는 농 외 소득을 통해 충당되어야 한다고 말한다(이와 같은 의견은 BTL001, BTL002, BTL003, BTL006, BTL007,

BTL008, BTL009, BTL010 등의 사례도 마찬가지다). 다음 <표 1>은
사례별 농 외 소득 현황을 정리한 것이다.

<표 1> 생태가치 추구적 농업인의 농 외 소득원

대상자	가계 소득의 원천
BTL001	농업+기타 노동+아내의 농 외 소득
BTL002	농업+재택근무
BTL003	농업+건축노동+아내의 농 외 소득
BTL004	농업+사회단체/비정규직
BTL005	농업+양계
BTL006	농업+건축노동+아내의 농 외 소득
BTL007	농업+기타 노동
BTL008	농업+농업노동(남편)
BTL009	농업+사회단체/비정규직
BTL010	농업+농업노동+아내의 농 외 소득

가계수입의 구성에서 농업수입이 농 외 수입보다 비중이 큰 경우
는 BTL005와 BTL008 정도를 꼽을 수 있고 나머지는 농업소득보다
농 외 소득의 비중이 더 높다. 생태가치 추구적 농업인은 농업소득
으로 가계비가 충족되었으면 좋겠다는 희망을 가지고 있다. 그래서
현재 가계비 충족을 위해서 나서는 농업 외의 잡다한 일을 하지 않
았으면 좋겠다는 것이다.

BTL007은 생태가치이념을 가지고 농촌에서 살아가려면 최소한의
경제생활이 뒷받침되어야 한다고 생각한다. 그래서 그는 자신이 경
작하는 농사일 이외에도 여러 가지 농업노동이나 기타 단순노동을
하여 가계수익을 확보하고 있는 것이다.

"아무리 제가 바람직한 이상을 가지고 있다 하더라도 경제적인 토대가 뒷받침되지 않는다면 농촌에의 진정한 정착이 쉽지 않겠다는 생각을 했어요. 그래서 최소한의 자급을 할 수 있도록 노력하려고 합니다. 겨울에는 다양한 노동에 참여하고 일손이 부족한 집에 가서 노동도 하면서 생계에 보탬이 되도록 하지요."(BTL007)

BTL002는 농사를 해서 자립적인 생활을 했으면 좋겠다는 희망을 갖고 있다. 그가 직장을 그만두고 내려올 때도 그러하였다. 그런데 귀농 후 2년 동안 농사를 해보니 가계수입을 충당할 수 없음을 깨닫고 다시 전 직장의 일을 시작하게 된 것이다.

"농사를 해서 생활비를 채울 수 있으면 좋겠어요. 나는 농사가 더 즐겁고 나으니까 다른 일보다. 농사 외에 부수적인 직업을 갖는 것보다 경작규모를 늘리든 아니면 다른 방법을 찾든 농사만 해서 살았으면 좋겠어요."(BTL002)

그는 농사일에 전념해서 생계비를 충당할 수 있다면 다른 일을 같이 하는 것보다 더 행복할 것이라고 말한다. 그러나 농업소득만으로 살아가기는 어렵다고 단정 짓는다. 그래서 현재 살고 있는 곳에서 농 외 소득을 올릴 수 있는 일을 찾을 계획이라고 말한다. 농사로 생계를 유지하고 싶어도 현실적으로 불가능한 일임을 알고 농 외 소득을 찾고 있는 것이다. BTL002는 농사일을 좋아하고 그것을 통해서 삶의 충만함을 누리고 있지만 영농이 가계비를 충당할 만한 수단은 되지 못하였다.

BTL005는 생태적인 삶을 살아가겠다는 다짐이 귀농 후 실천과정에서 깨진다면 그의 귀농생활은 실패라고 스스로 규정한다. 그가 생각하는 귀농생활의 가장 큰 실패 요소는 '도시생활처럼 농촌생활을 하는 것'이라고 말한다. 그가 말하는 도시생활은 경쟁, 기계처럼 일하는 것 그리고 돈만을 목적으로 일하는 것 등을 포함한다. 결국 그가 생각하는 생태적인 삶은 농촌생활방식을 취하며 경쟁하지 않고 자신의 가치관에 따라 살아가는 방식을 말한다.

BTL010은 농사일이 자신의 적성에 맞는 일이라고 말한다. 그가 서울에서 직장생활을 오랫동안 했지만 자기의 적성에는 맞지 않는 일이었다는 것이다.

> "저는 내성적인 성격이라서 폭넓은 인간관계나 대인관계가 활발한 편은 아니거든요. 그렇다고 뭐 대인관계에 문제가 있는 건 아니지만 사람을 새로 사귀고 접하는 것을 부담스러워하는 체질이에요. 직장생활에서는 어쩔 수 없이 업무상 사람들을 만나야 하지만 그것이 즐겁거나 나에게 맞는 일은 아니었어요. 그런데 농사는 혼자 하는 거잖아요. 저 혼자 하는 농사일에서는 사람을 대하는 경우가 많지 않기 때문에 제 체질에 맞는 것 같아요. 도시직장에서는 좋든 싫든 만나야 될 사람은 만나야 하고 또 내가 기피하는 인물이라도 친한 척해야 될 때도 있잖아요."(BTL010)

농사는 거의 혼자서 해야 하는 일이기 때문에 타인을 만날 경우가 드물어서 대인관계를 싫어하는 자신의 성격에는 잘 맞는 일이라고 생각하는 것이다.

BTL010은 지역에서 귀농인들이 할 수 있는 일이 많이 있다고 생각하지 않는다. 농촌에 꼭 필요한 기술을 가진 사람은 할 일이 있겠지만 대부분은 농사를 하여 생계를 유지해야 할 것이라고 말한다.

> "사실 귀농해 가지고 프리랜서로 일을 한다거나 자기가 가지고 있는 기술을 이용하여 일을 할 수 있지만 매우 한정돼 있어서 농사를 지을 수밖에 없어요. 농사에 어느 정도 적응한 사람은 그럭저럭 잘 버티고 생활해가는 것 같고 그것이 안 맞다 하는 분들이 떠나지 않

나 싶네요. 제가 친하게 지냈던 분이 작년에 서울로 다시 돌아갔는데 아이의 교육문제 때문이라고 했어요. 나중에 개인적으로 만나서 술 한잔 하는데 그런 얘기를 하더라고요. '나는 사실 농사일이 즐겁다고 느낀 적은 없다'라고 하더군요. 그는 여기 생활의 만족도가 썩 높지 않았다고 스스로 얘기를 해요. 굳이 아이문제로 부모까지 따라가야 하나 애만 보내도 되는데 중학교니까⋯⋯."(BTL010)

그는 대다수의 귀농자가 농촌에 오면 농사로 생계를 유지해나가야 하는데 그러기 위해서는 농사일을 열심히 배우기에 앞서 농사일 하는 것 자체를 즐겨야 한다는 것이다. 귀농자가 농촌에 적응하면서 살아가기 위해서는 농사를 좋아하는 사람이어야 한다고 말한다. 그렇지 않고서는 농촌적응에 실패하기 쉽다는 것이다. 그는 농업활동이 귀농인의 농촌적응에 중요한 요소라고 생각한다.

BTL008도 귀농인의 영농활동은 지역에 적응하는 데 중요한 요소라고 생각한다. 그녀는 귀농인의 생업이 농업이 아니더라도 가능하다면 농사를 짓는 것이 바람직하다고 말한다. 그 이유는 원주민과 지역에 대해 이해할 수 있는 한 수단이 되기 때문이다.

"귀농인이 직장생활을 하더라도 조그만 텃밭 정도는 경작해야 된다고 봐요. 그래야지만 농촌의 사이클을 좀 알고 농촌의 정서를 받아들이는 데 도움이 되기 때문에 자신이 다른 일을 하더라도 텃밭이라도 해야 한다고 생각해요."(BTL008)

귀농인의 영농활동은 다양한 의미를 지니고 있다. 즉, 생태가치 실현의 수단으로서 농업, 자아실현 수단으로서 농업, 지역적응 수단으로서 농업, 생계수단으로서 농업 등에서 알 수 있듯이 영농활동은 개인마다 조금씩 다른 의미를 지니고 있는 것이다.

생태가치 추구적 농업은 영농수입에 의한 생계비 충당이 어려울 정도로 영농규모가 작다. 이렇게 작은 규모를 유지하고 있는 경우는 크게 두 가지이다. 첫째는 현재 자신의 노동력이나 기술 수준으로 적정한 영농규모를 유지하고 있다고 생각하는 사람, 둘째는 장차 영농규모를 확대하려는 사람 등이다. 첫째의 경우는 유기농업에서는 영농규모를 확대하는 데 관행농업보다 더 많은 어려움이 있다고 생각한다. 유기농업이 관행농업보다 노동력 투입이 많다는 것이 영농규모 확대를 제한하는 결정적인 요소이다. 현대 농업에서 농기계의 사용과 화학적 농약의 사용에 의한 생력화로 대규모 농업을 가능하도록 하였지만 유기농업은 그것의 사용이 제한적이기 때문이다. 둘째의 경우는 귀농하여 농사경험이 부족하고 영농기술도 미숙한 상태에 머물러 있는 사람들이다. 이들 중에는 농사경험과 농업기술이 향상되면 점차 영농규모를 확대하여 농업수입으로부터 가계비의 충당이 이루어지기를 희망하는 사람들이 있다. 그러나 생태가치 추구적 농업인은 자신의 노동력이나 기술수준에 의하여 영농규모를 제한하는 경향이 있으므로 장차 영농규모를 확대하려는 사람도 결국 자기 노동력이 감당할 수 있는 규모의 영농상태를 유지할 가능성이 크다.

유기농업의 실천에 의해서 영농규모가 제약되고 그로 인해 가계수입의 충족이 어려운 상황에 놓이게 되면 결국 농업 외 수입을 통해 부족한 가계비를 보충해야 할 것이다. 그래서 생태가치 추구적 농업을 지속하는 가구는 농 외 소득을 얻는 것이 합리적이라고 말할 수 있다. 생태가치 추구적 농가를 위해서는 농촌 지역에서 농 외 소득을 올릴 수 있는 일자리가 많이 있어야 한다. 그러나 지금 농촌 사정을 보면 사회적 일자리와 같은 일시적이며 임금 수준이 낮은 비정규직이 대부분이다. 정규직이라 하더라도 생태가치 추구적 농업에 종사하는 사람의 학력수준이 높고 사회적 경험에 걸맞은 일자리가 되지 못하며 경제적 보상수준도 낮은 것이 현실이다. 따라서 생태가치 추구적 농업인이 영농과 병행하면서 적정한 보상과 보람을 찾을 수 있는 일자리를 갖는다면 이상적이라고 생각되지만 아직까지는 농촌 지역의 일들이 분업적으로 그리고 파트타임으로 분화되어 있지 못하기 때문에 장차 해결되어야 할 문제이기도 하다. 그러나 가장 근본적인 해결책은 생태가치 추구적 농업에 의한 개별 가계재생산이 가능하도록 만드는 것이다. 그러하기 위해서는 귀농인 개인의 노력도 중요하지만 소규모의 생태가치 추구적 농업을 제도적으로 뒷받침해줄 수 있는 농업정책의 변화가 요구된다.

생태가치 추구적 농업에 종사하는 사람은 영농에 의해 생태가치를 실현함으로써 얻는 만족감은 물론 전반적으로 가계재생산에서도 안정적이라 말할 수 있다. 농업에 대한 투자액이 적어서 농산물 가격의 불안정으로 인한 손실 위험성이 작고 다양한 작물을 경작하는 생태가치 추구적 농업의 특성상 자가 소비의 영역이 확대되어 식생활에서 자급적인 수준을 유지하고 있으며, 농업수입이 적으면 농 외 소득으로 충당되는 가계 부분이 존재하기 때문이다. 게다가 수입구조에 맞춰서 가계비지출을 하려는 절약적인 생활방식을 감내하려는 태도를 지니고 있어서 가계재생산에서의 어려움이 있더라도 긍정적으로 극복할 가능성이 높다.

이상과 같이 생태가치 추구적 농업과 경제 목적 농업에 각각 생태가치 귀농인과 경제 목적 귀농인이 상응하는 것으로 개념화하고 그들의 특징을 서술하였다. 현재 농업경제 사정과 각 귀농인 집단의 가치이념을 반영하면 전반적으로 생태가치 추구적 농업인의 지역적 응과 삶의 지속성은 경제 목적 농업인보다 더 높다고 생각된다. 생태가치 추구적 농업인은 자신의 노동력 범위 내에서 소규모 농업을 하게 되면 농업경영에 따른 위험성이 적어진다. 반면에 경제 목적 귀농인이 영농에 투자를 많이 하게 되면 농산물 가격이 불안정하거나 영농의 실패에 의한 투자손실을 경험할 가능성이 높아지게 된다. 농산물은 가격탄력성이 낮기 때문에 생산자인 농민이 수요와 공급을 예측하기란 어려운 것이다. 농산물 가격의 불안정은 경제 목적 농업을 영위하는 귀농인의 가계재생산을 위협하는 것은 물론 가정경제의 파산을 일으키는 원인이 될 수 있다. 생태가치 추구적 농업인에게 농산물 가격의 불안정은 위협적이지 않지만 경제 목적 농업인에게는 치명적일 수 있다.

두 귀농인 집단의 특성에서 이데올로기적으로 탈근대성을 강하게 드러내는 것은 생태가치 귀농인이다. 그래서 생태가치 귀농인의 실천과 행동이 농업이나 농촌사회의 변혁에 영향을 미칠 것임에는 틀림없다. 그러나 생태가치 귀농인에 배태된 이러한 태도와 생태가치 추구적 영농의 실천은 원주민이나 경제 목적 귀농인과 갈등의 요인이 되거나 심지어 이데올로기적으로 구별되는 부류라는 인식을 가질 수도 있다. 다른 한편으로 경제 목적 귀농인이 오직 생업으로서 그리고 부의 축적수단으로서 농업을 인식한다면 근대적인 가치관을 지닌 농업의 실천자라고 평가를 받을 수 있다. 반면에 생태가치 귀농인이 농업을 생태가치의 실현수단으로 여긴다면 탈근대적 농촌성으로 인한 농촌 적응의 문제와 농촌변혁의 주체자로서의 역할기대가 상충되어 나타날 가능성이 있다. 다시 말하면 현재의 국가의 농업정책의 근대성으로 인해 농업실행의 어려움을 겪을 가능성이 높다. 특히 대농육성정책은 소규모 생태가치 추구적 농업인에게 제도적으로 배제될 수 있다. 한편 농업이나 농촌이 생산주의적인 측면에서만 강조되다 보면 복합적인 기능이나 역할에 대한 인식이 낮아질 수 있다. 특히 도시인을 위한 휴식공간이나 전통문화의 보존공간, 자연경관의 유지 기능, 생태보존 기능 등 농업이나 농촌의 다양한 기능을 인식하고 정책적으로 또는 사회적 합의에 의해 지원될 때 탈근대적인 농촌으로의 발전과 변화를 기대할 수 있다.

이상에서 연구방법상 두 집단에 대한 특징을 극단적으로 기술하였지만 현실에서는 두 집단의 성격이 혼합된 형태로 개별 귀농인에게 나타날 것이다. 그런데 이러한 집단에 대한 성격규정을 어느 한 집단에 대한 미화나 과장으로 오해하는 사람이 있다면 연구방법론에 대한 이해의 부족 탓이다. 두 집단에 대한 첨예한 대비를 기술하기 위해 속기적 방법으로서 이상형적 개념구성은 효율적인 연구를 가능하게 한다는 점에서 의미가 있음을 밝혀둔다.[43] 경험세계에서는 경제 목적 농업과 생태가치 추구적 농업의 실천도 양극단보다는 혼합적인 형식을 띠고 있는 경우가 더 많을 것이다. 두 집단이 농촌사회에서 공존하면서 서로 긍정적인 영향을 주려면 상호 협력과 상호 의존성이 높아져야 할 것이다. 호혜성을 바탕으로 한 상호 의존성은 지역공동체의 참여와 그것에 내재된 가치에 동조할 때 발달하게 된다.

농업 현실에 대한 귀농인의 인식

　농민은 누구나 자신이 생산한 농산물에 대하여 의미를 부여하고자 한다. '농민이 농산물을 생산하지 않으면 도시소비자는 뭘 먹고 살까' 하는 질문도 해보게 될 터이지만 이러한 질문이 과거와는 달리 도시소비자에게 별로 감동을 주지 못하는 것은 사실이다. 수입 농산물이 넘쳐나고 가공된 음식물을 편리하게 구입해서 먹을 수 있는 세상이 되었으니 더욱 그러할 것이다. 그렇지만 분명한 점은 소비자가 안전한 먹을거리를 갈망하고 있다는 사실이다. 생태농업 또는 유기농업에 대한 관심이 생산자와 소비자 모두에게 그 어느 때보다 높다. 이러한 생태농업과 그 농산물에 대해 관심을 갖게 된 이유는 안전한 먹을거리에 대한 신뢰의 문제와 관련되어 있다. 생산자인 농민이 실천적 규범으로서 생태가치이념을 지니고 있다면 다음과 같은 특성을 나타내기 쉽다.

가. 생태가치 추구적 농업을 실천할 가능성이 높다.
나. 생태가치 추구적 농업에 적용되는 농법은 보통 생태농법 또는 유기농법이다.

다. 생태가치 추구적 농업을 이상적인 농업형태로 간주하는 경향이 있다.
라. 생태가치 추구적 농업에 따른 물리적·정서적 장애요인에 대응하기
   위한 유일한 방법은 자신이 철저하게 유기농법을 실천하는 것이라
   생각한다.

생태가치이념은 귀농생활에서 실천적 규범으로 작용하고 있지만 현실에서는 끊임없이 재해석되고 재구성되는 각양각색을 띠고 나타나는 이데올로기이다. 이러한 생태가치이념의 변용은 농촌에 대한 개인의 주관적 인식의 다양성이라 할 수 있으며 농촌생활 적응에 따른 나름의 방식을 주체적으로 구성해나가는 것으로 이해할 수 있다.

이하에서는 귀농인들이 생태적 이념을 갖게 된 배경을 알아보고 귀농 후 삶에서 생태적 이데올로기를 어떤 방식으로 실천 또는 변용되고 있으며 또한 그것이 농촌에 잘 적응하면서 살아갈 수 있는 원동력이 될 수 있는지 판단해보려고 한다. 그리고 생태가치를 실현하는 데 있어서 어떤 장애물이 있으며 그것을 극복하기 위해 어떤 노력을 기울이게 되며 그 의미는 무엇인지 살펴볼 것이다.

생태가치 귀농인이 지니고 있는 생태적 이념은 생태농업 실천, 자립적인 삶에 대한 열망, 소비규모 줄이기 그리고 공동체 가치의 존중 등으로 표현될 수 있다. 이러한 생태적 이데올로기는 서양의 귀농자의 의식과 유사하며 앞에서 살펴본 우리나라의 귀농교육 내용과 어느 정도 일치한다는 것을 알 수 있었다. 이러한 생태가치이념이 현실세계에서는 어떻게 나타나고 있는지 알아보려면 귀농인들의 환경행동을 이해할 필요가 있다.

BTL001이 생태적 이데올로기를 처음으로 접하게 된 것은 한 잡

지를 통해서였다. 그가 귀농을 결심하게 된 이후에는 귀농학교를 통해 생태적 이데올로기는 더욱 체계적으로 학습되었다.

> "생태적인 삶에 대해서 고민이 좀 있었어요. '녹색평론'이라는 잡지를 우연히 보다 보니까 시골에서 상쾌한 삶을 사는 것이 좋겠다는 마음을 갖게 되었죠. 99년도에 실상사귀농학교 3개월 과정을 마치고 난 다음에 교육을 했던 실상사 농장이라는 데서 정착을 했죠. 그 농장에서 농사를 지으면서 귀농학교 일도 좀 도와주고 있었죠. 주로 교육내용이 크게 생태농업이라든지, 환경농업기술이 1/3 정도가 됐었고, 또 1/3 정도는 왜 귀농을 하는가에 대한 생태적인 가치 뭐, 이런 철학적인 문제가 됐었고, 나머지 1/3 정도는 유기농, 환경농업 하고 사시는 분들 탐방하고 현장 견학 가는 거였어요."(BTL001)

BTL001은 귀농교육을 받고 나서 귀농을 하겠다는 마음의 결정을 하게 되었다고 한다. 그가 귀농을 하겠다는 생각을 굳힌 것은 귀농교육의 영향이 컸던 것이다. 그가 받은 귀농교육 내용을 보면 생태가치를 함양하거나 생태농업기술에 관한 것이 대부분을 차지하고 있었다. 그의 생태적 이념은 당시 귀농학교나 환경운동가들이 지니고 있었던 이념과 동일한 내용이었다고 볼 수 있겠다. 이러한 생태적 이념은 심층 생태학(deep ecology)에 기초한 것으로 보인다. BTL001은 귀농학교를 거쳐 공동체 농장에서 7년 동안 일을 하게 된다. 이 같은 삶의 형태는 서양의 귀농자에서 발견되는 일반적인 공동체 생활방식이었다.

생태농업을 강조하는 사람들은 생태농업을 하나의 이상적인 농업으로 생각하고 있다고 BTL002는 말한다. 그들은 기존의 관행농업의 폐해를 비판하면서 폐기되어야만 할 것으로 단정하고 있다는 것이다.

"저는 농사를 열심히 지으려고 하는 편이거든요. 도시에서 귀농학교 교육도 그렇고 유기농업과 관련된 책을 보면 관행농법에 대해서 굉장히 나쁘게 얘기하고 그것은 절대로 해서는 안 되는 농법처럼 얘기하고 있어요. 저도 그런 줄 알았고 책을 보면서. 그런데 제가 내려와서 친환경적으로 농사를 짓다 보니까 관행농업이라는 것도 오랫동안 쌓아온 노하우라는 것을 알게 되었어요. 내려와서 농사를 직접 지어보니까 화학농약을 독약으로 간주하고 화학비료는 나쁘다고 무조건 매도하는 것은 옳지 않다고 생각하게 되었어요. 그렇다고 해서 내가 관행농업을 하겠다는 것은 아니지만 관행농업을 하는 사람들을 인정하게 되었어요. 농사를 지어보니까 귀농하기 전의 관행농업에 대한 생각과 귀농 후 그에 대한 평가가 달라졌어요. 농사를 지어보면 매도를 덜하죠. 덜하거나 안 하거나 그러니까 인정을 하게 되죠. 제초제 치는 것에 대해서 풀을 베거나 뽑아본 사람은 그것을 인정하게 돼요. 도시 사람이 책으로만 보면 아, 이거 제초제 치면 안 되는 거구나 하고 단순하게 생각하지만 꼭 그렇진 않은 것 같아요."(BTL002)

BTL002는 농사경험을 통해서 기존의 관행농법을 하는 사람들을 이해하게 되었다는 것이다. 그가 앞으로 관행농법을 적용하여 농사를 지을 생각은 없지만 관행농법을 하고 있는 사람들을 이해하지 못했던 자신에 대한 부끄러움을 드러내고 있는 것이다. 그는 유기농업에 관련된 책이나 교육에서 단지 기술적으로 관행농업을 비판하는 것은 옳지 않은 태도라고 강조한다. 농사일에서 오는 육체적인 고단함을 덜어줄 수 있고 거기에다가 양적으로 농산물의 증산을 이룩할 수 있는 관행농법은 기존의 노인 세대의 생존방식으로서 존중되어야 한다는 것이다. 그는 이러한 관행농법에 대한 인식의 바탕 위에서 유기농업을 하는 것이 이웃과 더불어 건강하게 살 수 있는 길이라고 생각하는 것이다. 생태농업의 의미는 단순하게 생태농법을 적용하여 영농을 유지하는 일이 아니라 이웃과 더불어 살아가는 공동체적 모습에서 찾을 수 있다는 것이다.

생태가치에 대한 인식배경은 다양하다. 우리 사회에서 생태가치에 관한 내용이 다양한 매체를 통해서 노출되면서 사람들은 자연스럽게 생태가치를 접하게 되고 그것을 통해서 자아를 성찰하는 계기가 되기도 한다. BTL007은 책이나 인터넷 매체 등을 통하여 생태가치를 학습하게 되면서 귀농생활의 목표를 생태가치 실현에 두게 되었다고 한다.

> "농촌에서의 삶은 생태가치적인 것이 가장 우선입니다. 이러한 철학은 책을 통해서 가장 많이 접하게 됐고요, 그다음에는 인터넷이라든가 주변에 생태적인 것에 관심을 가진 사람들과의 교류를 통해서 형성되는 것 같습니다."(BTL007)

BTL008이 생태가치적 삶의 실천과정에서 가장 큰 영향을 받은 사람이 누구인지 물었을 때 니어링(Nearing)⁴⁴을 꼽았다. 그러나 그녀는 니어링 부부처럼 생태적 삶을 철저하게 실천하지 못하고 있다고 반성하면서도 기존의 마을공동체에 들어와서 살아가는 삶이 생태가치 실현에 중요하다고 말한다. 단기적으로는 마을공동체 내에 살고 있는 사람들과 생태문제에 대해서 적당히 타협을 하는 부분도 있지만 장기적으로는 오히려 그러한 방식이 공동체를 생태가치 실현의 장소로 변화될 수 있다고 생각하는 것이다.

> "(니어링 부부는) 더 원칙 지향적인 것 같아요. 마을 사람들과 소통하면서 살아가다 보니까 융통성을 발휘한다고 할까요? 예를 들면, 비닐을 태우지 말아야 한다는 그 자체는 누구나 수긍할 수 있고 사리에 맞는 말이지요. 그런데 대부분의 동네 사람이 비닐을 태우거든

요. 이 상황을 보고 귀농해서 살고 있는 사람이 그것은 잘못되었다고 말한다면 튕겨져 나와요. 원주민들에게 비닐을 태우거나 제초제를 과다하게 사용하는 것이 환경에 나쁜 영향을 주게 된다는 것을 이해시키기 위해서는 오랜 시간이 필요하다고 생각해요."(BTL008)

  귀농인이 마을에서 원주민들과 어울려 살아가려면 그들이 오랫동안 지니고 있던 관습에 대해 이해할 필요가 있다는 것이다. 종종 그들의 관습이 사리에 맞지 않는 경우도 있지만 귀농인으로서 그것의 잘잘못을 지적하고 시정을 요구한다면 그들과 소통하는 것이 아니라 오히려 상호관계를 망칠 수도 있다는 것이다. 따라서 그녀는 그들과 원활하게 소통하고 서로 친밀해지면 자연스럽게 상대방의 잘못된 환경행동에 대해 충고를 할 수 있을 것이라고 믿고 있는 것이다.

  BTL008은 생태적인 삶에 대해서 폭넓게 정의하고 있다. 그녀가 도시에서 살 때는 잘 몰랐었는데 농촌 마을에서 살면서 개인주의화된 자신을 발견하게 되면서 스스로 놀랐다고 말한다. 이러한 자각은 그녀가 마을공동체 내에서 살아가면서 스스로 깨닫고 반성하는 계기를 만들어주었다.

  "마을에서 어울려 살면서 사실 제가 많이 변했거든요. 도시에서는 개인적으로만 생각하고 좀 약간 이기적이었죠. 제가 목회자라서 '난 공동체적이야'라고 생각했었는데 내려와서 보니까 하나도 공동체적이지 않고 굉장히 개인적인 나 자신을 발견했거든요. 그런 걸 내려놓는 것이 제가 새로운 생명으로 살아난다는 생각이 들어요. 그러니까 생태라고 하는 것이 나는 따로 있고 밖에 생태적인 어떤 환경이 존재하기도 하지만 내 안에 있는 생명을 살리는 것도 생태라는 생각이 들죠. 그리고 나뿐만이 아니라 내가 마을에 들어가서 주변을 살리는 것도 생태라는 생각이 들죠."(BTL008)

그녀는 현재 마을의 노인들을 위한 노인학교를 운영하고 있으며 마을 사람들로부터 기증받은 오래된 물건이나 사진들을 전시하는 마을박물관을 만들어 마을공동체 회복에 노력하고 있다. 그녀는 자신의 삶을 성찰하고 이웃과 함께하는 공동체적인 삶을 생태적인 삶으로 생각하고 있는 것이다.

귀농인들은 자신이 지니고 있던 관념이 잘못되었다는 것을 깨닫는 때가 종종 있다. BTL008은 귀농 초기에 자신이 겪은 에피소드를 다음과 같이 말한다.

> "이 마을에 처음 와서 마을 사람들이 마을회관에 모여서 밥을 먹는데 여자들은 모두 다 방바닥에 음식을 놓고 먹더군요. 남자들은 상차림을 받아서 먹고. 처음에는 제가 나서서 여자들도 상차림으로 먹어야 된다고 강변을 했죠. 그런데 여기서 오래 살다 보니까 상차림 자체가 일이라는 생각이 들었어요. 어차피 치우는 건 여자들 일인데 일을 또 만드는구나 하는 생각이 드는 거예요."(BTL008)

그녀는 귀농 초기에 가부장적인 질서에 대해 부정하고 양성평등에 대한 긍정적인 가치관을 지니고 있던 사람이었다. 그러기에 마을 부녀자들이 남성과 동등하게 밥상 차림을 하여 식사를 하지 않는 것에 대해 일종의 반감을 가지고 있었다고 볼 수 있다. 그러나 그녀가 그들과 같이 생활을 하다 보니 그들의 눈으로 세상을 보게 되었고 그 결과 그들의 규칙에 따르게 되었던 것이다.

> "제가 나름대로 도시에 있을 때 여성학도 공부하고 신학도 공부해서 이건 말이 안 돼, 이렇게 생각을 했거든요. 그런데 농촌에서 형성된 문화 속에서는 남녀 간의 역할 분담이 너무 확연한 거예요. 도시는 그렇지 않거든요. 도시는 내가 전문성만 가지고 있으면 분

담이 자연스럽게 되는데 농촌은 그렇게 안 되더라고요."(BTL008)

BTL008은 성역할 분담 면에서 보면 도시보다 농촌이 훨씬 차별적이라고 말한다. 그것은 농촌에서의 노동이 이분법적으로 나뉘게 되었기 때문일 것이라고 말한다. 즉, 육체적인 힘을 사용하는 노동은 남성의 일로 간주되고 그렇지 않은 일은 여성의 일로 남게 된다는 것이다.

> "인정하고 싶지 않지만 힘쓰는 건 남자일이거든요. 힘은 쓰지 않지만 하루 종일 해야 하는 일은 여자가 맡게 돼요. 여자가 하는 일은 시간은 많이 드는 데 반해 남자는 시간은 적게 들고 온통 힘쓰는 일이에요."(BTL008)

이러한 의식이 있다 보니까 하루 종일 들에서 똑같은 노동을 하고 돌아온 후에도 여성은 여전히 부엌에서 식사 준비를 해야 되는 것이다. 농촌여성들이 도시여성보다 이중 부담(double burden)을 더 안고 살아가고 있는 것이다(송인하 · 임춘희, 2010). 이러한 농촌현실에 대해서 그녀는 여전히 비판하고 있지만 그것을 현실로 받아들일 수밖에 없는 이유는 마을공동체의 관습에 따르려는 의지가 있기 때문이다. 마을공동체를 변화시키려면 자신이 먼저 마을공동체 속에 녹아들어가서 동화된 후에 마을공동체 성원으로서 공동체의 변화를 시도해야 한다는 철학이 숨어 있는 것이다.

BTL009는 귀농동기를 말하는 과정에서 '생태가치를 실현하기 위한 귀농'을 강조한다.

"제가 귀농해서 보편적인 사람들의 삶처럼 살겠다고 생각한 건 아니에요. 용어적으로 말하자면 생태적 귀농 그렇게 말하는데 사실 실천하지 못하는 부분이 있어서 부끄러운 면도 있어요. 예를 들어, 화학적인 첨가물을 덜 쓰는 삶의 방식, 쓰레기를 덜 남기는 삶의 방식을 가지고 살고 싶다는 가치를 가지고 들어왔어요."(BTL009)

그는 생태적인 삶의 방식을 화학적 첨가물을 덜 쓰는 것 그리고 쓰레기를 덜 남기려는 노력 등으로 규정한다. 도시문명은 생태적인 삶을 살아가는 데 어렵게 만들며 그 문명 속에 사는 사람은 생태적인 삶을 실천할 수 없다고 생각한다.

"바벨탑 사건이나 소돔과 고모라의 사건을 보면서 인류의 멸망이 아니라 도시문명의 멸망은 분명히 올 것이다. 그건 인간의 탐욕에 의한 결과물인데, 도시문명이 아닌 하나님이 원하시는 삶을 살아 보고 싶다는 그런 것이죠."(BTL009)

그는 쓰레기를 덜 남기려는 노력의 하나로 전통적인 방식의 친환경화장실을 사용한다. 그리고 생활용품을 사러 갈 때면 의식적으로 장바구니를 사용하여 비닐봉투의 사용을 자제하고 있다. 도시인은 자신의 삶에 대해 스스로 책임을 질 수 없는 존재라고 생각한다. 즉, 도시인이야말로 자기가 먹는 음식을 생산하지도 않고 남에게 의존하고 있으며 배설물의 처리마저도 타인에게 의존하고 있는 존재라고 생각한다. 그래서 바람직한 생활방식이란 인간이 살아가는 데 가장 기본적인 요소를 스스로 하는 것으로 규정하고 있는 것이다.

"제가 도시에서 살면서 드는 생각이 내 삶을 내가 스스로 책임지고 있지 못하다. 예를 들어서, 밥을 먹는 데 쌀조차도 내가 스스로 재배하지도 못하니까요. 화장실을 사용해도 처리과정을 알지 못하는 거죠. 시골에 가면 내가 농사짓는 것으로 먹고 집도 내가 짓고, 화장실도 내가 스스로 처리하는 방식이 바람직한 것이 아닌가 생각을 한 거죠."(BTL009)

이와 같은 BTL009의 태도는 자립적인 삶의 방식을 추구하는 생태가치 지향성을 가진 사람들의 이데올로기와 일치하는 것이다. 그의 자립적인 삶에 대한 인식은 남에게 의존하지 않는 것으로 요약된다. 다른 말로 하면 돈에 의존하지 않고 스스로 일상생활에 필요한 것을 만들어 사용하는 것을 포함한다.

"친구들이 집을 지으려면 타인에게 돈을 주고 지어야 하지만 저는 혼자서 집을 지을 수 있어요. 예를 들어, 탁자가 필요하면 친구들은 돈으로 해결하는데 저는 제가 만들어 쓰잖아요. 물론 프로페셔널 하게 만들지는 못하지만 내가 만들 수 있고 수리할 수 있는 거죠. 나는 내 삶을 스스로 만드는데 그들은 돈에 의존적이잖아요. 큰 차이가 있죠."(BTL009)

그는 자기 스스로 일상용품을 만들어 사용하고 수리하면서 자립적인 생활에 대한 자부심을 갖고 있는 것이다.

BTL001은 현재 유기농업을 하고 있지만 유기농업이라고 해서 생태계에 영향을 미치지 않는 것은 아니라고 생각한다. 농업기계의 사용은 화석연료를 사용하게 되므로 환경에 영향을 주게 되는 것이고 제초와 관련해서 생각해본다면 밭농사에서 비닐멀칭(plastic mulching) 재배 방식도 어느 정도는 환경오염을 가져오는 요인이라는 것이다.

"유기농업을 하고 있지만 실제 생태계 가치적인 관점에서 봤을 때
　　조금 안 맞는 부분들이 있죠. 농기계 쓰는 문제도 그렇고, 법적으
　　로 강제할 문제는 아닌데, 생태적인 가치에서 고려했을 때 그런
　　문제까지도 다 깊이 고민을 해야 될 필요가 있다고 생각해요. 제
　　초방법으로는 밭농사에서는 멀칭도 하거나 손으로 제초를 하죠.
　　논농사는 초반에는 오리농법으로 많이 하다가 요새는 우렁농법을
　　주로 하고 그래도 나는 풀들은 다 손으로 뽑죠."(BTL001)

　'관행농업이 생태농업에 반대되는 농업인가요?'라는 질문에 대해
BTL001은 그렇지 않다고 답한다. 기존의 농민들이 단지 농약을 사
용하고 화학비료를 쓴다고 하여 그들의 경험을 무시하거나 수준 낮
은 농법으로 간주하는 것은 곤란하다고 말하면서 현실적으로 관행
농법과 유기농법이 공존하고 있음을 인정해야 한다는 것이다. 이러
한 태도를 갖는 것이 농촌공동체를 살리면서 친환경농업을 지속적
으로 가능하도록 한다고 믿고 있다. 농법과 같은 기술적인 요소보다
는 인간중심적인 요인들이 농업환경을 만들어간다고 생각하기 때문
이다. 그는 조심스럽게 관행농업을 하는 사람들이 점차 친환경농업
으로 전환하면 좋겠다는 소망을 가지고 있다. 화학적 농약으로 인한
환경오염과 농민의 농약중독사고 등의 문제가 심각하기 때문이다.

　　"반대라고까지는 좀 그렇고, 관행농업을 무시한다든지 그러면 좀
　　곤란하다고 봐요. 그분들도 오랜 어떤 경험 속에서 또 생활의 문
　　제도 같이 결부되면서 해왔던 것들을 그렇게 단지 뭐, 농약 쓰고
　　비료 쓴다고 무시하고 뭐, 낮게 보는 건 좀 곤란한 것 같아요. 그
　　런 경험들을 존중해야 된다고 봐요. 기본적으로 화학적 농약은 안
　　좋은 게 많아요. 특히 제초제 종류는 발암 요인이 되고. 몸에 안
　　좋은 영향을 미치는 것도 있고, 제초제나 농약을 너무 과다 사용
　　하면서 환경이 오염되고 사람이 중독되기도 하고, 여러 가지 안
　　좋은 일이 있죠. 그래서 가급적이면 유기농업 방향으로 가면 좋겠

다. 그렇지만 그렇지 않은 사람들을(유기농업을 하지 않는 사람들을) 업신여긴다든지 낮게 보는 건 곤란하죠."(BTL001)

　생태가치 귀농인의 이념은 현실세계에서 살아가면서 변용되기도 하는데 그것은 원주민들과의 관계에서 갈등을 줄이려는 행동에서 나타나는 귀농인의 적응방식이기도 하다. 이럴 때 귀농인은 자신을 드러내지 않고 마을공동체를 존중하는 태도를 보인다. 하지만 반드시 현실과 타협하는 것은 아니며 갈등을 드러내는 경우도 있을 것이다. 어찌 되었든 간에 생태가치 귀농인은 생태적 환경행동에서 자신에게만은 철저한 것이다. 이 점은 생태가치에 관한 철저한 이데올로기적 무장과 그것을 바탕으로 한 환경행동이 자율적 규범으로 나타남을 의미한다. 이것을 생태가치이념에 대한 이상이라고 일컫는다면 공동체 구성원들과 환경행동에 따른 갈등을 줄이기 위해 일시적으로 타협하는 것을 현실이라고 말할 수 있을 것이다.

　그런데 경제 목적 귀농인은 생태가치를 지니고 있다 하더라도 어떤 사안이 자신의 경제적 이해관계와 얽혀 있는 경우에는 생태적 환경행동이 위축된다. 즉, 생태가치와 자신의 이해관계가 충돌하는 사태가 발생하면 자신의 이익을 위해 생태가치는 자기 합리화하여 폐기되거나 부차적으로 고려된다. 이러한 경제 목적 귀농인의 자아중심적 환경태도는 영농 시 적용하는 농법에서도 나타난다. 경제 목적 귀농인은 상업적 영농에서는 생태농법을 이용하는 것에 한계가 있다고 생각하며 시장 친화적인 농산물을 생산하기 위해서는 화학적 농약이나 농업 호르몬제를 사용할 수밖에 없다는 점을 강조하면서 자신의 농법을 정당화할 수 있다. 이러한 경제 목적 귀농인의 관행농법은 현실적으로 농업으로 생계를 유지해야 하는 경우에 양해되어야 한다는 것이 생태가치 귀농인의 생각이다. 화학적 농약의 사용이나 제초제의 사용에 의한 농산물생산이 환경적으로나 소비자의 건강에 부정적인 영향을 주는 것은 사실이지만 생산자의 생존문제와 관련해서 그리고 오랫동안 익혀온 농업기술이라는 두 가지 측면에서 존중되어야 한다는 것이다. 결국 원주민이나 경제 목적 귀농인의 관행농업에 대한 생태가치 귀농인의 양해는 스스로 지역공동체 속으로 편입되려는 갈망에서 그리고 생태농법의 실천을 두고 일어날 수 있는 갈등을 조절하려는 태도에서 비롯된다고 볼 수 있고, 현재 관행농업을 하는 사람들도 자신이 생태농법의 중요성을 깨닫게 되거나 생태가치 귀농인의 영향을 받아서 장래에 그것을 실천할 것이라는 기대를 갖는 데에 기초한다고 말할 수 있다.

요약

요점
귀농 후 영농활동은 농촌생활 적응에 중요한 요소이다. 영농 규모가 크든 작든 간에 그 자체가 정서적으로 안정감을 가져다주기 때문이다. 그리고 생산된 농산물은 가계경영의 원천이 되기도 한다. 경제 목적 농업은 상업적 영농형태로 발전하는 경향이 있으며 생태가치 추구적 농업은 자급적 영농형태를 띠게 된다. 전자는 최대한의 수익을 목표로 영리를 추구하며 후자는 생태가치의 실현에 관심을 기울인다. 전자가 합목적성을 지니고 있는 데 반하여 후자는 가치합리성을 지니고 있다.

사실
농사를 하고 있는 귀농인 개인을 살펴보면 경제 목적 농업과 생태가치 추구적 농업이 혼재된 상태를 보일 것이다. 이 두 가지 농업형태도 이상형적 개념이다.

주요 단어
경제 목적 농업, 생태가치 추구적 농업

생각해 보기
현재 당신의 농업형태를 경제 목적 농업과 생태가치 추구적 농업으로 설명할 수 있습니까?

도시 소비자와의 연결망

도시민의 고향으로 자리하기

　'고향으로 돌아가고자 하는 것'과 '고향에 있고자 하는 것'은 인간 뿐만 아니라 이 세상에 존재하는 모든 것에 해당되는 말이다. 고향 은 본래 존재하는 모든 것이 존재해야 할 그 자리이기 때문이다. 그 래서 우리가 그 자리에 있지 않다면 그 자리를 찾아가는 것이 당연 한 일이라 생각된다. 철학자 하이데거는 고향을 '근원 가까이에 있 는 땅'이라고 했다. 존재하는 모든 것이 흘러나왔던 그곳으로 다시 돌아가는 곳, 그곳이 바로 고향이다(문동규, 2012). 그래서 고향으로 돌아갈 수 없는 사람들은 스스로 불행한 사람으로 생각한다. 형벌로 서 귀양살이란 고향에 되돌아갈 수 없도록 강제한다는 의미에서 혹 독한 처벌에 해당되었다.

　근대사회는 개인주의화가 확대되어 온 과정이었다. 우리나라 공 업화 과정에서 농민이 도시로 이주하여 산업노동자로 되면서 부락 공동체로부터 이탈을 운명처럼 받아들이지 않을 수 없었다. 근대화 된 공간으로서 도시는 탈고향적 성격을 띠고 있는 것이다. 농촌에서 이주해온 도시노동자들은 떠나온 고향에 대한 그리움을 달래기 위해 향우회와 같은 단체에 참여하거나 당시 농촌을 소재로 한 드라마를 통해 향수를 달래보기도 하였다.

타향에서 살아가는 불안정한 개인은 좀더 편안한 장소로서 고향을 그리워하고 정서적 안정을 찾을 수 있는 방안으로서 고향을 소재로 한 드라마에 열광하게 되었다. 타향살이는 돌아갈 고향이 있음을 전제로 고향을 그리워하고 언젠가는 돌아가서 살아야 할 곳으로 생각하는 사람이 일시적으로 고향을 떠나 있음을 말한다. 그러나 고향으로 아주 돌아갈 수 없는 이산자나 망명자의 경우, 고향은 고국이나 민족 혹은 그것을 넘는 새로운 이상향과 동일시되기도 한다. 일제 식민지배하에서 고향에 관련된 문학작품에서 해방 후의 고국은 고향으로 묘사되었다(김태준, 2007). 사람들이 고향을 그리워하고 그곳으로 회귀하려는 것은 편안함을 느낄 수 있는 공간이기 때문이다. 그래서 고향으로 돌아온 순간 사람들은 타향에서의 소외감과 불안감으로부터 해방됨을 체험하게 된다. 어떤 불안한 현재에 존재하는 사람들은 그곳으로부터 물러나 과거의 공간으로 돌아감으로써 안정감을 획득하는 것이다(강경구, 2001; 김태준, 2007; 변정화, 1998).

그런데 근대인으로서 고향이란 비록 출신지역으로서만 존재하는 것은 아니다. 어떤 사람은 고향을 추상적 실재로 생각한다. 일제하 아나키스트인 조선사람 박열과 일본인 여자 가네코 후미코(金子文子)와의 결합이 현실에서 아무런 장애가 없이 이루어졌다는 사실은 그들 간의 신뢰에서 찾을 수 있을 뿐 아니라, 국가가 개인의 자유를 빼앗고 종속시키는 현실에서 그것을 타개하고 새로운 세상으로 나아가고자 하는 그들의 공통된 이상이 있었기 때문이다. 이 두 사람이 함께 이루고자 했던 이상은 바로 새로운 고향에 대한 꿈이라고 말할 수 있다.

"고향은 지상의 길과 같아서 본래 있는 것도 없는 것도 아니며, 다만 그것의 현실을 추구하는 사람에게만 생겨나는 실천적이고 불확정적이며 미래적인 것이다."(김태준, 2007)

이와 마찬가지로 도시 출생인 사람들에게 고향은 안식을 주는 편안한 공간으로서 이상화된 추상체이기도 하다. 이러한 사람들은 도시보다는 농촌공간을 마음속의 고향으로 그려낼 것이다. 이들에게 고향은 농촌으로 표상되는 태어난 공간(류이치, 2007)은 아니지만 탈근대성이 내포된 미래 지향적 공간을 의미한다. 이렇게 생각한다면 사람들은 자기 출신지역이라는 의미로서 고향이 있을 수 있고 이상적인 것으로서 새로운 고향개념을 지니고 있다고 볼 수 있다.

사람들은 농촌을 도시보다 이상적인 공동체로 간주하고 자신의 이념을 실천하기 위해 고향을 아나키스트적인, 공동체주의적인, 탈자본주의적인 그리고 이 밖에 존재하는 이데올로기적 지향을 갖고 개인적 차원에서 또는 집단적 차원에서 그것을 실천 또는 실현하려는 공간으로서 생각한다. 사람들이 삶의 문제의 기원을 모두 '고향'으로 환원시키려 하고 이것을 통해 자신의 정체성을 구성(이선미, 2007)하고자 할 때 이상향으로서 고향의 존재를 확인할 수 있다.

이렇듯 '고향은 다양한 차원을 지니고 있는 것이다. 실제로 자기가 태어나고 성장한 곳을 떠나온 사람의 고향이 있는가 하면, 도시보다는 농촌을 이상적인 공간으로 생각하거나 마음속에 품고 있던 이상향 또는 추상적 공간으로서 고향이 존재한다. 이렇게 본다면 귀농인들 대부분은 귀향 귀농인이라고 말할 수도 있는 것이다. 어떠한 성격의 귀농인이라 할지라도 농촌에 대한 주관적 인식이 긍정적인 경우가 대부분이기 때문이다.

도시민이 인식하고 있는 농촌에 대한 이미지는 시대에 따라 그리고 자신의 이해관계에 따라 다르다. 산업화 과정에서 도시민의 대부분은 농촌에서 이주한 사람들이었다. 따라서 이들에게 농촌은 밤낮 그리워하는 고향이며, 전통이 남아 있는 곳이었다. 더구나 그들의 부모나 형제들이 농촌에 살고 있는 경우, 농촌은 언제나 가고 싶고 기대고 싶은 곳이었다. 농촌에서 도시로 이주한 도시노동자가 저임금으로 도시생활을 하기에 어려운 처지에 놓여 있을 때, 고향에서 그들의 부모나 형제들은 식량을 제공해주기도 하였다. 이촌자에게 고향은 정서적·경제적으로 의지할 수 있는 유일한 곳이었다.

이촌향도 후 도시에 거주하고 있던 사람들이 향수를 달랠 수 있는 한 가지 방법은 텔레비전을 통해서였다. 텔레비전 드라마는 이야기의 배경, 소재, 주제의 대부분이 시청자의 경험이나 정서를 반영한 그들의 일상생활에서 찾고 있기 때문에 텔레비전의 드라마에 대한 이해는 당시 사람들의 이데올로기나 문화를 엿볼 수 있는 중요한 자료가 된다(정영희, 2009).

<전원일기>는 2000년 3월 1,000회를 방송하며 한국 텔레비전 드라마 사에서 한 획을 그은 작품이었다. 한때 40%대의 높은 시청률을 자랑했다. <전원일기>는 농촌을 평온하고 안락한 공간으로 묘사하고, 직계가족으로 구성된 가족관계와 전통적인 가부장적 질서 속에서 화합과 조화를 모색하는 매우 비현실적인 드라마라는 평가에도 불구하고 1990년대 초반까지 인기가 많았다. 1960~1970년대 정부의 산업화 과정에서 이농하여 1980년대 도시민의 대부분을 차지하게 된 농촌 출신 시청자들은 <전원일기>와 같은 농촌 드라마로부터 간접적으로 향수를 달랠 수 있었다. 1990년대까지 유행했던

농촌 드라마는 완전히 쇠퇴하여 <대추나무 사랑 걸렸네>(KBS, 1990~
2007), <산 너머 남촌에는>(KBS, 2007)으로 겨우 명맥만 유지하는
소재가 되었다(정영희, 2009). 2000년대 이후에는 농촌을 경험하지
못한 새로운 세대가 주류로 등장하면서 그 이전 세대들에게 향수를
불러일으켰던 농촌 드라마는 그들에게 관심의 대상이 되지 못하였
기 때문이다(이명현, 2010).

최근에 방영하고 있는 전원풍 드라마인 <산 너머 남촌에는>에서
는 다문화가족과 귀농가족에 관한 내용이 많이 포함된다. 베트남에
서 시집온 며느리의 얘기나 귀농가족의 얘기가 한 부분을 차지하고
있다. 초보 농사꾼 진석은 도시의 삶에 지쳐 귀농을 택한 인물이다.
그는 황폐한 자신의 삶을 행복으로 채울 수 있는 대안으로 농촌의
삶과 농촌공동체의 가치를 택한 인물이다. 승주 모자는 남편의 죽음
으로 인해 더 이상 도시의 삶에 미련이 남지 않은 상황을 묘사한다.
승주 모자는 농촌의 시댁에서 남편의 빈자리를 채우고 싶어 한다.
재곤은 농촌이 싫어서 도시로 떠났지만 사업에 실패한 후 어머니의
집으로 돌아온 인물이다. 그는 자신과 농촌은 어울리지 않는다고 허
세를 떨기도 하지만 실상은 마음의 안식을 주는 고향의 삶에 만족하
고 있는 것이다(이명현, 2010).

보통 드라마에서 농촌은 과장되게 이상적이거나 긍정적으로 묘사
되는 경향이 있지만, 사실을 전달하는 뉴스 등에서는 부정적인 농촌
성이 지배적이다. 농업이나 농촌현실에 대한 일반 대중들의 인식은
매스미디어의 뉴스보도에 많은 영향을 받는데, 2004년과 2005년 사
이 1년간 두 곳의 텔레비전 방송 뉴스를 분석한 결과를 보면 농촌에
대한 긍정적인 이미지보다는 부정적인 이미지를 심어줄 수 있는 보

도내용이 많았다고 한다. 구체적으로 '가난하고 힘들게 사는 곳'(25.6%)과 '자연재해와 병충해가 반복되는 곳'(19.0%) 등 부정적 이미지가 '활기찬 생산현장'(13.7%)과 '자연경관과 생태환경이 보전되는 곳'(6.5%)과 같은 긍정적인 이미지보다 더 많이 노출되었다. 이러한 보도 경향은 매스미디어가 전반적으로 농촌성에 대한 부정적인 이미지를 재생산하고 있음을 보여주는 것이다(노광준, 2006).

최근 FTA와 같은 농업개방으로 인하여 농촌경제가 어려움에 처하게 되자, 과거에 인기를 끌었던 농촌 드라마를 이용하여 관광자원을 발굴해보자는 한 연구자의 제안이 눈길을 끈다. <전원일기> 텔레비전 드라마를 이용한 스토리텔링(storytelling) 중심으로 농촌관광자원을 발굴해보면 좋겠다는 것이다(연인철, 2009). 그의 주장은 <전원일기>의 내용이 매우 긍정적인 농촌성을 포함하고 있기 때문에 그것을 이용하여 도시민에게 긍정적인 농촌성을 심어주고 그럼으로써 농촌방문을 촉진할 수 있다는 것이다. 이 같은 제안 배경에는 현재 도시민의 농촌성이 매우 부정적이어서 이것을 긍정적으로 변화시키지 않는다면 농촌개발의 성과를 기대할 수 없다는 데에 있었다. 재미있는 발상이라 생각한다.

농촌에 대한 부정적인 이미지가 국가에 의해 재생산되기도 하였다. 한미 FTA 체결에 가장 반대한 세력은 노동자와 농민들이었다. 정부는 이러한 반대세력에 대한 설득에 실패하였음에도 불구하고 국익을 앞세워 무역개방의 당위성을 여러 광고 매체를 통해 대대적으로 홍보하였다. FTA 체결로 인하여 많은 손실이 예상되는 농업분야에 대해서는 정부가 협상과정에서 유리한 쪽으로 그리고 체결 후에는 정책적으로 지원할 것이라고 설득하였다(김성수, 2011). 정부는 그간 FTA 체결로 인해 농업과 같이 취약한 부문의 손실이 있다 하더라도 전체 국가 경제 측면에서 보면 국익에 도움이 된다는 측면에서 FTA 협정 체결의 당위성을 주장하였다. 간단히 말하면 농업과 같이 산업에서 차지하는 비중도 작고 전체 국가 경제에 미치는 영향도 작은 부문에 대한 손실을 감수하고서라도 제조업 분야와 같은 수출주도 산업 분야의 경쟁력을 높이자는 논리이다. 이 같은 대국민 설득논리는 암암리에 농촌 부문에 대한 경시 풍조와 농업의 가치에 대한 평가절하를 공식화한 것이 된다. 이러한 정부의 논리는 도시민에게 농업의 지속성에 대해 부정적인 인식을 갖도록 할 것이다. 농업에 대한 정부의 투자와 지원은 비합리적인 것으로 인식되고 첨단기술의 제조업을 중심으로 한 수출산업을 육성하여 벌어들인 돈으로 식량을 사오는 것이 국민경제적 측면에서 보면 유리하다는 주장이 설득력을 얻게 되었다. 이 같은 정부의 부정적인 농촌성은 도시민의 농업과 농촌의 미래에 대한 전망과 태도에서도 똑같이 나타나고 있다.

한 연구조사에 의하면 '10년 후 우리나라 농업과 농촌생활이 희망적'이라고 답한 도시민은 각각 30.3%와 37.3%에 불과하였다고 보고하고 있다(김동원·박혜진, 2009). 이러한 도시민의 태도는 농업과 농촌에 대한 부정적 이미지를 나타내고 있는 것으로 볼 수 있다.

서울시민 600명을 대상으로 한 조사연구(김종숙·민상기, 1994)에서도 자녀에게 직업으로서 농업을 선택하도록 권유하겠느냐는 물음에 대해 적극적으로 권유하겠다는 응답은 0.6%에 불과하였고 권유하지 않겠다는 응답은 51.9%로 전체적으로 부정적인 태도가 지배적임을 보여주고 있다. 이같이 도시인의 농업에 대한 부정적인 태도는 일정 부분 부정적인 농촌성을 반영하고 있는 것으로 평가된다.

또 다른 연구에서도 도시민은 농촌공간이 영농유지, 경관보전, 전통가치의 보전 등과 같은 긍정적 기능유지를 하는 곳으로 인식하고 있으면서도 사회변화에 맞춰 농촌도 변해야 한다는 부정적인 인식이 더 강하다는 것을 보여주고 있다(이민수·박덕병, 2007). 아직도 농촌은 도시민에게 비합리적인 면이 존재하는 전근대적인 공간으로 인식되고 있는 것이다.

농촌경험이 적은 수도권 대학생들을 대상으로 한 조사에서도 농촌에 거주한다면, 겪게 될 긍정적인 요소보다는 부정적인 요소를 더 지적하였다고 보고하고 있다. 그들은 생활여건의 낙후, 여가생활 기회부족, 무료함, 고독 등 부정적인 요소들을 지적하여 부정적인 농촌성을 지니고 있음을 알 수 있다(조영국, 2009).

이상에서 살펴본 바와 같이 우리나라 도시민의 농촌성은 대체로 부정적이다. 그것은 매스미디어의 영향일 수도 있으며 젊은이의 경우 그들의 부모 세대로부터 영향을 받았을 가능성도 있다. 미디어의 부정적인 농촌성과 부모 세대가 농업에 종사한다거나 농촌에 거주하는 것 자체에서 상대적 박탈감을 가지게 되었고 그 결과 그의 자녀에게 부정적인 농촌성을 전파했을 가능성이 높은 것이다.

미국과 영국의 교육자료에서도 농촌은 고립되고 한때 번창했던 커뮤니티였지만 지금은 산산조각이 난 지역으로 표현되고 있다. 1980년대와 1990년대 농촌은 젊은 층의 도시이주와 지역경제의 쇠락으로 위기에 처해 있는 곳으로 여겨졌다(Bell & Sigsworth, 1987; DeYoung, 1995; Fuller, 1982; Peshkin, 1982; Bushnell, 1999 재인용). 그러나 최근 농촌 지역으로 이주해온 사람들 중에는 농촌 지역을 도시보다 발전이 더딘 곳으로 여기기보다는 도시보다 위험하지 않고 스트레스가 적으며 평화로운 공간으로 인식하는 사람들이 증가하고 있다. 미국의 중산층이나 중산층 이상의 사람들은 농촌의 작은 커뮤니티를 새로운 시각으로 보기 시작한 것이다. 도시생활에 염증을 느낀 사람들이 돈과 에너지를 가지고 향수와 낭만적인 농촌생활을 하려고(nostalgic and romantic rural living) 농촌으로 흘러 들어오기 시작한 것이다(Bushnell, 1999). 귀농인 중에는 도시의 배출요인에 의해 떠밀려서 농촌으로 이주한 사람들도 있지만, 농촌의 매력에 이끌려 이주를 결정한 경우도 많이 있다는 사실이다. 도시의 배출요인보다 농촌의 흡입요인에 대한 개인의 주관적 인식이 중요한 농촌이주 결정요소가 된다. 매스미디어나 일반 대중의 농촌성이 부정적일지라도, 자신의 성찰과 자유의지에 따라 긍정적인 농촌성을 지니게 되기 때문이다.

산업화 기간에 도시로 이주했던 사람이 귀향을 하려고 한다면 그는 긍정적인 농촌성을 지니고 있을 가능성이 높다. 반대로 부정적인 농촌 이미지를 가지고 있는 사람은 농촌을 가난과 고통의 장소로 그리고 되돌아가고 싶지 않은 곳으로 기억될 가능성이 있다. 이렇듯 개인이 지니고 있는 농촌에 대한 이미지로서 농촌성은 성별, 나이, 계급, 그리고 개인적인 경험에 따라 다를 것이다.

농촌이 살 만한 곳으로 인식될 때 도시민의 농촌이주가 촉진될 것이다. 이러한 인식의 변화는 탈근대적 농업정책과 개별 행위자인 재촌자의 긍정적인 농촌성의 변화에 의해 가능할 것이다.

최근에 정부는 WTO 농업협상과 FTA 체결 등으로 농촌이 경제적으로 더욱 어려워지자 농촌성에 변화를 꾀하기 시작하였다. 이전에는 농산물의 생산지로서 농촌을 규정하였다면 농산물의 판매에 의한 수입이 격감하게 되자 새로운 소득원의 창출을 위한 대책으로 농촌관광을 대대적으로 홍보하고 실제로 농촌개발사업[45]을 실행하고 있는 것이다. 현재 많은 농촌개발사업은 긍정적인 농촌성을 살려서 농촌의 생활수준을 높여보자는 의도이다. 주로 어메니티를 이용하여 농촌개발의 대안을 마련하려는 정책을 펼치고 있는 것이다(윤원근, 2003). 이러한 농촌개발은 도시인에게 농촌의 이미지를 소비공간으로서 농촌, 문화공간으로서 농촌, 전통적인 문화보전지로서 농촌 등으로 새롭게 부각시키려는 시도이기도 하다(강신겸, 2004; 김춘동, 2006; 노용호·조광익·이상영, 2006; 문옥표, 2000; 박경, 2003a; 박경, 2003b; 박대식, 2000; 박덕병, 2003; 윤원근, 2003; 임형백, 2006; 정건호, 변효근·김기홍, 2004). 농촌관광과 연계한 농촌개발은 이미 유럽이나 일본에서 행해지고 있고 소정의 성과를 거두고 있다.

농촌관광에 대한 일본의 성공사례에 대한 한 연구(문옥표, 2000)는 산업화 기간에 도시로 이주하지도 못한 실패한 사람들로 스스로 평가하였던 농민들에게 긍정적인 농촌성을 갖도록 하는 효과가 있음을 보여주고 있다. 유사하게 우리나라에서도 정부가 농촌관광과 같은 농촌개발사업을 실시함으로써 부분적으로 그리고 의도적으로 도시민의 부정적인 농촌성을 긍정적으로 변화시키려는 노력을 기울이고 있는 것으로 평가된다.

그러나 아직도 국가의 농업에 대한 인식은 생산주의적 관점에서 크게 벗어나지 못하고 있다. 그 대표적인 징표가 대농육성농업정책의 지속이다. 경제발전과정에서 시기별로 농업의 역할을 보면 고도경제성장기인 1961~1976년까지 농업정책은 식량증산계획에 초점이 맞춰 있었으며, 1977~1980년대 말까지는 시장개방이 본격화되기 시작하는 시기로 상업농의 확대를 통한 소득증대와 국민식량의 안정적 공급을 위한 정책을, 그리고 1980년대 말~현재까지는 규모화와 전문화를 통해 국제화에 대응하는 것이었다(김종숙·민상기, 1994). 종합적인 농업정책의 흐름을 보면 국가의 농촌성은 아직도 생산기지로서의 농촌 이미지를 그대로 유지하고 있다(박진도, 2002; 임형백·조중구, 2004). 결국 농촌성의 측면에서 보면 대농육성 중심의 농업정책과 농촌성의 변화에 기초한 최근의 농촌개발정책 간에는 분명한 모순점이 발견된다. 전자는 생산주의적 농촌성에 후자는 탈생산주의적 농촌성에 기반하고 있기 때문이다.

국가가 생산주의적 농촌성을 지니고 있을 때, 다양한 성격의 귀농인들이 농촌사회에 적응하고 살아가기에 적합한 환경이 되지 못한다. 그들이 농촌공간에서 배제되고 있다고 인식할수록 농촌적응은 어렵게 된다. 농촌이 생산적이고 산업적인 공간이라는 사회적 인식으로부터 벗어날 때 귀농인은 농촌의 사회적·경제적 재구조화의 중요한 요소로서 간주될 수 있다(Hannah Gosnell & Jesse Abrams, 2011). 단지 농촌을 농업생산기지로 간주한다면 다양한 성격을 지닌 귀농인들이 농촌에서 살아가기 어렵게 된다. 그리고 국가가 생산주의적 농촌성에 머물러 있을 때 농촌에 다양한 성격을 가진 인구의 재배치가 제한적이 될 것이라는 점에서도 국가적 차원에서 농업정책의 전환이 요구되는 것이다.

현재 도시민의 주류를 형성하고 있는 세대는 그들의 부모와 달리 농촌경험이 전혀 없는 사람들이다. 그들은 농촌을 생활하기에 불편하고 낙후된 지역으로 그리고 채소 정도를 생산하는 곳으로 여길지도 모른다. 더구나 어떤 농산물 가격이 오르면 가격조절을 위해 농산물을 수입해 들여오는 정부정책의 수혜자들이고 보면 농사가 흉작인지, 풍작인지 별로 중요한 관심사가 되지 못하는 것은 당연하다. 그들의 삶에서 농업이나 농촌공간이 소중하게 인식되지 않는다면 긍정적인 면에서보다는 부정적인 측면에서 그것들을 바라보기 쉬울 것이다. 특히 FTA와 같은 문제로 사회가 들썩이고 갈등관계가 노출될 때, 그리고 농촌을 지원해줘야 할 대상으로 생각할 때 농촌은 그들의 마음속에 부정적인 공간으로 남아 있게 될 것이기 때문이다.

도시민들이 농업이나 농촌공간을 소중하게 인식하고 있을 때 농촌은 그들에게 마음의 고향으로 자리하게 될 것이다. 그러하기 위해서는 정부의 농업정책의 전환과 농업의 중요성에 대한 시민교육이 중요하다. 유럽의 농업정책이 생산주의적 농촌성에서 이미 탈생산주의적 기조로 전환된 배경을 이해함으로써 우리 농업정책의 전환의 필요성에 대한 시사점을 얻을 수 있다. 다시 말하면 시장에 근거한 생산주의적 정책의 실패를 경험한 EU의 농업정책을 눈여겨볼 필요가 있는 것이다. 동시에 미시적으로는 농촌을 고향으로 생각하고 있는 사람들에게 농촌이 고향으로 자리매김될 수 있도록 원주민과 귀농자의 긍정적인 농촌성과 노력이 요구되는 것이다.

소비자와 직거래의 필요성

    귀농인은 지역 적응과정에서 도시에서 살았을 때 형성된 사회자본을 이용하기도 한다. 귀농인은 원주민보다 다양한 외부 연결망을 가지고 있다. 그가 도시에서 생활을 하였고 과거의 직장 동료들과 교류할 수 있기 때문에 도시에 살고 있는 사람들과의 연결고리를 많이 가지고 있는 것이다. 다양한 연결망에 존재하는 사람은 도시거주 소비자로서 귀농자가 생산한 농산물을 구입할 수 있는 고객이기도 하다. 귀농인이 외부 연결망을 이용하여 농촌사회 적응에 어떤 도움을 받게 되는지 농산물 거래방식을 통해 알아본다.

    귀농인이 외부 연결망을 이용하여 농산물을 판매하는 것은 매우 일반적이다. 도시에 거주하고 있는 친구나 친척 그리고 과거 직장동료 등은 귀농인으로부터 농산물을 구매할 수 있는 소비자가 될 수 있다. 특히 영농규모가 작고 다품종을 경작하는 생태가치 추구적 농업[46]을 하는 사람은 외부 연결망을 이용하여 자가 소비 후의 잉여농산물을 판매하는 것이다. 그러나 경제 목적 농업[47]은 영농규모가 크고 단일작물을 재배하는 경우가 많아서 그 농산물이 조직화된 상업적 유통망을 통해 시장으로 출하된다. 그래서 상업적 영농을 하고 있는 경제 목적 귀농인은 외부의 연결망을 가지고 있다 하더라도 그것을 이용하여 농산물을 판매하는 것을 비합리적으로 생각할 때가 많다.

BTL001은 전문가의 도움이 필요하거나 농산물을 판매할 때 외부 인맥을 동원하고 있다. 도시에 살고 있는 친구나 전 직장생활에서의 인맥관계가 있기 때문이다.

> "외부에 알고 있는 사람을 통해 어려운 문제 같은 것을 해결한 건 몇 번 있었던 거 같아요. 예를 들어서, 전문가적인 도움이 필요하다 그러면 제가 알고 있던 전문적인 일을 하고 있는 친구를 불러서 도와달라 해서 한 적도 있고, 농산물 판매 이런 것들도 그런 친구들 인맥을 통해서 팔기도 하구요. 대부분 주변 아는 사람들한테 직거래 형식으로 판매하는 거죠. 개인적으로 직거래하는 소비 가족이 한 50가구 되지 않을까 싶은데요."(BTL001)

BTL001의 농산물 판매는 주로 인맥을 통해서 소비자와 직거래로 이루어진다. 물량이 많지 않을 뿐 아니라 친환경농산물이 체계적인 유통과정을 거쳐서 거래되고 있는 경우가 많지 않기 때문이다. 이렇다 보니 도시에 살고 있는 소비자와 직거래를 해야 하고 소비자의 대부분은 친구나 전 직장동료들이다. 자신이 생산한 농산물로는 안면관계에 있는 도시 소비자에게 공급할 수 있는 충분한 양이 되지 못하기 때문에 이웃의 친환경농산물도 자신의 인맥을 통해 유통될 수 있도록 돕고 있다. 이러한 행위는 원주민과 귀농인 간의 신뢰와 상호 의존성을 높이게 되어 사회자본의 축적을 가능하게 하며 결국 귀농인의 농촌 적응에 일조하게 되는 것이다.

지역 내에서 신뢰와 외부 연결망은 귀농인의 사회자본을 구성하는 중요한 요소들이다. 외부 연결망은 도시생활 기간에 형성된 인맥관계를 이용하여 농산물을 판매할 때 가장 뚜렷하게 나타난다. 여기서 '인맥을 이용한 농산물 거래'라 함은 귀농자와 그의 농산물을 구입하는 소비자(주로 귀농자와 대면적 관계를 유지하고 있는 도시거주자) 사이에 이루어지는 거래관계를 말하는데, 소비자가 지불하는 돈의 액수에 따라 농산물의 양과 종류가 결정되는 공정한 거래가 일반적이다. 인맥을 통한 농산물거래에서 농산물 가격은 생산자가 결정하는 경우가 보통이고 그 기준은 당시의 시장가격들을 고려하여 책정된다.

그런데 '인맥을 이용한 농산물 거래' 방식과 조금 다른 형태가 있다. 농산물 생산자인 귀농인과 농산물 구매자 간에 이루어지는 교환관계가 불공정한 경우가 존재한다. 여기서 공정교환이라 함은 교환관계 시 교환관계에 참여하고 있는 당사자 간에 등가교환이 성립되었다고 인식하는 상태를 가리킨다.[48] 교환당사자 간에 등가교환관계가 아님을 인식하고 있고 그렇다고 한쪽의 일방적인 증여도 아닌 부등가교환관계가 행해지는 경우에 '공동체 지원 농산물 거래' 관계가 성립한다.

따라서 귀농인은 농산물 거래에 있어서 다음과 같은 세 가지 방식을 고려할 수 있다.

> ⓐ 지배적 공공시장을 이용한 농산물 거래
> ⓑ 인맥을 이용한 농산물 거래
> ⓒ 공동체 지원 농산물 거래

ⓐ는 경제 목적 농업에 종사하는 사람이 주로 이용하며 ⓑ와 ⓒ는 생태가치 추구적 농업을 하는 사람이 농산물을 거래하는 형식이다.

ⓐ는 상업적 영농에 종사하는 귀농인이 ⓑ와 ⓒ는 소규모의 농산물 생산자가 취하는 거래형태이다.

'공동체 지원 농산물 거래(ⓒ)' 관계의 예를 BTL008의 사례를 통해 살펴보기로 한다. BTL008을 경제적으로 지원하고 있는 사람들은 매달 스스로 약정한 금액을 BTL008에게 보낸다. BTL008은 농사에서 얻은 농산물을 자신을 지원하고 있는 사람들에게 균등하게 보내준다. 그녀의 후원자가 지원하는 돈의 많고 적음에 따라 차등적으로 농산물을 분배하지는 않는다. 그리고 농사라는 것이 그해의 기상조건이나 병충해 등에 따라 영향을 받기 때문에 수확량이 항상 일정하지도 않다. 따라서 해마다 분배되는 농산물의 양이나 종류도 일정하지 않다. ⓐ와 ⓑ가 시장의 가격체계에 의존하고 있으며 대체로 공정교환이라는 공통점이 있다고 보면 ⓒ는 그와 반대로 불공정교환에서 성립하는 거래관계이다.

"'○○○ 식구'라고 불리는 25가구 정도가 매달 저의 부부에게 돈을 보내주셔요. 저희는 그분들에게 그때그때 생산된 농산물을 보내주거든요. 각자 형편대로 보통 2만 원 내지 3만 원씩 저희 부부를 지원해주고 있어요. 그래서 50만 원에서 60만 원 정도의 월수입이 들어와요. 그렇지만 그 수입에 맞춰서 가격을 정하고 그에 맞는 양의 농산물을 보내지는 않아요. 농산물마다 수확할 시기가 다르기 때문에 수확하고 난 후 보내게 되는데 일 년에 네 번 정도 보내는 것 같네요. 실제로 농사지어서 나를 도와주는 식구들에게 농산물을 골고루 나눠주고 있지만 '내가 농산물을 판다'라는 개념은 없는 거죠."(BTL008)

BTL008은 도시의 후원자들이 매달 보내주는 돈이 생계를 유지하는 데 큰 도움이 된다고 말한다. 그녀가 이렇게 후원자를 발굴하여 생계비 지원을 받도록 만든 연유는 귀농 후 첫해 농사를 하고 나서 보니 현실적으로 농산물을 현금화할 수 없는 처지에 놓이게 되었음을 인식하였기 때문이었다. 생계유지가 어려운 절박한 상황에서 그녀는 도시에 살고 있는 선배나 친구 그리고 목회활동을 통해 알고 있는 사람들에게 도움을 요청했다.

> "내려와서 1년 농사를 하고 판단해보니까 농사지어서 농산물 판매 수입으로는 생활을 할 수 없다고 생각했어요. 귀농 전에는 농사해서 먹고사는 건 걱정 없겠다 생각했거든요. 그런데 1년 농사해서 시장에 팔아보니 그 수입에 충격이었어요. 제일 큰 충격이 감자농사를 했는데요. 첫해인 2007년에 감자농사를 해서 시장에 팔려고 갔는데 내 감자보다 훨씬 좋게 보이는 감자 한 상자가 만 원인 거야. 그때 농산물을 직접 판매해서 생활을 한다는 건 어려운 일이라 생각했어요. 농산물을 돈으로 바꾸는 이러한 경제 시스템은 별로 나에게 도움이 안 된다는 생각이 들었어요. 감자를 내다팔려고 했는데 살 사람이 없는 거여요. 그때 충격이 컸어요. 그래서 'ㅇㅇㅇ 식구'를 구상하게 되었고 알고 있는 사람들에게 나의 농사방법과 이것을 해야 하는 이유 등을 이메일로 알리기 시작했어요. 우리를 도울 수 있고 함께할 수 있는 방법은 월 2만~3만 원 정도 보내주면 생산되는 농산물을 나눌 수 있겠다 이 정도로 했어요. 그래서 'ㅇㅇㅇ 식구'가 만들어진 거예요."(BTL008)

귀농 전에는 두 부부가 농사로 생계를 유지할 수 있을 것이라고 생각했지만 막상 농사를 하고 농산물을 현금화하려고 시장에 갔더니 유기농법으로 어렵게 생산한 농산물이 겉보기에도 초라하여 사는 사람이 없었다. 더구나 자기가 예상했던 것보다 시장가격은 훨씬 낮았기 때문에 절망적이었던 것이다. 이 상황에서 도시에서의 인맥관계를 내세워 경제적 지원을 얻어내게 되었다.

"저를 지원해주고 있는 사람들은 경제적인 관계보다도 신뢰관계를 가지고 있다고 봐요. 당신들이 매달 얼마만큼의 돈을 보내준다고 해서 그만큼의 농산물을 보내줄 자신이 없다고 말했죠. 다만 우리 부부가 농촌에서 땅을 살리고 물을 살리는 농사를 짓고 그에 대한 가치에 그들이 동의하고 그들이 직접 참여하지는 못하지만 간접적인 지원으로 함께하고 있는 회원들이에요. 내가 너 2만 원 보내주니까 나한테 그에 상응하는 농산물을 보내달라는 사람들이 아니어서 저희가 농산물을 보내줄 때마다 너무 고마워요. 그리고 어떤 사람은 자기가 직접 농사를 못 하지만 그렇게 땅과 물을 살리는 농사에 자신도 함께하고 싶다는 취지에서 돕고 있으니까 농산물을 안 보내줘도 된다고 말해요."(BTL008)

그녀가 땅과 물을 살리는 농사를 할 수 있도록 도와달라는 요청에 대해 생태가치 추구적 농업에 대한 가치를 인식한 지원자들이 동의했던 것이다. 그녀를 돕겠다고 25명가량 모였고 그들이 매월 경제적으로 지원을 하게 된 것이다. BTL008처럼 농촌 경제사정에 밝지 않았던 귀농인이 영농으로 생계를 유지할 수 있을 것이라고 막연하게 생각하고 귀농 후 농사를 시작하였지만, 현실에서는 전혀 불가능한 것으로 밝혀지자 생존 전략 차원에서 일종의 공동체지원농업(CSA, Community Supported Agriculture) 방식의 농산물 거래를 구상하게 된 것이다. 이러한 거래방식이 가능했던 것은 무엇보다도 그가 가지고 있는 도시의 인맥과의 신뢰관계와 연결망이 있었기 때문이다.

도시소비자와 농산물 직거래 방식은 농민이 유통업자나 농산물가공업자의 시장지배에 대응하기 위한 하나의 방책으로 이해될 수 있다. 농산물 직거래 방식은 다양한 형태로 나타났는데 단순한 형태의 직거래 방식은 교통량이 많은 도로변에 농산물 판매광고를 붙이고 소비자를 생산지로 유도하거나 농산물가게를 운영하는 방식이다. 또 다른 형태로는 소비자가 농장을 방문하여 직접 농산물을 수확하는 것으로 소비자는 유통업자에게 사는 것보다 싸고 신선한 농산물을 구입할 수 있고 생산자는 중간상인이나 유통업자에게 판매하는 것보다 높은 가격을 받을 수 있는 장점이 있다(Bowler, 1999). 최근에는 인터넷의 보급과 물류 시스템을 활용한 배달서비스가 발달하게 되면서 생산자와 소비자 간의 직거래는 활성화되었다.

도·농 교류가 안전한 농산물이나 농촌 어메니티를 교환하는 것으로 규정한다면 거래의 지속성이라는 측면에서는 합리적 행동의 영역에 속한다고 볼 수 있다. 도·농 간 직접적인 거래는 일반적인 시장거래와 차별화될 때 성립할 수 있는 관계이다. 특정 농촌 마을 공동체와 도시기업체 간 도·농 교류가 일반시장 거래와 차별적으로 존재하는 이유는 거래비용의 상대적 크기에 달려 있기 때문이라고도 볼 수 있다. 다시 말하면 양자 간 거래관계는 일반 시장에 비해 상대적으로 거래비용이 낮을 경우에 그 관계가 지속적이며 빈도수가 높아진다고 볼 수 있다(농산어촌어메니티연구회, 2007). 이렇게 도·농 교류의 개연성 측면에서 시장상황을 고려한 목적합리적 행위는 순수하게 경제적 현상으로 존재한다. 마찬가지로 농민과 도시 소비자와의 거래관계를 도·농 교류라고 간주한다면 이 양자관계에서도 목적합리성에 기초한 상호 기대행위가 존재하게 된다. 직거래 소비자는 안전한 먹을거리를 보장받기를 원하며 생산자인 농민은 시장가격보다 유리한 조건을 기대한다. 안전한 농산물에 대한 신뢰는 제도화된 인증에 의해 일정 부분 보증되고 있지만 그에 대한 신뢰가 문제가 되는 경우, 소비자는 그것을 생산자에 대한 인간적인 신뢰에서 찾으려 한다. 이러한 농산물거래 방식에서 소비자는 일반

시장 가격 이하에서 구매하는 경우가 많고 생산자는 도매시장과 같은 일반 시장 가격 이상에서 판매하게 되므로 가격 면에서는 양자를 만족시키게 된다. 이것이 순수하게 일반 시장과의 경쟁에서 우위를 점할 수 있는 요건이 되지만 다른 한편으로 일반 시장과 차별화되지 못하는 다른 무수한 요인들이 거래 당사자의 한쪽에 또는 양쪽에 존재할 수 있다. 따라서 농산물 생산자로서 농민이나 도시 소비자는 자신들의 상황에 따라 다양한 거래방식의 변종들을 만들어내고 있다. 그러나 가치의 문제에 결부되면 소비자는 소위 '윤리적 소비'를 고려하게 되고 그럴 경우에 생산자에 대한 신뢰가 비교우위 가격보다 우선시된다. 윤리적 소비의 실천적 기제들은 협동조합방식의 소비운동이나 로컬푸드운동 등에서 이념적으로 제공되어 왔다. 이 두 개의 소비자운동은 지역공동체를 기반으로 전개되고 있다는 점과 자본주의적 기업의 대안이나 생태환경에 대한 관심으로부터 이념적인 발전을 해왔다. 특히 식품 안전성에 대한 위기에 봉착한 소비자들의 불안이 가중되면서 공동체적 성격을 지닌 조직체가 발전해왔다.

식품 안전성 문제가 중요한 이슈가 되는 이유는 소비자의 생명과 관련된 소비자의 기본적인 권리이기도 하며 소비자는 식품을 하루도 빠짐없이 섭취하게 되므로 생명유지에 절대적인 요소로 인식하기 때문이다. 이러한 식품 안전성에 대한 문제제기는 소비자운동을 중심으로 조직적으로 대응해왔다.

소비자운동은 식품 안전성에 영향을 주는 의약품, 농약, 식품첨가물 등과 관련된 쟁점을 다루어왔다. 예를 들면, 유전자조작(GMO) 식품문제, 내분비계 장애물질인 환경호르몬과 다이옥신 오염문제, 화학조미료(MSG) 사용, 발암농약이 검출된 수입농산물 등과 같은 문제들을 소비자 건강에 대한 위험요소로 부각시켜 왔다. 화학조미료는 한국에서 1963년 이후 가정과 음식점뿐만 아니라 각종 가공식품에도 광범위하게 사용되었다. 화학조미료가 인체에 미치는 유해성이 제기되자 화학조미료 회사는 1968년에 의학전문지에 중국 음식점 증후군을 발표한 곽호만 박사를 비난했다. 화학조미료 회사의 은폐조작 시도가 지속되는 가운데 화학조미료가 인체에 미치는 유해성이 계속해서 공개되었다. 올리(John W. Olney) 박사는 화학조미료가 어린이 뇌 손상을 줄 수 있다는 논문을 발표했다. 이 논문의 영향으로 1969년 미국의 유아식품에 화학조미료 사용을 금지하였다. 화학조미료의 유해성이 미국에서는 1960년대부터 논의되었으나 한국에서는 1986년에야 비로소 소비자단체에 의해 그 유해성이 발표되었다. 근 20여 년간 이 사실이 소비자들에게 전달되지 못한 것이다. 당시 한국은 1인당 화학조미료의 소비량이 세계에서 제일 높음에도 불구하고 기업은 화학조미료의 유해성을 제기한 정보를 생산하는 집단 및 그러한 정보를 전달할 수 있는 매체를 통제하기도 했다. 소비자는 식품 안전성에 대한 정보가 부족하고 차단되었기 때문에 올바른 선택을 할 수가 없었던 것이다. 유전자조작식품(GMO, Genetically Modified Organism)에 대한 유해성 논란도 화학적 조미료의 유해성과 비슷한 양상을 보여준다. 유전자조작 식품은 그 안전성이 검증되지 않은 채 다량 수입되고 있기 때문에 소비자의 의사와는 관계없이 그 식품에 노출될 가능성이 높다. GMO 개발로 이익을 얻는 기업들은 GMO가 인류의 식량문제를 해결할 수 있다고 주장한다. 반면, 소비자단체는 독성, 알레르기 반응, 항생제 내성증가, 환경파괴 등 GMO식품의 유해성을 주장하고 있는 것이다. 화학조미료와 GMO의 사례에서 보듯이 시장을 우선시하는 기업과 국가의 논리로부터 인간의 생명을 지키기 위해서는 소비자가 소비자운동단체 활동에 주체적으로 참가하고 지원할 수 있어야 한다(송보경, 2003).

수입농산물에 대한 위험성은 밀가루, 국수 그리고 빵과 과자류 등에서 농약이 검출되었다는 사실에서 그 심각성을 알 수 있다. 1993년 '소비자 문제를 연구하는 시민모임(이하 소비자모임)'이 국립보건원에 의뢰한 검사가 이를 입증시켜 주고 있다. 기준치의 132배나 되는 농약이 검출된 미국산 밀 1만여 톤을 발암물질이 노출된 식품이므로 돌려보내야 함에도 불구하고 그러하지 않았다. 수입당사자가 농약잔류 실험을 잘못한 것이라며 정부도 국민에 대한 안전성보다는 미국과의 무역마찰을 피하려는 안일한 태도로 사건을 흐지부지 마무리시켜 버렸다(송보경·김재옥, 2003). 당시 소비자모임의 보도자료(다음)를 보면 밀가루를 사용한 식품이 농약으로 얼마나 오염되었는지 알 수 있다.

"본 모임은 보건사회부가 시중에 유통되고 있는 제빵과 밀가루에 대한 농약 잔류량 검사를 즉시 하여 발표해줄 것을 요청한다. 최근 <일본 자손기금>이라는 소비자단체의 자료에 의하면 1993년 1월 25일과 2월 18일 사이에 검사된 일본의 73개 학교급식 빵 농약 잔류량 검사의 19개 검체에서 발암농약 마라치온과 크로르피리포스 메칠이 검출되었다고 한다. 이 양은 기준치 이하이기는 하지만 계속 복용하면 인체에 영향을 줄 수 있다. 수년 전부터 문제가 되고 있는 화학물질 과민증은 0.01ppm의 수준에서 일어난다는 것이 동물실험에서 명백히 밝혀져 있다. 어린이들의 알레르기 발생증가가 문제되고 있는 오늘날 알레르기를 일으킬 수 있는 수준의 농도의 살충제가 포함되어 있다는 것은 분명 큰 문제라고 생각된다. 첫째, 한국은 일본과 같은 수확 후 농약 사용을 허용하는 밀 생산지에서 농약에 오염된 밀을 수입하므로 한국에서도 밀과 빵에서 농약이 검출될 개연성이 높다. 둘째, 한국에서도 농약에 오염된 밀이 계속해서 수입되고 있으며 1993년 2월 허용기준치의 132배가 넘는 농약이 검출된 밀이 아직도 폐기되지 않고 그대로 있는 상황에서 소비자들은 대단히 불안할 수밖에 없다. 셋째, 일본의 제빵에서 발암 농약이 검출된 사건은 제분협회 관련자의 '밀은 농약에 오염되었어도 밀가루는 껍질을 벗겨 처리되기 때문에 안전하다'라는 주장이 허구임을 입증하는 중대한 사안이다. 밀가루도 아니고 완제품인 빵에서도 농약이 검출되었기 때문이다. 끝으로 소비자는 법이 보장하는 안전의 권리와 알 권리가 있다. 보건사회부는 소비자들의 밀에 대한 불안을 씻기 위해서도 밀가루 제빵에 대한 전면적인 농약잔류량 검사를 실시하여 발표할 것을 촉구한다. 농약에 오염된 밀이 한국인의 식탁을 위협하는 식품이 되지 않도록 정부와 기업의 노력을 촉구하는 것은 소비자들의 최소한의 요구이다."

당시 검사결과 밀가루 12건, 국수류 11건, 빵류 5건, 과자류 3건, 기타 2건 등 33개 제품에서 농약이 검출된 것으로 나타났다. 수입식품에 대한 농약오염은 비단 곡물뿐 아니라 과일, 채소 등 다른 농산물에도 광범위하게 발견되고 있다. 자몽(grape fruit)에서 발암성 농약인 디코폴(Dicofol)이 0.01ppm이 검출되었고, 레몬에서 발암성 농약인 2,4-D가 0.021ppm 검출되었으며 키위에서도 발암성 농약인 아진포스메칠이 0.003ppm이 검출되었다.

농산물에 대한 불안전성은 국내 농산물에서도 마찬가지이다. 화학적 농약과 제초제 등으로 생산된 관행농산물에 대한 소비자들의 불신은 수입농산물의 불안전성에 대한 인식만큼이나 팽배해 있다. 국산 농산물을 신뢰할 수 없다는 목소리가 커지고 있는 것이다. 그리고 많은 수입 농산물이나 축산물이 국산으로 재포장되어 유통되고 있는 현실에 대한 고발사건이 언제나 편재되어 있다는 사실에서 일반 시장에 대한 신뢰가 땅에 떨어진 상태이기 때문이다. 문제는 소비자가 아무리 감시를 잘한다더라도 농산물의 생산과정에 소비자가 참여하지 않기 때문에 근본적인 확인이 불가능하다는 맹점이 있다. 결국 공공감시체계에 대한 신뢰가 떨어진 상태에서 생산자와의 직접적인 대면관계에 의한 신뢰확대가 소비자의 선택권을 넓혀 주고 생산자를 보호할 수 있는 대안으로 떠오르고 있는 것이다.

생산자인 농민의 입장에서 보면 이 같은 소비자의 관심에 대응하기 위한 준비가 되어 있느냐에 따라 앞으로의 도·농 교류관계의 지속성 여부가 결정된다고 볼 수 있겠다. 그간 소비자의 욕구에 대응하는 농민이 수적으로도 이념적인 동조 면에서도 균형이 맞지 않았던 것이 사실이다. 도시 소비자의 이데올로기적 성장에 따라 생산자 농민의 성장은 오히려 쇠퇴하였다. 도시의 의식화된 소비자가 존재하였지만 농촌의 생산자는 거기에 대응하지 못했던 것이다. 사실 이러한 도시소비자의 출현은 그리 오래되지도 않았다. 농산물에 대한 농약검출이나 광우병 같은 음식물에 대한 사회적 이슈가 등장하면서 의식적으로 성장한 소비자들이 급속하게 증가하였던 것이다. 이러한 현상은 비록 우리나라에만 나타난 것은 아니었다. 유럽과 북미에서 그리고 일본에서도 유사한 특징을 보이면서 소비자운동의 출현 및 도·농 직거래의 활성화가 진행되어 왔다.

소비자들은 크게 세 부류로 나누어볼 수 있다.

가. 양적인 충족을 우선시하는 또는 저렴한 가격의 농산물 소비자
나. 건강을 우선시하며 가격을 고려하지 않는 농산물 소비자
다. 지역농산물을 선호하는 의식화된 농산물 소비자

'가'는 동일한 종류의 농산물이 존재할 때 시장가격이 낮은 것을 선택하게 된다. 보통 수입농산물이 국내 농산물 가격보다 현저하게 낮기 때문에 이 소비자층은 경제적으로 하층계급에 속하는 사람들일 가능성이 높다. '나'는 수입농산물이 생산, 저장 그리고 유통과정에서 화학적 처리가 일반적으로 행해지고 있다는 점을 인식하고 있고, 그것을 섭취할 경우 건강을 해칠 우려가 있다고 판단하는 소비자들이다. 이들은 경제적으로 중·상류계급에 속하는 사람들일 가능성이 높다. 마지막으로 '다'는 생태적 가치관이나 로컬푸드운동 등의 영향으로 의식적으로 지역농산물을 소비하려는 층이다. 따라서 '나'의 보신주의의 성격과 구별되는데 현재 한국의 생활협동조합운동에 적극적으로 참여하고 있는 소비자들이 이 집단에 속한다고 볼 수 있겠다. '다'에 속한 소비자들은 농업에 적극적으로 관심을 보이는 집단이기도 하다. 생산지를 방문하여 자신이 먹는 농산물이 어떻게 생산되고 있는지 알아보고 지역농업의 활성화를 위해 노력하기도 한다. 그러나 '다' 집단에 속한 시민은 수적으로 그리 많지 않으며 농업정책에 관여할 정도의 이익집단을 형성하고 있지는 않다.

이상과 같이 유기농산물의 소비자를 분류한 이유는 생태가치 추구적 농업을 적극적으로 지지하는 소비자의 성격을 규정하기 위해서이다. 이런 소비자는 생태가치 추구적 농업인 못지않게 생태가치 이념을 지니고 있기 때문이다. 따라서 우리는 지속 가능한 농업의 실천자로서 생태가치 귀농인을 설정할 수 있고, 그 농산물의 소비자이며 동시에 생태가치 추구적 농업의 지지자로서 '지역농산물을 선호하는 의식화된 농산물소비자'(다)를 지목할 수 있다.

지역농산물을 선호하는 의식화된 농산물소비자의 특성은 다음과 같다.

ㄱ. 생태가치 추구적 농업을 지지할 가능성이 높다.
ㄴ. 생태가치 추구적 농업에 적용되는 농법은 보통 생태농법 또는 유기
농법으로 이해한다.
ㄷ. 생태가치 추구적 농업을 이상적인 농업형태로 간주하는 경향이 있다.
ㄹ. 생태가치 추구적 농업 실행자에 영향을 주는 물리적·정서적 장애요
인에 대응하기 위한 유일한 방법은 자신이 철저하게 유기농산물을
소비하는 것이라 생각한다.

생태가치이념이 개인 소비자에게 실천적 규범으로 작용하고 소비
자행동에 영향을 미치는 경우 소위 '윤리적 소비'와 관련하여 논의할
수 있다.

유기농산물의 생산을 포함하는 생태가치 추구적 농업을 실현하기
위해서 가장 중요한 문제는 소비자와 생산자의 신뢰를 어떻게 구축
하느냐이다. 현재 유기농산물에 대해 국가가 인증·관리하고 있다.
그러나 인증농산물에 대한 소비자의 신뢰도가 낮을 때 유기농산물
의 유통에 문제가 발생한다. 유기농산물 인증에 따른 통제나 감시를
한정된 공무원이 해낼 수 있다는 것을 믿는 소비자는 많지 않다. 소
비자는 생산자를 믿을 때 그가 생산한 농산물의 안전에 대한 신뢰를
갖게 된다. 현재와 같이 친환경농산물이 희소 가치를 지닌 상황에서
생산자는 친환경농산물 인증을 받아놓고 실질적으로는 그것과 일치
하지 않는 속임수로 농산물을 생산할 가능성도 있기 때문에 소비자
의 신뢰는 낮은 것이다. 또한 농산물의 특성상 외관상으로 그것에
대한 안전성을 식별할 수 없기 때문에 소비자는 생산자에 대한 신뢰
이외는 다른 대안을 가지고 있지 않다. 아무리 고도의 과학적인 수
단을 동원하여 농산물에 대한 추적과 조사 및 관리가 이루어진다 해

도 관행 농산물과 가격 차이가 존재하는 한 그것을 속이기란 기술(技術)적으로 너무나도 쉽고 상인 또한 그러한 유혹에 빠져들기 일쑤다. 수입산 고기에 대한 국가의 통제에서 국가는 상인을 이겨본 적이 없다. 아마 뉴스에 오르내리는 '수입산 고기의 국산 고기로의 둔갑'은 육안으로 구분할 수 없는 맹점이 있기 때문에 쉽게 왼쪽 판매대에서 오른쪽 판매대로 옮길 수 있는 것이다. 이제 국가는 '수입산 농산물'이나 '일반 농산물'이 '국내산 농산물'로 둔갑하여 팔리고 있는 것을 감시하기 위해 사용하는 비합리적인 비용을 더 이상 지출하지 말고 그 돈과 노력으로 새로운 합리적인 농업정책을 구상해야 할 것이다. 합리적인 농업정책은 소비자의 욕구에 대응하는 것이며 그 수단으로서 불가피하게 생태가치 추구적 농업을 포함하는 지속 가능한 농업이라는 점을 수용하고 구체적인 정책을 추진해야 할 것이다.

오직 진실한 생산자가 유기농산물임을 보증할 수 있을 때에 소비자의 신뢰를 얻을 수 있다. 소비자로부터 구매를 위임받은 단체가 생산과정을 모니터링하고 그것을 소비자에게 전달하는 체계 중 하나가 생활협동조합이다. 소비자생활협동조합이 중앙의 물류체계를 가지고 있는 경우에는 대기업 중심의 대형 할인점의 물류체계와 크게 다르지 않다. 따라서 지역농산물의 지역소비라는 로컬푸드운동의 관점에서 보면 소비자생활협동조합의 물류체계는 분명히 한계를 지니고 있다. 이 지점에서 가장 이상적인 소비자는 생산자인 농민과 직접적인 거래를 하는 경우라고 규정할 수 있다. 그렇지만 현실적으로는 앞에서 말한 바와 같이 여러 가지 제약요인에 의해 거래관계는 제한되고 만다.

결국 도·농 교류에 의한 농산물거래의 성과는 개별 농민과 개별 생산자의 관계에 의해서 다양한 차이를 나타낼 것이다. 다만 이러한 거래관계를 제도화하고 사회적으로 뒷받침하는 것은 직거래를 활성화하는 데 중요할 것이다. 그런데 국가의 시장개입은 쉽지 않다. 이미 실시된 농산물개방정책은 신자유주의의 산물로 자유로운 시장거래를 국가가 개입해서는 안 된다는 원칙하에 놓여 있기 때문이다. 따라서 소비자와 생산자 간의 거래의 활성화는 주체 간의 문제로 남아 있게 된다. 이것은 현대사회에서 개인의 삶의 문제를 개인 스스로 결정해야 되는 공동체로부터의 이탈자에 대한 상황과 유사하다. 약자를 위한 국가의 개입이 약화된 현실에서 개인들의 결합과 개인의 자유스러운 결정이 중요하게 되었다. 현대인은 개인화에 의해 자유를 얻는 대신에 보호막이 제거된 위험에 처하게 된 것이다. 이것으로부터 벗어날 수 있는 방법은 공동체 울타리를 복원하는 것이다. 협동조합은 지역공동체가 이익사회적으로 결합하여 확장되면서 발전된 기업형태이다. 따라서 공동체적인 성격을 지니고 있는 동시에 이익을 추구해야 하는 양면성을 지니고 있다. 생활협동조합이 일정 부분 한계성을 지니고 있음에도 불구하고, 소비자나 생산자가 이념적으로 지향해야 하는 그리고 실천적으로 구성원으로 활동해야 하는 이유는 공동체주의적 속성 때문이다. 마을보다 좀더 범위를 넓혀서 생산자조직이 이념적으로 그리고 실천적으로 존재해야 할 것이다. 왜냐하면 협동조합방식의 기업체가 민주적이면서도 다양한 성격의 개별 공동체 구성원을 포섭할 수 있기 때문이다. 이것은 최근에 사회적 경제나 사회적 기업으로서 협동조합운동의 이념에서 그리고 국제협동조합연맹의 원칙들에서 확인되고 있다. 새로 농촌사회에 편입된 귀농인은 더욱 협동조합방식의 경영체에 관심을 가질 필요가 있다. 그래야만 개인의 경제적 투자에 따른 위험을 줄일 수 있으며 개인화에서 오는 소외로부터 스스로 보호받을 수 있다. 생산자와 소비자가 협동조합 방식으로 결합될 필요가 있다. 마을공동체 회사의 형태도 협동조합방식의 기업체라 말할 수 있다. 그러나 이름만 표방하고 있다면 실질적인 성공을 기대할 수 없을 것이다. 과거에 그리고 현재에도 존재하는 많은 공동체적인 기업형태인 생산자조직들이 예를 들면, 영농조합이나 농업회사 그리고 작목반 등 가족주의화되거나 사유화된 사례가 많았다. 정부의 물질적 지원을 받기 위해서 형식적인 집단을 꾸린 경우가 많았던 것이다. 진짜의 협동조합방식의 공동체회사가 존재할 때 그것의 성공은 그 원칙에 따른 실천과 성과로부터 평가받을 것이다.

시민은 소비자이다. 소비자가 생산자를 신뢰하고 생산자가 소비자를 그의 지지자로 인식할 때 소비자운동은 성공할 수 있다. 소비자운동은 소비자를 위한 것이면서 동시에 생산자를 위한 것이어야 한다.

소비사회(consumer society)에서 개인은 자유로운 의지에 따라 물질을 선택하고 소유하게 되지만 개인적 욕구 충족에 따른 개인의 선택은 윤리적으로 제한되기도 한다. 개인은 그 사회에서 부여하고 있는 가치에 따라 타인의 행위를 고려하게 되는 것이다. 윤리적 소비라는 개념은 소비자의 사회적 책임을 포함하고 있다. 윤리적 소비는 소비자의 도덕적 신념에 따라 사회적 책임을 실천하는 소비행동이다. 윤리적 소비자의 실천적 행동은 크게 두 가지로 나타난다. 소비자가 생각하기에 윤리적으로 옳다고 생각하는 물건을 선택하여 구매하는 적극적인 구매행동이고 또 하나는 도덕적으로 잘못되었다고 판단하여 해당 상품을 의도적으로 구매하지 않는 불매운동이다.

국제소비자기구에서 발표한 '소비자행동윤리헌장'의 내용은 소비
자의 책임과 의무를 제시하고 있다. 소비자 자신이 사용하는 재화와
서비스에 대하여 경각심과 의문을 가지는 비판적 시각(critical awareness),
공정하다고 생각하는 것을 실천하는 것(action), 자신의 행동이 사회
적·국제적으로 불이익을 받게 될 집단에 미칠 영향을 고려하는 사
회적 책임(social responsibility), 자신의 소비가 환경에 어떤 영향을 미
치는지 고려하는 환경적 책임, 그룹을 형성하여 권익을 증진하고 강
화해야 한다는 사회조직의 연대성(solidarity) 등의 내용을 담고 있다.

모든 개인은 질 좋은 상품을 구매하고자 열망하는 소비자인 동시
에 건강하고 지속 가능한 사회를 희망하는 시민이기도 하다. 윤리적
재화나 서비스를 선택하여 구매하는 행위는 더 나은 사회를 위한 대
안을 선택할 수 있게 해주는 것이다. 로컬운동은 지금까지 인류가
추구해온 경제성장만으로 인류가 진정으로 풍요로워질 수 없다는
것을 깨닫고 소비를 통해 인류의 불평등을 극복하고자 하는 운동이
다. 로컬소비는 지구온난화를 줄여주고 지역경제를 살리며 농업을
살리고 사회적 일자리를 창출하는 등 세계화를 통해 나타나는 문제
를 극복할 수 있도록 한다(천경희 외 3인, 2010). 친환경농업과 연결
된 로컬푸드운동은 소비자와 생산자가 상호 신뢰하는 가운데 지역
농업을 발전시키고 지역사회를 유지시키고 발전시킬 수 있는 대안
운동이 될 수 있다. 이 운동도 신뢰를 바탕으로 한 소비자와 생산자
인 농민 간의 직거래로 활성화될 수 있다. 직거래의 활성화는 목적
합리성이 기본이 되지만 안전한 농산물에 대한 제도적 보증이 의심
되는 상황에서는 가치합리적 실천규범이 중요해진다. 농업의 실행자
로서 새로 편입된 귀농자들도 이 점을 명심하여 적정한 농법의 적용

과 영농계획을 세우고 실천해야 할 것이다. 소비자와의 신뢰구축은 농산물 직거래의 필요조건이기도 하다.

요약

요점
도시민은 보통 농촌공간을 고향으로 생각하는 경우가 많다. 자기가 태어난 곳으로서의 고향이 있는가 하면, 이상향으로서 고향이 존재하는 것이다. 귀농인에게도 이 두 가지 고향 중 어느 하나가 마음속에 자리하고 있을 것이다. 이미 고향을 찾은 자신(귀농인)이 그러하듯이 장차 예비 귀농인에게 따뜻한 고향이 될 수 있도록 정서적 안정을 주는 공간으로서 농촌 그리고 실제 생활공간으로서 농촌을 위해 노력해야 할 것이다. 그리고 도시 소비자와의 연결망은 귀농 후 농산물판매와 소비자운동과 관련된다는 점에서 중요하다. 로컬푸드운동이나 협동조합운동의 의미를 되새겨 적극 참여해야 할 것이다.

사실
소규모 영농을 하는 귀농인의 도시소비자와의 거래관계는 인맥을 이용한 농산물거래방식이 가장 일반적이다.

주요 단어
고향, 이상향으로서 고향, 도·농 교류, 로컬푸드, 윤리적 소비자, 생활협동조합

생각해 보기
1. 귀농 후 농산물거래방식을 생각해보고 구체화시켜 봅시다.
2. 당신이 공동체지원 농산물거래 방식을 시도해본다면 그 구성원에 포함할 사람이 누구인지 나열해봅시다.

농촌재생과
지역사회발전에서
귀농인의 역할

앞에서 주로 귀농인 개인 행위자를 중심으로 논의하였다. 그러나 지역사회 귀농인의 역할에 대한 설명에서는 귀농인 개인과 지역집단 간의 관계를 좀 더 자세히 살펴볼 필요가 있다. 원주민과의 관계, 마을공동체의 현실, 지역개발의 문제 등을 고려해보면 원주민과 귀농인의 연계성, 마을공동체의 충원문제 그리고 개인주의와 공동체주의 간 선택문제 등이 중요해진다. 좀 더 구체적으로는 귀농인의 농업 계승자로서 가능성, 마을공동체 충원과 지역발전에서 귀농자의 역할 등 농촌 재구조화에 있어서 귀농인의 역할이 조명되어야 할 것이다.

농업 후계자로서 가능성

'경제목적농업'을 실행하는 귀농인은 농업후계자로서 가능성이 높은 집단으로 볼 수 있다. 특히 상업적 영농이 발달된 지역에 편입된 경제 목적 귀농인은 더욱 그러할 것이다. 상업적 영농지역에서는 부모나 형제의 영농을 승계하는 경우가 많다는 점, 경제적으로 성공한 상업적 영농지역의 농민의 존재는 그 지역에 경제 목적 귀농을 촉진시킨다는 점, 상업적 영농지역에는 생산조직체가 발달되어 신규 농업인의 진입과 농업기술 전이가 용이하다는 점 등으로 미루어보면 신규로 진입하는 경제 목적 귀농인의 경제적 성과를 이룰 가능성은 높다. 그러나 경제 목적 귀농인이 경제적 욕구충족을 위해 부채를 기반으로 하는 투자는 농산물가격의 불안정으로 인해 손실을 입을 가능성도 존재한다. 경제 목적 귀농인이 기존의 생산수단을 상속 또는 증여받고 부채를 최소화할 경우 경제적 안정을 이루기가 쉬울 것이다. 앞에서 언급하였듯이 경제 목적 귀농인이 고향으로 이주한다면 가장 합리적이라고 평가한 이유도 바로 여기에 있는 것이다. 상업적 영농의 성과는 영농규모의 확대나 특용작물의 재배에서 나타나기 쉽다.

정부의 농업 지원정책이 식량작물을 중심으로 하는 대규모 영농의 육성에 목표를 두고 있지만, 농산물 수입에 의한 식량작물 재배농가의 채산성은 오히려 떨어지고 있다. 현실적으로 귀농인이 상속에 의한 생산수단의 점유상태에 놓이지 않고서는 대규모 기계화된 영농에 진입하기가 어렵다. 상대적으로 특용작물의 재배에 진입하는 데 요구되는 자원의 투입 양은 대규모의 기계화된 영농보다 적은 경우가 많아서 귀농인이 신규 진입하기에 상대적으로 용이한 면이 있다.

경제 목적 귀농인이 특용작물재배에 진입한다면 경제적 성공 가능성도 있으며, 그것이 지속적일 때 영농 후계자로서 역할을 하게 된다. 우리는 보통 경제 목적 귀농인의 농업 후계자의 가능성에 높은 점수를 부여하는 경향이 있다. 그 이유는 농업을 경제적 측면에서만 또는 지금까지 논의에서 보면 생산주의적 농촌성에 근거하여 농업이나 농촌을 인식할 경우 더욱 그러할 것이다. 경작규모가 작은 생태가치 귀농인의 영농활동을 승계 농민으로서 역할을 하고 있다고 판단할 수 있는지는 아직 의문으로 남아 있다. 왜냐하면 경제 목적 귀농인보다 영농규모가 영세하며 영농을 생계 목적보다는 생태가치 실현을 위한 수단으로 생각하기 때문이다. 경제 목적 귀농인이 보기에 생태가치 귀농인의 소규모 영농을 '사치스러운 노작활동'으로 평가할지라도 생태가치 귀농인의 영농활동이 다음과 같은 경우에는 우리나라의 전형적인 소농 또는 가족농의 개념과 상동적이며 승계 농민으로서의 역할 가능성을 엿볼 수 있다.

> 가. 생태가치 추구적 농업인의 영농활동에 의해 가족의 생계가 유지되거나 자신이 생산한 다양한 농산물이 자급적인 수준에서 가족구성원에게 공급될 경우
> 나. 가족 노동력을 최대한 활용하여 자립하려는 생태가치 추구적 농업인
> 다. 가급적이면 농업수입으로 가계경영을 조절하려는 생태가치 추구적 농업인

생태가치 추구적 농업이 기존의 관행농업보다 부가가치가 크다면 생태가치 추구적 농민이 영농에 의한 가족의 생계를 유지하기가 보다 쉬울 것이다('가'의 경우). 그리고 가족노동력을 최대한 활용하여 자립하려고 하며 가능하면 농업수입 범위 내에서 가계경영을 하려 한다면(나, 다) 전통적인 가족농의 성격과 크게 다르지 않다. 생태가치 추구적 농업이 생태가치 귀농인의 가치이념의 실현수단이 되고 가족의 생계수단이 된다면 이전 세대 농민의 계승은 물론 '미래의 농민상'으로 평가받을 만하다. 이전 세대의 농민은 물론 현재 농민의 대부분은 소규모 가족농이며 우리 농업을 지탱해온 주역들이다. 그리고 미래의 농민상도 적어도 현재 농업의 문제점을 개선해나가면서 농업의 지속 가능성을 담보할 수 있는 농업의 실행자로 규정한다면 큰 무리가 없기 때문이다. 더구나 생태가치 추구적 농업이 어떠한 이유로 관행농업에 영향을 미치게 되고 그 결과 농업의 발전에 긍정적으로 작용했다면 생태가치 추구적 농민은 농업후계자로서 자격을 부여받을 수 있을 것 같다.

이하에서는 생태가치 추구적 농업이 기존 관행농업에 어떤 영향을 미치게 되는지 경험사례를 통해 살펴보고, 생태가치 추구적 농민의 농업후계자로서의 가능성을 판단해보려고 한다.

1) 생태가치 추구적 농업이 관행농업에 미치는 영향

귀농인의 생태적 환경행동은 관행농업을 해오던 원주민에게 영향을 미치게 된다. 생태가치 추구적 농업으로 생산된 농산물의 처분 가격이 보통의 시장가격보다 현저하게 높을 때 생태농법에 대한 원주민의 관심은 높아질 것이다. 원주민도 생태농업으로 자신의 경제적 이득을 증가시킬 수 있을 것이라는 기대를 갖기 때문이다.

그러나 원주민이 생태적 환경행동을 자신의 경제적 이익과 직접적으로 상관관계가 없는 것으로 생각한다면 그의 생태적 환경행동은 일어나지 않을 가능성이 높다. 즉, 관행농법으로 영농을 지속해 왔던 원주민이 경제적 이익이 결부되지 않는다면 생태농업으로 전환할 가능성은 낮은 것이다. 따라서 원주민의 생태적 환경행동의 개연성(chances)을 놓고 다음과 같이 분류할 수 있다.

---

① 경제적 이득을 수반하는 합목적 수단으로서 환경행동 가능성
② 생태계를 고려한 실천 규범이 환경행동으로 나타날 가능성

전자(①)는 자아중심적 환경행동의 성격을 지니고 있으며 후자(②)는 생태적 환경행동이라 말할 수 있는데 환경행동이 목적합리적 행위의 수단으로 나타나는 경우는 경험 사례에서도 발견된다.

BTL001은 생태농법으로 벼농사를 포함하여 여러 작물을 재배하고 있다. 그가 생산한 농산물은 인맥을 통해 판매되고 있는데(인맥을 이용한 농산물판매) 시장 가격보다 높은 수준이다. 그가 인맥을 이용하여 도시의 소비자들과 거래하게 되자 어떤 품목은 물량이 적어서

이웃의 농산물로 대체하는 경우가 발생한다. BTL001은 결국 이웃의 농산물을 대신 판매해주는 역할을 하게 되었는데 이것이 이웃 사람들에게 유기농업을 시작하게 된 계기를 만들었다(① 환경행동이 합목적 수단으로서). 이런 상황하에서 생태가치 귀농인의 마을공동체 내에서의 위치는 확고해질 것이다. 귀농인이 정착 초기에 원주민으로부터 도움을 받는 경우가 많다는 점을 생각해볼 때 거꾸로 귀농인이 오히려 원주민들에게 경제적 도움을 주게 된 사실만으로도 농촌사회 적응에 성공한 사례로 평가받을 수 있을 것 같다. 그는 이미 지역의 리더로 여러 분야에서 활동하고 있으며 이웃 사람들로부터 신뢰를 얻고 있다. 지역에서 공식적인 조직의 성격을 갖는 새마을지도자, 개발위원 등으로 활동하고 있으며 자발적 결사체의 성격을 띤 귀농인 단체나 지리산 댐 건설과 관련된 지역 이슈를 놓고 갈등을 겪고 있는 현장에서 리더십을 발휘하고 있는 것이다.

생태가치 귀농인이 자신의 이념을 실천하는 데는 어려움이 있기 마련이다. BTL001과 같이 농사를 짓는 귀농인은 영농방식의 차이에 따른 오해로 빚어지는 갈등을 경험할 수 있다. BTL001은 귀농 초기에 원주민의 땅을 임차해서 경작하고 있을 때 원주민과 갈등을 경험하였다. 지주는 임차인인 그가 잡초를 방치하면서 농사를 짓는 모습을 보고 질타하였다고 한다. 농토를 빌려준 원주민의 입장에서 보면 자기 소유의 농토를 황폐화시키는 것이 아닌가 하는 오해가 있었다는 것이다. 그러나 원주민이 제초제를 사용하여 잡초를 제거하는 것과는 달리 제초제를 전혀 사용하지 않고 농사를 짓는 유기농업 또는 생태농업에서 나타나는 자연스러운 현상임을 이해한 뒤로는 그런 오해가 점차 사라졌다는 것이다. 원주민이 유기농법으로 생산한 농

산물을 그가 대신 수매해서 판매해주게 되니까 관행농업을 하던 원
주민들도 상당수 유기농업을 하게 되었고 결국 유기농법을 직접 경
험하게 된 원주민들은 유기농업을 하고 있는 사람들에 대한 이해의
폭이 넓어지게 된 것이다. 이러한 유기농법을 오랫동안 관행농법을
해왔던 원주민들이 오히려 신참인 귀농자로부터 배우게 된 셈이다.

> "큰 갈등은 아니었고요. 저 같은 경우는 현재 땅을 임대해서 농사
> 짓고 있는데, 그전에는 다른 마을 주민이 하셨을 거 아니에요? 귀
> 농자들이 농사짓는데 그 사람들(원주민) 입장에서 볼 땐 풀만 많
> 고 자기 땅 뺏어가서 풀 농사만 짓는다고 불만들을 표출했었죠,
> 초기에는. 지금은 그분들도 환경농업에서 오는 불가피한 것임을
> 어느 정도 이해하고 있어요. 그리고 여러 가지 친환경농산물을 대
> 신 팔아주고 하니까 그분들(원주민들)도 가급적 친환경농업을 하
> 려고 하고. 어느 정도 관계가 많이 개선됐죠. 이해도 하시고요. 관
> 행농업을 하시던 분이 친환경농업으로 바꾼 경우는 여러분 있죠.
> 왜냐면 당장 쌀을 좋은 가격에 판매해주는 데다가 무농약으로 농
> 사지으면 판매해주겠다고 하니깐 그분들은 판로걱정이 없고 가격
> 면으로 좀 유리하니까 그런 걸 따라 하시죠."(BTL001)

원주민들은 초기 귀농인들이 관행농법에서 벗어나 친환경농업을
하는 것에 대해 자신들이 관행적으로 해오던 농사방식과 다르고 농
사기술이 서툴게 보여서 못마땅하게 생각하였으나 점차 유기농법을
이해하면서 생각의 차이를 극복해나가고 있었다. 더구나 생태농업을
하는 귀농인이 친환경농산물을 수거하여 대신 판매해주니까 원주민
들도 마다할 이유가 없게 되어 유기농업으로 전환한 사람들이 증가
하고 있다는 것이다.

BTL001은 인간과 생태계의 조화를 강조하고 있다. 인간이 생태와
조화를 이루지 못한다면 자연의 재해는 물론 인간성도 상실한다고

생각한다. 특히 인간관계에서도 생태적인 것을 강조하고 있는데 타인을 존중하고 인정하는 태도가 바로 '생태적 인간관계'라는 것이다.

> "제가 생각할 때는 그래요. 인간의 이익 내지는 욕망 위주로 그런 것보다도 인간과 자연, 모든 인간을 제외한 모든 조건하고 어울려지는 것이 생태라고 생각해요. 너무 인간 위주로 모든 삶을 영위해 와서 재앙도 일으키는 거고 또 그 인간성 자체도 파괴되는 것 같고. 인간과 인간 간의 관계가 그런 것 같아요. 특히 저 같은 경우에는 인간관계에서 이념적인 것이 많았었는데, 인간관계에서 자기가 옳다고 생각하는 걸 강하게 주장하기 때문에 서로 부딪히고 힘들어지더라고요. 자신과 반대되는 생각을 갖고 있는 경우에는 적대적인 관계도 생기고. 근데 '생태적인' 관계라 한다면 항상 관계에 있어서 어떤 다양성이라 할까? 타인의 존재와 개성을 존중하고 어우러지는 게 굉장히 중요하다고, 그 다양함이 어우러지는 것이 바람직하다고 생각해요."(BTL001)

그는 자칫 이념적 지향이 인간관계를 해체시키는 경우가 있다고 경고한다. 그가 경험했던 공동체 농장도 그러한 예이다. 공동체 내에서 이념적인 것을 강조하다 보니까 인간관계가 흐트러지는 것을 목격하였다고 한다. 그는 인간관계의 회복이 우선되어야 하며 이념적인 것은 그 뒤를 따라야 할 것이라고 말한다. 흔히 이데올로기적 집단에서 이 둘은 전도되는 경우가 많다고 지적한다. 그는 결국 조화로운 인간관계를 유지하는 것이 생태적인 삶의 방식이라고 강조한다.

BTL001은 현재 한국 농촌의 오염의 주범으로 생활쓰레기나 농업 쓰레기를 들고 있다. 자기보다 나이가 많은 노인들이 그런 쓰레기를 소각하거나 매장하더라도 제재하기가 곤란하다는 것이다. 이러한 그의 태도는 지역공동체 내에서 연령질서를 고려하는 데서 비롯된다. 그보다 나이가 젊은 사람에게는 어느 정도 제재를 하게 되지만 그보다 연령이 많은 사람에 대한 규범적 제재는 불가능하다고 생각하는 것이다. 그는 농촌환경오염의 주요인으로 화학적 농약보다는 생활쓰레기나 농업쓰레기 처리문제라고 인식하고 있다.

> "대표적으로 시골 분들, 노인네들이 비닐이라든지 각종 집에서 나오는 쓰레기를 원칙적으로 쓰레기봉지를 사용해서 버려야 하는데 그런 분이 거의 없어요. 태우든가 땅속에 묻어버려요. 그런 점이 눈에 거슬리죠. 대부분 쓰레기봉지를 쓴다는 개념이 없어요. 아무리 벌금 물린다 방송하고 그래도 거의 다 태워버리거나 묻어버리죠. 거의 60, 70 넘는 분들이 하시기 때문에 뭐라고 하기가 곤란하더라고요."(BTL001)

이와 같이 그는 쓰레기 처리문제에 대해 무엇이 올바른지 인식하고 있지만 타인이 하는 행동에 대한 제재에는 한계가 있다는 것이다. 쓰레기를 친환경적으로 처리하지 않는 사람의 대부분이 노인들이라서 간섭할 수 있는 여지가 없을뿐더러 농업에서 화학적 농약을 사용하는 사람에 대해 비난하지 않는 것처럼 그는 그들의 삶의 방식을 존중하기 때문이다. BTL001이 생각하는 생태적 이데올로기는 생태에 충격을 주지 않으려는 삶인 동시에 이웃을 존중하는 삶을 말하고 있는 것이다.

그는 이웃이 자신과 같은 생태적 환경행동을 하지 않는 것에 대해서 공개적으로 비난하지는 않는다. 자신이 일상생활을 통해 생태적 이데올로기를 실천함으로써 이웃들의 모범이 되고 점차 이웃들도 생태행동을 실천할 것이라는 믿음을 가지고 있기 때문이다.

사례 BTL001과 관련된 원주민의 유기농업 참여의 증가에서 보는 것처럼 원주민이 생태적 환경행동(②)을 할 가능성보다는 자기중심적 환경행동(①)을 할 개연성이 더 높은 것이다. 원주민의 관심이 경제 목적에 지향될수록 더욱 그러할 것이다. 그렇다고 하더라도 화학적 농약을 사용하던 관행농업에서 유기농업으로의 전환은 농업의 질적 변화를 담고 있다는 점에서 긍정적으로 평가할 만하다.

BTL001은 자기가 살고 있는 마을의 공동체 의식은 약화되었지만 여전히 남아 있음을 인정한다. 그는 마을의 공동 행사나 길·흉사에 참여하고 있지만 마을공동체 성원과의 관계는 적극적으로 동화되는 주체로서 공동체 내에서 어떤 역할을 하기보다는 그것으로부터 일정한 거리를 두고 갈등을 조절하고 완화시키려는 태도를 보이고 있다. 앞에서 언급한 것처럼 화학적 농약의 사용이나 쓰레기 처리문제 등을 공개적으로 비난하지 않는 것도 이 같은 측면에서 이해할 수 있다.

BTL005는 자신을 포함한 많은 사람들이 진정한 생태적인 삶을 살고 있지 못하다고 말한다. 왜냐하면 어떤 문제에 대해서는 생태적 측면에서 판단하면서도 자신의 이익과 결부된 경우에는 생태적이지 못한 태도나 행동을 보이기 때문이라고 말한다.

"생태를 이야기하는 사람들이 어떤 사안에 대해서는 생태적으로 보면서 자기 주변에 있는 것은 전혀 생태적이지 않은 모습을 볼 때에 좀 진정성이 떨어지는 것 같아요."(BTL005)

BTL005의 이 같은 지적은 사람들이 생태가치를 중시하는 것처럼 보일지라도 자신의 이익과 관련되는 사안에 대해서는 자기중심적 환경행동을 하는 세태를 꼬집고 있는 것이다.

BTL008도 친환경농업을 실천하고 있지만 어떤 부분에서는 아직 미흡하다고 스스로 평가한다.

"저도 지금 비닐 멀칭을 하여서 제초효과를 내고 있지만 사실 친환경농업이라고 한다면 비닐사용도 안 하고 농기계를 사용하지 말아야 된다고 생각해요. 저는 친환경농업을 지향하고 있지만, 일정 부분에서 타협한다고 봐야 할까요? 철저하게 해야 하는데……
그런데 비닐 사용은 점차 줄어들고 있네요. 마늘 빼고는 비닐을 안 썼으니까."(BTL008)

그녀가 검은 비닐을 이용하여 잡초의 성장을 억제하고 있지만 엄격한 의미에서의 친환경농업에서는 이것의 사용을 금해야 한다고 생각하고 있다. 게다가 석유 에너지가 소요되는 농기계의 사용도 자제해야 한다고 믿고 있지만 실제로 그것을 실천하기란 어렵다고 말한다. 이것은 생태적 환경행동의 실천이 현실과 타협하는 경우가 존재함을 의미한다.

귀농 초기에 그녀가 제초제를 너무 많이 사용하고 있는 동네 어르신에게 제초제의 해악에 대해서 계몽적으로 설득도 해보았지만 모두 허사였다고 한다.

"귀농해서 마을에 와보니까 제초제를 다 하시는 거야. 처음에는
'그거 하면 안 돼요'라고 계몽적인 설득을 훈계하는 식으로 하게
되었는데 살다 보니까 이해하게 되더라고요. 제초제의 힘을 빌리
지 않는다면 풀 잡는 게 70, 80대 어르신들에게는 참 힘들겠구나
이해하게 되었고 그들이 어느 한순간에 변화되진 않는구나 하는
걸 깨달았죠."(BTL008)

오히려 BTL008이 직접 농사를 해보니까 잡초를 제거하는 일이 얼마나 힘든 일인지 알게 되었고 노인 세대가 제초제를 사용하는 것도 이해하게 되었다고 말한다. 그녀가 우렁이를 이용하여 잡초를 제거하는 소위 우렁이농법으로 벼농사를 지었는데 이 농법의 효과를

지켜보던 마을의 노인들도 점차 그녀를 따라 화학적 제초제를 버리고 이 농법으로 농사를 짓는 가구가 늘어났다고 한다.

> "내가 마을에서 처음으로 논농사를 친환경으로 우렁이농법을 하면서 농약이나 제초제를 안 쳐도 농사가 된다는 것을 보고 마을 어르신들이 점차 이 농법을 나와 같이 공유하게 되었죠."(BTL008)

이 사례에서 보는 것처럼 귀농자가 새로운 친환경농법을 실천함으로써 원주민의 농법에 변화를 가져오게 만들었다. 이러한 농법의 변화는 농업기술의 진보가 아니라 인간의 가치관의 변화를 초래할 것이다. 기존의 화학적 농약과 제초제에 의한 농민들의 육체적인 건강의 위협과 아울러 자신이나 그들의 자녀가 먹게 되는 농산물에 대한 불안감을 씻어줄 수 있는 친환경농법의 실천은 단순하게 안전한 먹을거리를 얻는 차원을 넘어 생태계에 대한 새로운 가치를 이해할 수 있는 계기가 될 것이기 때문이다.

노인층의 원주민들도 생태가치 귀농인 못지않게 안전한 먹을거리에 대해 인식하고 있다. 그들도 화학적 농약이나 제초제의 위험성을 알고 있지만 어쩔 수 없이 그것을 사용해야 하는 처지에 놓인 것이 바로 오늘날 우리나라 농민들이 아닌가 싶다. 농민들이 영농에서 생산량을 보장받고 노동력을 줄일 수 있는 방법은 화학적 농약과 제초제, 그리고 화학적 비료의 사용이었기 때문이다. 농민들이 자신의 건강을 해치면서까지 화학적 농약과 제초제를 사용하는 것은 그것만이 생계유지를 위한 효율적인 방편이었기 때문이었다. 그들도 자신의 건강을 생각하면 위험한 관행농법으로부터 벗어나고 싶은 것이다.

"우리 집 밭이 풀밭이긴 하지만 봄에 나물들이 나면 모두 우리 밭으로 오세요. 제초제를 안 한 밭이기 때문에 도시에 살고 있는 그들의 자녀들이 냉이 같은 봄나물을 캐러 오면 제초제 안 한 밭으로 가라고 일러주나 봐요. 우리 밭에 와서 봄나물을 뜯어가신다고 하더라고요."(BTL008)

앞에 인용한 내용처럼 관행농업을 하고 있는 원주민들이 화학적 농약의 위험성을 인식하고 있기에 그들의 자녀에게 나물을 채취하여 먹어도 안전한 곳으로 안내를 해주고 있는 것이 아니겠는가?

원주민의 자기중심적 환경행동은 가계재생산을 위한 수단에 있어서 합리성을 추구하려는 태도에서 나타나고 있음을 알 수 있었다. 다시 말하면 관행농법을 지속할 수밖에 없었던 것도 가계재생산의 측면에서 보자면 노동력의 저하에 따른 생산성을 높이기 위한 것이었다고 이해할 수 있다. 따라서 생태가치 귀농인은 원주민이 관행농법을 지속할 수밖에 없었던 상황을 이해하게 되면서 원주민과 생태적 환경행동에 따른 갈등을 완화할 수 있었던 것이다.

그런데 원주민이 관행농업을 해오면서 고착되어 버린 자신의 농법을 원칙적인 기준으로 생각하고 공동체 내에 새로 유입된 귀농인의 농법을 인정해주지 않으려는 태도 때문에 갈등이 발생하기도 한다. 이것은 생태가치 귀농인의 입장에서 보면 생태가치 실현에 따른 장애 요소로 간주될 수 있다.

BTL002는 원주민의 토지를 임차하여 농사를 짓는 것은 심적으로 상당히 부담이 된다고 말한다. 땅을 빌려준 원주민들은 주로 관행농업을 하였던 사람들이다. 그들은 귀농인에게 임차해준 토지가 그들의 방식대로 유지될 수 있기를 바란다. 특히 제초제를 사용하여 잡초가 완벽하게 제거된 상태에서 농작물이 경작되어야 잡초 씨가 경작지에 남아 있지 않게 되어 기름진 농토가 된다고 믿고 있기 때문에 완벽한 잡초제거에 관심이 많다.

> "농지를 임차해서 농사짓기는 힘들어요. 저는 주로 내 소유의 땅에 농사를 짓고 있는데 제 땅이 아니었다면 아마 골치가 많이 아팠을 거예요. 땅을 빌려준 사람은 임차인이 관행농법으로 짓든 친환경으로 짓든 잡초를 없애고 농사를 제대로 짓는 것을 바라는데 그렇게 안 되면 땅 주인이 싫어하죠."(BTL002)

BTL002는 자연농법으로 농사를 하고 있어서 관행농업을 하고 있는 사람들이 보면 농사가 아니라 잡초를 키우는 꼴로 보이기 마련이다. 그는 귀농 후 2년간 제초제나 화학적 농약 그리고 화학적 비료를 전혀 사용하지 않는 자연농법으로 농사를 짓고 있는 중이다. 그는 잡초도 농작물의 성장에 일정한 정도의 기능을 하고 있다고 생각하고 있어서 경작지의 잡초를 농작물 생산에 방해하는 요소로 생각하지 않는다. 반면에 관행농업을 해오던 사람이 친환경농업을 하는 사람에게 땅을 임대해줄 때 가장 염려스러워하는 것은 혹시 경작지에 풀을 자라게 놔두고 그 결과 풀씨가 남아 있게 되지 않을까 하는 것이었다(BTL001과 BTL008도 같은 경험을 한 바 있다). 잡초의 존재에 대한 서로 다른 시각은 갈등과 오해를 불러오게 된다. 잡초가 일정 부분 경작지에 존속하는 것을 당연시하는 생태가치 추구적 농업인과 한 포기의 잡초조차도 자라서는 안 된다는 관행농법의 원주민 간의 시각 차이는 매우 큰 것이다. 원주민은 때로는 생태가치 추구적 농업인을 게으른 사람으로 취급하기도 한다. 농사를 제대로 하려면 잡초를 제거해야 하는 것이 제일 우선되는 일임에도 불구하고 그러하지 못한 것은 경작자의 노력이 부족해서 그러한 것이라고 비난하게 되고 임차지를 회수하는 구실이 되기도 한다.

BTL008은 생활쓰레기나 농업쓰레기를 재질별로 분리하여 배출하고 있는 데 따른 어려움을 호소한다. 도시에 살았던 사람들은 쓰레기 분리배출이 습관화되어 농촌에 와서도 그것을 실천하고 있지만 원주민들은 그런 의식이 부족하다는 것이다. 그녀는 쓰레기를 분리수거 해놓아도 행정에서 불규칙하게 수거하고 잘 처리하지 않는다고 생각한다. 귀농인이 마을에 들어오기 전에는 행정에서 쓰레기를 수거해간 적이 없었다고 한다. 귀농인들이 하나둘씩 늘어나고 쓰레기를 분리배출 하게 되면서 쓰레기 수거차량이 간헐적으로 방문하게 되었다. 그녀는 환경에 관심이 있는 사람들이 분리배출을 실천하고 쓰레기 처리에 대한 행정의 역할에 대한 문제제기를 한다면 언젠가는 쓰레기 처리가 잘될 수 있을 것이라는 희망을 갖고 있다.

> "저는 쓰레기 분리배출을 해요. 그러나 원주민들은 쓰레기를 거의 다 태워버려요. 저는 쓰레기 봉투를 활용하고 있지만 행정에서 쓰레기 수거를 불규칙하게 하고 있었어요. 이것에 대해 민원을 제기하였고 그 이후로 쓰레기 수거는 많이 개선되었어요. 분리배출 한 쓰레기도 수거해가지 않은 경우가 있어서 서울 올라갈 때 분리 수거함에 넣기도 하고 면사무소에 갖다 주었더니 어떤 것은 분리수거가 안 된다고 하여 도로 집에 가져온 적이 있어요."(BTL008)

그녀는 쓰레기 처리에 대한 에피소드를 말하였다. 모아둔 쓰레기를 처리하기 위해서 대도시에 나갈 때 차에 싣고 가서 쓰레기 분리수거함을 찾아 넣는 때도 있었고, 면사무소에 갖다 준 경우도 있었는데 담당 공무원이 분리수거 대상 쓰레기가 아니라 하여 도로 집으로 가져온 적도 있다고 하였다. 생태가치 귀농인 입장에서 보면 철저하게 쓰레기를 분리하여 배출하는 것은 생태계에 부담을 덜 주려고 일상생활에서 실천하고 있는 생태적 환경행동으로 개개인이 지켜야 할 규범일 것이다. 귀농인 BTL008이 보인 이러한 생태적 환경행동은 원주민에서 찾아보기 힘든 것이다.

농촌에서는 생활쓰레기뿐만 아니라 농업쓰레기도 많이 발생된다. 특히 경작 시 비닐 멀칭(plastic mulching)을 하게 되면 수확과정에서 비닐을 토양으로부터 분리하여 재활용 쓰레기로 처리해야 하는데 원주민의 대부분은 현장에서 소각해버린다고 한다. 이 문제를 놓고 BTL008의 남편은 같은 마을에 살고 있는 다른 귀농자와 함께 원주민이 농업쓰레기(주로 농업용 비닐)를 태우기 전에 수거하여 볼까 의논을 하였지만 결코 만만치 않은 일이라서 실천하지 못하였다고 한다. 그것을 수거하기 위해서는 트럭과 수집한 것을 상·하차하는데 필요한 장비가 필요하며, 농로가 발달되지 않은 곳에 진입하기란 어려운 것도 장애요인이 되었다.

> "비닐 멀칭을 하고 난 폐비닐을 어르신들은 그냥 밭에서 태우시거든요. 그래서 저보다 먼저 귀농하신 형님이랑 협력해서 비닐을 수거해서 가지고 올까 생각했어요. 그러면 비닐을 태우지 않을 거고 어르신의 태도가 바뀔 수도 있을 것 같아서요. 그런데 막상 실천하려고 하니 운반수단이나 노동력 면에서 역량이 안 되는 거죠."(BTL008)

이와 같이 생태가치 귀농인이 자신이 살고 있는 생태환경을 깨끗이 유지하려는 노력은 일상생활과 영농방법에서 잘 나타나고 있다.

생태가치 지향성이 높은 개인은 자기 규율적으로 생태적 환경행동을 하게 되지만 이웃 사람이 자신과 같은 생태행동을 보이지 않을 때 귀농인이기 때문에 이웃에게 강제할 수 없는 한계를 느끼면서 살아가고 있는 것이다. 이러한 상황을 두고 귀농인들은 원주민의 생활방식에 대한 인정 또는 연령질서에 따른 윗사람에 대한 존중 그리고 잘난 체하는 사람으로 비칠 가능성과 그에 따른 오해 등으로 선뜻 제제를 할 수 없는 입장에 서 있는 것이다. 그럼에도 불구하고 공동체 가치를 소중하게 생각하는 귀농인은 자신의 생태적 환경행동으로 인하여 마을공동체 내의 구성원이 변화될 수 있기를 기대하고 있다. 그는 그의 생태적 환경행동이 생태계를 보전하고 마을공동체 구성원에게 긍정적인 영향을 줄 것이라는 믿음을 갖고 있는 것이다. 초기 생태농법의 실현에 따른 원주민과의 갈등관계가 있었지만 점차 상호 협조와 이해관계로 발전하고 있음을 알 수 있다. 외형적으로는 현실과 타협하는 것처럼 보이는 행위가 그 내면에는 공동체 성원을 존중한다는 의미가 존재하는데 이것은 인간과 자연의 조화를 강조하는 사회생태론적 가치관을 견지하고 있는 동시에 실천적으로는 농촌사회 적응에 유연하게 대처하고 있음을 보여주는 것이다. 처음에 귀농인의 생태행동에 못마땅하게 여기던 원주민이 귀농인의 생태농법을 받아들이고 실행하게 된 점은 전통성이 강한 농촌사회의 변화되는 모습을 보여주는 것이다. 원주민의 유기농업의 실천동기가 자아중심적 환경행동에 기초하였다 할지라도 결과적으로는 유기농업이 확산되는 결과를 가져오게 된 것이다. 이 같은 원주민의 혁신적 농업기술 수용과 비합리적 관행으로부터 벗어나려는 태도는 지속 가능한 농업의 발전에서 필수적인 요소임에 틀림없다. 그리고 그것이 귀농인의 영향에서 비롯되었다는 점에서 보면 생태가치 귀농인의 농업 후계자로서 가능성을 찾을 수 있는 것이다.

2) 귀농인의 영농방법과 환경태도

귀농인의 환경태도는 생활쓰레기나 농업쓰레기 처리, 소비생활, 자녀교육, 지역생활 시설의 이용 등과 같은 일상생활이나 생활양식에서 나타나기도 하지만 농업에 종사하는 귀농인의 경우 영농방법에서 가장 확연하게 그 차이를 발견할 수 있다. 사람들은 일상생활에서의 환경행동을 지키지 않으면 불이익을 감수해야만 하는 행정적 규제가 존재하고 타인에 의한 제재를 인식하는 한 외형적으로는 의사 생태적 환경행동을 보이기 쉽다. 그러나 영농에서 적용하는 농법의 선택은 영농인의 자유의지에 달려 있기 때문에 그의 합리성에 의해 결정될 것이다. 경제 목적 귀농인은 최대 수익을 올리려는 합목적성에 의해 관행농법을 적용하는 경우가 많을 것이며 생태가치 귀농인은 경제적 이익에 앞서 생태가치 실현이라는 가치합리성에 준하여 생태농업을 지향하려고 할 것이다.

생태가치 지향성이 높은 경제 목적 귀농인이라도 상업적 영농에 종사하게 되면 자기중심적 환경행동을 하기 쉽다(앞에서 언급한 바 있는 ① 경제적 이득을 수반하는 합목적적 수단으로서 환경행동 가능성). 왜냐하면 대규모의 상업적 영농에서 생태농법을 적용하기는 어느 정도 한계가 있기 때문이다. 따라서 경제 목적 귀농인은 생태가치를 지니고 있다 하더라도 자신의 이해 목적과 결부되면 그 수단의 적용을 정당화하려는 경향이 있다. 경제 목적 귀농인이 생태가치를 가지고 있다 하더라도 상업적 영농을 유지하기 위해 관행농법을 적용하는 과정에서 자기 합리화를 할 가능성이 높아진다. 어쩔 수 없이 시장의 환경에 맞추기 위해서는 관행농법으로 농사를 경영할 수밖에 없다는 자기 합리화가 이루어지는 것이다. 이러한 자아중심적 환경행동은 자신의 행동의 결과가 자신의 이해관계에 직접적으로 영향을 끼친다고 생각할 때 일어나기 쉽다.[49]

EPM001은 농촌환경이 농약 사용으로 인해 많이 오염되고 있다고 인식하고 있으면서도 자신의 농법과 관련해서 말을 할 때는 어쩔 수 없이 화학적 농약을 사용할 수밖에 없다고 주장한다.

> "농촌 환경이 잘 보존되고 있지는 못한 것 같아요. 농사도 무농약으로 가야 하는데 그게 잘 안 되는 거죠. 많은 사람들이 무농약으로 농사를 지으려고 하는데 농약을 안 치면 농사가 안 되는 경우가 많이 있거든요."(EPM001)

자아중심적 환경태도를 가진 사람도 농약으로 인하여 자연환경이 오염되고 있음을 인식하고는 있지만, 자신의 소득과 관련된 영농활동에서는 농약의 사용이 불가피함을 주장하고 있는 것이다.

EPM004는 생태농법 또는 유기농법을 적용하는 것이 소득 면에서는 불리하다고 말한다.

> "포도재배에 친환경을 시도하려고 하는 사람이 한 분 있는데……
> 저도 한 적이 있지만 수익 면에서 떨어져요. 1,000평 정도면 수익이 최소한 2,000만 원이 더 넘어야 되거든요. 농사 잘되면 3,000만원까지도 할 수 있는데…… 그 집은 평균의 반절도 못해서 수입도 1,000만 원 정도밖에 안 돼요. 친환경은 농약을 안 치고 하니까 병충해 때문에 농사도 쉽지 않고 과일도 품질이 떨어져요."(EPM004)

유기농법으로 포도농사를 하면 과일의 품질이 떨어져서 시장에서 가격을 제대로 받을 수 없게 된다는 것이다. 그뿐만 아니라 작목반을 통해 계통출하를 할 수 없게 되어 결국 개인적으로 농산물을 유통시킬 수밖에 없는 것이다(BTL010의 사례). BTL010은 생태농법으로 생산한 포도를 시장에 팔 수 없었다고 한다. 시장에서는 포도의 외형으로 상품의 질을 평가하는 관행이 있어서 포도의 빛깔이나 크기가 규격에 맞지 않으면 헐값으로 팔리기 때문이다. 시장에서 선호하는 포도의 규격은 맛과 건강성에 있는 것이 아니라 빛깔이 골고루 분포되어 있고 포도 알에 흠집이 없어야 하며 포도 알이 균일하고 꽉 박혀 있는 것과 같은 외형적인 요소에 의해 결정된다. 생태적 농법으로 포도농사를 하고 있는 BTL010은 이 같은 시장의 요구에 상응하는 농산물을 생산하지 못했기 때문에 시장에 판매할 수 없는 것이다. 그는 매년 자신의 트럭에 포도를 싣고 서울까지 가서 아는 사람을 중심으로 판매를 하고 있는 것이다. 그는 '인맥을 이용한 농산물 거래'를 연중 행사처럼 진행하고 있다. 그는 포도 판매에서 오는 불편함을 감수하는 것은 물론 수입 면에서도 관행농사로 하는 것의 절반에도 미치지 못함에도 불구하고 생태적 농법에 의한 포도생산을 고집하고 있다. 시장 친화적인 농산물을 생산하기 위해서는 관행농법을 적용해야 하지만 자신의 의지에 따라 생태적 농법을 적용함으로써 시장의 욕구에 부응하는 농산물을 생산할 수 없는 상황에 놓이게 된 것이다. 친환경 농산물은 일반적으로 유통되는 지배적 시장에서 거래되지 않는다. 그 이유는 관행적 농법으로 생산된 농산물과 구분하여 판매되지 않아서 차별성을 갖지 못하기 때문이다. BTL010은 지배적 시장 상황에 대응하지 않고 생태적 농법을 적용하여 포도를 생산하고 있는 것이다. 그가 중시하는 것은 수익의 결과에 대한 손익계산보다는 생태적 농법을 얼마나 충실하게 적용하여 영농을 하였는가에 대한 평가이다. 경제 목적 귀농인은 이 사람에 대하여 다음과 같이 평가할지도 모른다. '어리석은 사람'이다, '그까짓 생태 농법을 한다고 해서 누가 알아주나', '돈을 벌자고 하는 농사인데 되지도 않는 농법으로 매년 농사를 망치고 있는 사람', '괜히 잘난 체하는 사람', '먹고살 만하니 실험적으로 농사를 해보는 사람' 등으로 폄하할 수도 있다. 왜냐면 이 지역에서 친환경으로 포도농사를 하고 있는 사람으로서는 그가 유일하고 나머지는 모두 관행적으로 영농을 하기 때문에 다수에 의한 소수의 비판이나 배제는 자연스러운 것이 될 수 있다.

EPM006은 친환경농법으로 농사를 한다. 그가 친환경농사에 대해서 생태적 이념을 철저하게 가지고 있는 것은 아니지만 그의 표현대로 '내 자식이 먹는 농산물인데 화학적 농약을 어떻게 칠 수 있겠는가'라는 의식에서 이 농법으로 농사를 짓는다고 말한다.

"친환경농사를 하게 된 계기가 처음에 제가 방울토마토를 시작하면서였어요. 주변에 토마토 농사짓는 사람들 보니까 농약을 치고 난 후 한 3일간 지나서 수확을 하더라고요. 그런데 만약에 자식이 태어나서 제가 농사지은 걸 먹을 것 아니에요? '야, 그거 따 먹으면 안 돼. 며칠 있다가 따 먹어라.' 그건 아니잖아요. 내가 농사지어서 내 자식이 먹겠다는데 아무 때나 와서 따 먹어야지. 거기서 저는 딱 기준을 정한 거죠. 아무 때나 와서 먹을 수 있게 농사지어야지. 농약을 쳐서 팔려고만 하는 것은 바른 농사가 아니다 생각하고 나는 농사를 지어서 팔더라도 그렇게 지어야겠다고 다짐을 했어요."(EPM006)

EPM006은 자아중심적 환경태도로 자신의 농사방법을 표현하고 있는 것처럼 보이지만 실상은 친환경농업에 대한 인식이 분명한 것이다. 자신이 소비하든 얼굴을 모르는 소비자가 소비하든지 간에 화학적 농약에 노출되지 않은 건강한 먹을거리를 생산하는 일이 바로 농민인 그가 할 수 있는 최선이라고 생각하기 때문이다. 그는 초기에 유기농법을 배우기 위해 농업기술센터를 찾아가 인근에서 친환경농법으로 농사짓는 멘토를 소개해달라고 요청하였다. 그는 친환경농법으로 토마토농사를 짓고 있는 멘토를 만나서 기술을 전수받아 그의 농사에 적용하고 있다.

> "제가 처음에 하우스 시작하면서 기술센터를 찾아갔어요. 친환경 농업을 하시는 분을 좀 소개시켜 달라 그랬더니 여기서 차로 40분 걸리는 곳에 살고 있는 사람을 소개받았어요. 꽤 멀어요. 근 1년을 왔다 갔다 하면서 그분을 통해서 기술을 배운 거죠."(EPM006)

상업적 영농에 있어서 관행농업이 성행하고 생태농업이 제약되는 이유는 크게 두 가지 이유가 있다는 것을 알 수 있다. 첫째는 관행농법으로 생산된 농산물이 현재의 유통구조나 소비자의 욕구에 부응할 수 있다는 것이고, 두 번째는 생태농법으로 생산된 농산물은 현재의 시장체계 내에서 유통되지 않기 때문에 사적인 거래를 통해 판매해야 한다는 점이다.

이상에서 경제 목적 귀농인과 생태가치 귀농인의 환경행동의 차이는 그들이 영농 시 적용하는 농법에서 두드러지게 나타난다는 것을 알 수 있었다. 경제 목적 귀농인은 시장의 욕구에 대응해야만 수익의 극대화를 꾀할 수 있다. 시장에서 거래될 수 있는 조건을 만들기 위해서는 관행농법의 적용이 보다 유리하기 때문에 경제 목적 귀농인이 생태가치를 지니고 있다 하더라도 자신의 이익과 관련된 경우에는 생태가치의 실현을 2차적인 것으로 간주한다. 그러나 생태가치 귀농인은 지배적 시장에서의 상품의 규격화의 요구에 부응하지 않는다. 시장 친화적인 상품의 생산과정에는 관행농법을 적용해야 하기 때문이다. 생태가치 귀농인의 관심은 지배적 시장의 욕구에 맞는 상품을 생산하는 데 있는 것이 아니라 생태농법을 잘 적용하여 영농을 실천하였는가에 있다. 그는 생태농법의 실천이 바로 생태가치 실현의 한 방식이라고 생각하기 때문이다. 경제 목적 귀농인은 자기중심적 환경행동을 할 가능성이 높은 반면에 생태가치 귀농인은 생태적 환경행동을 할 가능성이 높다. 이러한 환경행동의 차이는 농촌사회 적응을 위한 각자 나름의 적응행동으로 이해할 수 있다. 생태가치 귀농인의 생태농법의 실천은 삶의 만족과 관련된다. 그 농법의 실천을 생태가치 이념적 삶의 일부로 생각하기 때문이다. 그러나 경제 목적 귀농인은 생태가치 지향성이 높다고 하더라도 그것이 자기 이해관계와 충돌할 경우에는 생태농법을 철회하고 상품생산에 유리한 관행농법을 선택한다. 그의 삶을 결정하는 중요한 요소는 경제적 성취에 있기 때문이다. 결국 두 귀농인 집단의 지역에서의 삶의 만족은 일차적으로 생태가치 귀농인은 자신의 신념에 대한 철저한 실천 여부에 그리고 경제 목적 귀농인은 가계수입의 안정 여부에 달려 있다. 외적으로 농업경제 상황이 어려운 경우에는 후자보다 전자의 농촌생활에 대한 만족감이 더 높다고 평가할 수 있다.

앞에서 생태가치 귀농인의 생태가치이념이 경제 목적의 성격이 강한 원주민에게 영향을 미치게 되었다는 것을 확인하였다. 원주민은 유기농업을 부가가치의 창출 수단으로 인식하는 경우에 관행농법을 버리고 유기농업을 시도하였다. 화학적 제초제와 농약의 과다 사용이 농산물 생산의 지름길로 알고 있었지만, 귀농자에 의해 유기농업의 부가가치를 알게 되면서 유기농업으로 전향하게 되었다. 이러한 변화는 미래의 농민상을 만들어가면서 농업의 지속 가능성을 열어주게 될 것이다. 그러나 경제 목적 귀농인이 상업적 영농과 관련되고 유기농업의 적용에 한계가 있다고 자기 합리화할 경우에는 생산주의적 농업관 또는 근대적 농업관이 지배하게 되고 미래의 농민상과는 일정한 거리가 있기 마련이다.

결론적으로 귀농인의 농업 승계 가능성을 놓고 볼 때 그 기준으로 무엇을 삼고 판단할 것이냐의 문제가 남는다. 양적인 면에서 농업 후계자는 경제 목적 농민이 적합하고 그와 대비되는 미래 지향적인 면에서 판단하면 생태가치 추구적 농민이 걸맞다고 볼 수 있기 때문이다. 이것에 대한 판정은 결국 가치판단과 관련된다. 농업의 발전이 양적인 것이냐, 질적인 것이냐, 그렇지 않으면 양면의 공존에 있느냐는 순전히 정책적인 문제로 남아 있기 때문이다.

마을공동체의 충원과
지역발전에서 귀농인의 역할

　근대화 과정에서 전통적으로 마을에서 존재했던 노동이나 재화의 교환수단들이 상업적인 재화나 서비스로 대체되면서 마을 내 개인 간의 상호 의존성은 약화되어 왔다. 그뿐 아니라 농촌인구의 도시이출로 인한 마을공동체의 인적 자본의 고갈은 물론 마을공동체 지속에 필수적인 구성원의 감소는 외형적으로 공동체 소멸의 직접적인 원인이 되었다. 농촌 지역에서 인구과소화 현상, 마을공동체 구성원의 연령분포에서 보이는 노령인구의 편중 등이 관찰되고 있기 때문이다.

　귀농 인구의 증가로 인해 전체적으로 농어촌 인구의 감소세가 둔화되고 있으나 마을단위(행정 리 기준)로 집계하면 인구의 과소화와 공동화가 지속되고 있는 것으로 나타난다. 20가구 미만의 마을을 과소화 마을로 규정하면 2005년 2,048개 마을(전체 마을 수의 5.7%)에서 2010년에는 3,091개(8.5%)로 늘어났다. 이러한 과소화 마을의 증가는 대도시 주변지역의 읍·면 지역을 제외한 농어촌지역에 전반적으로 나타나는 경향을 보이고 있다(성주인·채종현, 2012).

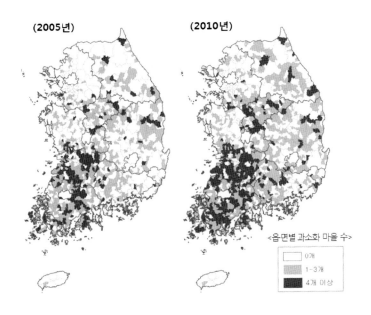

출처: 성주인·채종현(2012)

<그림 1> 읍·면별 과소화 마을 변화 추이

<그림1>에서 전라북도, 전라남도 그리고 충청북도 순으로 과소화 마을이 많이 증가하고 있는 것으로 나타난다. 과소화 마을일수록 농가비율이 높은데, 농업 의존도가 높은 마을일수록 과소화가 빠르게 진행되고 있음을 나타낸다. 과소화 마을 중 농가비율이 60% 이상인 곳은 약 57%를 차지하고 있는 반면에 150호 이상 규모가 큰 마을에서 농가비율이 60% 이상은 1%에 불과하다(성주인·채종현, 2012).

과소화 마을은 도·농 교류나 생산자 조직활동이 저조하여 농가소득 여건이 타 지역보다 불리하다고 추측된다. 과소화 마을은 인구수가 적어 도·농 교류에 따른 역할분담이 쉽지 않으며 생산자 조직화 수준도 낮다. 농어촌의 과소화 마을은 도·농 교류 활동에 참여

하는 비율이 11.2%로 일반 마을(22.0%)의 절반 수준이다. 과소화 마을은 영농조합, 농업회사 그리고 작목반 등 생산자 조직의 비율이 25.8%로서 일반 마을(42.4%)보다 낮다. 따라서 과소화 마을의 농가소득 여건이 불리하기 때문에 앞으로 인구유출이 지속될 가능성이 높다(성주인·채종현, 2012).

또한 과소화 마을은 생산기반 시설이 취약하고 기존의 생산자 조직 수준이 낮기 때문에 특정 성격의 귀농인의 유입이 제한될 것으로 추측된다. 결국 과소화 마을은 외부로부터 인구유입이 지속되지 않는 한 점차 소멸위기에 놓이게 된다. 지역 생활편익시설의 접근이 어렵거나 농업소득 기반이 낙후된 지역은 외부 인구의 유입을 기대할 수 없어서 농촌에서도 상대적으로 마을해체 속도가 빠를 것으로 예상된다.

산업화 이후 우리나라 농촌 마을공동체의 젊은 구성원이 도시로 이주하면서 공동체 구성원의 충원에 문제가 발생하였다. 전통적으로 마을공동체 구성원은 자연적인 출산으로 충원되었으나 젊은이들이 마을을 떠나게 되자 구성원의 재생산이 멈추게 된 것이다. 사정이 이렇다 보니 마을공동체를 유지하기 위한 충원은 오직 외부인의 유입에 의해서만 가능하게 되었다. 마을의 존속 가능성이 외부인의 충원에 달려 있는 것이다. 그런데 앞에서 언급하였듯이 귀농인과 같은 외부인이 마을에 정착하기 위해서는 정주 여건과 농업소득을 창출하기 위한 유·무형의 농업기반이 중요할 것이다. 일반적으로 어떤 지역이 지니고 있는 유인적 요소가 그 지역의 인구성장과 발전 가능성에 영향을 미친다고 볼 수 있다. 어떤 지역이 가지고 있는 유인적 요소에 의해 귀농인과 같은 외부인의 유입에 지역적 편차가 발생하게 되면 특정 지역의 성장과 해체가 불가피해진다.

농촌에 새로 유입되고 있는 귀농자들에 대해 우리 사회가 관심을 갖는 가장 큰 이유는 바로 농촌인구의 과소화로 인해 농촌이 제구실을 할 수 없는 상황에 처해 있기 때문이다. 소위 마을만들기운동과 같은 마을공동체복원운동의 성공도 결국 마을구성원의 참여에 달려 있다고 볼 때, 마을공동체 구성원으로서 귀농인의 역할은 이 운동의 성패를 좌우할 수도 있다. 고령화로 인한 어떤 마을의 쇠퇴는 새로 유입된 귀농인에 의해서 활력을 되찾을 수도 있는 것이다. 현 농촌 사정을 고려하고 귀농을 인적 자원의 유입현상으로 간주한다면 농촌 재구조화 과정에서 귀농인의 역할기대는 커지게 된다.

한 조사연구(정동일 · 성경륭, 2010)에 의하면 신뢰와 협력에 기초한 사회적 자본이 잘 구축된 지역에서 발전의 성과가 높은 것으로 보고되고 있다. 마을에 사회적 자본의 축적의 정도에 따라 그 발전의 성과가 달리 나타난다는 것이다. 그러면 지역집단의 사회자본 축적의 조건들은 무엇이고 사회자본의 축적의 차이에 의해 지역발전의 성과가 달리 나타날 수 있다는 가능성들을 논리적으로 정리해볼 필요가 있다.

울콕(Woolcock, 1998)은 사회적 자본을 배태성과 자율성의 두 가지 차원에서 정의한다. 미시적 수준에서 공동체의 유대 같은 배태성을 통합성(integration)이라 하고, 공동체를 넘어선 연결망(network) 같은 자율성을 연계성(linkage)으로 개념화하였다. 공동체의 통합성과 연계성의 높고 낮음에 따라 네 가지 유형의 특성을 가진 공동체로 구분하였다(다음 <표 1> 참고). 지역공동체의 상향식 발전[50]은 이웃이나 연대를 가진 사람들, 즉 높은 수준의 사회적 "통합성"을 가진 사람들 사이의 사회관계에서 나타난다는 것이다. 특정한 공동체 내에서 사회적 연대와 일반화된 신뢰가 강력할수록 사회적 자본은 점점 더 많아진다. 다음 <표1>은 마을공동체의 통합성과 연계성에 따라 다양한 성격의 공동체가 존재함을 형식적으로 나타내고 있다.

<표 1> 마을공동체의 네 가지 유형

구분		통합성(integration) (공동체 내부 유대관계)	
		낮다	높다
연계성(linkage) (공동체 외부 연결망)	높다	아노미 (anomie)	사회적 기회 (social opportunity)
	낮다	비도덕적 개인주의 (amoral individualism)	비도덕적 가족주의 (amoral familism)

출처: Woolcock(1998)

<표 1>에서 제시된 공동체의 성격에 따라 공동체의 발전적 성과가 다르게 나타날 수 있다. 공동체에서 발전적인 성과물이 획득되기 위해서는 공동체 내부의 높은 수준의 통합성과 연계성을 필요로 한다. 성공적인 상향식 발전 프로그램에서는 공동체 내부의 사회자본 축적에 의한 통합성을 기초로 공동체 외부의 보다 광범위한 제도들과 연계성을 확보하는 것이 점차 중요해지고 있다(Woolcock, 1998).

그런데 현 농촌인구의 과소화와 노령화로 인해 공동체 자체의 존속과 관련된 충원문제를 고려하지 않을 수 없게 되었다. 공동체가 외부의 유입인구로 충원된다고 가정할 때, 공동체에 의해 또는 공동체 구성원에 의해 인구 유입의 촉진과 제약이 일어난다.

가. 외부인의 유입이 공동체나 그 구성원에 의해 촉진되는 경우
나. 외부인의 유입이 공동체나 그 구성원에 의해 제약되는 경우

'가'와 같이 공동체의 외적 또는 내적인 요소에 의해 공동체 내로 외부인의 이주가 촉진되는 경우, 지역공동체의 발전을 기대할 수 있다. 그러나 '나'와 같이 공동체 내로 외부인의 이주가 제약되는 경우, 공동체 자체의 지속성에 문제가 생기고 공동체의 발전은 어렵게 된다. 이제 공동체 구성원의 충원 가능성에 따라 다음과 같이 유형화할 수 있다(송인하, 2010).

<표 2> 공동체의 충원 가능성과 발전 형태

구분	사회적 기회	비도덕적 가족주의	아노미
충원 가능성	(a) 공동체의 지속적 발전	(b) 가족주의적 발전	(c) 개인중심적 발전

출처: 송인하(2010)

(a) **공동체의 지속적 발전**: 공동체 내부의 통합성이 높고 외부와의 연계성이 높으며 공동체 성원을 적극적으로 충원하는 집단의 경우 지속적 발전 가능성이 높다. 그러나 통합성과 연계성이 높더라도 충원이 되지 못하는 공동체는 내부 인적 자본의 부족으로 인한 사회적 자본 축적의 약화를 초래하고 결국 공동체의 지속적인 존속이 불가능할 것이다.

(b) **가족주의적 발전**: 집단 내 결속력이 강한 반면, 외부와의 연결망이 약한 가족주의적 공동체는 발전에는 한계가 있다. 공동체 자체가 외부와의 연계성을 제약하는 경향이 강하기 때문이다. 이러한 공동체에는 가족주의를 강화할 수 있는 충원형태가 나타날 가능성이 높다. 때에 따라서는 공동체의 이해관계에 의해 외부충원이 제약되기도 한다. 신규 유입자가 공동체의 재산의

분배와 소득자원의 활용과 그로 인한 이득배분 등에 따른 공동체 내부문제를 야기시키는 요인으로 그리고 그것이 기존체계에 위협적 요인이라고 인식되면 외부로부터의 충원은 제한되고 만다. 가족주의적 집단이 새로운 충원에 의해 변동될 가능성은 희박하다. 이러한 가족주의는 구성원의 경제적 개선과 지리적 이동, 그리고 외부인과의 분쟁을 우호적으로 해결하는 문제 등을 저해시킬 수 있기 때문이다. 특히 강한 내부 집단의 통합성은 외부집단에 대한 불신과 폐쇄성을 강화시켜 집단 간 관계를 갈등으로 이끄는 경향이 있다. 따라서 외부집단과의 관계에서 집단 이기주의로 나타날 수 있다(류석춘·왕혜숙, 2008).

(c) **개인중심적 발전**: 결속력이 없는 집단의 구성원이 외부와의 연결망을 강화할 경우 개인중심적인 이익추구가 나타날 가능성이 높다. 자본주의하에서 마을구성원들은 그들의 이해관계에 따라 다양한 사회조직, 특히 이익집단에 참여함으로써 외부조직과의 연결망을 확대하였다. 이러한 외부와의 연계성을 확대하는 이유는 개인들의 이익추구를 극대화하기 위한 전략의 하나이다. 공동체의 이익을 염두에 두지 않고 자신만의 이익을 추구하면서 때로는 공동체의 이익까지도 사유화하는 아노미현상이 나타난다. 이같이 결속력이 결여된 개인중심적 발전 집단의 충원문제는 성원들에게 관심거리가 아니다.

마을 성원 간의 통합성이 높고 마을공동사업의 물적인 기초가 외적 자원의 유입에 의해 이루어질 때, 빈곤한 공동체가 경제적인 성과를 획득할 수 있다. 공동체 집단이 공동체를 넘어서 자원을 동원할 때 외부 집단과의 경쟁은 피할 수 없으며(류석춘·왕혜숙, 2008)

이러한 경쟁은 일시적으로 공동체집단의 결속력을 강화시키게 된다.

공동체가 공유된 사업을 추진하기 위해서는 구성원들의 이해관계를 조정할 수 있는 리더십의 역할이 요구된다. 리더십은 개인의 인적 자본과 관련이 있으며, 인적 자본이 큰 사람일수록 리더십을 발휘할 가능성이 높다고 볼 수 있다. 전통적인 공동체에 있어서 리더십은 공동체 내에 내재된 외적 준거들(externalities)에 의하여 결정되었다. 그러나 현대에 있어서의 리더십은 개인이 가지고 있는 인적 자본이 보다 중요한 리더십의 결정요인이 된다. 공동체 내에 새로 이주해온 귀농인 중에서도 인적 자본이 큰 사람은 리더십을 발휘할 가능성이 열려 있다. 특히 인적 자본이 풍부하지 않은 공동체에 있어서는 그러할 확률이 더욱 높아진다고 볼 수 있다. 특히 정부의 농촌개발정책이 대체로 주민발의에 의한 공모제로 바뀌어나가면서 이에 선정되기 위하여 주민이 리더를 중심으로 스스로 발전계획을 수립하기 시작하면서 리더십이 중요하게 부각되기 시작하였다(허장·정기환, 2003).

인적 자본이 풍부하지 않은 공동체에 있어서 인적 자본이 충분하지 않아 공동체의 지속적인 성장에 장애가 있는 경우, 유능한 인적 자본은 공동체 구성원들로부터 환영을 받을 수 있다. 즉, 공동체 내의 인적 자본이 열악한 경우 외부인의 유입으로 인적 자원이 충원되고 공동체의 사회적 자본이 축적될 수 있는 환경이 만들어질 수 있다. 그러나 통합성이 낮고 외부와의 연계성이 높은 집단의 경우, 리더십은 외부자원의 사적인 취득을 위해 외부인을 경계하고 충원을 방해하려고 할 것이다.

공동체 발전에 영향을 미치는 거시적 요인으로는 국가와 지역행정조직의 자율성을 들 수 있다. 미시적 수준에서의 자율성이란 공동체 외부의 연결망을 의미하지만 거시적 수준에서는 제도적인 역량과 신뢰수준을 말한다. 국가나 지방행정조직이 마을공동체나 시민단체와 협력하고 책임감을 가지고 유연하게 결합하려면 커뮤니티 수준에서 이루어지는 참여 거버넌스(participatory governance)를 구축하는 것이 중요하다(송인하, 2010).

이상과 같은 몇 가지 범주들은 공동체 내에서 사회적 자본의 중심적인 개념인 신뢰를 바탕으로 하는 결속의 문제와 빈곤한 공동체가 외부자원을 동원하는 채널로서 외부와의 연결망, 그리고 공동체의 존속조건으로서 충원의 가능성을 조합하여 구성해본 것이다. 결국 마을공동체의 성격에 따라 귀농인의 유입이 제한될 수 있고 마을의 지속성과 발전 가능성에도 영향을 미치게 된다는 것이다.

앞에서 논의한 마을공동체의 내발적 발전 조건도 지역발전의 중요한 요소가 되지만 개인의 역량을 이용한 지역개발도 경시해서는 안 될 것이다. 그리스 농촌에서 시행되었던 LEADER 프로그램에 대한 한 연구(Anthopoulou, 2010)에서는 농촌사회에 잠재되어 있던 여성의 인적 자원을 이끌어내어 지역 활성화를 가져온 사례를 분석하였다. 이 연구에서 보여주는 것은 남성보다 사업능력이 떨어지는 것으로 평가되었던 여성들이 자신의 생활경험에서 얻은 지식을 바탕으로 가족 중심의 소규모 사업을 성공적으로 이끌고 있음을 보여주고 있다. 그리고 이 사업에서 외부의 지원이 필수적이라 하더라도 무엇보다 사업을 수행할 수 있는 인적 자원이 더 중요하다는 것을 시사하고 있다. 현재 한국 농촌의 지역개발사업의 기본단위가 마을인데 마을의 공동체적 속성이 소멸되었거나 그 사업을 수행할 수 있는 인적 자원이 충분하지 못한 마을에 외부의 물적 자원을 지원한다면 그 성과를 기대할 수 없다. 마을사업이라고 해야 건물만 덩그러니 지어놓고 그 운영비도 염출하지 못하는 곳이 대부분인 현실에서 지속적으로 사업으로 수익을 낼 수 있는 곳은 극소수에 불과한 실정이다. 마을의 내적 사회자본이 낮을 경우 소수의 사업추진자가 마을사업을 빌미로 사유화하는 현상까지 나타나게 되면 마을공동체 성원 간 갈등도 피할 수 없게 된다(송인하, 2010). 따라서 마을공동체의 성격에 따라 지원방식이 달라져야 할 것이다. 이상적으로는 (a)의 성격을 가진 마을을 지원하는 것이 가장 바람직하다고 생각된다. 그 외의 마을에 대해서는 마을단위 지원보다는 유럽의 LEADER프로그램과 같이 역량이 있는 개인에게 지원하는 것이 옳다고 생각한다. 그러나 이 같은 전형적인 공동체의 발전만이 존재하는 것은 아니며 항상 사회적 딜레마가 존재한다. 현실세계에서는 위와 같은 범주들이 다양한 양태로 존재할 것이고 지원대상에 대한 결정은 행정조직의 개입, 공동체의 권력, 지역 정치체계 등 이 밖에 여러 요인에 의해 좌우될 것이다. 아무튼 귀농인이 어느 마을공동체의 구성원으로 편입되면 개인의 사회자본과 인적 자원에 따라 그의 역할이 좌우되는 경우가 많을 것이다. 그리고 지역발전에서 마을공동체의 사회자본 축적이 무엇보다 중요한 결정적 요소가 된다.

요약

요점
경제 목적 농업인의 영농후계자로서 역할은 분명해 보인다. 그리고 생태가치 추구적 농업인도 질적인 면에서의 농업발전을 고려해본다면 농업 후계자로서의 역할이 중요해진다. 지역발전에 가장 기초적인 공동체 충원에 귀농인이 기여하는 바가 크고 개인의 사회자본과 인적 자원에 따라 지역발전에서의 역할이 달라질 것이다. 그리고 귀농인의 지역사회에서의 역할에 대한 성과는 지역공동체의 사회자본 축적과 지자체 행정조직의 거버넌스 역량도 밀접한 관련이 있다.

사실
귀농인들은 영농규모가 크든 작든 간에 농업에 종사한다. 따라서 귀농인은 농업 친화적이라고 말할 수 있다.

주요 단어
농업 후계자 역할, 공동체 충원, 지역발전, 사회자본, 인적 자원

생각해 보기
1. 귀농 후 영농계획을 세워보고 농업에 기여할 수 있다고 생각하는 바를 간단히 서술해봅시다.
2. 자신이 정착할 마을공동체의 성격을 규정해봅시다.

결론에 대신하여: 행복한 농촌생활을 위하여

이 책을 읽는 동안 '나는 왜 귀농하는가'에 대한 물음과 함께 '나는 지금 어떠한 위치에 서 있는가'에 스스로 답해보기를 권하였다. 귀농생활에는 자기 성찰이 필요한 것이다. 귀농을 인생의 전환점으로 생각한다면 개인사적으로 얼마나 큰 사건인가. 또한 문명사적으로 귀농현상은 탈근대사회로의 이행을 의미한다. 귀농은 전통적인 마을공동체가 존재하지 않는 공간인 도시에서 지역공동체적 삶의 현장으로 들어가는 것을 말한다. 즉, 귀농은 공동체의 해체로 인한 개인주의화된 삶의 공간에서 공동체적 삶의 공간으로 이주하는 것이다. 그래서 귀농은 개인사적인 동시에 사회적 현상으로서 그 의의가 있다.

귀농을 결정한 사람은 귀농하기 전에 준비과정이 있어야 한다. 무작정 귀농이 아니라 준비된 귀농이 여러 가지 면에서 농촌 적응에 유리하다는 것은 두말할 나위가 없다. 도시에 살면서 농사도 지어보고 농업기술을 익힌다면 평생 살아갈 자산을 얻는 것이나 마찬가지일 테니 소중하지 않을 수 없다. 농업기술을 배우려면 그 분야에서 경험을 많이 쌓은 멘토를 만나는 것이 우선임을 명심하자. 농업기술적으로 그리고 경험적으로 앞선 사람을 스승으로 모시고 배우려는 자세가 요구된다.

농업은 생명을 다루는 업인 만큼 귀농인 개인마다 생명에 대한 책임을 지고 있으며 우주만물 속에서 조화롭게 살아가기 위해서는 공존의 의미를 되새겨보아야 할 것이다. 현실적으로 실천의 문제는 농법의 적용 및 생태적 환경행동과 관련된다. 이것을 개인의 가치문제라고 가볍게 말할 수도 있겠지만, 인간의 존속과 관련된 문제이기도 하다. 따라서 사적인 이익의 추구와 사회 생태적 가치가 균형을 맞춰나간다면 바람직하지 않을까 생각한다.

귀농 정착지 선정은 자신이 어떤 성격의 귀농인지 스스로 판단해보고 이루어져야 할 것이다. 자신이 경제 목적 귀농인 성격이 강하다면 상업적 농업이 발달된 지역으로 귀농하는 것이 좋을 것이다. 그러나 생태가치 귀농인 성격이 강하다면 상업적 영농이 발달된 지역은 적합하지 않다. 그렇지만 귀농지역 선택이 단지 귀농인의 성격에 의해 결정되는 것은 아니다. 귀농지역 선정에는 이 밖에 많은 요인들이 작용하기 때문이다. 현재 각 지자체는 인구 늘리기의 일환으로 귀농인 유치에 열을 올리고 있다. 현재 농촌은 고령화로 인한 자연적인 감소와 저출산으로 인구가 지속적으로 감소하고 있는 것이 현실이기 때문이다. 인구의 감소는 지역쇠퇴의 주요한 원인이 되기도 하며, 거꾸로 지역쇠퇴에 따라 인구감소가 초래된다고 말할 수 있다(이소영·오은주·이희연, 2012). 향후 농촌인구 전망에 따르면 2000년 9,343,000명(전체 인구수의 16.89%), 2020년 6,497,000명(전체 인구수의 11.64%) 그리고 2030년에는 5,078,000명(전체 인구수의 9.45%)에 이를 것으로 예상된다(김정호·김배성·이용호, 2007). 이러한 추세로 보면 특정 농촌 지역에서의 인구감소 경향은 더욱 두드러지게 나타날 것으로 예상할 수 있다. 전체적으로 장차 농촌 지역에서의 인구감소는 계속되겠지만, 특정 지역에서의 인구감소비율이 타 지역에 비해서 상대적으로 낮거나 오히려 증가하는 경우가 생겨날 가능성이 있다. 그것은 다름 아닌 귀농과 같은 인구이동이 직접적인 원인이 될 수 있는 것이다. 외국의 연구에서 보는 것처럼 특정 농촌 지역의 인구성장이나 지역발전은 대부분 그 지역으로의 유입인구의 증가에 의한 것이었다. 특정 지역으로의 인구유입은 지역경제를 활성화시키게 되며 결국 일자리 창출을 가능하게 한다. 그뿐 아니라 인적 자원의 유입과 함께 자본의 유입에 의한 지역경제의 활력을 가져온다. 지역공동체의 성격에 따라 발전 가능성이 다르지만, 지역발전의 핵심요소는 인적 자원임에 틀림없다. 귀농인은 지역공동체의 충원, 영농 후계자 그리고 지역개발 주체자로서 잠재력을 지니고 있다. 따라서 지역사회는 물론 정책적으로도 귀농인의 역할을 기대하고 지원정책을 펼쳐나갈 필요가 있다.

귀농 후 농촌사회 적응에 대해서 정서적 적응, 경제생활 적응, 가족생활 적응, 지역편의시설 적응 그리고 자녀교육 적응 차원에서 살펴보았다. 지역사회 적응에서 중요한 것은 지역사회 구성원과의 상호관계에서 어떻게 신뢰를 구축할 것인가이다. 지역공동체 내에서 원주민과의 관계에서 그리고 귀농인 간의 관계에서 사회자본의 축적이 귀농인의 정착 가능성을 높여준다고 말할 수 있다. 물론 경제 목적 귀농인에게 더 중요한 것은 경제적 성공이라고 말할 수 있지만 이것은 단기간에 성과를 기대할 수 없는 장기적인 적응문제이다. 초기 정착과정에서는 지역사회로부터 인정받음이 중요한 것이다.

귀농해서 농업에 종사하는 것은 여러 의미가 있다. 개인적 차원에서는 농사를 좋아하는 사람도 있을 것이다. 생업으로서 농업, 가치 실현 수단으로서 농업 그리고 취미나 소일거리로서 농업 등 다양하다. 농촌공간이 농업생산활동이 이뤄지는 주 무대인 것은 틀림없다. 그리고 귀농인이 농업에 종사하는 것은 장차 우리나라 농업의 지속성과 관련하여 귀농인의 중요한 역할이라고 생각한다. '자신이 구축한 소공간에서 안식과 충만한 삶을 얻고자 하는 것이 농경에 거는 기대이며 생활의 전부'라는 Tsuno(2004)의 말처럼 전 세계의 대부분을 차지하고 있는 소농의 존재 의미를 되새겨보아야 할 것이다. 그리고 국가는 가족농업을 지속 가능한 농업의 기초 단위로 인식하고 성장할 수 있도록 정책적으로 개입하지 않는다면 농업 부문의 실패는 물론 농촌의 물질적·사회적 자원들을 매장시키는 결과를 초래할 수 있다. 이제 산업으로서의 농업과 문화적이고 사회적 자원으로서의 농업의 가치 또는 농촌의 가치를 다시 되새겨봐야 할 때이다.

〈참고문헌〉

강경구. 2001. "중국 현대 귀향소설의 연구." 『중국어문학』 37(0): 143-62.

강신겸. 2004. "마을단위 농촌관광개발의 추진과 과제." 『농촌관광연구』 11(1): 122-40.

강창용·김남욱. 2000. "농업기술지도에 대한 농민 평가." 『농업교육과 인적자원개발』(구 한국농업교육학회지) 32(2): 83-97.

구동회. 1998. "대도시 주민의 전원지향 이주과정과 생활양식-수도권 전원주택을 중심으로." 『Urban-to-Rural Migration Process and Exurban Way of Life』 27: 1-245.

구인회. 2002. "빈곤층 사회경제적 특성과 빈곤이행." 『한국사회복지학』 48: 82-112.

권경미·김부성. 2012. 『똑소리 나는 귀농귀촌』, 고래미디어.

김경덕. 2004. 농촌 농가인구 및 농업노동력 중장기 전망과 정책과제: 한국농촌경제연구원.

김경미. 1993. 「농촌성인의 사회적 적응과 관련변인」, 서울대학교 박사학위논문.

김동원·박혜진. 2009. 농업 농촌에 대한 2009년 국민의식조사 결과: 한국농촌경제연구원.

김동춘. 1994. "1960~70년대 민주화운동세력의 대항 이데올로기." in 역사비평, 한국정치의 지배이데올로기와 대항이데올로기, edited by 역사문제연구소: 역사문제연구소.

────. 2000. "지식인의 자기해방과 민중." 『당대비평』 13: 284-95.

김병률 외 8. 2010. 농어촌 고용실태와 인력정책 방향: 한국농촌경제연구원.

김성수. 2011. "한국사회의 갈등과 언론의 역할: 한미 FTA 보도 기사를 중심으로." 『동서연구』 23(1): 187-219.

김성희. 2003. "한국 정치극 연구(1)-박정희 정권시대(1961~1979)를 중심으로-." 『한국극예술연구』 18: 235-77.

김영국. 1991. 『민주화와 학생운동의 방향』, 대왕사.

김영란. 2005. "한국의 신빈곤현상과 탈빈곤정책에 관한 연구: 근로빈곤층(the working poor)의 실태를 중심으로." 『한국사회복지학』 57(2): 41-70.

김원. 1999. 『잊혀진 것들에 대한 기억-1980년대 한국 대학생의 하위문화와 대중정치』, 이후출판사.

김익기. 1991. "한국의 이농현상(離農現象)과 농촌의 구조적 빈곤." 『농촌사회』 1(0): 9-38.

김정연·정현주. 2008. "청소년의 삶의 질에 영향을 미치는 요인에 관한 연구." 『사회복지리뷰』 13(0): 171-90.

김정호·김배성·이용호. 2007. "농업부문 비전 2030 중장기 지표개발." 한국농촌경제연구원.

김정환 외 9인. 2012. 『귀농귀촌 정착에서 성공까지』, 매일경제신문사.

김철규·이해진·김기홍·박민수. 2011. 귀농귀촌인의 성공적 정착과 농촌사회 발전 방안 연구: 농림식품부연구보고서.

김춘동. 2006. "농촌 지역의 회생과 지속가능성 모색." 『민주주의와 인권』 6(2): 107-37.

김태준. 2007. "고향, 근대의 심상공간." in '고향'의 창조와 재발견, edited by 동국대학교 문화학술원 한국문화연구소: 역락.

김형국·이상신. 2012. "국가자긍심, 사회적 자본, 그리고 풍요인식: 한국인의 삶의 풍요인식 결정요인 연구." 『한국동북아논총』 62(0): 293-320.

김흥주. 2001. "기업형 시설농민의 가족과 친족생활-충남 세도지역 방울토마토 생산농가를 중심으로-." 『농촌사회』 11(1).

꿈지모. 2005. "귀농 여성이 개척하는 새로운 자유의 영역-충남 홍동 지역 귀농 여성들의 삶에 대한 보고서." 『환경과생명』 44: 204-17.

노광준. 2006. 「한국 농업·농촌 뉴스의 현실 구성 방식」, 서울대 박사학위논문.

노대명. 2002. "외환위기 이후 신빈곤문제의 현황과 과제." 『도시와 빈곤』 58: 78-93.

노용호·조광익·이상영. 2006. "AHP를 활용한 농촌관광마을 사업성과지표 개발." 『관광학연구』 30(4): 191-209.

노중기. 2007. 『국가의 통제와 민주노동운동: 1987-1992』, 한국학술정보.

노진철·서문기·이경용·이재열·홍덕률. 2004. "위험사회와 생태적.사회적 안전." IT의 사회. 『문화적 영향 연구』 2004(17): 1-143.

농산어촌어메니티연구회. 2007. 농촌어메니티 개발에 관한 연구-유형별 모형 및 사례 중심으로-, 대산농촌문화재단.

류석춘·왕혜숙. 2008. 『사회자본 개념으로 재구성한 한국의 경제발전』, 백산출판사.

나리타. 2007. "'고향'이라는 이야기 재설-20세기 후반의 '고향'과 관련하여." in '고향'의 창조와 재발견, edited by 동국대학교 문화학술원 한국문학연구소: 역락.

마상진. 2008. "농업인의 학습과 영농 실천의 관계." 『농촌경제』 31(3): 31-51.
문근식 외 14인. 2012. 『우리는 은퇴 걱정 없이 부자로 산다』, 쌤앤파커스.
문동규. 2012. 『귀향(歸鄕)』, 범한철학 64(0): 139-61.
문승태·김소라. 2012. "귀농인의 삶의 질 인식 수준." 『農業敎育과 人的資源
　　開發』 44(1): 1-12.
문옥표. 2000. "그린 투어리즘의 생산과 소비-일본 군마현 편품촌의 '총합교
　　류터미널' 사례를 중심으로." 『농촌사회』 10(0): 205-32.
민기. 2009. "지역 주민의 농촌성(Rurality)이 정책 수용성에 미치는 영향." 『한
　　국거버넌스학회보』 16(3): 53-70
민상기. 1991. "재촌가구의 이농가능성과 이농민의 도시적응요인." 『사회학대
　　회 발표요약집』 1991(2): 96-106.
박경. 2003a. "상향식 농촌개발전략의 도입방안." 『국토』(구 국토정보), (구 국
　　토정보다이제스트): 110-20.
――. 2003b. "유럽의 통합적 농촌개발정책과 LEADER 프로그램." 『지역사
　　회연구』 11(1): 111-36.
박경숙. 2003. "55세 이상 고령자의 노동시장 이탈 과정; 은퇴의 유형화에 대
　　한 함의." 『노동정책연구』 3(1): 103-40.
박공주. 2006a. "은퇴 후 귀농인의 농촌 이주준비 및 적응에 관한 연구." 중앙
　　대학교대학원.
박공주·김양희·박정윤. 2007. "은퇴 후 귀농인의 농촌 이주준비 및 농촌 적응
　　과정 실태에 관한 연구." 『Family and Environment Research』 45(1): 9-21.
박공주·윤순덕·강경하. 2006b. "은퇴 후 귀농인의 농촌생활만족도에 영향
　　을 미치는 요인." 『농촌계획』 12(4): 63-76.
박근영. 2012. 『젊은 농부들』, 책읽는수요일.
박대식. 2000. "바람직한 농촌개발의 방향-'Sustainable Development' 관련 논
　　의를 중심으로." 『농촌사회』 10(0): 105-27.
박대식·마상진. 2007. "도시와 농촌 주민의 삶의 질 지수화 방안 연구." 『농
　　촌경제』 30(4): 31-55.
박덕병. 2003. "농촌의 내생적 발전을 위한 전통지식 개발전략." 『농촌사회』
　　13(2): 161-205.
박세길. 2007. 『우리농업, 희망의 대안』, 시대의창.
박순열. 2010a. "생태시티즌십(ecological citizenship) 논의의 쟁점과 한국적 함
　　의." 『환경사회학연구』 ECO 14(1): 167-94.
――. 2010b. "한국 생태시티즌십(ecological citizenship) 인식유형에 관한 경

험적 연구." 『ECO』 14(2): 7-52.

박영신. 2008. "특집: 여성, 생태, 대안의 마주침: 다시 생각하는 여성주의, 새로 생각하는 생태주의: 나의 이력과 관심의 이력." 『사회 이론』 33(0): 7-33.

박원순. 2011. 『마을회사』, 검둥소.

백은영. 2009. "은퇴자의 은퇴만족도에 영향을 미치는 요인 분석." 『노인복지연구』 44(0): 345-71.

변정화. 1998. "귀향의 사회학-유진오의 <창랑정기> 연구." 『현대소설연구』 9(0): 177-201.

변형윤 외 9인 (Ed.). 1999. 『IMF관리 후 한국의 경제정책-평가와 과제』, 새날.

성주인, and 채종현. 2012. "농어촌의 과소화 마을 실태와 정책 과제." 『농정포커스』 21.

성진근·이태호·김병률·윤병삼. 2011. 『농업이 미래다』, 삼성경제연구소.

소진광. 2010. "창조적 도시개발과 지역정체성." 한국지역개발학회 학술대회 2010년 11월: 19-31.

송건섭. 2008. "광역생활권의 삶의 질(QOL) 영향요인-대구와 시애틀지역을 중심으로." 『한국행정논집』 20(3): 975-99.

송미령 외 3인. 2006. 『농어촌 복합생활공간 조성 설문조사 결과자료집』, 한국농촌경제연구원.

송용섭·황대용. 2010. "귀농·귀촌교육의 실태와 발전방안." pp.95~121: 한국농산업교육학회.

송인하. 2010. "마을공동체 운동의 성공조건과 과제." 『지방자치연구』 14.

―――. 2013a. "생태가치귀농인의 농촌사회 적응에 관한 연구-경제목적귀농인과의 비교." 전북대학교.

―――. 2013b. "이상형으로서 사회이론의 유용성." 『사회와이론』 22.

송인하·임춘희. 2010. "젠더의 관점에서 본 농촌의 마을공동체 재구조화의 문제." 『여성연구』 79(2): 115-53.

송호근. 2002. "빈곤노동계층의 노동시장구조와 정책." 36(1): 23-50.

쇼지, 사와우라. 2013. 『귀농귀촌 7가지 성공법칙』, 매일경제신문사.

신동헌. 1999. 『신PD도 언젠가는 농촌간다』, 씨네포럼.

신세라. 2009. "은퇴자의 은퇴준비 과정 및 생활실태 분석." 미래에셋퇴직연금연구소.

신용하 (Ed.). 1985. 『공동체 이론』, 문학과지성사.

신용하 외 5인 (Ed.). 1998. 『IMF체제의 사회과학적 진단』, 서울대학교출판부.

양순미·김승희·이미화·김미숙. 2010. "사례 연구를 통해 본 여성결혼이민자를 위한 멘토링 프로그램의 효과." 『농촌지도와 개발』 17(2): 153-84.

양승필·곽영대. 2011. "생태관광의 매력속성, 관광태도, 지각된 가치가 만족도에 미치는 영향 연구." 『관광연구』 25(5): 271-90.

양해림. 2010. "생태주의와 동아시아 공동체 그리고 정의; 생태민주주의와 생태공동체적 사유." 『환경철학』 10(0): 103-35.

엄윤진. 2012. 『우리 시골에서 살아볼까?-초보 시골생활자의 집 고르기부터 먹고살기까지』, 디자인하우스.

연인철. 2009. "농촌관광마을을 중심으로 한 방송 콘텐츠 도입 방안 계획." 『농촌관광연구』 16(3): 127-48.

월드워치연구소. 2007. "도시의 미래-2007 지구환경보고서." 도요새.

유상오. 2009. 『3천만 원으로 은퇴 후 40년 사는 법』, 나무와숲.

유철규. 2004. "양극화와 국민경제 해체의 경제구조-사회적 갈등의 심화와 민주주의의 위기." 『아세아연구』 47(4): 23-41.

윤원근. 2003. "우리나라 농촌어메니티 개발정책과 과제." 『한국지역개발학회지』 15(2).

이명현. 2010. "농촌드라마 〈산너머 남촌에는〉에 재현된 결혼이주여성." 『다문화콘텐츠연구』 153-77.

이민수·박덕병. 2007. "도시민의 농촌성 인지 유형과 사회인구학적 특성." 『농촌경제』 30(3): 27-50.

이민수·이승형·김명룡·김정섭. 2009. 도시민의 귀촌행태와 전라북도 대응방안: 전북발전연구원.

이상헌·정태석. 2010. "생태담론의 지역화와 지역담론의 생태화." 『공간과 사회』 33(0): 111-42.

이선미. 2007. "미국이민 서사의 '고향'표상과 '민족'담론의 관계." in '고향'의 창조와 재발견, edited by 동국대학교 문화학술원 한국문학연구소: 역락.

이소영·오은주·이희연. 2012. "지역쇠퇴분석 및 재생방안." 한국지방행정연구원.

이수영. 2010. "전형적 아메리칸 보이 옷을 입은 괴짜: 캔 키지의 『때로는 위대한 생각(Sometimes a Great Notion)』에 나타나는 1960년대의 히피." 『영미문화』 10(1): 131-56.

이은우. 1995. "이농가구의 도시에서의 적응 행태." 『경제학연구』 42(3): 3237-54.

이장원 외 4인. 1998. 『실업과 빈곤화-IMF체제 이후 성남지역 연구-』, 한국노동연구원.

이주. 1998. "美國 新左派의 '進步性'에 대한 의문." 『역사학보』 157: 271-88.

이창희. 2007. "신좌파와 자유주의." 『한국정치학회보』 42(3).

이태복. 1994. "노동운동 투신 동기와 민노련·민학련 사건." 『역사비평』 27: 262-81.

임춘희. 2012. "비은퇴자 귀농가족의 가족 강점과 귀농생활 적응과정에 관한 연구." 『한국가족관계학회지』 16(4): 202-33.

임형백. 2006. "한국 농촌의 기능 변화." 『한국지역사회생활과학회지』 17(1): 55-65.

임홍빈. 2005. "기독교 생태신학의 시각에서 본 독일 생태공동체의 신과학적 자연영성." in 새로운 눈으로 보는 독일 생태공동체, edited by 국중광 and 박설호: 월인.

장경섭. 2011. "개발국가, 복지국가, 위험가족: 한국의 개발자유주의와 사회재 생산 위기." 『한국사회정책』 18(3): 63-90.

정건호·변효근·김기홍. 2004. "지속가능한 한국형 농촌관광의 개발에 관한 연구." 『관광·레저연구』 16(1): 85-104.

정기환·심재만·최경은. 2006. 『농촌 지역의 사회적 자본과 지역사회발전』, 한국농촌경제연구원.

정동일·성경륭. 2010. "창조적 지역발전과 그룹지니어스-신활력사업 대상 낙후 지역을 중심으로." 『한국사회학』 44(1): 60-97.

정삼철. 2011. 충북농촌 활력제고를 위한 귀농·귀촌 활성화 방안, 충북발전 연구원.

정선기. 1996. "생활 양식과 계급적 취향-사회적 불평등의 상징적 재생산에 관하여." 『사회와역사』 49: 213-45.

정영희. 2009. "한국 텔레비전 드라마의 동시대 지형과 역사성." 『한국언론학 보』 53(1): 84-108.

정이환. 2008. "한일 비교를 통해 본 기업지배구조와 고용체제." 『경제와사회 』: 214-52.

정학구 외. 2011. 도시탈출! 귀농으로 억대 연봉 벌기: 연합뉴스.

조영국. 2009. "수도권 한 대학생 집단의 농촌 인식: 농촌성에 대한 담론 분석." 『국토지리학회지』 43(2): 241-56.

최영기. 2009. "경제위기와 한국형 사회모델." 『산업관계연구』 19(3): 119-49.

최원규·백승우. 2001. 『IMF 이후 귀농자의 실태와 정착방안』, 나눔의집.

한국사회사연구회 (Ed.). 1990. 『현대 한국의 농업문제와 노동운동』, 문학과지성사.

한상일. 2008. "사회적 자본과 공동체 참여의 관계에 관한 국제비교." 『한국 지방자치학회보』 62: 49-75

한상진. 2003. 『386세대, 그 빛과 그늘』, 문학사상사.

홍광엽 · 윤경철 · 최문성 · 구범모. 1988. 『신좌파운동의 국제적 비교와 한국 학생운동』, 한국정신문화연구원.

황정임 · 최윤지 · 조현민 · 윤순덕. 2011. "농촌 이주 도시민의 지역사회 참여활동 실태 및 생활만족도와의 관계 분석." 『농촌지도와 개발』 18(4): 729-64.

황혜원. 2011. "청소년의 삶의 질에 영향을 미치는 보호체계 요인에 관한 연구." 『청소년학연구』 18(3): 1-26.

Anthopoulou, Theodosia. 2010. "Rural women in local agrofood production: Between entrepreneurial initiatives and family strategies. A case study in Greece." *Journal of Rural Studies* 26(4):394-403.

Beck, Ulrich. 2006. *Risikogesellschaft*: 새물결.

Benson, Michaela, and Karen O'Reilly. 2009. "Migration and the search for a better way of life: a critical exploration of lifestyle migration." *The Sociological Review* 57(4):608-25.

Bowler, Ian. 1999. 『서유럽의 농업변화』, 한울.

Brehm, Joan M., Brian W. Eisenhauer and Richard S. Krannich. 2004. "Dimensions of Community Attachment and Their Relationship to Well -Being in the Amenity-Rich Rural West." *Rural Sociology* 69(3): 405-29.

Brinkerhoff, Merlin B., and Jeffrey C. Jacob. 1984. "Alternative technology and quality of life: An exploratory survey of British Columbia smallholders." *Social Indicators Research* 14(2):177-94.

Brown, Michael, and John May. 1994. 『그린피스』, 자유인.

Bushnell, Mary. 1999. "Imagining Rural Life: Schooling as a Sense of Place." *Journal of Research in Rural Education* 1(15):80-89.

Coffin, Raymond J., and Mark W. Lipsey. 1981. "Moving Back to the Land." *Environment and Behavior* 13(1):42-63.

Dahms, Fredric A. 1995. "'Dying Villages', 'Counterurbanization' and the Urban Field − a Canadian Perspective." *Journal of Rural Studies* 11(1): 21-33.

Darnovsky, Marcy, Barbara Epstein, and Richard Flacks (Eds.). 1995. *Cultural politics and social movements*: Temple University Press.

Deller, Steven C., Tsung-Hsiu Tsai, David W. Marcouiller, and Donald B. K.

English. 2001. "The Role of Amenities and Quality of Life in Rural Economic Growth." *American Journal of Agricultural Economics* 83(2):352‑65.

Frank van Dama, Saskia Heins, Berien S. Elbersen. 2002. "Lay discourses of the rural and stated and revealed preferences for rural living. Some evidence of the xistence of a rural idyll in the Netherlands." *Journal of Rural Studies* 18:461‑76.

Fuguitt, Glenn V. 2004. "SOME DEMOGRAPHIC ASPECTS OF RURALITY." *Research in Social Stratification and Mobility* 22(0):73‑90.

Haartsen, Tialda, Peter Groote, and Paulus P. P. Huigen. 2003. "Measuring age differentials in representations of rurality in The Netherlands." *Journal of Rural Studies* 19(2):245‑52.

Halfacree, Keith. 2006. "From dropping out to leading on? British counter‑cultural back‑to‑the‑land in a changing rurality." *Progress in Humran Geography* 30:309‑36.

————. 2007. "BACK‑TO‑THE‑LAND IN THE TWENTY‑FIRST CENTURY ‑MAKING CONNECTIONS WITH RURALITY." *Tijdschrift voor economische en sociale geografie* 98(1):3‑8.

Halfacree, Keith H. 1995. "Talking about rurality: Social representations of the rural as expressed by residents of six English parishes." *Journal of Rural Studies* 11(1):1‑20.

Hoggart, Keith. 1997. "The middle classes in rural England 1971‑1991." *Journal of Rural Studies* 13(3):253‑73.

Howard, John Robert. 1969. "The Flowering of the Hippie Movement." *The ANNALS of the American Academy of Political and Social Science* 382(1):43‑55.

Juska, Arunas. 2007. "Discourses on rurality in post‑socialist news media: The case of Lithuania's leading daily 'Lietuvos Rytas' (1991‑2004)." *Journal of Rural Studies* 23(2):238‑53.

Kaiser, Florian G., Britta Oerke, and Franz X. Bogner. 2007. "Behavior‑based environmental attitude: Development of an instrument for adolescents." *Journal of Environmental Psychology* 27(3):242‑51.

Kaiser, Florian G., Sybille Wolfing, and Urs Fuhrer. 1999. "ENVIRON‑MENTAL ATTITUDE ANDECOLOGICAL BEHAVIOUR." *Journal of Environmental Psychology* 19:1‑19.

Kuentzel, Walter F., and Varna Mukundan Ramaswamy. 2005. "Tourism and

Amenity Migration: A Longitudinal Analysis." *Annals of Tourism Research* 32(2):419-38.

Lind, G., and H. Svendsen. 2004. "The right to development: construction of a non-agriculturalist discourse of rurality in Denmark" *Journal of Rural Studies* 20(1):79-94.

Masuyama, Hiroyasu. 2011. 『반농생활』, 에디터.

Maxey, L. 2002. "One Path Forward? Three Sustainable Communities in England and Wales." in *Department of Geography*: Swansea University.

McGranahan, David A. 2008. "Landscape influence on recent rural migration in the U.S." *Landscape and Urban Planning* 85(3-4):228-40.

Meijering, L., B. Van Hoven, and P. Huigen. 2007. "Constructing ruralities: The case of the Hobbitstee, Netherlands." *Journal of Rural Studies* 23(3):357-66.

Michalos, Alex C. 1983. "Satisfaction and happiness in a rural northern resource community." *Social Indicators Research* 13(3):225-52.

Midmore, Peter, and Julie Whittaker. 2000. "Economics for sustainable rural systems." *Ecological Economics* 35(2):173-89.

Milbourne, Paul. 2007. "Re-populating rural studies: Migrations, movements and mobilities." *Journal of Rural Studies* 23(3):381-86.

Miller, James. 1994. 『민주주의는 거리에 있다』, 개마고원.

Mills, C. Wright. 1959. "Culture and politics."

Morrison, Roy. 2005. *Ecological Democracy*: 교육과학사.

Munkejord, Mai Camilla. 2006. "Challenging Discourses on Rurality: Women and Men In-migrants' Constructions of the Good Life in a Rural Town in Northern Norway." *Sociologia Ruralis* 46(3):241-57.

Phillips, Martin, Rob Fish, and Jennifer Agg. 2001. "Putting together ruralities: towards a symbolic analysis of rurality in the British mass media." *Journal of Rural Studies* 17(1):1-27.

Pratt, Andy C. 1996. "Discourses of rurality: Loose talk or social struggle?" *Journal of Rural Studies* 12(1):69-78.

Rye, Johan Fredrik. 2006. "Rural youths' images of the rural." *Journal of Rural Studies* 22(4):409-21.

Shubin, Sergei. 2006. "The changing nature of rurality and rural studies in Russia." *Journal of Rural Studies* 22(4):422-40.

Tinkle, Adam. 2008. *Back to the Garden: Pastoralism, Whiteness and Authenticity in* the US Counterculture, 1968-1970*. Wesleyan University.

Trauger, A. M. Y. 2007. "UN/RE-CONSTRUCTING THE AGRARIAN DREAM: GOING BACK-TO-THE-LAND WITH AN ORGANIC MARKETING CO-OPERATIVE IN SOUTH-CENTRAL PENNSYLVANIA, USA." *Tijdschrift voor economische en sociale geografie* 98(1):9-20.

Walford, Nigel. 2007. "Geographical and geodemographic connections between different types of small area as the origins and destinations of migrants to Mid-Wales." *Journal of Rural Studies* 23(3):318-31.

Walmsley, D. J., W. R. Epps, and C. J. Duncan. 1998. "Migration to the New South Wales North Coast 1986-1991: Lifestyle motivated counterurbanisation." *Geoforum* 29(1):105-18.

Williams, R. 1973. *The Country and the City*. Hogarth Press.

1 Hugh Gardner. 1978. "Dropping into Utopia" *Human Behavior 7.*

2 1960년대를 풍미했던 반전운동, 반문화운동 그리고 히피운동 등을 소극적인 공동체운동으로 규정하는 사람도 있다. 국가체제의 전면적인 부정을 주장하는 아나키즘이 적극적이고 대안적인 성격을 지니고 있는 데 반해 소극적 공동체운동은 국가체제 내에서 현실에 염증을 느낀 사람들이 도피하기 위한 방책이라고 주장한다(이동수, 2004). 그러나 본 연구에서는 역사적으로 나타난 집단들에 대한 성격규정을 하려는 의도는 없다. 다만 연구의 관심과 관련된 현상의 출현에 대해 이데올로기적인 측면을 부각시키려는 것이다.

3 호워드는 네 가지 히피유형으로 the visionaries, the freaks and heads, the midnight hippies, plastic hippies 등을 제시하였다. 기존 사회질서에 대한 저항과 새로운 대안적인 사회를 꿈꾸는 히피(the visionaries), 약물 복용하는 히피(the freaks and heads), 기존사회를 벗어나지는 않으나 심정적으로 히피문화에 동감을 나타내는 사람(the midnight hippies) 그리고 히피복장을 모방하는 사람(plastic hippies)들로 구분하였다.

4 경제위기 이후 일본에서는 종신고용제가 관행으로 유지되고 있지만 한국에서는 정규노동자도 고용 안정성이 약화되고 있다. 이와 관련하여 정이환. 2008. "한일 비교를 통해 본 기업지배구조와 고용체제." 『경제와사회』, 214-52. 참조.

5 산업사회 또는 소비사회에서 비롯되는 위험사회에 대응하기 위해 전통적 사회에서 집단적으로 대처했던 방식에서 '개인화' 과정으로 이행되었다는 주장이 있다. 위험사회의 결과와 자기 대면하게 되는 것을 '성찰적 근대화'의 개념을 도입하여 설명하고 있는 기든스와 울리히 벡의 입장에서 보면, 귀농은 근대 산업사회의 위험으로부터 나타나는 성찰적 근대성으로 그리고 개인화 과정으로 이해할 수 있다. 개인화는 개인적 위험과 연관되며 개인들이 자신의 생애를 스스로 만들어가고 새로운 생활방식으로 다시 자리 잡는 것을 말한다. '성찰성'은 두 가지 차원으로 이해된다. 사회구조의 제약으로부터 자유로워진 행위자들이 그러한 사회구조의 규칙과 자원에 대해 행위자의 존재조건에 대해 성찰하는 구조적 성찰성이 있고 행위자들이 스스로에 대해 성찰하는 자아성찰성이 있다. 본 논문에서 '생태적 귀농인'은 '성찰적'이라고 말할 수 있다. 기든스에 의하면 성찰성이란 자신의 과거 삶을 돌아보고 미래의 삶을 설계하는 과정이다. 자세한 논의는 울리히 벡 and 스콧래쉬(1998)와 기든스(1991)를 참조할 것.

6 텔레비전의 드라마에서 보이는 농촌현실에 대한 이상적인 묘사에 대해서는 본 논문의 국가와 농민의 농촌성(rurality)의 변화를 논의하는 부분에서 언급되고 있다.

7 비교분석은 사회과학에서 많이 이용하고 있는 연구방법의 하나이다. 그런데 무엇을 비교한다는 말은 비교의 기준이 되는 것이 존재하고 비교하려는 대상이 있어야 한다. 사회학에서 비교의 기준으로 이용하고 있는 것은 시간과 공간이 대표적인 것으로 인식되어 왔다. 시간은 역사적으로 발전사에 관련되거나 사회발전법칙을 일반화하고 시간의 연속선상에서 전·후 관계를 비교할 때 적용되어 왔으며, 공간은 지역비교연구에서 어떤 지역고유의 속성을 타 지역의 속성과 비교하는 것이다. 지역비교연구에서 대표적인 예는 국가 간 비교연구인데, 이 연구의 난점은 지역고유의 속성을 어떻게 판정하느냐의 문제에 있다.

그런데 행위자의 주관적 의미를 비교하고 이해하는 데 있어서는 시간이나 공간과 같은 비교기준이 적절하지 못하다. 어떤 행위자의 행위를 정확하게 이해하기 위해서는 그 행위자의 주관적 동기에 대한 해명이 중요하기 때문이다. 어떤 행위자의 감정적 행위는 그 행위자의 목적합리적 행위를 가정했을 때 감정적 행위의 개연성을 고려하면 쉽게 이해될 수 있다. 즉, 목적합리적 행위를 기준으로 감정적 행위를 비교하는 것이다. 특정한 상황에서 행위자의 목적합리적인 동기를 고려해본다면 이러저러했을 것이라고 추측할 수 있는데 그와는 전혀 다르게 감정적 행위가 일어났고 그 배경이 무엇인가 하는 점을 추궁하게 된다면 목적합리적 행위를 기준으로 감정적 행위를 이해하는 것이 된다.

8 화학적 농약, 화학적 제초제 그리고 각종 호르몬제를 사용하여 농산물을 경작하는 방식을 말한다.

9 본 연구에서는 일상적 어의로서 귀농과 귀촌을 구분하지 않으며 도시에서 생활을 하던 사람이 농촌으로 이주한 모든 사람을 포괄하는 개념으로 귀농을 사용한다.

10 이에 관한 역사적 변천에 관해서는 신문수(2005)를 참고할 것.

11 여기서 재촌자는 산업화 과정에서 농촌에서 도시로 인구의 대이동이 진행되는 가운데에서도 농촌 지역에 남아 농업에 종사하였던 사람을 가리킨다.

12 오늘날 우리들은 터무니없이 엄청난 규모의 생태 위기에 둘러싸여 있다. 이 위기는 외견상 지구를 무자비하게 오염시키고 착취한 결과로 등장한 것이다. 우리는 이러한 위기의 사회적 원인이 경쟁적인 시장 이데올로기에 있음을 알고 있다. 이 시장 이데올로기는 인간을 포함한 생명체들의 세계를 상업화할 수 있는 대상에 불과한 것으로 가격표를 부착한 채 이윤과 경제 팽창을 위해 팔릴 상품에 불과한 것으로 그 의미를 축소시켰다(Bookchin, Murray, 1999).

13 자본주의사회에서 가계재생산은 가족 구성원의 노동에 의한 시장임금(market wage)과 실업수당, 기초노령연금, 건강보험 등 사회적으로 얻는 급여인 사회임금(social wage)으로 구성되어 있다. 가계재생산은 주로 국가의 개인에 대한 지원으로서 사회적 재생산과 개인이 시장에서 얻는 수입으로서 개별재생산을 포함한다(김연명 외 2인, 1999).

14 르페브르와 하비의 영향을 받은 현대 도시지리학자들은 도시공간을 자본주의의 핵심적 돌파구로 인식하고 있다(이현재, 2012).

15 귀농자가 귀농교육을 받는 이유는 다양할 수 있다. 농사기술을 배우려는 목적으로 귀농교육에 참가하는 사람들이 있는가 하면 귀농 후 정부나 지자체의 귀농자를 위한 지원사업의 요건을 갖추기 위해서 귀농교육에 참가하는 경우도 있을 것이다. 귀농자가 귀농교육을 받는 이유야 어떻든 간에 귀농교육을 이수한 사람이 그렇지 않은 사람보다 귀농 후 실질적으로나 형식적으로 유리하다. 정부는 귀농자가 귀농교육을 이수한 경우 여러 가지 혜택을 주고 있다. '귀농어업창업 및 주택구입 지원사업'의 수혜대상자의 자격으로 귀농교육을 3주 이상(또는 100시간 이상) 이수한 자가 포함되어 있다(농촌진흥청 귀농귀촌종합센터, 2012.6.1 발췌. http://www.returnfarm.com/).

16 귀농교육기관들의 연락처는 농촌진흥청 홈페이지(www.returnfarm.com)에서 찾을 수 있다. 이들 교육기관의 명단은 매년 바뀔 수 있다.

17 귀농인의 집은 도시민이 수개월 또는 며칠간 농촌에서 거주하면서 주택 및 농지구입, 귀농교육 이수 등 원활한 귀농 준비를 할 수 있도록 귀농 대상자에게 임시 주거공간을 제공하는 사업이다.

18 도시농업에 대한 개념은 연구자마다 다양하게 정의되고 있지만 '도시농업의 육성 및 지원에 관한 법률'에서 도시농업이란 도시지역에 있는 토지, 건축물 또는 다양한 생활공간을 활용하여 취미, 여가, 학습 또는 체험 등을 위하여 농작물을 경작하거나 재배하는 행위로 규정하고 있다.

19 농업이나 농촌에 대한 주관적 인식을 농촌성이라는 개념으로 사용하고 있는데, 이 개념에 대한 다양한 정의들이 존재한다. 여기서는 개인의 농촌 또는 농업에 대한 주관적 인식을 가리켜 농촌성 개념으로 대체할 수 있다.

20 이와 관련하여 박병영(2005), 이승훈(2006), 김성현(2007), 정현백(2010), 장훈각(2010)을 참조.

21 이와 관련하여 이승훈(2009)을 참조.

22 이와 관련하여 김병택(2002), 장상환(2012)을 참조.

23 새마을운동에 대한 평가는 다양하게 나타나고 있으나 여기서는 정치적인 일면에서 정리한다. 이와 관련하여 임경택(1991), 박진도・한도현(1999), 최미진(2003), 고원(2008)을 참조.

24 이와 관련하여 박병현・최선미(2001)을 참조.

25 이와 관련하여 장경섭(1995), 박진환(1995)을 참조.

26 적어도 농민은 자기가 소유하고 있는 농지에 대해서 경작하지 않는다면 게으른 사람으로 평가를 받게 되기 때문에 농지에 무엇이든지 경작을 해야 한다는 '농토를 묵히면 농부의 의무를 게을리하는 것이다'라는 가치관을 지니고 있었다. 직업으로서 농업에 대한 농민들의 인식을 조사

한 연구(김태헌, 999)에서 '농지는 농사짓는 사람이 없더라도 놀리지 않는 것이 좋다'라는 질문에 대해 전체 응답자 540명 중 62%인 335명이 '아주 그렇다'고 답하였으며, '약간 그렇다'까지 포함하면 전체의 87.5%가 영농에 의해 이익이 나지 않는다 하더라도 농지를 경작해야 한다는 가치관을 지니고 있는 것이다. 이는 농민의 영농에 임하는 가치이념이 목적합리적인 행위보다 감성적이거나 전통적인 가치에 있음을 보여주는 것이다. 농사를 업으로 하는 농민은 농토를 놀리는 것을(휴경하는 것) 마치 자신의 게으름을 드러내는 것이라고 생각했다. 이 당시 농민들은 자기 소유의 농지를 경작하지 않는 것은 농민으로서 죄를 짓는 것으로 생각하고 있었다. 경작지에 잡초가 무성하게 자라도록 방치되어 있다면, '남들이 보면 욕하겠다'라든지 '남들이 볼까 봐 두렵다'라는 표현에서 나타나는 것처럼 농부의 부지런하지 않음을 드러내는 것으로 인식하고 있었다. 이러한 농민의 의식과 태도는 산업화 초기에는 물론 1990년대까지도 농민들은 농업에 종사하는 것을 목적합리적인 것으로 보기보다는 전통적인 가치관으로 인식하고 있었다는 것을 보여준다. 적어도 농민은 자기가 소유하고 있는 농지에 대해서 경작하지 않는다면 게으른 사람으로 평가를 받게 되기 때문에 농지에 무엇이든지 경작을 해야 한다는 '농토를 묵히면 농부의 의무를 게을리하는 것이다'라는 가치관을 지니고 있었다. 직업으로서 농업에 대한 농민들의 인식을 조사한 연구(김태헌, 999)에서 '농지는 농사짓는 사람이 없더라도 놀리지 않는 것이 좋다'라는 질문에 대해 전체 응답자 540명 중 62%인 335명이 '아주 그렇다'고 답하였으며, '약간 그렇다'까지 포함하면 전체의 87.5%가 영농에 의해 이익이 나지 않는다 하더라도 농지를 경작해야 한다는 가치관을 지니고 있는 것이다. 이는 농민의 영농에 임하는 가치이념이 목적합리적인 행위보다 감성적이거나 전통적인 가치에 있음을 보여주는 것이다. 농사를 업으로 하는 농민은 농토를 놀리는 것을(휴경하는 것) 마치 자신의 게으름을 드러내는 것이라고 생각했다. 이 당시 농민들은 자기 소유의 농지를 경작하지 않는 것은 농민으로서 죄를 짓는 것으로 생각하고 있었다. 경작지에 잡초가 무성하게 자라도록 방치되어 있다면, '남들이 보면 욕하겠다'라든지 '남들이 볼까 봐 두렵다'라는 표현에서 나타나는 것처럼 농부의 부지런하지 않음을 드러내는 것으로 인식하고 있었다. 이러한 농민의 의식과 태도는 산업화 초기에는 물론 1990년대까지도 농민들은 농업에 종사하는 것을 목적합리적인 것으로 보기보다는 전통적인 가치관으로 인식하고 있었다는 것을 보여준다.

27 이와 관련된 구체적인 사례연구에 대해서는 조승연(2000)을 참조.

28 이러한 상황에서 경제적인 이윤추구라는 합목적적인 동기에 의한 경제목적 귀농인의 이주는 더욱 제한될 것으로 보인다. 농촌의 경제적인 소득기반이 취약할수록 개인이 경제적 소득을 성취하기는 어렵기 때문이다. 이와 관련하여 박준서 외 2인(2005)을 참조.

29 김병택(2002), 장상환(2006)을 참조.

30 이와 관련하여 정명채·민상기·문순철·송미령(1997)을 참조.

31 정한모(2002)의 연구에서 도시에서 살아가기 힘들어서 귀농을 한 경우를 가리켜 '대안 없는 선택'을 한 사람으로 분류하였다.

32 합성농약, 화학비료 및 항생·항균제 등 화학자재를 사용하지 않거나 사용을 최소화하고 농업, 수산업, 축산업, 임업 부산물의 재활용 등을 통하여 생태계와 환경을 유지·보전하면서 안전한 농·축·임산물을 생산하는 농업을 말한다(친환경 농업육성법 제2조).

33 한 연구(김창길·이상건, 2009)에 의하면 친환경 농업실천농가는 친환경농산물 판로확보 문제(31.6%)와 병충해 방제 및 제초와 같은 기술적인 문제(25.3%)를 가장 큰 애로점으로 제시하였다고 한다.

34 충남 홍성군 홍동면에 소재하는 풀무농업고등기술학교 출신들이 학교 인근지역에 모여 살면서 지역공동체를 형성하고 있다. 이 지역은 친환경 농업으로도 유명하다. 문당리의 경우 약 90%가 유기농업을 실행하고 있다.

35 지자체마다 친환경 농업지구를 지정하고 있다. 기존의 친환경농업실천자를 중심으로 한 작목반(회)이 주축이 되고 있는데 이것을 통해 침체된 지역농업을 활성화하려는 지자체의 정책이라고 볼 수 있다.

36 지멜(Simmel)은 이방인을 특정 공간집단에 속해 있지 않을뿐더러 그 집단 자체에서는 유래할 수 없는 어떤 이질적인 요소를 지니고 있는 사람으로 정의하고 있다. 이와 비슷하게 슈츠(Schutz)도 이방인을 묘사하고 있는데 자기가 소속되기 위해 기대하는 집단이 자신을 영원히 받아주거나 아니면 적어도 관용해주기를 바라는 사람으로 규정한다. 이러한 전형적인 예는 신부 가족의 마음에 들기를 원하는 예비 신랑이나 농촌환경에 정착하려는 귀농자들이다(김광기, 2004).

37 Max Weber(2006)을 참조할 것.

38 자발적 배제는 스스로 자신의 의지에 의해 자기 배제적 행위가 이루어지는 것을 말한다. 여기서 사용되는 '자발적'의 의미는 자발적 가난, 자발적 실업 등에서 사용되고 있는 의미와 동일하며 행위자가 어떤 행위의 결과를 계산하고 예측(합리적으로)하고 자신이 스스로 배제를 결정하는 상태를 가리키는 것이다. 따라서 종교적인 이유 또는 정치적인 영향으로 인하여 스스로 자신을 사회로부터 고립시키는 경우와는 차별된다. 예를 들면, 미국의 후터교도, 아미시, 하시디즘파 유태인들은 자발적으로 자신들을 사회로부터 고립시키고 정치 또는 시민사회로의 참여를 거부하는 소수의 이민자 집단이다. 이들은 모두 신앙 때문에 처형당할 처지에서 탈출해서 이주한 고립주의적 종교 종족 집단들로 근대 세계와 단절하고 자신들의 전통생활을 유지하기 위해서 다양한 법률로부터 면제를 요구한다. 예컨대, 군복무 의무 면제, 배심원 의무 면제, 의무교육법으로부터 면제 등이다(박병섭, 2006).
자발적 배제로 인한 결과는 두 갈래가 있을 수 있다. 하나는 어떤 행위자가 자발적 배제로 인하여 주류로부터 이탈하게 되어 결국 사회적 소수자로 남게 되는 경우이고 또 다른 하나는 주류로부터 이탈되지 않고 오히려 새로운 삶의 기회를 찾아가는 과정이기도 하다. 예를 들어, 어떤 정치 지망생이 다니던 직장의 노동조합의 간부로 일하다가 개인의 정치적인 야망을 목표로 자발적으로 배제하는 경우에 두 가지 결과를 예견할 수 있다. 그 정치 지망자에게 한편에는 정치적인 입문의 기회를 갖는 경우가 또 다른 최악의 경우는 정치적 입문이 좌절되고 다니던 직장마저도 잃게 되는 경우의 양면성-성공의 기회냐, 아니면 주류로부터 배제됨으로써 받는 삶의 질 하락의 위험에 처하게 되는가이 존재한다. 정치 지망자는 주류로부터 스스로를 배제시키는 데에 따른 위험성을 경험적으로 알고 있을 것이다. 그럼에도 불구하고 새로운 삶의 기회가 될 수 있다는 희망이 존재하였기 때문에 자발적 배제에 이르게 된 것이다.

39 귀농인을 대상으로 한 조사연구(김철규·이해진·김기홍·박민수, 2011)에서도 귀농인의 귀농 후 부부관계에 있어서 긍정적인 변화(39.5%)가 부정적인 변화(9.6)보다 훨씬 많음을 보고하고 있다.

40 플로리다에서 생산되는 토마토는 미국 전체 시장의 1/3을 차지하고 있다. 여기서 생산되는 토마토는 시장의 수요에 빨리 대응하기 위하여 미숙 토마토를 짧은 시간 내에 강제로 익히기 위해 에틸렌가스를 투입한다. 이 토마토는 빛깔만 고울 뿐 고유한 맛과 향은 사라지고 만다(Estabrook, 2011; 장상환, 2012 재인용).

41 생태농법, 유기농법 그리고 친환경농법 등 다양한 일상적 용어가 존재하나 본 연구에서는 그들 간의 차별성에 주목하지 않는다. 다만 화학적 비료나 농약 또는 제초제를 사용하지 않는 영농을 지칭하는 의미로 사용된다.

42 여기서 규격화된 농산물이라 함은 시장의 요구조건에 맞게 생산되는 농산물을 말한다. 예를 들면, 생산자에 의해 과일의 크기, 모양, 색깔 그리고 포장 등이 지배적 시장의 요구에 적합하게 대응되었을 때 규격화된 농산물이라 말할 수 있다.

43 이와 관련된 보다 자세한 논의는 다음을 참조할 것. 송인하. 2013b. "이상형으로서 사회이론의 유용성."『사회와이론』22.

44 헬렌 니어링(Helen Knothe Nearing)과 스코트 니어링(Scott Nearing)은, 미국이 제1차 세계대전을 치르고 대공황의 늪으로 빠져들면서 모두의 안전을 위협하는 1930년대 뉴욕을 떠나 버몬트의 작은 시골로 들어간다. 자연 속에서 서로 돕고 기대며, 자유로운 시간을 실컷 누리면서 저마다 좋은 것을 생산하고 창조하는 삶을 머릿속에 그리고 있었다. 두 사람은 조화로운 삶을 살기 위한 원칙을 세운다. 먹고사는 데 필요한 것들을 적어도 절반 넘게 자급자족한다. 스스로 땀 흘려 집을 짓고, 땅을 일구어 양식을 장만한다. 그럼으로써 이윤만 추구하는 경제에서 할 수 있는 한

벗어난다. 돈을 모으지 않는다. 따라서 한 해를 살기에 충분할 만큼 노동을 하고 양식을 모았다면 돈 버는 일을 하지 않는다. 되도록 다른 사람들과 힘을 합쳐 일을 해낸다. 집짐승을 기르지 않으며, 고기를 먹지 않는다(출처: http://book.daum.net/detail/book.do? bookid=KOR9788984280564). 부부의 대표 저작으로는 '조화로운 삶(Living the Good Life)'이 있는데 우리나라에는 2000년에 번역되었다.

⁴⁵ 농촌관광 개발사업으로는 농림부의 녹색농촌체험마을, 행정자치부의 아름마을가꾸기 사업, 농촌진흥청의 전통테마마을사업 그리고 농협중앙회의 팜스테이마을 사업 등이 있다. 자세한 것은 강신겸(2004) 참조. 이러한 사업들과 함께 농업을 복합적 기능 측면에서 보고 진행하고 있는 사업으로는 농림부의 환경농업지구조성사업, 환경부의 자연생태우수마을사업 그리고 산림청의 산촌종합개발사업 등이 있다(박경, 2003). 그러나 이러한 농촌개발사업이 신자유주의적 농업정책을 정당화하기 위한 수단으로 이용되고 있다는 비판적인 시각(이해진. 2009)도 있다는 점만 밝히고 지면상 더 이상 논의는 생략한다.

⁴⁶ 이에 대한 개념은 후에 상세하게 논의될 것이다. 다만 연구방법적으로 발생적 개념을 사용하고 있다는 점을 밝혀둔다.

⁴⁷ 생태가치 추구적 농업과 대비되는 개념으로 뒤에서 자세하게 언급될 것이다.

⁴⁸ 교환관계에서 공정 또는 분배적 정의에 대해서는 교환이론적 논의를 참고할 것.

⁴⁹ 여기서 오해하지 말아야 할 것은 경제 목적 귀농인을 파렴치한 사람으로 또는 기회주의적인 사람으로 가치판단을 하려는 것은 아니다. 본문에서도 언급한 바 있지만 연구방법상 경제 목적 귀농인에 대한 이상형적(Ideal-Type) 개념구성은 합목적성에 기초하여 한 부분만을 강조하여 연구자가 구성한 사유구성체에 불과하다는 것이다. 따라서 경제 목적 귀농인에 대한 개념이 생태가치 귀농인에 비해 천박한 사람으로 취급되었고 생태가치 귀농인을 고상한 사람으로 미화했다고 오해하는 사람이 있다면 본 연구방법을 도외시하고 그것을 마치 현실세계인 것처럼 받아들이는 어리석음을 범하는 격이 되고 말 것이다. 현실세계에서는 본 연구에서 정의한 경제 목적 귀농인과 생태가치 귀농인의 모범적 사례를 찾아보기가 극히 어려울 것이며 다만 두 귀농인 집단의 무수한 혼합만이 존재할 것이다. 본 연구에서 구분했던 두 집단에 속한 사례들에서도 그러한 전형을 발견하기 어렵기 때문에 논리적으로 일치하는 여러 사례의 조합에 의해 개념을 구성하였던 것이다. 이러한 개념구성물은 경험세계에서 아이디어를 얻고 연구자의 사유에 의해 추상적으로 구성된 것이라는 점을 다시 한번 강조하고자 한다. 이상형적 연구방법론에 대해 보다 자세한 논의는 본인의 최근 논문(송인하, 2013)을 참조할 것.

⁵⁰ 상향식 발전(Bottom-up development)은 지역주민의 민주적 참여, 사회적 자본의 중요성에 대한 인식에서 비롯된 것으로 중앙정부 주도의 하향식 발전과 대비되는 것으로 분권화된 주민주도형으로 볼 수 있다. 자세한 논의는 강현수(2013)를 참조할 것.

귀농실천에서
현명한 자녀교육까지

귀농 행복

초판인쇄   2014년 5월 30일
초판발행   2014년 5월 30일

지은이   송인하
펴낸이   채종준
펴낸곳   한국학술정보㈜
주소   경기도 파주시 회동길 230(문발동)
전화   031) 908-3181(대표)
팩스   031) 908-3189
홈페이지   http://ebook.kstudy.com
전자우편   출판사업부   publish@kstudy.com
등록   제일산-115호(2000. 6. 19)

ISBN   978-89-268-6229-2   03330

이담
Books 는 한국학술정보(주)의 지식실용서 브랜드입니다.